dtv

Alan Greenspan, Jahrgang 1926, seit 1987 Präsident der amerikanischen Notenbank Fed, gilt als »zweitmächtigster Mann der Welt«. Zuletzt wurde er für seine Verdienste sogar von der Queen zum Ritter geschlagen. Wenn der hagere, leicht gebeugte Herr mit dem schütteren Haar ans Rednerpult huscht, wägen die Finanzmakler jede Silbe einzeln. Justin Martin zeigt uns den Hohepriester des Geldes, wie ihn nur wenige kennen: lebenslustig, witzig, mit einer Leidenschaft für Tennis, Saxophon und morgentliche ausgedehnte Aufenthalte in der Badewanne, dabei ein ausgezeichneter Ökonom, promoviert und detailbesessen. Martin hatte Zugang zu Greenspans Familie und Freundeskreis, darunter Henry Kissinger, Gerald Ford und Milton Friedman.

»… die Schlüsselereignisse und tieferen Beweggründe im Leben der faszienierendsten Persönlichkeit der internationalen Finanzpolitik.« Times

Justin Martin gehörte sechs Jahre der Redaktion des US-Wirtschaftsmagazins ›Fortune‹ an. Seine Artikel erscheinen ebenso in ›Newsweek‹, ›Worth‹ sowie ›Travel & Leisure‹. Er lebt in New York City.

Justin Martin

Alan Greenspan

Eine Biografie

Aus dem Englischen
von Klaus Binder

Mit Schwarzweißabbildungen

Deutscher Taschenbuch Verlag

Für die drei starken Frauen in meinem Leben:
Für meine Mutter Donna Martin,
meine Schwiegermutter Sylvia Charlesworth und
meine Frau Liza Charlesworth

Januar 2003
Deutscher Taschenbuch Verlag GmbH & Co. KG, München
www.dtv.de
© 2000 by Justin Martin
Titel der englischen Originalausgabe:
›The Man behind Money‹
© 2001 der deutschsprachigen Ausgabe
Deutsche Verlags-Anstalt GmbH, Stuttgart München
Umschlagkonzept: Balk & Brumshagen
Umschlagfoto: © dpa, Frankfurt
Typografie & Satz: schack verlagsherstellung, Dortmund
Gesetzt aus der Aldus
Druck & Bindung: Druckerei C. H. Beck, Nördlingen
Gedruckt auf säurefreiem, chlorfrei gebleichtem Papier
Printed in Germany
ISBN 3-423-36301-1

Inhalt

Einleitung

Die Krise begann in einem abgelegenen Winkel der Welt: mit einem leisen Klagelaut. Am 2. Juli 1997 hatte Thailand das Handtuch geworfen und die Verteidigung der Landeswährung Baht aufgegeben. Das war dem Präsidenten der US-Notenbank Alan Greenspan nicht entgangen, allerdings sah er keinen Grund zur Unruhe – noch nicht. Von Washington aus erschien diese Krise zunächst doch eher als lokale Turbulenz.

Seit Jahren schon hatte Thailand ungehemmt Schulden gemacht, hatte internationale Investitionen aufgesaugt und mit diesen von Wolkenkratzern über Einkaufszentren bis hin zu Golfplätzen alles Mögliche finanziert. Als die Wirtschaftspolitik des Landes immer nachlässiger wurde, begannen die Manager amerikanischer Investmentfonds und andere Anleger aus Übersee um ihre Kapitalrendite zu fürchten. Von der ersten Hälfte des Jahres 1997 an zogen sie sich massenhaft aus Thailand zurück. Das wiederum veranlasste Währungsspekulanten zu eiligen Wetten gegen den Baht. Und Thailands Zentralbank sah sich gezwungen, die Abwertung des Baht zu verhindern.

Unter diesem verzweifelten Druck wandte sich das Land an den Internationalen Währungsfonds (IWF). Alle Welt hörte diesen unerwarteten Hilferuf. Als der Wert des Baht gegenüber dem Dollar um zehn Prozent absackte, wurde offensichtlich, dass Thailand in großen Schwierigkeiten steckte. Die globale Krise nahm ihren Lauf.

Malaysia, Thailands Nachbarstaat im Süden, sollte als nächster fallen. Was ihre Kultur betrifft, haben diese beiden Staaten nicht viel gemeinsam – Thailand ist ein buddhistisches Land, während die Bevölkerung Malaysias überwiegend aus Muslimen besteht. Bis zum Sommer 1997 allerdings hatten sich die beiden Länder in ihrer wirtschaftlichen Entwicklung angenähert. Und das verhieß nichts Gutes. Beide hatten in den neunziger Jahren ein gewaltiges Anwachsen des Bruttosozialprodukts zu verzeichnen, manchmal über zehn Prozent pro Jahr. Beide waren sie Triebkräfte des unübersehbaren Wirtschaftswunders in Ostasien, das zwischen 1987 und 1997 ausländisches Kapital im Wert von 500 Milliarden Dollar in die Region gezogen hatte. Der kritischste Punkt aber war, dass beide Länder ihren wirtschaftlichen Aufschwung auf etwas gebaut hatten, das sich nun als Treibsand erweisen sollte – auf eine lasche Wirtschaftsgesetzgebung und auf eine lockere Vergabe von Bankkrediten.

So wie Thailand brach auch Malaysia unter der wachsenden Vorsicht der internationalen Investorenwelt zusammen. Am 24. Juli 1997 implodierte der Ringgit, die malaysische Währung. Premierminister Mahathir Mohamad gab »verbrecherischen Spekulanten« die Schuld; ging dabei so weit, einen von ihnen, nämlich George Soros, den milliardenschweren Manager eines hoch spekulierenden Investmentfonds, als »Idioten« zu bezeichnen. Doch solche Kommentare führten nur dazu, dass die gesamte Region mit noch größerer Vorsicht beobachtet wurde. Der philippinische Peso sollte als Nächstes fallen.

Und als die Liste der betroffenen Währungen immer länger wurde, gewann die Krise an Wucht. Schlagzeilen in den Vereinigten Staaten beschworen erschreckende Aussichten: Schon bald könne das Problem auch in Amerikas Wirtschaft getragen werden. Rasch fand die Presse ein Schlagwort für dieses seltsame und bedrohlich neue Phänomen: die »Asienseuche«. Kaum getauft, entwickelte die Krise ihr Eigenleben.

Aus 9000 Meilen Entfernung beobachtete Greenspan die Situation. Er war damals seit zehn Jahren Chef der US-Notenbank, der Federal Reserve, kurz Fed, und wusste, dass Abwarten sich auszahlte. Zu rasche Reaktionen, gar Überreaktionen würden die Angst schüren und die Krise damit endgültig zum Ausbruch bringen. Die Vereinigten Staaten befanden sich in einer lang anhaltenden Phase wirtschaftlichen Aufschwungs, und Greenspan wollte tun, was in seinen Kräften stand, um diesen Prozess in Gang zu halten.

Der nächste Dominostein war Indonesien. 1996, auf dem Höhepunkt des Booms in diesem Land, waren die Supermodels Claudia Schiffer und Naomi Campbell in die Hauptstadt Jakarta geflogen, um dort mit großem Rummel ein Fashion Café zu eröffnen. Im August 1997 begann der jähe Sturz der Währung: Innerhalb von sechs Monaten verlor sie 80 Prozent ihres Werts. Die wirtschaftliche Unruhe führte zu Aufständen; allein in Jakarta wurden 1200 Menschen getötet. Um dieser Krisenspirale Einhalt zu bieten, feuerte der indonesische Präsident Suharto zunächst seinen Zentralbanker, musste schließlich jedoch, nach zweiunddreißig Jahren autokratischer Herrschaft, selbst zurücktreten. Die »Asienseuche« war nicht aufzuhalten.

Nun kam es Schlag auf Schlag: Die Krise infizierte China und übersprang den Ozean bis in die Vereinigten Staaten. Der Absturz des Hongkonger Hang Seng-Index erschütterte den US-Markt einen Tag später. Am 27. Oktober 1997 sackte der Dow Jones um 554 auf 7161 Punkte ab, also um sieben Prozent: der schwärzeste Tag, den die Börse seit einem Jahrzehnt erlebt hatte.

Als die Börse an diesem Tag schloss, verlas Finanzminister Robert Rubin ein vorbereitetes Statement. Auf den Stufen des Washingtoner Ministeriums, direkt unterhalb einer Statue von Alexander Hamilton, erklärte er: »Vergessen Sie nicht, dass das Fundament der amerikanischen Wirtschaft stabil ist.«

Am nächsten Morgen sprach Greenspan vor dem Kongress. Auch sein Statement war vorsichtig formuliert. Noch während seines Vortrags ließ er sich von einem Helfer die neuesten Informationen über den Dow Jones hereinreichen. Greenspan wollte mit dem, was er sagte, die empfindlichen Märkte auf keinen Fall noch weiter aufwühlen. Er, der für seine langatmigen und gewundenen Erklärungen berüchtigt war, war diesmal ungewöhnlich direkt. An einer

Stelle erklärte er: »Die Voraussetzungen für eine gute wirtschaftliche Entwicklung sind unverändert gegeben.«

Greenspans und Rubins Versicherungen zeigten die gewünschte Wirkung. Die beiden hatten dank ihrer Stellung in der amerikanischen Wirtschaft während der neunziger Jahre gewaltigen Einfluss erlangt. Ihre beruhigenden Worte genügten, um die Märkte kurzfristig zu stabilisieren. In den folgenden Wochen machte der Dow Jones einen großen Teil des verlorenen Bodens wieder wett, und der Aufschwung in den Vereinigten Staaten setzte sich ungestört fort. Eine unterschwellige Unruhe jedoch blieb.

Im November 1997 fiel Südkorea. Mit seinem *crony capitalism*, mit Vetternwirtschaft, weit verbreiteter Korruption und politischer Protektion hatte das Land den Motor der Wirtschaft überdreht. Immer wieder hatte die Regierung die inländischen Banken ermutigt, eine Hand voll großer Konglomerate, *Chaebols* genannt, bevorzugt zu behandeln. Im Lauf des Jahres 1997 dann erklärten mehrere milliardenschwere Chaebols ihre Zahlungsunfähigkeit. Als die Zahl der bankrotten Chaebols auf sieben stieg, war die kritische Masse erreicht.

Dass sich auch Südkorea verwundbar zeigte, war ein Tiefschlag für internationale Investoren. Immerhin handelte es sich um das elftgrößte Wirtschaftssystem der Welt und um einen Haupthandelspartner der Vereinigten Staaten und Japans.

Die Fed griff ohne großes Aufsehen ein. Zu den diversen Zuständigkeiten der Notenbank gehört auch die einer Aufsichtsbehörde für einen Teil der amerikanischen Banken. Sie drängte Kapitalgeber dazu, einige der kurzfristigen Verbindlichkeiten Südkoreas umzuschulden, verschaffte dem Land damit ein wenig Aufschub und verringerte den Druck. Damit wollte man verhindern, dass sich die böse Situation noch weiter verschlechterte.

Inzwischen wuchs die Sorge, dass die Krise auf Japan übergreifen würde, das ohnehin unter einer bereits länger anhaltenden Rezession litt. Japanische Banken hatten faule Kredite in der geschätzten Höhe von 44 Milliarden Dollar auf ihrer Liste – viele davon für Projekte in Thailand, Indonesien und Südkorea, die gescheitert waren. Darüber hinaus hatten die finanziellen Sorgen der Region die Nachfrage nach japanischen Exportgütern erheblich verringert.

Auch im Winter 1997/98 blieb Greenspan wachsam. Die Nachrichten aus Übersee waren nervenzehrend. Inzwischen befanden sich immerhin 40 Prozent der Weltwirtschaft in einer Rezession. Einige Länder waren Opfer der »Asienseuche«, andere hatten einfach das Pech, sich ohnehin in einer Abwärtsbewegung zu befinden. Die US-Wirtschaft allerdings blieb weiter lebhaft.

Als Chef der Federal Reserve war es Greenspans Aufgabe, ein sehr empfindliches Gleichgewicht zu wahren. Das machtvollste Werkzeug der amerikanischen Notenbank ist die Kontrolle über die Zinssätze für kurzfristige Gelder, die wiederum die Langfristzinsen beeinflussen – für Schuldverschreibungen, Unternehmenskredite und Hypothekendarlehen –, und oft gelingt es ihr, dass sich beide gemeinsam bewegen.

Natürlich hätte die Fed, und Greenspan wusste das, der Wirtschaft sofort eine Aufbauspritze verpassen können. Er hätte die Leitzinsen senken und die Vereinigten Staaten damit gegen die »Asienseuche« impfen können. Doch wenn sich die US-Wirtschaft ohnehin immun zeigte, wäre dies einer Überdosierung des Wirkstoffs gleichgekommen. Möglicherweise wäre die Wirtschaft zu rasch gewachsen, und dies wiederum hätte der Inflation Auftrieb verliehen und damit der Wachstumsphase schließlich ein plötzliches Ende gesetzt.

So steckte der Chairman der Fed zwischen zwei möglichen Gefahren: zwischen der Bedrohung durch die »Asienseuche« auf der einen Seite und der Möglichkeit, die Ökonomie zu überhitzen, andererseits. Zwischen »gut ausbalancierten, aber machtvollen Kräften« schwebend, so beschrieb er im Februar 1998 die Wirtschaft der Vereinigten Staaten vor dem Senatsausschuss für Bankangelegenheiten.

Greenspan wollte im Zweifelsfall lieber zu vorsichtig sein. Unter seinen Kollegen bei der Fed warb er dafür, die Leitzinsen noch nicht zu senken, zumindest im Augenblick noch nicht.

Im Mai 1998, während einer weiteren Anhörung vor dem Kongress, drängten Greenspan und Rubin gemeinsam darauf, einer Vorlage der Regierung Clinton zuzustimmen, mit der die Reserven des IWF um 18 Milliarden Dollar aufgestockt werden sollten. Der Kongress hatte bereits einem Rettungspaket im Wert von 17,2 Milliarden Dollar für Thailand zugestimmt und eine 42-Milliarden-Dollar-Hilfe für Indonesien verabschiedet. Auch ein 57-Milliarden-Dollar-Paket für Südkorea war bewilligt worden, und zwar am 3. Dezember 1997 – ein Datum, das die Amerikaner als »Nationalen Demütigungstag« begriffen. Die Welt konnte sich buchstäblich keine weiteren wirtschaftlichen Turbulenzen mehr leisten.

Aber dann, am 17. August 1998, kündigte Russland an, es werde einem Teil seiner Zahlungsverpflichtungen nicht nachkommen können. Eine verblüffende Nachricht. Ein Land weigerte sich, Staatsanleihen zu bedienen, die es ausgegeben hatte. Das war, als würde die US-Regierung ein Moratorium bezüglich der Begleichung von Verbindlichkeiten aus kurzfristigen Schatzwechseln verabschieden. Die Seuche hatte die Grenzen Asiens endgültig überschritten.

Es stellte sich heraus, dass es Russland um kein Haar besser ergangen war als den diversen asiatischen Ländern, in denen wirtschaftliche Einbrüche zu verzeichnen waren. Die Investoren wurden, was neue Märkte anging, immer zögerlicher – das ließ sich nicht länger leugnen. Ob in Thailand, Indonesien, Russland oder anderswo: Sie stießen unsichere Kapitalanlagen billig ab. Das entstehende Vakuum wurde von Währungsspekulanten gefüllt. Auf diesem Weg der russischen Krise dicht auf den Fersen gerieten auch Brasilien und Argentinien unter Druck. Ende August nahm Greenspan an einer alljährlichen Konferenz der Fed in Jackson Hole, Wyoming, teil. Nach außen hin gab er sich gelassen. Die Presse wartete, aber er wollte wiederum nichts sagen, was den Markt erschüttert hätte. Im privaten Kreis allerdings zeigte er sich durchaus besorgt.

Das deutlichste Warnsignal war eine Ausweitung der so genannten Spreads zwischen den amerikanischen Staatsanleihen und solchen, die von den Schwellenländern emittiert worden waren. Diese Zinsaufschläge lagen zu Beginn des Jahres bei etwa 6 Prozent. Im Gefolge der russischen Zahlungsverweigerung aber hatten sie sich nun auf bis zu 17 Prozent ausgeweitet. Unter diesen Umständen verlangten die Investoren riesige Prämien, wenn sie Geld in sich entwickelnde Märkte stecken sollten.

Noch beunruhigender war, dass sich die Investoren von hoch bewerteten US-Firmenanleihen ab- und US-Staatsanleihen zuwandten. In der Sprache der Wall Street nennt man das »Flucht in die Qualität«. Amerikanische Investoren verschanzten sich: in Erwartung einer neuen Welle finanzieller Turbulenzen.

Kollegen vertraute Greenspan an, er habe in dem halben Jahrhundert, in dem er die Wirtschaft beobachte, eine derart extreme Entwicklung noch nicht erlebt.

Je unruhiger die Investoren wurden, desto weiter wurden die Spreads. Die Kluft zwischen den supersicheren US-Staatsanleihen und beinahe allen anderen Papieren riss immer weiter auf. Und eben dieser Prozess führte zu einem vernichtenden Wiederaufflackern der »Asienseuche«. Nun schlug sie auf eine Weise zu, die sich niemand hätte vorstellen, die niemand hätte antizipieren können.

Im September 1998 zeigten sich erste Symptome der Krise, die ein Jahr zuvor in Thailand ausgebrochen war, in Greenwich, Connecticut. Betroffen war Long Term Capital Management (LTCM), ein hochriskant spekulierender Investmentfonds. Solche so genannten Hedge-Fonds sind im Grunde nichts anderes als offene Investmentfonds mit einer begrenzten Anzahl sehr kapitalstarker Anleger, die es sich leisten können, ohne gesetzliche und sonstige Beschränkungen einer Vielzahl komplizierter Investitionsstrategien nachzugehen.

LTCM war das geistige Kind von John Meriwether, dem früheren Leiter des Wertpapier-Handels von Salomon Brothers. Mit solchen Mätzchen wie einem Kartenspiel mit Einsätzen in Höhe von zehn Millionen Dollar hatte er sich eine prominente Rolle im Bestseller *Liar's Poker* gesichert. Zur Mannschaft von LTCM gehörten außerdem David Mullins, der ehemalige Vizepräsident der Fed, Robert Merton und Myron Scholes, beide Nobelpreisträger, und eine ganze Brigade promovierter Ökonomen.

Das Verfahren von LTCM bestand darin, mit Computermodellen Auffälligkeiten bei den Spreads zwischen verschiedenen Anlagemedien festzustellen. Wenn ein solches Computermodell etwa zeigt, dass mit den Spreads zwischen US-Staatsanleihen und hochverzinslichen Risikoanleihen, so genannten Junk Bonds, etwas nicht in Ordnung ist, dann besteht der zweite Schritt darin, mit Hilfe von verwirrend komplizierten derivativen Finanzinstrumenten darauf zu setzen, dass sich diese Spreads wieder normalisieren.

Aber in der Folge der russischen Zahlungsweigerung weiteten sich die Spreads dramatisch aus. Im Handumdrehen verlor der Hedge-Fonds in einer Folge unglücklich laufender Wetten 4 Milliarden Dollar. All die gebündelte Intelligenz und die Computerkunststücke von LTCM hatten sich als nutzlos erwiesen.

Meriwether und Mullins wandten sich an William McDonough, den Präsidenten der New Yorker Bank der Federal Reserve. Sie signalisierten ihm die Schwierigkeiten ihres Unternehmens.

McDonough wiederum beriet sich mit Greenspan. Beide befürchteten sie, dass der 4-Milliarden-Dollar-Verlust von LTCM nur die Spitze des Eisbergs sei. Das Unternehmen hatte ein kompliziertes Netz aus schiefgegangenen Derivatgeschäften gewoben, und noch konnte niemand sagen, wie viele andere Unternehmen mit darin verwickelt waren. Greenspan und McDonough befürchteten eine Kettenreaktion, die das gesamte Finanzsystem der Vereinigten Staaten mit in den Abgrund ziehen könnte. Eine erschreckende Aussicht – und eine durchaus mögliche.

Am 23. September 1998 rief McDonough zu einer Besprechung im 10. Stock des Fed-Gebäudes an der Liberty Street in New York. Anwesend waren Vertreter von siebzehn großen Finanzunternehmen, darunter Merrill Lynch, J.P. Morgan und Travelers Group. Am Ende erklärten sich vierzehn der anwesenden Unternehmen bereit, über 3,6 Milliarden Dollar in den Hedge-Fonds zu stecken, um ihn am Leben zu erhalten.

Inzwischen zeigte die Asienkrise deutliche Auswirkungen auf die amerikanische Wirtschaft. Die Märkte befanden sich in Wartestellung. Das Vertrauen der Investoren sank rapide, und die Wirtschaft stand in Gefahr, in eine Rezession oder Schlimmeres zu schlittern. Es war an der Zeit, etwas zu unternehmen.

Die Fed ergriff am 29. September 1998 die Initiative mit einer Zinssenkung um einen Viertelpunkt, womit der Tagesgeldsatz, die so genannte »Federal funds rate«, auf 5,25 Prozent fiel.

Die Entscheidung zu diesem ersten Schritt war genau abgewogen. Eine drastischere Senkung hätte, so Greenspans Einschätzung, die Möglichkeiten der Notenbank zu schnell erschöpft.

Doch die Senkung um einen Viertelpunkt genügte nicht, um das Beben zu beruhigen. Also griff Greenspan zu einer ungewöhnlichen Maßnahme. Mit seiner Machtbefugnis konnte er die Leitzinsen der Fed abermals senken, ohne auf die nächste planmäßige Besprechung zu warten. Der Markt erkannte das Zeichen: Greenspan hatte sich des Problems angenommen und war entschlossen zu handeln.

Die Zinssenkung wurde am 15. Oktober 1998 um 15:15 Uhr verkündet. Während der letzten Börsenstunde schoss der Dow Jones Index gewaltig in die Höhe: um 331 auf 8299 Punkte. Diesmal hatte die Medizin gewirkt.

Am 17. November senkte die Fed die Geldmarktzinsen um einen letzten Viertelpunkt. Um aber ganz sicher zu gehen, ließ Greenspan den Taten noch einmal Worte folgen. Die Fed veröffentlichte ein Statement, das die folgende Versicherung einschloss: »Es besteht durchaus Grund zu der Erwartung, dass sich die Finanzlage günstig auf die Fortdauer des Wirtschaftswachstums auswirkt und der Inflationsdruck gedämpft werden kann.«

Alles war unter Kontrolle. Der Zusammenbruch der Finanzmärkte, die Gefahr, die in den letzten Wochen gedroht hatte, war durch eine Kombination beruhigender Worte und eine mutige Zinspolitik abgewandt worden.

Die »Asienseuche« war gebannt, verschwand ebenso schnell wieder aus den Vereinigten Staaten, wie sie sich ausgebreitet hatte. Der amerikanische Boom ging weiter, und der Dow überstieg bald die 10 000er Marke. Inzwischen verabschiedete der Kongress eine Erhöhung der IWF-Reserven. Noch immer flossen Hilfsgelder nach Thailand, Indonesien, Russland und in die anderen betroffenen Länder und stützten dort den langen, trägen Prozess wirtschaftlichen Wiederaufbaus.

Während der aufregenden Tage des Jahres 1998 zeigte Greenspan, dass er über unfehlbare Instinkte zur Steuerung der amerikanischen Wirtschaft verfügte. Es war eine meisterhafte Leistung, und eine ungemein wichtige. Hätten die Vereinigten Staaten nachgegeben, dann hätte die »Asienseuche« auch auf die Wirtschaftssysteme der restlichen Welt übergegriffen. »Greenspan hat uns gerettet. Er hat den totalen Zusammenbruch verhindert«, so William Griggs, Geschäftsführer des Wall-Street-Unternehmens Griggs and Santow und langjähriger Beobachter der Fed.

Greenspan wurde als Held gefeiert und erreichte sogar ein gewisses Maß an Berühmtheit – das war zuvor noch keinem Notenbankpräsidenten gelungen.

Aber Greenspans plötzlicher Auftritt auf der öffentlichen Bühne – der Wirtschaftsfachmann, der sich nicht aus der Ruhe bringen lässt und der es versteht, die Märkte zu beruhigen – geschah nicht von ungefähr. Er war einen ungewöhnlichen und keineswegs immer direkten, einen wechselvollen und von Kontroversen begleiteten Weg gegangen. Der Sieg über die »Asienseuche« war nur einer der Höhepunkte eines ungewöhnlichen Lebens.

1987 wurde Greenspan in seine erste Amtsperiode als Notenbankpräsident berufen. In den vierziger Jahren dagegen hat er als professioneller Jazzmusiker gearbeitet. Fünfzehn Jahre lang gehörte er zum inneren Kreis der Autorin Ayn Rand. Und er war Berater von Richard Nixon und Gerald Ford.

Zahllose Siege, im Privatleben wie im Beruf, hat Alan Greenspan zu verzeichnen. Er hat auch viele Fehler gemacht, und es fehlte in seinem Leben nicht an Widrigkeiten. Im Lauf seines Lebens hat Greenspan Börseneinbrüche verhindert, als Berufsmusiker Klarinette und Saxophon gespielt und zweimal geheiratet; ist mit dem Präsidenten George Bush senior aneinander geraten, hat Millionen gemacht, ist plötzlich in der Zeichentrickserie *Die Simpsons* aufgetaucht und war maßgeblich beteiligt an der bislang längsten Phase wirtschaftlicher Prosperität der USA.

Seine Geschichte ist es wert, erzählt zu werden. Die wirtschaftlichen Verhältnisse sind unberechenbar, insofern ist es auch eine

Geschichte, deren letzte Kapitel noch längst nicht geschrieben sind. Was er der Welt hinterlässt, steht noch nicht fest. Eines jedoch ist sicher: Er hat ein bemerkenswertes Maß an Macht und Glanz erreicht. Die Welt hängt an seinen Lippen. Um eine Vorstellung davon zu erhalten, wohin die Zukunft Greenspan führen kann, lohnt es sich, in der Zeit rückwärts zu reisen und seiner Geschichte von Anfang an zu folgen.

Alan Greenspan als Baby, ca. 1926

1 | WASHINGTON HEIGHTS

Ein paar Jahre vor dem großen Börsencrash von 1929 bezogen Alan Greenspans Eltern eine Wohnung in Washington Heights. Diese Gegend heißt so, weil sich dort die höchste natürliche Erhebung der Insel Manhattan befindet, weswegen General George Washington dort während einiger entscheidender Schlachten des Revolutionskriegs sein Hauptquartier aufgeschlagen hatten. Noch sehr viel später war Washington Heights ein überraschend ländlicher Bezirk von New York City, eigentlich nur eine Hand voll großer Landsitze, darunter auch der des Naturforschers John James Audubon.

Die eigentliche Bebauung von Washington Heights begann erst 1906 mit der Vollendung einer U-Bahnlinie. Bald danach zog es Menschen, die den übervölkerten Slums von Manhattans Lower East Side entgehen wollten und nach größeren Wohnungen und besseren Lebensbedingungen suchten, in Richtung Uptown. Eine zweite Welle von Bewohnern kam in den zwanziger Jahren, als die günstige Wirtschaftsentwicklung zu einem Bauboom im nördlichen Manhattan führte.

Das Viertel wurde rasch als »Frankfurt am Hudson« bekannt, ein etwas spöttischer Begriff, der auf die beträchtliche Anzahl jüdischer Einwanderer aus Deutschland anspielte, die sich diese Gegend zu ihrem neuen Zuhause gewählt hatten. Auch große Gruppen irischer und griechischer Einwanderer ließen sich in Washington Heights nieder.

In diese aufblühende Nachbarschaft am nördlichen Ende von

Manhattan wurde Alan Greenspan am 6. März 1926 geboren. Er wog über acht Pfund. Sein Vater, Herbert Greenspan, war ein Geschäftsmann, der später als Börsenmakler und Wirtschaftsberater arbeiten sollte. Mittelgroß und von schlanker Statur hatte er eindeutig Ähnlichkeiten mit Gene Kelly, dem Tänzer und Filmstar. Alans Mutter Rose war eine kleine, zierliche dunkelhaarige Frau von liebenswürdiger Herzlichkeit und natürlichem Optimismus. Den Gewohnheiten der Zeit entsprechend war Rose Hausfrau.

Herbert Greenspans Vorfahren stammten aus Deutschland. Die geborene Rose Goldsmith war polnischer Abstammung. Ihre Eltern, Nathan und Anna Toluchko, waren zu Beginn des zwanzigsten Jahrhunderts in die Vereinigten Staaten gekommen und hatten ihren Namen bei der Einwanderung in Goldsmith geändert. Rose stammte aus einer großen Familie mit sieben Kindern, die bis auf die noch in Polen geborene älteste Schwester Mary alle in den Staaten zur Welt gekommen waren.

Die Eltern des kleinen Alan führten eine unruhige Ehe. Sie hatten, darin war sich die Umgebung einig, zu jung geheiratet; Rose war damals erst siebzehn gewesen. Auch vom Temperament her passten sie nicht zueinander. Herbert war ein wenig verträumt und neigte zu Zurückhaltung und Distanz, die lebhafte Rose dagegen sprühte vor Energie und Begeisterungsfähigkeit.

Das junge Paar hatte sich bereits auseinander gelebt, der Börsencrash von 1929 jedoch besiegelte sein Schicksal. Während der folgenden Jahre der Depression war das Geld im Greenspan-Haushalt knapp, und die daraus erwachsenden finanziellen Ängste trieben die Ehepartner noch weiter auseinander.

Als Alan fünf Jahre alt war, ließen sich Rose und Herbert scheiden. Rose zog zusammen mit Alan wieder zu ihren Eltern, die noch den Werten und Gewohnheiten der alten Heimat anhingen und strenge Disziplin hielten. Zu viert wohnte man in einer Dreizimmerwohnung in einem sechsstöckigen roten Backsteinhaus an der Ecke von Broadway und West 163rd Street – um genau zu sein, im Haus Nummer 600 der West 163rd Street. Die Verhältnisse waren ausgesprochen beengt. Nathan und Anna Goldsmith benutzten das

Schlafzimmer, während sich Alan und Rose das zu einem zweiten Schlafzimmer umgewandelte Esszimmer teilten.

Um ihre Familie zu unterstützen, nahm Rose eine Stelle in der Haushaltsabteilung bei Ludwig-Baumann an, einem Möbelgeschäft Ecke 149th Street und Third Avenue in der Bronx. Nach der Scheidung ging Herbert auf Distanz; nur sehr selten besuchte er seinen Sohn. »Er verschwand ganz schnell aus ihrem Leben«, so Vetter Wesley Halpert. »Alan bekam ihn kaum zu sehen. Aber ich erinnere mich an die Begeisterung, die Alan bei diesen seltenen Gelegenheiten an den Tag legte, wenn sein Vater zu Besuch kam.«

Wesley und Marianne Halpert, die Kinder von Roses Schwester Mary, wohnten nur einen halben Block von Alan entfernt. Alan verbrachte viel Zeit mit ihnen, und sie standen einander so nahe wie Geschwister. Wesley war älter, Marianne jünger. Ihr Vater, Jacob Halpert, wurde für Alan so etwas wie ein zweiter Vater. Jacob – er war Versicherungsmakler – gelang es, während der Depressionszeit gute Geschäfte zu machen.

Wesley erinnert sich daran, wie verzweifelt, ja beinahe grenzenlos sich sein Vetter Alan nach Liebe sehnte: »Stellen Sie sich vor: Da ging mein Vater, er hatte nur zwei Hände, doch gab es drei Kinder: Alan, Marianne und mich. Wir liefen die Straße entlang, und jedes Mal drängte sich Alan irgendwie zwischen mich und meinen Vater und griff nach seiner Hand.«

Wesley weiß auch noch, dass Alan hin und wieder »Brother Can You Spare A Dime?« sang. Die klägliche Interpretation, die der kleine Alan diesem beliebten Lied – der inoffiziellen Hymne der Depressionszeit – gab, genügte, um Jacob Halperts Herz zu erweichen. Unweigerlich habe er in die Tasche gegriffen und Alan einen Dime, ein Zehn-Cent-Stück, zugeworfen.

Der kleine Alan war von frühreifer Intelligenz. Schon mit fünf konnte er dreistellige Zahlen im Kopf addieren. Seine Mutter animierte ihn häufig dazu, Gäste und Nachbarn mit diesem Trick zu beeindrucken. Seine Intelligenz diente ihm auf der Grundschule ebenso wie bei seinem Besuch der Private School 160, Ecke 169th Street und Audubon Avenue. Er glänzte als Schüler, war seinen

Mitschülern im Lesen stets eine Klasse voraus und merkte sich Multiplikationstabellen wie der Blitz.» Was immer Alan tat, er tat es gut«, erinnert sich Stanford Sanoff, ein Freund aus der Kinderzeit.

Schon in frühen Jahren, so der Freund, verfügte Alan über Höflichkeit und gute Manieren.» Ich wüsste nicht, dass Alan jemals Ärger gemacht hätte. Er war ein ausgesprochen braves Kind.«

Einer von Greenspans Lehrern an der P.S. 169 war Mr. Small. Dieser habe dem Mathematikunterricht eine gewisse praxisbezogene Note gegeben, indem er mit den Schülern kleine Ausflüge veranstaltete.» Er machte es sehr interessant«, erinnert sich Bill Callejo, ein anderer Freund aus Greenspans Kindheit.» Als Einführung in die Mathematik ließ er uns zu Banken gehen und Einzahlungsformulare mitbringen.«

Im Sommer spielten Greenspan und die anderen Jungen der Nachbarschaft auf einem improvisierten Platz Baseball, ihre Mannschaft nannten sie die Titanen. Greenspan war als Linkshänder wie geboren für die First Base. Sein Vorbild war Dolph Camilli, der für die Dodgers auf derselben Position spielte. Washington Heights war zwar Yankees-Land, aber Greenspans Herz gehörte der rivalisierenden Mannschaft aus Brooklyn. Als er älter wurde, waren weitere Lieblingsspieler der Shortstop Pee Wee Reese von den Dodgers und Cookie Lavagetto, der in der gleichen Mannschaft Third Base spielte. Greenspan entwickelte ein ausgesprochen kompliziertes Bewertungssystem für die Spiele, die er sich im Radio anhörte, mit Hilfe dessen er detailliert festhielt, wie geworfen wurde, wo genau der Ball geschlagen wurde und so weiter.

Im Sommer verbrachte Greenspan viele glückliche Wochen im Strandhaus der Halperts in Rockaway in Queens.» Wir suchten am Strand nach Münzen, die die Leute dort verloren hatten«, erzählt Wesley.» Und wir waren wirklich gut. Wir haben das ohne Geräte gemacht. Wir sind einfach nur den Strand entlanggegangen und haben Ausschau gehalten. Von diesem Geld haben wir uns Süßigkeiten gekauft.«

Die Großeltern Nathan und Anna Goldsmith, bei denen Alan und seine Mutter in Washington Heights wohnten

Die beiden Jungen schwärmten für Horrorfilme. Nicht weit entfernt von der Wohnung der Goldsmiths lag das Audubon Kino, wohin Wesley Alan häufig mitnahm. Damals war die große Zeit der klassischen Gruselfilme mit Boris Karloff und Bela Lugosi. »Ich nahm Alan mit in *Frankenstein*«, erinnert sich Wesley. »Er hatte schreckliche Angst.«

Als Alan neun war, schenkte ihm der Vater bei einem seiner immer selteneren Besuche das Buch, das er kurz zuvor veröffentlicht hatte. Unter dem Titel *Recovery Ahead!* verteidigte es Franklin D. Roosevelts New Deal. Regierungsprogramme, so das zentrale Argument, könnten dazu beitragen, die Wirtschaft aus der Depression zu reißen. Folgende Widmung hatte Herbert Greenspan seinem Sohn Alan aufs Vorsatzblatt geschrieben: »Möge diese meine erste Anstrengung, bei der ich stets an dich dachte, der Beginn einer endlosen Kette ähnlicher Werke sein, so dass du, wenn du erwachsen bist, zurückblicken und beginnen kannst, die Argumente hinter diesen logischen Voraussagen zu verstehen und selbst Ähnliches zu leisten. Dein Vater.«

Der keine Alan legte das Buch weg, und bald schon war es vergessen – erst Jahre später würde er es lesen. Damals war er bereits dabei, sich in eine Richtung zu entwickeln, die ihn so weit wie nur möglich von der Wirtschaftswissenschaft wegbringen sollte.

Die Goldsmiths wie auch die Halperts waren sehr musikalische Familien. Nathan Goldsmith – der Großvater, bei dem Greenspan wohnte – war Kantor einer Synagoge in der Bronx, Alans Mutter Rose spielte gern Klavier und sang, Cole-Porter- und Jerome-Kern-Songs, aber auch neuere Lieder wie »The Big Brown Bear Went Woof«. Sie sang entspannt und lebendig, in einer Art, die an die Chanteuse Helen Morgan erinnerte. Auch ein paar jüdische Lieder nahm sie in ihr Repertoire auf, so etwa »Rozhinkes mit Mandlen« (Rosinen und Mandeln).

»Rose war überaus lebhaft, sprühte vor Leben, liebenswert, eine richtige Lady«, erinnert sich Alans Cousine Claire Rosen. Claire wollte unbedingt Sängerin werden und sich auf musikalische Komödien spezialisieren. Sie hat in diversen Revuen für Radio City mitgewirkt, und Mitte der vierziger Jahre spielte sie neben Ethel Merman in der ersten Broadway-Produktion von *Annie Get Your Gun*.

Und dann gab es noch Onkel Mario, der als Murray Toluchko zur Welt gekommen war. Zunächst wurde sein Name zu Murray Goldsmith amerikanisiert, dann zu Murray Smith und schließlich änderte er ihn zu Mario Silva. Klein, rundlich, von dunklem Teint, gab er sich gerne als Italiener aus und hoffte, in der Oper Karriere zu machen. Silva schrieb auch ein Stück, das tatsächlich am Broadway aufgeführt wurde; es trug den Titel *Song of Love,* und die Hauptfigur war der Komponist Robert Schumann.

In dieser Welt passionierter Musikliebhaber hatte der kleine Alan kaum eine Alternative. Die Klarinette wurde sein Instrument.

Von seiner frühesten Jugend an zeigte Greenspan ein etwas eigenartiges, aber hoch entwickeltes Moralempfinden. Mitte der dreißiger Jahre, als er gerade zehn oder elf Jahre alt war, gründeten er und sein

Freund Bill Callejo eine Geheimgesellschaft mit dem Namen Detective Scouts of Washington Heights. Die beiden Jungen hatten das vage Gefühl, dass etwas mit der Welt nicht stimmte, und sie planten, etwas dagegen zu unternehmen.

Die Prohibition war auf ihrem Höhepunkt und rief alle möglichen Gangsterbanden auf den Plan. In Manhattan verfolgte Staatsanwalt Thomas Dewey – ein hartgesottener Vorgänger Rudolph Giulianis – Schieber und Verbrechersyndikate wie Murder Incorporated. Inzwischen drangen auch ständig beunruhigende Nachrichten aus Deutschland nach Washington Heights, in die Nachbarschaft der Jungen. Alan und Bill verstanden die Einzelheiten nicht, aber sie wollten helfen, eine Welt wieder in Ordnung zu bringen, die offenbar immer verrückter wurde.

Einen ganzen Nachmittag verbrachten die beiden damit, ihre Ausweise als Detective Scouts of Washington Heights zu entwerfen. Greenspan fand großes Vergnügen daran, winzige Buchstaben zu schreiben; auch in späteren Jahren sollte seine Handschrift ungewöhnlich klein und verschnörkelt bleiben. Mit dieser winzigen Filigranschrift versah er die Ausweise mit Wahlsprüchen, Geheimcodes, Symbolen aller Art. Am Ende des Nachmittags hatten Alan und Bill sich beeindruckende Geheimagentenzeugnisse ausgestellt.

»Wir wollten gegen das Böse kämpfen«, erinnert sich Bill Callejo lachend. »Eine dieser Sachen, die Kinder sich mit ihrer wilden Phantasie ausdenken. Ich glaube, wir waren die einzigen beiden Mitglieder dieses verdammten Vereins.«

Greenspan besuchte die Edward W. Stitt Junior High School, Ecke 164th Street / Edgecombe Avenue in Manhattan. Man steckte ihn in rasch voranarbeitende Klassen, und es gelang ihm, den Stoff der siebten bis neunten in zwei Jahren zu bewältigen und eine ganze Klasse zu überspringen.

Im Klassenzimmer saß man nach Größe. Die größten Schüler wurden ganz hinten platziert. Greenspan und Callejo passten in die zweitletzte Reihe. Greenspan schoss nun rasch in die Höhe. Aber überraschenderweise war er keine schlaksige, ungelenke Bohnen-

Alan Greenspan als Vierzehn-
jähriger mit seiner Mutter,
Rose Goldsmith

stange. Tatsächlich war er recht gut gebaut und sportlich, was nicht so recht zu seiner Erscheinung in späteren Jahren passen will.

Während seiner Jahre in der Junior High begann Greenspan, für ein Mädchen namens Corinne Eskris zu schwärmen. »Alle wussten es«, erinnert sich die ehemalige Mitschülerin Leila Kollmar – damals Leila Ross. Aber sie ist nicht sicher, ob Greenspan den Gegenstand seiner Verehrung je auch nur angesprochen hat. »Er hat nicht viel gesprochen«, so die Kollmar, »er war immer sehr still.«

Bereits in diesen Jahren begann Greenspan, echte Anzeichen von Reserviertheit an den Tag zu legen – ein Vermächtnis seines Vaters und zweifellos einer der prägendsten Züge seines Erwachsenenlebens.

»Alle in der Klasse hielten ihn für einen kleinen Snob«, erinnert sich Callejo. »Ich denke, das kam daher, dass er so introvertiert war.« Auch Sanoff sagt, Alan sei »schon in diesem Alter ein Denker« gewesen.

Eine Möglichkeit, seine geistige Unabhängigkeit zu demonstrieren, sah Greenspan darin, seine Bar-Mizwa zu verweigern. Er sollte zwar nie seine Herkunft verleugnen, löste sich jedoch von aller religiösen Praxis, und für den Rest seines Lebens verkörperte er das, was manchmal als »weltlicher Jude« bezeichnet wird.

»Vielleicht waren es unsere Großeltern, die ihn gegen die Religion einnahmen«, sagt Wesley Halpert. »Unser Großvater hatte sehr bestimmte, äußerst autoritäre Vorstellungen. Kinder sollte man sehen, nicht hören. Unsere Großmutter war eine ausgesprochen nervöse Frau. Sie wurde leicht hysterisch.« Halpert erinnert sich auch daran, dass »Alan sich ihnen entfremdete, obwohl er in derselben Wohnung lebte. Ich kann mich an viele Situationen erinnern, in denen ich dort war und er sich im Schlafzimmer aufhielt, hinter geschlossenen Türen, und Radio hörte. Er sonderte sich vollkommen ab.«

Im Gegensatz dazu ließ ihn Rose eher gewähren. »Sie übte keinerlei Druck auf ihn aus und überließ ihn vollkommen sich selbst«, so Wesley Halpert.

Von Herbst 1940 an besuchte Greenspan die George Washington High School. Das Wahrzeichen der Schule ist ein hoher Turm, von dem aus man eine verblüffende Aussicht hat, quer über Manhattan, in die Bronx und nach Queens und über den Hudson hinweg nach New Jersey. Während seiner Jahre in der Junior High hatte Greenspan die Gerüchte gehört, die unter den Jugendlichen über den Turm kursierten. Von Begierde getriebene High-School-Mädchen sollten dort unaussprechliche Dinge treiben. Daher hieß die Schule auch »Das Hurenhaus auf dem Hügel«. Als Greenspan dann selbst die George Washington High besuchte, musste er allerdings feststellen, dass man den Turm für ganz andere Zwecke nutzte. Angehörige der Kriegsmarine hielten ihn besetzt. Ganz oben hatten sie ein mächtiges Teleskop angebracht. Von der Turmspitze aus bot sich ein hervorragender Ausblick über den Hudson und den Harlem River. Die Marine befürchtete, über diese Wasserwege könne sich ein deutsches U-Boot einschleichen. Das Böse, gegen das die jungen Detective Scouts hatten kämpfen wollen, war damals, kurz bevor die USA in den Krieg eintraten, sehr nahe gerückt.

Zwischen 1933 und 1941 kamen 20 000 deutsche und australische Juden, die vor den Nazis geflohen waren, nach Washington Heights. 1938 war unter ihnen auch ein Junge namens Heinz Alfred Kissinger, der aus dem bayerischen Fürth stammte. Er änderte seinen Namen zu Henry und wohnte mit seiner Familie in einer kleinen Wohnung an der West 187th Street, nicht weit von Greenspan entfernt.

Auch Kissinger besuchte die George Washington High und war zwei Klassen über Greenspan. Ihre Schulzeit überschnitt sich teilweise, aber sie begegneten einander erst viele Jahre später. Kissinger ging abends zur Schule, was zu dieser Zeit möglich war. Tagsüber arbeitete er als Botenjunge für einen Rasierpinselfabrikanten und verdiente 10,89 Dollar in der Woche, von denen er 8,00 Dollar an seine Eltern abgab. Trotz eines mörderischen Stundenplans hatte Kissinger nur die besten Noten und hoffte, Buchhalter zu werden.

Greenspan war ebenfalls ein guter Schüler, obwohl er keine glatten »A's« bekam. Zu seinen Lieblingsfächern zählten Geschichte und Zeitgeschichte. Während seiner High-School-Zeit stand er nicht länger abseits. Er war Klassensprecher der Klasse 8-1 und arbeitete in einer Gruppe mit, die man die Lunchtruppe nannte. Die George Washington High war Anfang der vierziger Jahre sehr überfüllt, vor allem wegen des massiven Zuzugs von Emigranten. Die Hauptaufgabe der Lunchtruppe bestand darin, die zahllosen Prügeleien einzudämmen, die in der Cafeteria entbrannten.

Greenspan spielte Klarinette im Schulorchester, in einem blauen Pulli mit weißem »GW«-Emblem. Auch der schuleigenen Tanzband gehörte er an, die sein Klassenkamerad Hilton Levy organisiert hatte. Die Band nannte sich Lee Hilton and His Orchestra – »Lee Hilton« war der Künstlername des jungen Hilton Levy.

Ihm, einem ausgesprochen unternehmungslustigen jungen Mann, gelang es, sich auf nicht ganz legalem Weg ein Empfehlungsschreiben des Bandleaders Glenn Miller zu verschaffen. Mit diesem Brief bewaffnet zog Levy im Brill Building – der berühmten Songfabrik am Times Square – von Stockwerk zu Stockwerk und bettelte überall um kostenlose Noten für seine Band. So umfasste das Repertoire von Lee Hilton and His Orchestra schon bald Standards wie »Bye Bye Blackbird«, »Wait Till the Sun Shines, »Nellie« und »Sweet Georgia Brown«. Um ihren Wohltäter zu ehren – und weil die Zuhörer davon begeistert waren – schloss das Orchester jeden seiner Auftritte mit Glenn Millers »In the Mood«.

Levy, Greenspan und eine stark fluktuierende Gruppe von sieben bis zehn Musikern spielten bei Tanzveranstaltungen der George Washington High. Sie traten auch bei Veranstaltungen in den Synagogen und Kirchen der Nachbarschaft. Die übliche Gage lag bei 2 Dollar pro Auftritt und Musiker.

Levy, der viele Jahre im Musikgeschäft blieb und seinen Namen tatsächlich zu Lee Hilton änderte, fand seinen Mitmusiker Greenspan eher etwas konfus. »Er legte sich nie fest. Was er sagte, war immer doppeldeutig, nicht viel anders als heute auch.« Gleichwohl sei dies eine gute Zeit gewesen: »Wir hatten unseren Spaß an dem, was wir taten. Und bekamen auch noch Geld dafür.«

Wie zu erwarten, hatte Greenspan in der High School nicht viel Ärger, hielt sich auch fern von irgendwelchen Jugendgangs. Es waren die vierziger Jahre, und es sollte noch lange dauern, bis es Einkaufszentren und Multiplex-Kinos gab. Dafür liebte Greenspan den Süßigkeitenladen nahe der George Washington High, der für seine Chocolate Egg Creams bekannt war. Auch im Riverside Park ließ er sich hin und wieder sehen, an der so genannten »Mauer«, dem Treffpunkt der Jugendlichen aus der Nachbarschaft.

»Wir sagten immer: Wir sehen uns an der Mauer«, erinnert sich Sanoff. »Es war einfach ein Ort, an dem man sich traf. Es gab nicht viel zu tun. Sie dürfen nicht vergessen, dass es eine andere Welt war als heute, ohne Fast-Food-Restaurants und solche Dinge.«

Die meisten seiner Mitschüler hielten Greenspan für still und zurückhaltend. »Ich denke, Alan und ich achteten darauf, nicht über die Stränge zu schlagen«, fügt Sanoff hinzu. »Wenn wir samstags um Mitternacht zu Hause sein sollten, dann waren wir um Mitternacht zu Hause. Andere kamen vielleicht um drei Uhr nachts heim und machten sich nichts daraus.«

Der Teenager Greenspan verbrachte große Teile des Sommers

zusammen mit seinem Vetter Wesley. Die Halperts besaßen inzwischen ein Haus am Ufer des Lake Hiawatha in New Jersey. Abends sammelten sich die Jugendlichen am Blue Front Diner, und man konnte darauf wetten, dass Greenspan auf der Jukebox Glenn Miller und andere Swingbands auswählte. Er tanzte leidenschaftlich gern den Lindy-Hop und erwies sich, wie seine Verwandten erinnern, als überraschend guter Tänzer.

Am Lake Hiawatha hatte Greenspan auch mehr Glück mit den Mädchen als an der George Washington High. »Wenn ich mich recht erinnere, hatte er im Sommer stets mehr Verabredungen als ich«, sagt Halpert. »Er suchte sich immer Mädchen, die seiner Mutter ähnlich sahen.«

Außerhalb der Schule nahm Greenspan die Musik immer ernster. Er begann von einer Laufbahn als Profimusiker zu träumen. Zur Ergänzung des Unterrichts, den er an der George Washington High erhielt, nahm er Stunden bei Bill Sheiner, einem der führenden Musiklehrer in New York City.

Sheiner spielte mehrere Instrumente, beherrschte Klarinette, Saxophon, Flöte und Oboe. Er unterrichtete in einem Studio hinter dem Bronx Musical Mart in der 174th Street Ecke Southern Boulevard. Aber Sheiner arbeitete nicht nur als Musiklehrer, sondern spielte auch in einer Unzahl bekannter Orchester.

Die meisten Schüler versuchten, zwei ähnliche Instrumente zu lernen. Greenspan hatte sich für Klarinette und Saxophon entschieden. Seinem Unterricht legte Sheiner diverse Bücher zu Grunde, die auch heute noch benutzt werden: *The Universal Complete Saxophone Method* und *Klosé Complete Clarinet Method*.

»Es war nicht Bills Sache, Kreativität zu lehren. Das können nur wenige«, sagt Ron Naroff, ein Musiklehrer, der in den Vierzigern ebenfalls bei Sheiner Unterricht genommen hatte. »Aber wer mit ihm arbeitete – immer vorausgesetzt, er arbeitete ordentlich –, wurde garantiert ein guter Musiker. Seine Schüler konnten mit jedem spielen.«

Tatsächlich legte Sheiners intensiver Unterricht die Grundlage zur Karriere einer ganzen Reihe bekannter Musiker, darunter Lenny Hambro, Red Press und Stan Getz. Bei Sheiner lernten sich Greenspan und Getz kennen und wurden Freunde. Beide hatten einen ähnlichen Hintergrund – auch Getz kam aus der unteren Mittelschicht und war Jude. Seine Familie wohnte an der Hoe Avenue in der Bronx, wo Getz auf die James Monroe High School ging; sein Vater war Drucker und fand während der Depressionsjahre häufig nur schwer Arbeit.

Greenspan und Getz trafen sich mitunter und tauschten Saxophonlicks aus. Sie führten hitzige Debatten über ihr Idol Benny Goodman. Greenspan war ein Jahr älter als Getz, doch was die musikalische Begabung anging, war ihm Getz Lichtjahre voraus. Er war der erste, der sich ins Musikgeschäft wagte. Mit fünfzehn verließ er die Schule und trat in Jack Teagardens Orchester ein. Getz wurde schließlich zu einer der bedeutendsten Gestalten der Jazzgeschichte, verehrt für seinen unverkennbar *breathy* Saxophonstil, von romantischer Üppigkeit und experimenteller Ruhelosigkeit zugleich. Seine Single »Girl from Ipanema« aus dem Jahr 1963 war eine genresprengende Sensation und einer der größten Pop-Hits aller Zeiten.

Trotz seiner Liebe zur Musik und den Träumen vom Musikerleben blieb Greenspan in der Schule. Er schloss die George Washington High im Jahr 1943 ab, ein Mitglied der Arista Honor Society und Empfänger einer besonderen Belobigung vom Fachbereich Musik der Schule. Das Foto im Jahrbuch zeigt ihn angemessen ernst, das Haar zu einem gemäßigten Entenschwanz zurückgekämmt, einer damals sehr beliebten Frisur.

Unter dem Foto steht folgender Satz: »Schlau wie ein Fuchs und außerdem begabt. Er wird Saxophon und Klarinette für euch spielen.«

2 | JAZZ

Greenspans Leben drehte sich um die Musik. Seine Begeisterung war so groß, dass er unbedingt Berufsmusiker werden wollte. Seine Freunde wie zum Beispiel Stanford Sanoff gingen zur New York University, Vetter Wesley aufs City College, Greenspan jedoch bewarb sich bei der Juilliard School.

Dort, so hoffte er, würde er die Arbeit, die er mit Bill Sheiner begonnen hatte, entfalten und verfeinern können. Doch Juilliard war eine recht elitäre Schule, besonders in jenen Tagen, und selbst wenn es Greenspan dort gefiel, er passte nie so recht zum Pomp des Instituts. Die Juilliard School war 1905 von Frank Damrosch, einem Patenkind des Komponisten Franz Liszt, gegründet worden; die Schule sollte das amerikanische Gegenstück zu den großen klassischen Konservatorien Europas werden. Und Juilliard war tatsächlich eine ernsthafte Schule für ernsthafte Musiker. Sie hat im Lauf ihrer Geschichte viele berühmte Schüler hervorgebracht, darunter den Cellisten Yo-Yo Ma, den Geiger Itzhak Perlman und den Pianisten Van Cliburn. Seine leichtfertigen Benny-Goodman-Ambitionen musste Greenspan an der Garderobe abgeben.

Die Zulassungsbedingungen waren ausgesprochen streng – man musste sich einer mündlichen Prüfung durch Mitglieder des Lehrkörpers stellen. Greenspan, inzwischen siebzehn Jahre alt, stand vor diesem Gremium, die Klarinette in der Hand. Man stellte ihm eine Reihe von Fragen, die seine Kenntnisse des klassischen Repertoires prüfen sollten, und forderte ihn auf, Passagen aus Werken von Bach und Mozart zu spielen, um seine technischen Fähigkeiten auf dem Instrument zu beweisen.

Es gelang Greenspan, die Prüfer zu überzeugen, und er wurde im Wintertrimester 1943 aufgenommen: Hauptfach Klarinette. Er gehörte nun zu einer sehr kleinen und exklusiven Gruppe, die noch kleiner wurde durch die Tatsache, dass der Zweite Weltkrieg tobte. In Greenspans Klasse, die 1945 ihre Abschlussprüfungen ablegen sollte, waren weniger als fünfzig Schüler, und die meisten davon waren Frauen.

Greenspan besuchte den damals *uptown* gelegenen Campus von Juilliard, das Institute of Musical Art an der 122nd Street Ecke Claremont Avenue in Morningside Heights in Manhattan – von seiner Wohnung in Washington Heights ein kurzer Weg mit U-Bahn oder Bus. Klavier, Chor, Musiktheorie, Grundelemente des Notenschreibens nach Diktat und Vom-Blatt-Singen gehörten zu seinen Fächern. Da er im Hauptfach Klarinette studierte, war Arthur Christmann sein Tutor und wichtigster Lehrer.

Christmann, ein penibler, anspruchsvoller Mann, war selbst Juilliard-Absolvent, der zusätzlich an der Columbia University und an der Schule für geistliche Musik des Union Theological Seminary studiert hatte. Als musikalisches Rundum-Talent spielte er neben der Klarinette meisterhaft Klavier, Orgel, Geige und Bratsche. Sein bedeutendster Beitrag zum Bereich der Musik war hingegen eher etwas für Eingeweihte: Er hatte eine »doppelzüngige« Methode des Klarinettespielens erfunden.

Nach allem, was wir wissen, war die Zeit an der Juilliard School nicht gerade inspirierend für Greenspan. Die Schulzeitung jener Tage – die *IMA News* – berichtet minutiös über die Aktivitäten von Greenspans winziger Klasse: über Konzerte der Studenten, über gesellschaftliche Ereignisse und Blutspendeaktionen für verwundete Soldaten und auch darüber, wer Stipendien oder Auszeichnungen erhalten hat. Greenspan wird nicht ein einziges Mal erwähnt.

Jahre später stellte Christmann eine Liste von Studenten zusammen, auf die er im Lauf seiner langen und erfolgreichen Tätigkeit als Lehrer besonders stolz gewesen war. Auch hier taucht Greenspans

Namen nicht auf. Er hat zu Christmann nie ein wirklich enges Verhältnis gefunden – jedenfalls kein solches, wie er das in späteren Jahren an anderen Lehrinstituten zu anderen hervorragenden Lehrern aufbauen konnte.

Einer von Greenspans Kursen hieß »Überblick zum Thema Musik als Beruf«. Dem Kursverzeichnis zufolge sollte es helfen, die Studenten auf Herausforderung und Wettbewerb einer Musikerkarriere vorzubereiten. Doch Greenspan war bereits unruhig geworden. Eines Tages gegen Ende des Jahres 1943 erhielt er einen Anruf von Bill Sheiner. Eine Swingband, die das ganze Land bereiste, suchte nach einem Saxophonisten und Klarinettisten, und Greenspans ehemaliger Lehrer riet ihm, dort vorzuspielen.

Greenspan war begeistert von diesem Vorschlag. Wieso auf der Juilliard School bleiben? Warum Jahre damit verbringen, sich Zeugnisse zu verschaffen – und dabei Kurse zu besuchen wie »Überblick zum Thema Musik als Beruf« – wenn sich ihm solche Möglichkeiten boten? Schon in jungen Jahren neigte Greenspan zum Pragmatismus.

Als Greenspan in Nola's Studios an der West 57th Street vorspielte, sollte er Bandleader Henry Jerome und Jeromes rechter Hand Leonard Garment zeigen, was er konnte. Es gelang Greenspan, auf beide einen guten Eindruck zu machen. Dass er in seinem Lebenslauf keine bedeutende Berufserfahrung aufführen konnte – ganz gleich, ob als Swing-, Jazz- oder sonstiger Musiker – wurde nicht als Handikap betrachtet. Den beiden gefiel, dass er ein »richtiger« Musiker mit einer gewissen Ausbildung war. Jerome bot ihm die Stelle für 62 Dollar die Woche an, Greenspan akzeptierte, und am 6. Januar 1944 – knapp ein Jahr nach seiner Aufnahme – verließ er die Juilliard School wieder.

Er war jetzt Mitglied von Henry Jerome and His Orchestra.

»Alan war gut, obwohl er nicht in erster Linie Jazzmusiker war«, erinnert sich der inzwischen einundachtzigjährige Jerome. »Ich habe ihn engagiert, weil er ein hervorragender Musiker war, aber ich habe ihn nicht improvisieren lassen.«

»Er war als Musiker gut in der Gruppe«, stimmt der fünfund-siebzigjährige Garment zu. »Er hat die Noten korrekt gespielt und ging in seiner Gruppe auf. Man hört die einzelnen Musiker nicht heraus. Es geht ja gerade darum, sie nicht einzeln zu hören. Sie sollen Teil eines Ensembles sein.«

Greenspan ist in seinem Leben einer ganzen Reihe faszinieren-der Persönlichkeiten begegnet, Jerome und Garment waren gewiss zwei der interessantesten unter ihnen.

Jerome hatte seine Karriere als Trompeter als Zwölfjähriger be-gonnen und war schon damals in ganz New England unterwegs gewesen. Während der High School hatte er sich vier Monate frei genommen, um auf einem Ozeandampfer zu spielen. Auch er hat die Juilliard School besucht, hat das Institut ebenfalls vorzeitig verlas-sen, danach seine eigene Band gegründet, und seit Ende der dreißi-ger Jahren war er ununterbrochen auf Tournee gewesen und hatte sich auf *Chitlin Circuit*, das Gegenstück des Swing, spezialisiert. Er hatte auf Dampfern musiziert, in Casinos, im Paradise Ballroom in der Bronx und im Nevele im Borscht Belt oben in den Catskills. Auf den jungen Greenspan muss er sehr weltgewandt gewirkt haben.

Der neunzehnjährige Lenny Garment gehörte zur Saxophonsek-tion der Band, war ein guter Freund Jeromes und dessen Spürnase für Talente. Geborener New Yorker und unter ganz ähnlichen Um-ständen aufgewachsen wie Greenspan, hatte Garment während sei-ner Kindheit Stickball und Stoopball in Brownsville in Brooklyn gespielt. Wie Greenspan war auch Garment Jude. Seine Eltern waren aus Osteuropa eingewandert.

Greenspan und Garment teilten die Erfahrung, eine liebevolle Mutter und einen abwesenden Vater zu haben. Allerdings hatte Greenspans Vater die Familie tatsächlich verlassen, während Gar-ments einfach nur ununterbrochen arbeitete und seinen Kindern deshalb fremd geworden war.

So wie Rose Greenspan auch liebte Garments Mutter die Musik leidenschaftlich. Nach ihrer Ankunft in Amerika hatte sie bald eine Stelle als Kellnerin im Wallenstein and Gershwin Restaurant in der Lower East Side angenommen. Manchmal musste sie George, den

Alan Greenspan (rechts außen) in der Saxophongruppe
von Jeromes Orchester

kleinen Sohn der Familie Gershwin, hüten. Gershwins Erfolg mit Meisterwerken wie *Porgy and Bess* und *Rhapsody in Blue* machten ihr sehr auf eine sehr eindrückliche Weise deutlich, was in ihrer neuen Heimat Amerika möglich war.

Henry Jeromes umherreisendes Orchester bestand aus fünf Blechbläsern, vier Saxophonisten, einem Pianisten, einem Schlagzeuger, einigen weiteren Instrumentalisten und einem Sänger. Greenspan sollte Klarinette, Tenorsaxophon und hin und wieder Flöte spielen. Damit gehörte er zu einer großen Band, doch lagen Welten zwischen diesem Orchester und denen von Benny Goodman, Glenn Miller oder Artie Shaw. Was Talent oder Beliebtheit anging, konnte Henry Jerome diesen Orchestern nicht das Wasser reichen. Seine Band war gut, aber ihren Namen hatte sie nicht wegen inspirierter Arrangements oder verblüffendem musikalischen Können.

Für Greenspan war das im Grunde ein Segen. Ihm gefiel die

Musik des Orchesters, und gerade weil es im Ensemble vor Talenten nicht gerade wimmelte, konnte er mithalten.

Unter den Swingbands und ihren Stilrichtungen galt Jeromes Orchester als »sweet«. Die Band spielte in Hotels und Casinos und ähnlichen, eher dem Mainstream verpflichteten Clubs das, was damals als »businessman's bounce« bekannt war. Paare mittleren Alters wagten sich auf die Tanzfläche und bewegten sich träge zu den Klängen von »All the Things You Are« und »Stardust«. Am ehesten lässt sich Henry Jeromes Band in Stil und Geist mit Guy Lombardos Orchester vergleichen, das für sein zuckersüßes Neujahrslied »Auld Lang Syne« gefeiert wurde.

Auch Henry Jerome and His Orchestra hatte einen eigenen Erkennungssong. Mit »Nice People« – ein wirklicher »Süßstoff« – eröffnete die Band jeden ihrer Auftritte:

Nice people, hello and good cheer
Nice people, we're glad that you're here
It's always fun to get together again
Just like the sun you bring fair weather again.

Nice people, be happy awhile
Nice people, let's start with a smile
It will seem like forever, til we run into
Such nice, nice people like you.

Greenspan bereiste mit Jerome die gesamte Osthälfte der Vereinigten Staaten. Mal war die Band mit dem Bus unterwegs, mal mit dem Zug, aber auch mit einer Karawane von Leihwagen, deren Nachhut ein LKW mit den Instrumenten bildete. Die Heimat des Orchesters war New York City, doch es war häufig monatelang unterwegs. Lieber als nur für eine Nacht ließen sie sich für mehrere Abende oder gleich eine ganze Woche verpflichten; so spielten sie zum Beispiel im Claridge Hotel in Memphis, in Jimmy Brink's Lookout House in Covington, Kentucky, oder im Blue Room des Hotel Roosevelt in New Orleans.

Greenspan und Garment, beide Stadtkinder, hatten zuvor nie Gelegenheit gehabt, so weit herumzukommen. Sie genossen das Umherreisen. Besonders gefiel es Greenspan, wenn er vor den Gigs im Surf Club in Virginia Beach noch Zeit hatte, einen faulen Nachmittag mit Schwimmen und Sonnenbaden zu verbringen.

Anders erging es Jerome. Das unstete Leben aus dem Koffer begann dem Bandleader, der mit seinen sechsundzwanzig Jahren bereits ein hartgesottener Veteran des Tourneelebens war, an den Nerven zu zehren. »Es ist ein altes, abgenutztes Klischee«, sagt Jerome, »doch nach einer Weile kommen einem tatsächlich alle Städte gleich vor. Man wacht morgens auf und ist in einem Hotel. Es wird zur Routine.«

Jerome war der endlosen Touren, des Geldmangels, des Wartens auf den Ruhm, der sich nicht einstellen wollte, müde. Dabei hatte die Swing-Ära Mitte der Vierziger ihren Höhepunkt bereits überschritten. Für über ein Jahrzehnt, seit Benny Goodmans legendärer Auftritt im Palomar Ballroom in Los Angeles diese Musik ins Rampenlicht gebracht hatte, war Swing der beliebteste Musikstil. Langsam hatten die Leute genug von Lindy Hop und Jitterbug. Sie waren bereit für etwas Neues, und das sollte ihnen der Bebop liefern. Für Greenspan ergab sich daraus ein wahrhaft bizarres Kapitel in seiner kurzen Laufbahn als Musiker.

Nach den Entwicklungslinien der populären Jazzmusik war es nur natürlich, dass der Bebop den Swing ablöste: Swing in einer neuen und verbesserten Rezeptur, rauer, fordernder, musikalisch komplexer.

Wie den Swing, hatten schwarze Musiker auch den Bebop entwickelt. Die wahren Ahnen des Swing sind Count Basie, Duke Ellington und Fletcher Henderson. Aber Benny Goodman und andere weiße Musiker haben den Swing beim Durchschnittspublikum populär gemacht. Auf dem Höhepunkt der Swing-Ära begannen die Pioniere des Bebop, Musiker wie Earl Hines, Charlie Parker, Dizzie Gillespie und Dexter Gordon, in neue musikalische Dimensionen vorzustoßen.

Der Bebop erhöhte sozusagen den Einsatz. Es war die Musik von jungen Musikern, die mit Louis Armstrong und Duke Ellington aufgewachsen waren. Nun wollten sie ihre eigene Stimme entwikkeln. Sie schufen einen Klang, der direkt und urban war und in dem sich die stetige Wanderung der Schwarzen in die großen Städte des Nordens widerspiegelte. Der Bebop verlangte auch eine aktivere und introspektivere Hörerfahrung. Während Swing im Grunde Tanzmusik war, Unterhaltung für einen schönen Abend, war Bop etwas für Kenner.

Sich in diese Richtung zu bewegen, war schon für die Glenn Millers dieser Welt Herausforderung genug – wie also erst für Musiker vom Schlage eines Henry Jerome. Wirklich schwierig wurde es für Greenspan: Weder war er vom neuen Stil sonderlich begeistert, noch war er tatsächlich ein Virtuose. Doch wenn Bebop der neue Trend war, dann war auch Greenspan Profi genug und kein Spielverderber: Er versuchte mitzuhalten.

Es war vor allem Garment, der die musikalische Neuorientierung der Band anstieß und vorantrieb. Wann immer er konnte, war der allem Neuen aufgeschlossene Garment durch die Clubs von New York City gezogen. Er saß in Minton's and Monroe's Uptown House in Harlem, besuchte Kelly's Stable und die Three Deuces Downtown an der West 52nd Street, die auch als Swing Alley bekannt war. So bekam er die ersten Signale einer musikalischen Revolution mit. Und ihm gefiel, was er hörte.

Aufgeregt und inspiriert kam Garment Ende 1944 mit seinen neuen Erlebnissen zu Jerome. »Schau, was da passiert«, sagte er zu Jerome. »Bop ist der neue Trend. Diese Musik wird den Swing ablösen. Die wirklichen Musiker – das ist es, was sie spielen wollen. Das ist die Musik, die in ihren Herzen erklingt.«

Es war ein verrückter Plan. Doch Jerome hatte genug von den alten Zeiten und witterte eine Chance. Viel zu verlieren hatten sie nicht. Andere Bandleader – zum Beispiel Tommy Dorsey oder Claude Thornhill – waren äußerst erfolgreich gewesen, sie konnten gar nicht anders, sie mussten die Erwartungen ihrer Zuhörer weiterhin befriedigen. Sie konnten es sich nicht leisten, plötzlich in eine neue

Richtung zu stürmen. Aber Henry Jerome and His Orchestra war ohnehin in einer Sackgasse gelandet.

Greenspan hatte bei einer »sweet band« angeheuert und sollte nun zu einer ganz besonderen Bebop-Big-Band gehören. Bald schon erhielt er das neue Outfit – ein schrill gelbes Sakko, braune Hosen, braune Krawatte. Jerome verzichtete künftig auf »Nice People« als Eröffnungsnummer.

Garment sollte recht behalten – alle, die etwas konnten, wollten Bebop spielen. Die neue Band zog rasch ein paar sehr begabte junge Musiker an, darunter Al Cohn und Norman »Tiny« Kahn, zwei Freunde aus Garments altem Viertel. Kahn war Schlagzeuger, den Spitznamen »Tiny« hatte er sich wegen seiner knapp 300 Pfund Körpergewicht zugezogen. Cohn spielte Tenorsaxophon.

Ein weiterer Neuzugang war Johnny Mandel, gerade neunzehn Jahre alt, als er sich der Henry Jerome Band als Arrangeur und Posaunist anschloss. Er sollte später einen Oscar, vier Grammies und drei Emmy-Nominierungen einspielen und von Frank Sinatra über Michael Jackson bis Natalie Cole mit vielen Berühmtheiten arbeiten.

Einigermaßen schwierig war es 1944 allerdings, an Engagements zu kommen. Im Lauf der Jahre hatte sich Loew's State Theater in Hartford, Connecticut, als zuverlässiger Auftrittsort erwiesen. Nun schüttelte man dort verwirrt den Kopf. Man wusste einfach nicht, was man mit dieser neuen Bebop-Band anfangen sollte. Der einzige Gig, den Jerome auftreiben konnte, war in Child's Restaurant am Times Square, wo er schon in seinem ersten Jahr als Bandleader gespielt hatte.

Child's war riesig; direkt unterhalb des Paramount Theater gelegen, konnte es 1500 Besucher aufnehmen. Es war wie ein Bunker, nichts als Beton und Gips und eine entsprechend grauenhafte Akustik. Als die Band auf die Bühne kam, waren die Gäste auf ein wenig »businessman's bouncing« zu den vertrauten Klängen von »Stardust« eingestellt. Statt dessen traf sie ein Sperrfeuer aus hupenden Saxophonen, quäkenden Klarinetten und ekstatischen Trommelwirbeln. Die Gäste blieben sitzen, aßen weiter und versuchten, den Lärm zu überhören.

Die Auftritte im Child's Restaurant waren auch dem Ruf der Band als Radioorchester nicht gerade förderlich. Damals liefen zur besten Sendezeit meist Krimihörspiele und Komödienserien, darauf folgten die Nachrichten. Um 23 Uhr dann wurden, häufig live, Auftritte diverser Bigbands übertragen. Henry Jerome and His Orchestra war zwar nie ein Starorchester gewesen, doch waren sie immer wieder im Rundfunk zu hören. Seit die Band bei Child's spielte, geschah das immer seltener, und wenn, dann wanderten die Sendezeiten immer tiefer in die Nacht.

Garment hatte erwartet, dass der Bebop eine Musik für Musiker sei. Und tatsächlich waren die Musiker die einzigen, die sich für Henry Jeromes neue Band interessierten. Das Orchester selbst war inzwischen voll besetzt mit begabten jungen Leuten. Bei jedem Auftritt waren unter den Zuhörern viele Musikerfreunde der Bandmitglieder. Und die Kunde verbreitete sich. »Alle kamen, um uns zu sehen«, erinnert sich Mandel. »Was die Jazz-Bruderschaft anging, war es das reinste Who's Who.«

So sei eines Abends Dizzy Gillespie bei Child's aufgetaucht, um sich die Band anzuhören. Eine schöne Vorstellung: da kommt einer der ganz großen Künstler des Jazz, um mitzuerleben, wie der künftige Chairman der Fed, Greenspan, Saxophon spielte. Aber Greenspan war nur Sektionsmusiker. Nie wurde er aufgefordert aufzustehen und ein Solo zu spielen. Wahrscheinlich konzentrierte Gillespie Augen und Ohren auf Mandel oder Al Cohn.

Mit diesem Zustrom von Jugend und mutigen Talenten wurde Henry Jeromes Orchester jeden Augenblick wilder. Normalerweise spielte die Band eine halbe Stunde und machte dann eine halbe Stunde Pause. Es war Garments und Greenspans Job, die Mitglieder wieder zusammenzutreiben, wenn die Pause zu Ende ging. »Wir mussten sie aufstöbern und wieder auf die Bühne bringen«, erzählt Garment. »Häufig hockten sie irgendwo in einer dichten Rauchwolke.«

Besonders beliebt war ein Tunnel, der das Paramount Theater mit Walgren's Drugstore verband und in dem sich Münzfernsprecher befanden. Garment erinnert sich, wie er diesen Tunnel betrat und

*Am Saxophon (erster von links) während eines Live-Auftritts
mit Henry Jerome and His Orchestra*

diverse gelbe Sakkos erspähte, alle ordentlich aufgereiht. Die Musiker taten, als telefonierten sie, aber tatsächlich wurde ein Joint herumgereicht.

Greenspan hielt sich von solchen Umtrieben fern. Tatsächlich wurde er umso bürgerlicher, je wilder die Band wurde. Nach und nach legte er bisher verborgene und lange unterdrückte Buchhaltertendenzen an den Tag, führte die Bücher der Band und half Kollegen bei ihren Steuererklärungen. Während der Pausen las er Wälzer über Volkswirtschaft, die er sich aus der Bibliothek ausgeliehen hatte. Das Thema schlug ihn in Bann.

»Alan war nur noch in seinen Büchern versunken«, sagt Mandel. »Ich erinnere mich daran, wie offen und ehrlich er war. Wenn er etwas sagte, dann wusste man, dass es ihm ernst war.«

Greenspan war sehr zurückhaltend. Von Garment, mit dem er eine sehr herzliche Beziehung hatte, einmal abgesehen, hatte er nur noch zu Evan Aiken, einem Baritonsaxophonisten, engeren Kontakt.

Aiken war ein ruhiger, konzentrierter Mensch. Er glaubte intensiv an die so genannte Technokratie-Bewegung, die in den dreißiger Jahren eine Sensation bewirkt hatte. Die Technokratie-Bewegung war der Ansicht, dass alle Macht an eine Elite von Wissenschaftlern übergeben werden sollte, die auf dem Hintergrund von wirtschaftlichen Einheiten, den »energy determinants«, ein Utopia schaffen würden. Ziemlich wirres Zeug, doch 1932, auf dem Höhepunkt der Depression, fanden solche Ideen bei vielen Interesse. Der Gründer der Technocracy-Bewegung, Howard Scott, war ein charismatischer Scharlatan, zu gleichen Teilen fundamentalistischer Prediger und Wundermedizin-Verkäufer.

Greenspan und Aiken versenkten sich in ernsthafte, leise geführte Gespräche. Jackie Eagle, ein Trompeter der Band, erinnert sich, dass Aiken eher ein Wissenschaftsfan als Jazzmusiker war. »Er und Greenspan waren wahrscheinlich die einzigen unter uns, die sich noch für etwas anderes als Musik interessierten. ... Damals hatten wir viele gute Musiker, die auf ihre eigene Weise ziemlich wild waren. Greenspan war ein netter Junge, aber er gehörte nicht zu uns. Er trieb sich nicht mit uns rum. Wenn wir Witze rissen und lachten, saß er nur da und las und kümmerte sich um seinen eigenen Kram.«

Im Jahr 1945 schaute Schulfreund Bill Callejo in Child's Restaurant vorbei. Callejo war – obwohl eigentlich noch zu jung dafür – der National Guard beigetreten und hatte später eine Fliegerschule besucht. Er hatte keine Ahnung, dass Greenspan zu Henry Jeromes Orchester gehörte, die beiden hatten im Durcheinander der Kriegsjahre den Kontakt vollkommen verloren. Callejo war nur ein typischer Soldat auf Urlaub, der sich die Zeit am Times Square vertreiben wollte.

»Ich schaue genauer hin, und da steht Alan und spielt auf seiner Lakritzstange«, erzählte er. »Alle waren weg, alle waren irgendwo als Soldat. Ich weiß nicht mehr, wo die alten Kumpels sind. Das letzte, was ich erwartet hätte, war Alan, der mit seiner Klarinette da oben steht. Ich winke ihm, und er winkt zurück.« In der nächsten Bandpause hatten die beiden einander viel zu erzählen. »Du bist in Uniform«, sei das erste gewesen, was Greenspan sagte.

»Und du nicht«, habe Callejo erwidert.

Greenspan erklärte, dass er als F-4 eingestuft worden sei, weil man beim Röntgen einen Schatten auf seiner Lunge entdeckt hatte. Später sollte sich der Befund als harmlos erweisen.

Die beiden Freunde hatten unendlich viele Fragen und erzählten einander atemlos, wohin das Leben sie seit der High School geführt hatte. Dann war die Pause vorüber. Greenspan kehrte auf die Bühne zurück. Callejo wartete weiterhin, auf einen Flugzeugträger im Pazifik oder eine Basis auf den Philippinen versetzt zu werden.

Solange Greenspan bei der Band war, wurde nicht eine Schallplatte eingespielt. Sowohl frühere als auch spätere Zusammensetzungen von Jeromes Bands taten das, aber nicht das Orchester der Bebop-Zeit. Dem standen drei große Hindernissen entgegen. Erstens versprach ein experimentelles Orchester, das überwiegend mit Teenagern besetzt war, nicht gerade die »nächste Sensation«, zumindest nicht 1945. Und selbst wenn man der Band das abgenommen hätte: Es herrschte Aufnahmestreik der Musiker. Der Streik hatte im Sommer 1942 auf Drängen von James Caesar Petrillo begonnen. Der Vorsitzende des amerikanischen Musikerverbandes befürchtete, dass die Leute künftig nur noch Platten kaufen und dann zu Hause bleiben, die Orchester also vor leeren Sälen spielen würden.

Dieser Streik endete schließlich kurz vor Kriegsende. Doch es gab noch ein drittes Problem. Schellack – dieses starre und ausgesprochen zerbrechliche Material, das für die alten Platten mit 78 Umdrehungen benutzt wurde – war Mangelware, die Vorräte wurden für den Krieg gebraucht. Um das Material zu strecken, begannen Firmen wie Columbia Records Platten herzustellen, die aus einer Pappscheibe bestanden, die nur von einer dünnen Schellackschicht überzogen waren. Und offensichtlich hielt niemand Henry Jeromes Orchester für würdig, diese kostbaren Schellackrationen für sich zu beanspruchen.

Aber obwohl die Band nie offiziell eine Platte aufnahm, gab es gegen Ende des zweiten Weltkriegs, als das Militär mit seinem so genannten V-Disk-Programm begann, diverse inoffizielle Aufnah-

men. Das »V« stand für Vinyl, einem neuen Material zur Platten-
herstellung. Um die Moral der Truppen zu stärken, wurden Bausätze
mit einem Phonographen, einem Päckchen Nadeln und einem Stapel V-Disks an die Soldaten in Übersee verschickt. Einige der be-
kanntesten Musiker dieser Zeit nahmen V-Disks auf, darunter Frank
Sinatra, Bing Crosby und Harry James. Henry Jerome and His
Orchestra fügten ihre Musik dieser Liste hinzu, um die kämpfende
Truppe zu unterstützen.

Greenspan ist auch auf einigen Privataufnahmen zu hören, die
Jerome machte. Dies war in den vierziger Jahren, in einer Zeit, in der
es noch keine Tonkassetten gab. Man konnte also nicht einfach einen
kleinen Recorder einschalten und einen Auftritt mitschneiden. Statt
dessen benutzte Jerome Direktaufzeichnungen auf Platten, bei der
eine Nadel direkt auf ein Material namens Glasacetat schrieb.

Dies tat er an Abenden, an denen die Band wirklich gut war. Es
war wie die Videoaufnahme eines Fußballspiels – ein privater Mitschnitt, so dass die Musiker Augenblicke noch einmal hören konnten, in denen sie in Bestform gewesen waren. Jerome hat gut zwei
Stunden Musik seiner Bebop-Band auf solchen Glasacetatplatten
mitgeschnitten.

Jahre später, als viele Bandmitglieder berühmt geworden waren,
überspielte Jerome vier Songs von Glasacetat auf CD. Er bot die
Aufnahmen diversen Plattenfirmen an, aber ohne Erfolg. Allerdings
verfügt das Institute of Jazz Studies der Rutgers University– eines
der besten Musikarchive der Welt – über eine Kopie von *A Taste of
Crazy Rhythm*, auf der Greenspan, Jerome, Garment, Cohn, Mandel, Tiny Kahn und die anderen spielen. Die vier Songs sind »Vitali-
ze«, »Tea for Two«, »Etonize« und »It's a Wonderful World«.

1945 beendete Jerome das Experiment mit dem Bebop. »Geschäftlich
gesehen war es ein großer Fehler«, sagt er heute. »Es kommt immer
auf den Zeitpunkt an, und wir waren einfach zu früh dran. Die Leute
wussten nicht, was wir taten.«

Dennoch, die Band hatte sich einen kleinen Platz in der Musikge-
schichte erworben. »Henry Jerome hatte nicht unbedingt eine der

größten Bands«, sagt Loren Schoenberg, Dirigent und Jazzhistoriker. »Der Grund, über Jerome zu sprechen, der Grund seiner Bedeutung, liegt darin, dass ein paar wunderbare Musiker einige Zeit in seiner Band spielten.«

Jerome selbst wandte sich rasch dem nächsten Trend zu. Er gründete eine neue Band mit dem Namen Brazen Brass. Später arbeitete Jerome für Plattenfirmen wie Decca, MCA und United Artists. Er war auch als Komponist erfolgreich – seine Songs sind von so unterschiedlichen Musikern wie Burt Bacharach, den Beatles und Shania Twain aufgenommen worden.

Greenspan blieb nicht bis zum bitteren Ende; ein paar Monate vor der Auflösung des Orchesters trat er aus. Das Spielen in einer Bebop-Band hatte ihn nie besonders angeregt, zudem hatte ihm das Zusammenspielen mit so überwältigenden Talenten wie Al Cohn genau gezeigt, was es brauchte, um ein großer Musiker zu werden – er begriff, dass er diesen Anforderungen nicht entsprach. »Ich war ein ziemlich guter Amateurmusiker«, sagte er viele Jahre später, »aber als Profi war ich nur Durchschnitt, und das wusste ich auch. Man merkt ziemlich schnell, wie gut einige Berufsmusiker sind. Mir wurde klar, das ist angeboren. Man hat es oder man hat es nicht. … Also wurde mir klar, wenn das alles war, was ich erreichen konnte, dann hatte ich mir den falschen Beruf ausgesucht.«

Garment erging es ähnlich. Auch er war gezwungen, sich jeden Abend an Cohn zu messen. Es machte beiden Männern ihre Grenzen schmerzlich bewusst.

Weder Greenspan noch Garment haben je wieder versucht, als Profis zu spielen. Ihre Wege führten sie in sehr unterschiedliche Richtungen. Doch sorgten seltsame Wendungen dafür, dass sie sich zu einem sehr entscheidenden Zeitpunkt wieder begegnen sollten.

3 | Zu neuen Horizonten

Nachdem Greenspan Henry Jeromes Band verlassen hatte, schrieb er sich an der New York University ein. Auch nach seiner Zeit an der Juilliard School und einer Tour durch die Jazzwelt war er sich noch unsicher, worin seine wahre Berufung bestand. Zuletzt aber entschied er sich dafür, das Musikerleben aufzugeben und sich seiner anderen Leidenschaft zu widmen – den Zahlen.

Während der vierziger Jahre war die NYU in vielerlei Hinsicht das absolute Gegenteil von Juilliard. War dies Institut gegründet worden, um im hehren Reich der klassischen Musik mit den großen Konservatorien wettzueifern, dann war die NYU im Jahr 1831 mit einem viel bescheideneren und pragmatischeren Ziel angetreten. Das New York des neunzehnten Jahrhunderts war dabei, sich zu einer Weltstadt zu entwickeln, einer, die mit Paris oder London durchaus gleichziehen konnte. Gebraucht wurde eine Universität, die ihre Absolventen auf die Gewerbe vorbereitete, die eine solche Stadt brauchte: Buchhaltung, Einzelhandel und Ingenieurwesen.

Greenspan begann sein Studium an der School of Commerce der NYU, die inzwischen in Stern School of Business umbenannt wurde. Im Lauf der Zeit hat eine entwickeltere Volkswirtschaft höhere Anforderungen an die Ausbildung gestellt, und die Stern School ist zu einer Eliteinstitution geworden. Als Greenspan an der School of Commerce begann, trug sie allerdings noch den Spitznamen »die Fabrik«; ihre Absolventen spezialisierten sich auf Immobilien, Versicherungen und kommunale Versorgung. Die Studentenzahl entsprach der Vorstellung von einer »Fabrik«: Allein in Greenspans Fachbereich studierten 9000 Studenten; nicht zuletzt eine Folge davon, dass die Kriegsheimkehrer die GI Bill of Rights zur Wiedereingliederung ehemaliger Soldaten nutzten.

Der Unterricht fand auf dem Greenwich Village Campus der NYU statt, in diversen Gebäuden rings um den Washington Square. Greenspan war unter den wenigen Auserwählten, die einen Abschluss in dem Fach Volkswirtschaft anstrebten. Während seines Studiengangs sollte er es mit den unterschiedlichsten Professoren zu tun bekommen. Da war zum Beispiel Walter Spahr, der Leiter des Fachbereichs Volkswirtschaft, ein angenehmer Mensch, dessen Lehrmethoden allerdings alles andere als mitreißend waren.

Er begann seine Stunden damit, dass er die Studenten aufforderte, die Lehrbücher zu öffnen.

»Haben Sie Fragen zu Seite eins?«

Keine Antwort.

»Haben Sie Fragen zu Seite zwei?«

Keine Antwort.

»Haben Sie Fragen zu Seite drei?«

Und so ging es weiter und fand für gewöhnlich seinen Höhepunkt in: »Nun, da Sie offensichtlich schon alles wissen, schließen Sie jetzt Ihre Bücher, wir machen einen kleinen Test.«

Greenspan war versessen darauf, etwas zu lernen – er wollte sich wirklich ins Thema versenken. Also las er auch Bücher, die nicht auf der Literaturliste standen. Eines davon war *The Economics of J.M. Keynes* von Dudley Dillard, eine der ersten Veröffentlichungen über die Arbeit des bekannten britischen Volkswirtschaftlers.

Keynes war damals etwas ganz Neues. Mit seiner Schrift *Allgemeine Theorie der Beschäftigung, des Zinses und des Geldes*, veröffentlicht im Jahr 1936, lieferte er ein herausforderndes und von Grund auf neues Rezept zur Bewältigung wirtschaftlicher Abwärtsbewegungen. Nach Keynes war es nicht notwendig, einfach zu warten, bis eine Rezession oder Depression zu Ende war, wie es bis dahin praktiziert worden war. Statt dessen konnten Regierungen der Ökonomie ihres Landes zum Aufschwung verhelfen, indem sie Geld in öffentliche Projekte investierten. Diese Ausgaben in schweren Zeiten würden sicher zu Haushaltsdefiziten führen, allerdings könne man, wenn die Wirtschaft sich wieder stabilisiert hatte, die Ausgaben einschränken und die Regierungsschulden abzahlen.

Keynes' revolutionäre Ideen waren von Roosevelt mitten in der Depressionszeit aufgegriffen worden. Die US-Regierung hatte, zur letzten Zuflucht für Arbeitsuchende geworden, Menschen dafür bezahlt, Straßen zu bauen und Wände anzustreichen. Innerhalb von ein paar Jahren, zu Beginn des Zweiten Weltkriegs, war die Regierung zum wichtigsten Arbeitgeber geworden. Die industrielle Produktion schlug schließlich eine schnellere Gangart an, um das Land im Krieg zu unterstützen, und die Vereinigten Staaten wurden aus der Depression gerissen.

Nach dem Zweiten Weltkrieg befürchteten viele, dass die Wirtschaft ohne den Antrieb durch die Regierung wieder in den Abgrund sacken würde. Intervenieren oder nicht – das wurde zur großen Frage, und Keynes' Theorie lieferte die Bedingungen und den Kontext. »Ich erinnere mich, wie Greenspan immer mit diesem Dillard-Buch herumlief«, erzählt Robert Kavesh, ein Freund und Kommilitone von der NYU.

Greenspan und Kavesh verabredeten sich häufig in Pausen zwischen den Seminaren. Weil der Stundenplan der NYU vom Morgen bis Mitternacht ging, konnten »Pausen« recht lange sein. Man hatte vielleicht ein Seminar um 10 Uhr und ein weiteres um 14 Uhr. Greenspan und Kavesh gewöhnten sich an, im Washington Square Park spazieren zu gehen.

Dabei vertrieben sie sich die Zeit, indem sie klassische Melodien summten und pfiffen, oder sie versuchten, einander bei »Wer ist der Komponist?«-Ratespielen zu übertrumpfen. Sie stürzten sich in endlose Debatten über Baseball. Kavesh war Yankees-Fan, Greenspan blieb den Dodgers treu. Sie stritten auch darüber, wer besser an der Second Base war, Brooklyns Eddie Stanky oder Joe Gordon von den Bronx Bombers.

Manchmal unterhielten sie sich stundenlang einfach nur damit, im Park zu sitzen und den Mädchen nachzuschauen. »Wir saßen einfach da und glotzten und sagten, ›Die ist hübsch, die ist hübsch, und die da‹ – wie es Jungs eben so tun«, erinnert sich Kavesh.

Mit einem dieser Mädchen tatsächlich in Kontakt zu kommen, war etwas ganz anderes. Gegen die Kriegsheimkehrer – echte Helden mit aufregenden Geschichten über exotische Länder – hatten Greenspan und Kavesh keine Chance. »Greenspan war wirklich nicht sonderlich gesellig«, erinnert sich die Kommilitonin Betty Schwimer, geborene Betty Shapiro. »Er hielt sich meistens im Büro des Fachbereichs auf. Er hatte es mit Hemden und Krawatten, war immer gut angezogen, nicht wie wir anderen. … Ich hielt ihn für eine Art Sonderling.«

Kavesh seinerseits versuchte eher, in Rockaway in Queens, wo er aufgewachsen war, die Bekanntschaft von Mädchen zu machen. Dort hatte er zumindest den Heimvorteil. Greenspan folgte derselben Strategie und versuchte, Mädchen in Washington Heights kennen zu lernen, wo er immer noch bei Mutter und Großeltern wohnte. Wie sich Kavesh erinnert, hatte er in jenen Tagen auch dort kein sonderliches Glück. »Ich glaube, das war eine jener Zeiten in seinem Leben, in denen der Fang ausgesprochen schlecht war, wie man sagt.«

Und doch waren es goldene Tage. Während ihrer Spaziergänge und Gespräche im Washington Square Park schlossen Greenspan und Kavesh eine Freundschaft, die ein Leben lang halten sollte. Kavesh sollte schließlich in Volkswirtschaft promovieren und selbst an der NYU lehren. Er war unter Greenspans Lehrern, als dieser in den sechziger und siebziger Jahren an der NYU Graduiertenseminare belegte.

Ein weiterer Lehrer Greenspans während seiner ersten Zeit an der NYU war Geoffrey Moore. Moore war als Gastdozent vom Statistischen Bundesamt gekommen, und auch er erwies sich als berüchtigt schlechter Dozent. Häufig starrte er nur auf seine Schuhspitzen und murmelte vor sich hin. Doch im Unterschied zu Greenspans anderen Professoren an der NYU war er auf seinem Fachgebiet ungemein bewandert. Für seine Arbeit über maßgebliche ökonomische Indikatoren erhielt Moore 1995 den Distinguished Fellow

Award der American Economic Association – eine Ehre, die kaum hinter dem Nobelpreis zurückstehen muss. Moores »Future Inflation Gauge« (FG) sollte sich als einer der Indikatoren erweisen, auf die sich Greenspan als Chairman der Fed am liebsten verließ.

Moore unterrichtete an der NYU Statistik. Eines der Lehrbücher, auf die er sich stützte, war *Measuring Business Cycles*, 1946 von Arthur Burns und Wesley Mitchell herausgegeben. Wie bei Keynes' *Allgemeiner Theorie* handelte es sich auch bei diesem Buch um ein epochemachendes Werk. Mitchell war einer der Gründer des NBER, Burns bedeutender Lehrer und Forscher an der Columbia University. Als Greenspan und die anderen Studenten *Measuring Business Cycles* lasen, erhielten sie einen Vorgeschmack auf die rigorose Herangehensweise des Statistischen Bundesamts bei der Beschaffung ökonomischer Daten und dem Aufstellen von Statistiken.

Wenn der berühmte Moore unterwegs war oder Vorlesungen hielt, übernahm ein junger Associate Professor namens Ernest Kurnow die Statistikkurse. Er erinnert sich lebhaft an Greenspan: »Er verfügte über eine intellektuelle Neugier, die einfach nicht zu befriedigen war. Er war stets ruhelos, nervös, konnte nie genug lernen. Ich hatte das sichere Gefühl, dass es dieser Mann noch zu etwas bringen würde.«

Kurnow erhielt 1960 eine volle Professur an der NYU und unterrichtete dort während der zweiten Hälfte des 20. Jahrhunderts. Im Verlauf seiner gesamten Lehrtätigkeit sei ihm nur ein einziger weiterer Student begegnet, der den gleichen Wissensdurst an den Tag gelegt habe wie Greenspan, nämlich Harvey Golub (NYU Abschluss 1961), der spätere CEO von American Express.

Wie damals an der George Washington High und ganz anders als während seiner kurzen Zeit an der Juilliard School trat Greenspan an der NYU zahlreichen Vereinigungen bei. Er spielte Klarinette im Universitätsorchester und sang im Glee Club; er leitete zudem die Symphonic Society. Diese Vereinigung hatte sich zum Ziel gesetzt, »den musikalischen Geschmack und die Maßstäbe der Wirtschaftsstudenten zu verbessern«. Man traf sich jeden dritten Donnerstag, Greenspan legte Schallplatten auf, und die Studenten versuchten, die Stücke zu erraten – eine organisiertere Version des Spiels, das Greenspan und Kavesh im Washington Square Park gespielt hatten. Es gab auch hin und wieder Gastvorträge von Angehörigen des Fachbereichs Musik der NYU.

Daneben war Greenspan Leiter der Economics Society, einer Organisation, die jeden Monat eine Vorlesung eines professionellen Volkswirtschaftlers arrangierte. Unter den Gastdozenten waren Solomon Fabricant vom Statistischen Bundesamt und Martin Gainsburgh, leitender Volkswirtschaftler des National Industrial Conference Board, eines Instituts für Wirtschaftsforschung.

An der NYU verbrachte Greenspan eine anregende Zeit. Er wurde sogar in einem Artikel in der *New York Times* erwähnt, der eines seiner Referate mit dem Titel »Profite aus kleinen Betrieben« zitierte. Dies war das erste von buchstäblich Millionen Malen, dass sein Name gedruckt werden sollte.

1948 schloss Greenspan sein Studium ab, er erwarb den Bachelor of Science mit summa cum laude. Mit Ausnahme von zwei »B«s im ersten Trimester hatte er ausschließlich Bestnoten.

Der nächste Schritt führte ihn an die Columbia University. Ende der vierziger Jahre bot Columbia einen der besten volkswirtschaftlichen Studiengänge im Land, Kopf an Kopf mit Harvard und Princeton. Dass Greenspan in Geoffrey Moores Klasse die Methoden des Statistischen Bundesamts bereits kennen gelernt hatte, brachte ihn auf den Weg zur Columbia, die zu den anerkannten Universitäten für eine empirische Herangehensweise an die Volkswirtschaft zählte. Nicht zuletzt Wesley Mitchell und Arthur Burns, die Autoren des von Moore verwendeten Lehrbuchs, hatten dem Fachbereich diesen guten Ruf verschafft.

Mitchell setzte auf rigoros empirische Verfahrensweise. Statt das Wirtschaftsgeschehen aus dem Blickwinkel abstrakter Theorie zu betrachten, wollte er Theorien mit Hilfe von Daten und Beobachtung überhaupt erst aufbauen. Sein Buch *Business Cycles*, 1913 erschienen, war eine der ersten systemischen Studien der Veränderungen innerhalb der Wirtschaft im Lauf der Zeit. Bis dahin hatten die Volkswirtschaftler im Allgemeinen keine schlüssige Erklärung für ökonomische Auf- und Abwärtsbewegungen zu bieten. Dass sich die Volkswirtschaft tatsächlich in Zyklen bewege, war die Annahme von nur einer Handvoll sehr fortgeschrittener Denker.

Mitchell war wild entschlossen, die Ökonomie theoretisch zu erfassen. Sein Problem bestand jedoch darin, dass in jenen Tagen nicht viele Daten zur Verfügung standen. So wurde Mitchell 1920 zu einem der Mitgründer des Statistischen Bundesamts. Ziel dieser Institution war es, aktuelle Informationen und Statistiken zu sammeln, um das Wirtschaftsgeschehen durchsichtiger zu machen. Zu diesem Zeitpunkt wusste tatsächlich niemand, wie viel die Amerikaner im Durchschnitt verdienten, wie viele Stunden sie in einer normalen Woche arbeiteten, und auch sonst lagen kaum verwertbare Zahlen vor.

Arthur Burns war einer von Mitchells Schülern an der Columbia University. Nach seiner Promotion wurde er Dozent an der Rutgers University in New Jersey, wo er seinerseits solch hervorragende Köpfe wie Geoffrey Moore und Milton Friedman unterrichtete. Später kehrte Burns als Professor an die Columbia University zurück und wurde 1944 dort fest angestellt. Burns und sein Mentor Mitchell schrieben zusammen *Measuring Business Cycles*, den Folgeband zu dem epochemachenden Werk von 1913. Mitchell ging 1945 in den Ruhestand, und Burns übernahm das Statistische Bundesamt.

Arthur Burns – der Schüler des großen Wesley Mitchell, Lehrer von Friedman und Moore – sollte auch Greenspans Lehrer werden. Er war ein beeindruckender und ausgesprochen furchteinflößender Mensch. Er trug einen Mittelscheitel wie ein altmodischer Banker, dazu eine runde Nickelbrille, und er nahm die Pfeife fast nie aus dem Mund. Diese berühmte Pfeife war ein Wesen für sich, beinahe wie ein Zusatz zu Burns Persönlichkeit. Während irgendein armer Student vor ihm unruhig von einem Fuß auf den anderen trat, beschäftigte sich Burns damit, diese Pfeife zu rauchen, zu säubern, zu stopfen, wieder zu entzünden – all diese Bewegungen dienten als schreckenerregendes Vorspiel zu dem, was er dann sagen würde.

Wenn er schließlich sprach, geschah dies *basso profundo*, mit einer Stimme wie direkt aus dem alten Testament.

Burns war einer der wenigen Kritiker von Keynes. Die Art, in der sich die Wirtschaft der Vereinigten Staaten nach dem Zweiten Weltkrieg wieder erholt hatte, hatte Keynes' Ruf besonders in Akademikerkreisen ausgesprochen gefestigt. Seine Theorien waren bis in die siebziger Jahre weithin akzeptiert, als die Staaten von einer intensiven Rezessions- und Inflationsspirale heimgesucht wurden, die gegen alle konventionellen Mittel immun zu sein schien. In den vierziger und fünfziger Jahren jedoch war Burns praktisch die einzige Stimme im Anti-Keynes-Lager, allerdings eine sehr vernehmliche.

Dass Burns und Keynes in Opposition zueinander standen, war nur allzu erklärlich. Burns war Empiriker, Keynes dagegen Theoretiker. In Burns' Augen war ein einzelnes Datenset – Amerikas raketenhafter Aufstieg aus der Depression – noch keine Bestätigung einer Theorie. Burns hörte nicht auf, Keynes aus einer Unzahl von Gründen heraus zu attackieren.

Zum Beispiel war eine von Keynes' Grundannahmen, dass die Volkswirtschaft eine deflationäre Tendenz habe. Wenn also die Regierung nicht in regelmäßigen Abständen interveniere, bestehe die Gefahr, dass die ökonomische Entwicklung langsam zum Stillstand kommt. Das, so die Ansicht der meisten Keynes-Anhänger, könne man aus der Großen Depression lernen. Burns jedoch zog einen anderen Schluss. In seiner Dissertation *Production Trends in the US Since 1870* sieht er in der Tatsache, dass ständig neue Wirtschaftszweige und Technologien geschaffen werden, sowohl in guten als auch in schlechten Zeiten, den Beweis dafür, dass die Volkswirtschaft imstande ist, sich selbst zu berichtigen.

Selbst während der schlimmsten Depression könne man darauf zählen, dass ein neuer Industriezweig oder eine Erfindung – ganz gleich welche – die Grundlage für den nächsten Boom bereitet. Burns glaubte an einen natürlichen Kreislauf der Ökonomie. Ganz anders Keynes, der die Wirtschaft als ein träges Pferd betrachtete, das ständig von seinem Reiter angespornt und angetrieben werden muss. Greenspan besuchte an der Columbia University eines von

Burns' Seminaren über ökonomische Kreisbewegungen. Gleich in der ersten Seminarstunde fragte Burns seine Studenten: »Was bewirkt eine Inflation?«

Er sah sich schweigend um, bis die Spannung geradezu greifbar war, dann nahm er die Pfeife aus dem Mund und verkündete: »Übermäßige Regierungsausgaben bewirken eine Inflation.«

Judith Mackey war Doktorandin an der Columbia University, als auch Greenspan dort studierte. Beide saßen in Burns' Seminar und freundeten sich dort an. Sie erinnert sich, welch gewaltigen Eindruck Burns' Bemerkung auf die Studenten machte.

»Er beeindruckte damit alle im Seminar, Alan eingeschlossen. Burns war brillant. Er interessierte sich sehr für Ideen, die etwas mit der wirklichen Welt zu tun hatten, nicht für das Reich der Theorie. Sein Ziel bestand darin, den ökonomischen Kreislauf durch strenge statistische Analyse klarer zu machen. Er brachte einen wirklich zum Denken.«

Burns' Behauptung, dass die Regierungseingriffe der Volkswirtschaft tatsächlich schaden könnten, verwirrte den jungen Greenspan. Beinahe alles, was er bis zu diesem Zeitpunkt gehört hatte, unterstrich die Effizienz von Regierungsausgaben. Als er Kavesh kennen lernte, hatte Greenspan ein Buch mitgeschleppt, das Keynes' Theorien leichter zugänglich machen wollte. Greenspans Vater hatte *Recovery Ahead!* verfasst, das sich für die großen Regierungsinitiativen von Roosevelts New Deal aussprach. Und nun war er konfrontiert mit der Gegenposition dieser Debatte.

Unter Burns' als seinem Mentor vollzog Greenspan eine Kehrtwendung. Er bewegte sich weg von der Perspektive einer der Wohlfahrt verpflichteten Regierung, wie sie Roosevelt, Keynes und auch Greenspans Vater vertraten, und entwickelte sich zu einem leidenschaftlichen Anhänger des Laisser-faire und der Begrenzung des Regierungseinflusses. Einige Jahre später sollte Greenspan eine weitere Kehrtwendung vollziehen. Als Chairman der Fed war es seine Aufgabe, die Wirtschaft aktiv zu stärken – obwohl er dort, wo es um Deregulierung ging, weiterhin einer Philosophie des Freien Marktes anhing.

Größtmögliche Präzision war für Burns einer der wichtigsten Punkte. Er überzog die Seminararbeiten seiner Studenten mit Kommentaren und kritischen Randbemerkungen. Er hatte den Ruf, alles zu überprüfen und diese Überprüfung dann noch einmal zu wiederholen. Studenten taten gut daran, darauf gefasst zu sein, ihre Arbeit bis hin zur kleinsten Fußnote belegen und verteidigen zu müssen.

Aber Burns hatte noch eine andere Seite. Zu den wenigen Studenten, die sich seine Achtung verdient hatten, konnte er überraschend warmherzig und großzügig sein. Ihnen gegenüber war er offener und zeigte eine Seite, die nicht so recht zu seinen professoralen Attitüden passen wollte. Er war stets bereit, seinen Lieblingsstudenten mit ihren Problemen zu helfen, selbst wenn es sich um persönliche Probleme handelte.

Milton Friedman hat diese andere Seite von Burns erlebt, und im Lauf der Jahre entwickelten die beiden ein sehr vertrautes Verhältnis. Bei einem Interview beschrieb der große, damals siebenundachtzigjährige Wirtschaftswissenschaftler seinen einstigen Mentor als »beinahe so etwas wie ein Ersatzvater«.

Auch Greenspan gelang es, sich Burns' Respekt zu verschaffen. Er war zwar noch nicht der glänzende Interpret von Wirtschaftsdaten, zu dem er später einmal werden sollte, aber Greenspan beeindruckte Burns damit, wie verbissen er sich der Statistik widmete. Burns ermutigte Alan, noch gründlicher zu werden und sich niemals auf eine Idee einzulassen, die nicht von Zahlen gestützt werden konnte.

»Ich weiß, dass Burns Greenspans Fähigkeiten sehr hoch schätzte«, sagt Friedman. »Burns hatte eindeutig großen Respekt für Alan«, bestätigt Mackey. »Sie beschäftigten sich beide mit sehr kniffligen Fragen, und beide interessierten sich für Ökonomie und was dahinter steckte. Burns wurde Alans Mentor, und nach einiger Zeit standen sie sich sehr nahe.«

Doch war Greenspan in dieser Zeit nicht ausschließlich von den Wirtschaftswissenschaften gefangen genommen. Es gab durchaus noch Raum für Geselligkeit. 1952 traf er Joan Mitchell. Das war ein von Dritten arrangiertes Blind Date, er hatte die junge Frau bis

Greenspan 1953, dem Jahr der Heirat mit Joan Mitchell (rechts)

dahin noch nie gesehen. Sie kam aus Winnipeg in Kanada, war Anfang zwanzig, zierlich, blond, elegant und ausgesprochen kultiviert. Gerade erst nach New York gekommen, wollte sie am Institute of Fine Arts der New York University Kunstgeschichte studieren. Ein Freund ihrer Familie hatte ihr in der Annahme, sie suche Gesellschaft, den Anruf eines jungen Mann namens Alan Greenspan angekündigt. »Das ist ein sehr intelligenter, interessanter junger Mann«, habe der Freund zu Joan Mitchell gesagt, »vielleicht möchtest du ihn kennen lernen.«

Aber Joan hielt nicht viel von Blind Dates; sie würde, so dachte sie, auch ohne Vermittlung neue Bekannte finden. Als Greenspan anrief, hatte sie eigentlich vor, ihn abzuweisen. Aber er überredete sie. Sei es, weil er selbst zögerte, sei es, dass er es bewusst darauf anlegte – zunächst unterhielt er sich eine Weile mit ihr am Telefon, bevor er sie bat, mit ihm auszugehen. Und da hatte sie bereits das Gefühl, ihn zu kennen.

Ohne Atem zu holen spulte er drei Vorschläge herunter: Sie könnten ins Kino gehen, zu einem Baseball-Spiel oder in die Carnegie Hall. Mitchell war mit einem Treffen einverstanden, und dieses erste Mal besuchten sie ein Konzert mit Werken von Bach und Gian Carlo Menotti. Joan Mitchell blieb beeindruckt, Alan Greenspan erschien ihr als angenehmer Begleiter, höflich und eloquent. »Es war interessant, sich mit ihm zu unterhalten«, erinnert sie sich. »Und er war sehr aufmerksam.«

Von nun an trafen sich die beiden häufiger, obwohl es Joan auffiel, dass ihr Begleiter nicht sonderlich romantisch veranlagt war, nicht der Typ, der Blumen schenkt. Dafür aber ging ihnen der Gesprächsstoff nicht aus. Greenspan bemühte sich sehr um sie und lernte alles über Kunstgeschichte. Sie erfuhr ein wenig über Ökonomie. In Joans winziger Wohnung hörten sie zusammen klassische Musik im Radio oder von Platten, und manchmal gingen sie tanzen. Damals in den fünfziger Jahren genügte das. Nach kurzer Zeit verlobten sie sich.

Zehn Monate nach ihrem ersten Treffen heirateten Alan und Joan mit einer schlichten Zeremonie im Pierre Hotel. Nur die engsten Familienmitglieder waren geladen. Im Vorfeld gab es wohl Debatten darüber, ob Greenspans Vater bei dem Ereignis willkommen war, die Goldsmith-Familie hatte ihm gegenüber noch immer Vorbehalte.

Schließlich wurde auch er auf die Gästeliste gesetzt. Bei einem früheren Anlass hatte er bereits ein paar Worte mit der zukünftigen Frau seine Sohnes wechseln können. Sie brauche sich keine Sorgen zu machen, sein Sohn sei nicht wie er – Alan würde sich nicht einfach davonmachen, wie er, der Vater, es getan habe. Bei der Hochzeit verabschiedete er sich früh. Joan Mitchell fand ihn kühl und distanziert. Herbert Greenspan, der Mann, der sich so sehr für eine paternalistische, auf Wohlfahrt bedachte Regierung aussprach, war nie imstande gewesen, wirkliche Zuneigung zu seinem eigenen Sohn zu entwickeln.

Das junge Paar zog in die obere Hälfte eines Zweifamilienhauses in Forest Hills in Queens, wo Greenspan zuvor mit seiner Mutter gewohnt hatte. Rose suchte sich eine andere Wohnung in Manhattan.

Inzwischen hatte Greenspan das Studium an der Columbia University aufgegeben. Es war ihm schwer gefallen, die Studiengebühren zu zahlen. Außerdem war Arthur Burns nach Washington gegangen, wo er für die Regierung Eisenhower als Vorsitzender des Wirtschaftsbeirats arbeitete. Greenspan hatte einen Job beim damaligen National Industrial Conference Board gefunden, einer Non-Profit-Organisation zur Erforschung von Geschäftspraktiken, die später einfach als das Conference Board bekannt werden sollte. Greenspan verdiente nicht schlecht, immerhin 4 000 Dollar im Jahr.

Das Conference Board war 1916 in einer Zeit heftiger gesellschaftlicher Umbrüche, während der Turbulenzen des Übergangs von der Agrargesellschaft zum Industriezeitalter, gegründet worden. Das allgemeine Gefühl, dass sich alle Regeln änderten, sorgte für gewaltige Angst und Unruhe. Konflikte zwischen Arbeitnehmern und Arbeitgebern wurden häufiger und immer gewalttätiger. Zu diesem Zeitpunkt fürchteten viele, dass der bewaffnete Klassenkampf direkt vor der Tür stand.

Als Forum, um sich mit solchen sozialpolitischen Fragen auseinander zu setzen, arrangierte Magnus Washington Alexander, ein Ingenieur bei General Electric, ein Treffen hochkarätiger Wirtschaftsführer. Man wollte Möglichkeiten finden, die sozialen Spannungen zu verringern und das Verständnis der Bedeutung von Industrie und Technik für die Gesellschaft fördern. Dieses Treffen führte zu weiteren, und das Conference Board war gegründet.

Zunächst wurde die neue Organisation mit großem Misstrauen beobachtet. Man fürchtete, sie könne als Werkzeug der Arbeitgeberseite fungieren und die Gewerkschaften direkt bekämpfen. Solche Bedenken mochten durchaus begründet sein, daneben gab es aber auch die Tendenz der Aufklärung im eigenen Interesse. Wenn die Arbeiter unzufrieden waren, so überlegte man, müsse man herausfinden, aus welchen Gründen. Ansonsten würden Fehlzeiten und Streiks Unternehmen wie Arbeitern gleichermaßen schaden. Beide Seiten müssten das schmerzlich zu spüren bekommen.

Vor dem Hintergrund solcher Überlegungen machte sich das Conference Board daran, Fragen der Wirtschaft und des Geschäftslebens in ihren vielfältigen Aspekten, von Effektivität und Produktivität bis hin zu Gesundheitsfürsorge und Sicherheit am Arbeitsplatz, methodisch und mit wissenschaftlicher Objektivität zu erforschen.

Greenspan arbeitete gerne für das Conference Board. Zu seinen Aufgaben gehörte es unter anderem, die Probleme der Schwerindustrie zu studieren, besonders der Stahl- und Eisenbahnindustrie. Es kam ihm sehr gelegen, dass er Zugang zu der gut sortierten Bibliothek des Conference Board hatte. Er lieh sich zahllose Bücher aus, von denen er einige niemals zurückgegeben hat. 1996 ehrte man Greenspan bei einer Feierstunde zum achtzigsten Jahrestag der Gründung des Conference Board. Im Spaß teilte man ihm mit, dass er sich um die Finanzierung der noch ausstehenden Leihgebühren bemühen müsse, die inzwischen einen gehörigen Prozentsatz der Staatsschulden betrügen.

Greenspan mochte auch seine Kollegen beim Conference Board, besonders Al Sommers, einen Volkswirt, der an der NYU studiert hatte. Sommers hatte liberale Tendenzen und sprach sich zugunsten dessen aus, was er »affirmative government« nannte. Gemeinsam war den beiden Männern jedoch ihre Liebe zum Tennisspiel, außerdem schätzte Greenspan Sommers' sehr breit fundierten Zugang zu den Wirtschaftswissenschaften, in die er auch Ideen anderer Gesellschaftswissenschaften integrierte.

In seiner Zeit beim Conference Board arbeitete Greenspan mit dem legendären Sandy Parker zusammen; die beiden teilten sich ein kleines Büro. Parker, ein ausgebildeter Volkswirt, wechselte später als Redakteur zur Zeitschrift *Fortune*. Er machte Wirtschaftsprognosen zu einer regelmäßigen Rubrik der Zeitschrift, eine journalistische Innovation, die sehr gerne gelesen wurde. Parker gewöhnte sich an, mit Greenspan über diese Prognosen zu diskutieren. In Greenspan habe er einen Mann getroffen, der die Volkswirtschaft kannte wie seine Westentasche. »Parker hatte ein voll entwickeltes Modell der amerikanischen Ökonomie im Kopf«, erinnert sich ein Bekannter. »Woran man auch arbeitete, er wusste, welche Daten erhoben worden waren und welche nicht, und wie man an die diversen Einzelheiten herangehen sollte.

Greenspan vergrub sich dermaßen in seine Arbeit beim Conference Board, dass seine junge Frau unruhig wurde. Er hatte, und das während der fünfziger Jahre – der Ära der Drei-Martini-Lunchs –, bereits die Arbeitszeiten von Investmentbankern unserer Tage; dabei war das Board eine Non-Profit-Organisation. Er arbeitete im Allgemeinen sechs Tage in der Woche, und sonntags spielte er Golf.

»Ich glaube, er hat die Arbeit sehr geliebt«, erinnert sich Mitchell. »Doch mir gefiel es nicht sonderlich, ich konnte nicht erkennen, wohin das führen sollte. Ich dachte, er würde sich einfach dort verlieren und für den Rest seines Lebens festsitzen.«

Ebenso rasch, wie sie geheiratet hatten, entfremdeten sich Greenspan und Mitchell wieder voneinander. Eines ihrer größten Probleme war, dass sie sich in unterschiedlichen Kreisen bewegten, die einander nicht überschnitten. Mitchell verbrachte ihre Freizeit mit einer Gruppe von New Yorker Intellektuellen, die sich für eine philosophische Strömung interessierten, die sie Objektivismus nannten. Joan konnte Greenspan nicht dazu bewegen, sich dieser Gruppe anzuschließen. Seine Welt bestand aus dem Conference Board und Golf. Die Eheleute stritten sich nicht wirklich – Greenspan war dazu viel zu ruhig und zu höflich –, sie sahen einander einfach kaum mehr.

Während dieser Zeit bot Arthur Burns Greenspan eine Stelle als Volkswirt beim Wirtschaftsbeirat an. Dazu hätte er nach Washington, D.C., umziehen müssen. Mitchell machte ihm schnell klar, dass sie dies als Ende ihrer Ehe betrachten würde. Das Paar konnte keine gemeinsame Basis finden.

Als die Ehe schließlich endgültig zerbrach, geschah das ohne großes Getöse und noch weniger im Bösen. Joan Mitchell erinnert sich: »Die ganze Zeit über, in der wir in diesem Haus wohnten, hörten wir, wie sich das Paar unter uns anschrie. Sie senkten die Stimmen nie auf normales Niveau. Zwischen uns dagegen fiel nie ein böses Wort. Wir kamen einfach zu dem Schluss, dass es besser wäre, wenn wir uns trennten. Ich denke, als Paar konnten wir nicht das Leben führen, das wir beide wollten.« Greenspan und Mitchell ließen ihre Ehe 1953 annullieren, nur zehn Monate nach der Hochzeit. Sie ließen sich nicht scheiden, denn die juristische Prozedur war zu jener Zeit sehr kompliziert, man musste handfeste Beweise so drastischer Dinge wie Ehebruch beibringen. Eine Annullierung war eine billigere, einfachere Möglichkeit für kurze Ehen, die einfach nicht funktioniert hatten.

Seltsamerweise kam sich das Paar nach der Trennung in gewisser Weise näher. Greenspan ist es in vielen Fällen gelungen, den Menschen nahe zu bleiben, die seinen Lebensweg gekreuzt hatten. Dass er sich nicht mehr durch die Ehe an Joan Mitchell gebunden fühlte, verschaffte ihm die emotionale Distanz, die er brauchte, um sich ihr gegenüber entspannt zu fühlen. Die beiden machten da weiter, wo sie ein Jahr zuvor aufgehört hatten – sie wurden gute Freunde und unterhielten sich angeregt über Kunst, Musik und Literatur, über eben die Themen, die sie von Anfang an zueinander hingezogen hatten.

4 | Ayn Rand und das Kollektiv

Es hat etwas durchaus Ironisches, dass Greenspan während seiner Ehe mit Joan Mitchell die Objektivisten eher verachtete, und dann, kaum hatten die beiden ihre Ehe gelöst, eine vollkommene Kehrtwendung machte. Nun ließ er diese philosophischen Richtung an sich heran. Er begann, Ayn Rand zu bewundern, die Frau hinter dieser Philosophie. Für die nächsten fünfzehn Jahre – von Greenspans Endzwanzigern bis er Anfang vierzig war – spielte der Objektivismus eine große Rolle in seinem Leben. Unzählige Stunden verbrachte er in der Gesellschaft von Ayn Rand und ihrem Kreis. Die viel diskutierte Autorin sollte großen Einfluss auf Greenspan ausüben, in ihrer Bedeutung für sein Leben lag sie irgendwo zwischen Arthur Burns und Greenspans Mutter.

Ayn Rand war eine Frau, an der man nicht vorbeikam. Brillant, charismatisch, bilderstürmerisch – sie war logisch bis zur Unerbittlichkeit, konnte aber auch verblüffende Temperamentsausbrüche an den Tag legen. Mit Werken, die wie *Der ewige Quell (The Fountainhead)* und *Wer ist John Galt (Who is John Galt)* zu Klassikern wurden, schuf sich die Schriftstellerin und Philosophin einen weiten Raum für ihre ehrgeizigen Ideen. Sie hatte sich eine der größten Fragen der Geschichte zum Thema gemacht – ob die Autorität letztendlich bei der Gesellschaft oder beim Individuum liegt. Ayn Rand, die aus Sowjetrussland in die Vereinigten Staaten geflohen war, hatte die besten Voraussetzungen, diese zeitlose Frage in den Kontext des zwanzigsten Jahrhunderts zu stellen. Niemand hat den

Konflikt zwischen dem Individuum und dem Staat, zwischen Kapitalismus und Kommunismus, so auf den Punkt gebracht wie sie. Ihre Bewunderer, darunter auch Greenspan, waren elektrisiert von ihrer Art, das Thema anzupacken. Und wer sie ablehnte, hielt ihre Ansichten entweder für gefährlich oder betrachtete sie als belangloses Geschwätz.

Ayn Rand kam am 2. Februar 1905 in St. Petersburg als Alisa Zinowiewna Rosenbaum zur Welt, erstes von drei Kindern von Zinowy und Anna Rosenbaum. Zumindest während Alisas früher Kindheit ging es der Familie recht gut. Nach den Maßstäben des zaristischen Russland waren sie als Angehörige der Mittelschicht zu betrachten. Der Vater war Chemiker und besaß eine kleine Apotheke.

Als kleines Kind saß Alisa gerne auf einer der Fensterbänke der Wohnung und blickte hinaus auf die Straßenszenen von St. Petersburg. Später hat sie sich immer wieder daran erinnert, dass sie besonders von den Straßenbahnen und den aufleuchtenden Ampellichtern fasziniert war – vielleicht ein Ursprung ihrer lebenslangen Vorliebe für Maschinen und Industrie. Auch zeigt sich daran, wie an vielen anderen Details, dass sämtliche Elemente von Rands Leben schon früh versammelt waren. In der Schule zeigte sie rasch eine große Begabung für Mathematik. Seit ihrem neunten Lebensjahr wusste sie, dass sie Schriftstellerin werden würde. Ihre Mutter machte ihr mit den Werken von Victor Hugo und Henryk Sienkiewicz, dem Autor von *Quo Vadis?*, die klassische Literatur zugänglich. Die kleine Alisa fühlte sich von Würde und Heldentum, wie sie in diesen Büchern dargestellt werden, angezogen.

Während ihrer Jahre auf der höheren Schule schrieb Alisa Tagebuch. Ein Eintrag lautet schlicht: »Heute habe ich beschlossen, Atheistin zu werden.« Es ist alles bereits vorhanden: Ihre Entschiedenheit und die für sie so typische eisige Rationalität, ebenso wie ein gewisses Ungestüm und ein Hang zum Theatralischen.

1917 wurde Russland von der Revolution erschüttert. Der Zar wurde gestürzt, und die Kommunisten übernahmen die Macht. Zinowy Rosenbaums Apotheke wurde von den Bolschewiki verstaatlicht, und infolge dessen stand die Familie oft kurz vor dem

Verhungern. Einmal war Alisa so hungrig, dass sie ihren Vater um eine einzelne Erbse von seinem Teller anbettelte. Wann immer sie nach draußen gehen wollte, musste sie sich erst Nelkenöl und Kerosin ins Haar reiben, um die typhusübertragenden Läuse abzuschrecken, die mit zur Dezimierung der Bevölkerung beitrugen.

Während der frühen Jahre des kommunistischen Experiments in Russland änderten sich die Regeln beinahe täglich. Politische Führer kamen und gingen, und das Schicksal von Einzelnen schien von deren Launen abhängig zu sein. Es konnte durchaus geschehen, dass ein kleiner Ladenbesitzer in dieser Woche enteignet und in der nächsten ermutigt wurde, im Rahmen einer vom Staat geförderten wirtschaftlichen Initiative einen neuen Laden zu eröffnen. Wie alle anderen in Russland mussten auch die Rosenbaums hilflos zusehen, wie sich ihr Leben bei jedem Wechsel der politischen Windrichtung wieder änderte.

1921 schrieb sich Alisa an der Universität von Petrograd ein, um Philosophie und Geschichte zu studieren. Zwei Jahre später wurden die Studenten aufgefordert, Fragebögen auszufüllen, auf denen sie angeben sollten, ob ihre Eltern oder sogar die Großeltern vor der Revolution Geschäftsleute gewesen waren. Dies war der Anfang einer Reihe von Säuberungen an den Universitäten, die Kindern der Arbeiterfamilien Vorrang verschaffen sollten. Viele der bürgerlichen Studenten wurden exmatrikuliert, einige fanden sich in den Arbeitslagern Sibiriens wieder. Dank einer bürokratischen Fehlleistung des neuen Staats blieb Alisa verschont und machte 1924 ihren Abschluss.

Aber die Erfahrung hatte Spuren hinterlassen. »Ich wusste, dass es ganz einfach schlecht war«, wird sie später über diese willkürliche Machtausübung sagen, die den Aufstieg des Kommunismus begleitete.

Alisa floh nach Amerika. Im Jahr 1925 gelang es ihr, sich einen Pass zu verschaffen, einen der wenigen, die die Sowjetregierung an ihre Bürger ausgab. Man gestattete ihr einen sechsmonatigen Aufenthalt in den Vereinigten Staaten, den sie bei Verwandten ihrer Mutter, die in Chicago wohnten, verbringen sollte.

Kurz nach ihrer Ankunft in den Staaten änderte Alisa ihren Vornamen zu Ayn, nach einer finnischen Autorin, die sie bewunderte. (Sie betonte gerne, dass sich Ayn auf die englischen Begriffe für »mein« und »Schwein« reimt.) »Rand« war einfach ein Name, der ihr gefiel – die häufig erzählte Geschichte, dass sie sich von einer Remington-Rand-Schreibmaschine habe inspirieren lassen, trifft nicht zu. Sie wusste, dass sie ein Pseudonym brauchen würde, denn sie plante bereits eine Karriere als Schriftstellerin, die sich einer leidenschaftlichen Verurteilung des Sowjetsystems widmen würde. Sie wollte ihre Eltern und Schwestern nicht in Gefahr bringen.

Die Russin Alisa Rosenbaum lebte von nun an als Ayn Rand in den Vereinigten Staaten. Sie trieb ihre Verwandten in Chicago zur Verzweiflung, indem sie bis tief in die Nacht wie besessen schrieb; ihre klappernde Schreibmaschine brachte alle in der kleinen Wohnung um den Schlaf.

Rands Cousine Sarah Lipton war mit einem Filmverleiher in Chicago befreundet, der seinerseits jemanden kannte, der in der Abteilung für Öffentlichkeitsarbeit von Cecil B. DeMilles Filmstudio arbeitete. Es gelang ihr, Rand einen Einführungsbrief zu verschaffen. 1926 wurde Rands Visum verlängert, und sie machte sich auf den Weg nach Los Angeles. Sie wohnte im Hollywood Studio Club, einem preiswerten Frauenhotel für ehrgeizige Starlets und andere, die auf ihren Durchbruch beim Film hinarbeiteten.

Sie fand eine Stelle in der Kostümabteilung der RKO Studios und verfasste Drehbücher, wann immer sie die Zeit dazu fand; eines davon, *Red Pawn,* zeigt ausgeprägt antisowjetische Tendenzen. Universal interessierte sich dafür, ebenso Paramount, wo man daran dachte, die Titelrolle mit Marlene Dietrich zu besetzen und Josef von Sternberg Regie führen zu lassen. Aber der Vertrag kam nicht zustande, und das Projekt wanderte ins Archiv.

In dieser Zeit schrieb Rand *Vom Leben unbesiegt (We the Living),* ihren ersten Roman, ebenfalls ein alles andere als zimperlicher Angriff auf den Sowjet-Kommunismus. Unter allen ihren Werken kommt dieser Roman einer Autobiographie am nächsten. Sie konnte das Manuskript an das Verlagshaus Macmillan verkaufen, aber das Buch fand nur zögernd Leser.

Rands erster großer Erfolg fand am Broadway statt. Eines ihrer Drehbücher, *Penthouse Legends*, war ein Gerichtsdrama mit einem besonderen Clou: Das Ende blieb offen und die Frage nach Schuld oder Unschuld damit unbeantwortet. Tatsächlich sollten die Zuschauer selbst ein Urteil fällen, so als wären sie die Geschworenen. Rand hatte bei den Filmstudios keine Interessenten gefunden, aber Al Woods, ein bekannter New Yorker Theaterproduzent, kaufte das Drehbuch, änderte den Titel zu *Night of January 16th* und führte es im Ambassador Theater auf. Es wurde ein Erfolg und erlebte 283 Aufführungen.

In den dreißiger Jahren hatte Rand für ihren Roman *Vom Leben unbesiegt* nur 100 Dollar Tantiemen erhalten; auf dem Höhepunkt der Popularität *Night of January 16th* konnte sie bis zu 1200 Dollar in der Woche verbuchen. Von diesem Geld lebte sie während ihres nächsten Marathonprojekts: Sie schrieb *Der ewige Quell*.

Rand reichte das Buch bei einem Dutzend Verlagen ein, aber es wurde überall abgelehnt, bis schließlich Bobbs-Merrill in Indianapolis das Manuskript annahm. Es war eine gute Verbindung. Archie Odgen, ihr Lektor, hatte Dale Carnegies *Wie man Freunde gewinnt* abgelehnt, ein Zeichen dafür, dass er lieber Werke herausbrachte, die sich nicht an Konventionen hielten.

Der ewige Quell wurde 1943 veröffentlicht. Das Buch, das die Leserschaft polarisierte, wurde eine literarische Sensation – einige Leser behaupteten sogar, das Buch habe ihr Leben verändert und sie ermutigt, als Individuum unbeugsamer zu werden und sich tatsächlich an die Verwirklichung ihrer Träume zu machen. Zu den leidenschaftlichsten Bewunderern des Buches gehörten Nathaniel Blumenthal und Barbara Weidman, ein kanadisches Paar, das an der University of California Los Angeles studierte. Blumenthal hatte *Der ewige Quell* mit vierzehn entdeckt, und als Psychologiestudent las er es zum vierzigsten Mal. Er schrieb Rand einen begeisterten Brief, und sie lud ihn ein, sie in ihrem Haus bei Los Angeles zu besuchen. Das junge Studentenpaar besuchte die damals fünfundvierzigjährige Autorin von nun an häufiger, bis tief in die Nacht debattierte man über philosophische Fragen. »Nathan war das erste erwachende Genie, dem ich je begegnet bin«, erklärte Ayn Rand später der *Saturday Evening Post*.

Bald schon begannen Blumenthal und Weidman, die Philosophie, die in *Der ewige Quell* entwickelt wird, anderen jungen Leuten näher zu bringen. Wie es der Zufall wollte, ist Joan Mitchell in Winnipeg die engste Jugendfreundin von Barbara Weidmann gewesen; ebenso zufällig war es, dass beide Frauen auf den Namen Barbara Joan getauft worden waren. Die beiden Mädchen hatten einen Pakt geschlossen: Jede von ihnen gab einen ihrer Doppelnamen ab, und damit wurden sie zu Barbara Weidman und Joan Mitchell.

Ein weiterer Namenswechsel stand bald bevor. Weidman und Blumenthal heirateten und änderten ihren Nachnamen zu Branden, weil sie mit »Rand« in der Mitte ihre Hochachtung für die Autorin ausdrücken wollten, die an Heldenverehrung grenzte. Die Brandens und Ayn Rand zogen nach New York. Der innere Kreis von Anhängern – jene, die zu der Autorin selbst vorgelassen wurden – wuchs. Er umfasste nun etwa zehn Personen, eine sehr heterogen zusammengesetzte Gruppe, zu der eine Krankenschwester, eine Konzertpianistin und ein Börsenmakler gehörten.

Einige Zeit nannte sich die Gruppe Class of 43, zu Ehren des Jahres, in dem *Der ewige Quell* veröffentlicht worden war, zuletzt aber hat sich »Kollektiv« durchgesetzt, eine zunächst ironisch gemeinte Bezeichnung. Kollektivismus erinnerte ja an das Gruppendenken im Stil der Sowjets, das die Rechte des Individuums den Bedürfnissen des Staates unterordnete. Rands junge Anhänger sahen sich stattdessen als eine Ansammlung von Freidenkern und leidenschaftlichen Individualisten.

Als Greenspan noch mit Joan Mitchell verheiratet war, begegnete er dem Kollektiv, das sich damals gerade bildete, nur gelegentlich. Er hatte *Der ewige Quell* gerne gelesen, aber dieser exklusive kleine Lesezirkel, dieser Verein von Bewunderern, der sich um Buch und Autorin gebildet hatte, missfiel ihm. Soviel man weiß, beruhte diese Ablehnung auf Gegenseitigkeit. Einmal begegnete Greenspan Ayn

Rand und einigen ihrer Anhänger am Aufzug. Rand lehnte Greenspan auf den ersten Blick ab. Sie sah in ihm einen sehr ernsten jungen Mann, im dunklen Anzug und mit einer Krawatte, die zu seiner Art, sich zu geben, passten. »Er sieht aus wie ein Bestattungsunternehmer«, sagte sie damals.

Nach dem Ende ihrer Ehe drängte Joan Greenspan hin und wieder, sich Rand und ihrem Kreis mehr zu öffnen. Sie war sicher, dass er auf die Betonung von Rationalität und Individualismus, an der den Objektivisten so viel gelegen war, positiv reagieren würde. Durch sie lernte Greenspan Nathaniel Branden kennen, den Hauptmissionar des Objektivismus. Über einige Monate des Jahres 1954 hinweg trafen sich die beiden Männer verschiedentlich, manchmal in Restaurants, manchmal in Brandens Wohnung im Haus Nummer 165 an der East 35th Street.

Greenspan ließ sich nicht so einfach überzeugen. Er hatte bereits Bekanntschaft mit einer Philosophie gemacht, die seiner rationalen Wesensart entgegen kam und die als logischer Positivismus bekannt war, während der vierziger und fünfziger Jahre eine der Hauptrichtungen der Philosophie. Greenspan hatte sie kennen gelernt, als er noch Student an der New York University war.

Der logische Positivismus geht davon aus, dass die Menschen nichts mit absoluter Sicherheit wissen können. Keine sonderlich aufregende These, doch für Rand und ihren Kreis war diese Vorstellung unerträglich. Die Objektivisten misstrauten allem, was nach Relativismus roch. Die Wahrheit musste Wahrheit bleiben – wie sonst sollte man Situationen entgegentreten können, in denen bürgerliche Studenten exmatrikuliert und die Proletarier kategorisch in einen besseren Stand befördert wurden. Wenn man sich erst auf diese schiefe Ebene begab, würde bald die Nacht zum Tag gemacht, das Richtige zum Falschen, und nichts konnte mehr mit Sicherheit gewusst werden. Nach der Ansicht der Objektivisten war das Gehirn der Menschen ein wunderbares Werkzeug und imstande, mit Hilfe strenger Logik alles zu begreifen.

Branden ließ Greenspan gegenüber nicht locker. Bei ihren Treffen sagte Greenspan Dinge wie: »Ich glaube, dass ich existiere. Aber ich weiß es nicht sicher. Tatsächlich kann ich nicht mit absoluter Sicherheit sagen, ob überhaupt irgend etwas existiert.«

»Wie erklären Sie dann die Tatsache, dass Sie jetzt hier sind?«, konterte Branden. »Brauchen Sie denn noch mehr als die Beweise, die Ihre eigenen Sinne Ihnen liefern?«

Immer wieder ging es hin und her, zwei junge Männer in einer ernsten Debatte. Das Kollektiv begann inzwischen, Brandens Werbung um Greenspan wie ein amüsantes Spiel zu verfolgen. Ayn Rand erkundigte sich ab und an nach Brandens Fortschritten. »Was macht der Bestattungsunternehmer?«, spottete sie. »Hat er schon herausgefunden, ob er existiert oder nicht?«

Branden ließ nicht locker. »Ich hielt Greenspan für sehr, sehr intelligent«, erinnert er sich, »für einen ungewöhnlichen Menschen. Ich weiß nicht, wie ich es besser ausdrücken soll: Ich spürte so etwas wie wahre Güte in ihm.«

Eines Tages war Branden mit Rand in einem Taxi unterwegs. Er hatte überraschende Neuigkeiten und konnte sich kaum zurückhalten. Endlich platzte er einfach damit heraus.

»Rate mal, wer existiert?«

Rand war elektrisiert. »Du willst doch nicht behaupten, dass du Alan Greenspan überzeugen konntest?«

»Genau das habe ich getan«, antwortete er. »Und ich glaube, du solltest noch einmal über ihn nachdenken. Ich halte ihn für einen wirklich interessanten Menschen mit einem sehr ungewöhnlichen Kopf.«

Branden war Rands wichtigster Schüler. Ein paar Jahre später sollte sie ihn offiziell als ihren »intellektuellen Erben« bezeichnen. Sie vertraute seinem Urteilsvermögen vollkommen. Wenn er sagte, Greenspan sei in Ordnung, dann war Greenspan in Ordnung. Also wurde Greenspan in den Salon der gefeierten Autorin Ayn Rand eingeladen.

Das Kollektiv traf sich samstags abends in Rands Wohnung in der East 36th Street, gegenüber der Morgan Library. Es war eine Vierzimmerwohnung, viel kleiner und bescheidener, als man von einer so wohlhabenden und erfolgreichen Frau erwartet hätte. Im

Ein Treffen der Gruppe um Ayn Rand 1955; von links nach rechts:
Joan Mitchell, Alan Greenspan, Nathaniel und Barbara Branden,
Leonard Peikoff, das Brautpaar Elayne und Harry Kellerman,
Ayn Rand, Frank O'Connor und Allan Blumenthal

Allgemeinen waren die Jalousien heruntergelassen und die Fenster geschlossen, eine Erinnerung daran, dass eine von Rands geliebten Katzen vor einiger Zeit aus dem Fenster gesprungen und umgekommen war. Die Wohnung wirkte oft dunkel und stickig. Eine bunte Mischung von Sesseln und Klappstühlen erwartete die Gäste.

Die ersten Besucher trafen gegen 20 Uhr ein, man saß zusammen und unterhielt sich oft bis in die frühen Morgenstunden. Die Themen hatten eine große Bandbreite: Politik, Zeitgeschehen, Philosophie, Literatur, Film und Malerei. Bei vielem kannte Greenspan sich nicht sonderlich gut aus, aber er folgte Joan Mitchells Beispiel und gestattete sich, offen zu sein. Als er sich mit dem Kollektiv ein wenig vertrauter fühlte, zeigte er ihnen nach und nach eine andere Seite seiner Persönlichkeit. Er blieb ausgesprochen ernst, aber er wirkte zumindest weniger grimmig und säuerlich. Umgekehrt öffnete sich auch Rands Kreis ihm gegenüber.

Auch die Wirtschaft war häufig Thema im Kollektiv. Das war die Chance für Greenspan, der kurz zuvor seine Stelle beim Conference Board aufgegeben hatte und eine eigene Beraterfirma, Townsend-Greenspan, aufbaute.

Wenn man es als Burns' Verdienst betrachten will, Greenspan für die Vorstellung des freien Markts begeistert zu haben, dann war es Ayn Rand, die diese Neuorientierung vollendete. Burns war ein Hochschullehrer mit einem typisch professoralen Stil – vorsichtig, vernünftig, gelassen. In akademischen Kreisen hatte er als einsamer Rufer in der Wüste agiert, war einer der wenigen, die es wagten, Keynes zu kritisieren. Doch Ayn Rand, die sich selbst als »radikale Verfechterin des Kapitalismus« bezeichnete, wagte sich noch viel weiter vor. Weil sie am eigenen Leib erfahren hatte, was Kommunismus real bedeutet, predigte sie die Ergebenheit zum Kapitalismus mit jener Intensität, die nur Neubekehrte aufbringen können.

Vehement, entschieden und leidenschaftlich plädierte Rand für Laisser-faire in allen Wirtschaftsfragen. Es birgt einige Ironie, dass die Sinnlosigkeit und der zerstörerische Einfluss von Zentralbanken häufiges Gesprächsthema des Kollektivs war. Schließlich haben Zentralbanken genau die Aufgabe, sich in das Wirtschaftsgeschehen einzumischen. Das kann zu allen möglichen Verzerrungen und Verschiebungen führen. In den damaligen Diskussionen des Kollektivs wurde die Notenbank häufig bezichtigt, durch ihre Fehler die große Depression bewirkt zu haben. Falsche Politik der Fed könne, so die Überzeugung, auch zu Inflation führen und dazu beitragen, das Geld der Bürger zu entwerten. Die Objektivisten sahen in einer Inflation nichts anderes als schleichende Besteuerung.

Dies waren seltsam faszinierende, wenn auch nicht vollkommen neue Ideen. Wie Joan Mitchell vorhergesehen hatte, fühlte sich Greenspan durchaus angesprochen. Die logische Strenge des Objektivismus zog ihn an. Diskussionen über den Vorrang des freien Marktes weckten im ehemaligen Detective Scout of Washington Heights den moralischen Eiferer. Der Objektivismus hatte sogar seinen eigenen Jargon. Das war ungemein ansteckend. Rand hatte die seltene Begabung, Wortschöpfungen wie »Launenanbeter« und »Existenzen aus zweiter Hand« zu erfinden. Wäre sie keine amerikanische Romanautorin geworden, hätte sie zweifellos für die Sowjets großartige Parolen verfasst. Launenanbeter nannte sie Menschen, die nach dem Credo leben: »Wenn es sich gut anfühlt, tu es«. Sie geben jegliche Logik auf und lassen sich ganz von ihren Emotionen leiten. Als Existenzen aus zweiter Hand sah sie Menschen mit einem unterentwickelten Selbstwertgefühl, solche, die ständig von der Gesellschaft bewertet und akzeptiert werden wollen. Rands Terminologie wurde bei diesen Samstagabend-Treffen entwickelt und ergänzt, bis man den Eindruck bekommen konnte, als spräche das Kollektiv eine eigene Sprache.

Aber ganz gleich, wie frei die Diskussionen geführt wurden, das schließlich entscheidende Wort lag immer bei Ayn Rand. Dieser kleinen, zierlichen Frau und ihren dunklen Augen entging nichts. Und mit ihrem gewaltigen Repertoire sarkastischer Bemerkungen verschaffte sie sich eine dominierende Ausstrahlung. Sie rauchte ununterbrochen und benutzte dabei eine Zigarettenspitze. Noch lange, nachdem es aus der Mode gekommen war, trug sie ihr Haar in einem fransigen Pagenschnitt. Häufig unterbrach sie andere mitten im Satz und sagte: »Du solltest deine Prämissen überprüfen«. Oder sie bedachte ihr Gegenüber mit eisigem Blick und fragte: »Hast du noch alle Sinne beieinander?«

Am glücklichsten waren die Mitglieder des Kollektivs, wenn Rand Ausschnitte aus ihrem noch unvollendeten neuesten Roman *Wer ist John Galt?* herumreichte. Sie lasen das Manuskript abwechselnd vor, und es entspannen sich leidenschaftlich geführte Diskussionen.

Das war ganz nach Greenspans Sinn. Dazu Nathaniel Branden: »Alan war vollkommen begeistert von dem Buch und der heroischen Vision des Geschäftslebens in seiner besten Form, die dort präsentiert wurde. Es berührte ihn in einem sehr tiefen Bereich seiner Persönlichkeit. Und dies wiederum ließ ihn Rand immer mehr ans Herz wachsen.«

Barbara Branden hat ähnliche Erinnerungen an Greenspans Begeisterung. Besonders beeindruckt hat sie dessen Reaktion auf eine bestimmte Szene des Buches. »Es ging um die Stelle, in der Francisco, einer der Helden von *John Galt*, eine lange Rede über das Wesen des Geldes hält. Geld sei nicht die Wurzel alles Bösen, sondern die Wurzel alles Guten. Ich weiß, dass ich von dieser Ansprache überwältigt war, und Alan erging es nicht anders. Es war eine Rechtfertigung des Geldes als Mittel zur Erhaltung menschlichen Lebens auf Erden.«

Greenspan und Ayn Rand kamen einander immer näher. Sie hatten auch viel gemeinsam. Beide hatten einen Hang zur Mathematik. Noch als über Siebzigjährige wird sich Rand einfach nur zum Spaß mit Algebra beschäftigen.

Auch Greenspans rhetorischer Stil trug ihm Rands Beifall ein. Das Debattieren gehörte für das Kollektiv zum Alltag. Aber wenn Auseinandersetzungen zwischen den Mitgliedern häufig unangemessen persönlich wurden, bevorzugte Greenspan einen kühlen, leidenschaftslosen Stil. Selbstverständlich kam es nur selten vor, dass jemand Rand widersprach. Aber selbst hier war Greenspan einer der wenigen – selbstverständlich mit Ausnahme von Nathaniel Branden –, der sich ihr direkt entgegenstellen konnte, ohne dass dies zu einem katastrophalen Ergebnis führte.

Rand hatte einen ausgesprochen idiosynkratischen Musikgeschmack. Sie liebte die Komponisten Rachmaninow und Léhar und begeisterte sich besonders für das Volkslied »My Irish Milly-O«. Beethoven, Wagner und Elvis Presley konnte sie nicht ausstehen. Doch hielt sie dies keineswegs für eine Geschmackssache. Als Begründerin des Objektivismus war Ayn Rand überzeugt, dass ihre Ansichten über den relativen Wert von diversen Musikstücken in objektiver Wahrheit wurzelten. Barbara Branden erinnert sich, dass Greenspan der Einzige war, der je Einfluss auf sie nehmen konnte, was Musik anging.

»Alan liebt Mozart«, erzählt sie, »und Ayn konnte ihn nicht leiden. Aber es gelang Alan, Ayn zu überzeugen – und das war wirklich verblüffend –, dass Mozart tatsächlich einen Wert hatte, dessen sie sich nur nicht bewusst war.«

Rand schätzte Greenspans Meinungen. Sie war auch angetan davon, dass Greenspan ein wenig erfahrener war als einige andere Mitglieder des Kollektivs. Er war in der Hochzeit des Kollektivs Mitte dreißig, viele andere Mitglieder hatten die dreißig noch nicht überschritten. Seine Beratungsfirma lief gut, und er war auf den bestem Weg zum Erfolg in einem Bereich, vor dem Rand große Hochachtung hatte.

Tatsächlich wandte sie sich mit einigen ihrer Recherchen für *Wer ist John Galt?* an Greenspan. In *Der ewige Quell* war es um Architektur gegangen, aber dieses neue Buch hatte die Welt der Schwerindustrie als Hintergrund. Rand musste so viel wie möglich über Eisenbahnen, Bohrtürme, Stahlwerke in Erfahrung bringen – genau jene Bereiche, die Greenspan während seiner Zeit am Conference Board ausführlich analysiert hatte.

Am Ende sollte Greenspan im Kollektiv eine ähnliche Position einnehmen wie Leonard Peikoff, ein Vetter von Barbara Branden, der an der NYU Philosophie studierte. Je nach Stimmung wandte sich Rand entweder an Greenspan oder an Peikoff. Die beiden waren recht gegensätzliche Persönlichkeiten. Greenspan war ein weltgewandter Mann, der selbstsicher war und über einen unabhängigen Geist verfügte. Im Gegensatz dazu war Peikoff so etwas wie ein leeres Gefäß, ausgesprochen formbar, aber auch hingebungsvoll loyal. Wenn Rand Bestätigung suchte, war Peikoff der geeignete Mann.

Sie mochte beide gleich gern, aber das Seltsame war, dass sie die beiden nie zur gleichen Zeit gleich gern mochte. Einer war in ihrer Einschätzung immer dem anderen um eine Nasenlänge voraus – oder eben unterlegen. Häufig vertraute sie diese Einschätzungen Nathaniel Branden an. Er fragte sie einmal, warum sie es nicht akzeptieren könne, dass sie beide in etwa gleich gern mochte, aber aus unterschiedlichen Gründen. Rand fauchte zurück, sie müsse eben in hierarchischen Kategorien denken.

Die Hierarchie war klar. Rand stand an der Spitze, gefolgt von Nathaniel Branden, ihrem geistigen Erben. Als nächste kam Barbara

Branden. Dann Greenspan und Peikoff, oder Peikoff und Greenspan, je nach Rands Stimmung. Und dann der Rest.

Was Ayn Rands Ehemann Frank O'Connor betraf, so entging anderen nicht, dass er sich in all dem recht passiv verhielt. Häufig servierte er den Kaffee und zog sich dann in den Hintergrund zurück, wo er schweigend sitzen blieb.

Eines ist sicher: Die Abende des Kollektivs waren kein Spaß. Tatsächlich konnten sie bei all dem ununterbrochen Werben um die Gunst der Autorin und der allgegenwärtigen Möglichkeit, Rands beißende Kritik zu spüren zu bekommen, sogar ausgesprochen anstrengend werden. Und worüber man sprach, nahm man todernst. Damit war Rand auf der Höhe ihrer Zeit. So radikal einige ihrer Ansichten im Amerika der fünfziger Jahre erschienen, die Stimmung in ihrer intellektuellen Bewegung passte sehr gut in die Ära Eisenhower.

Die Erfahrung mit dieser sehr intensiven Gruppe hatte einen großen Einfluss darauf, wie Greenspan auf Menschen reagierte. Alte Freunde, darunter auch Robert Kavesh, sein Freund und Kommilitone von der NYU, bemerkten diese Veränderung. Mitte der fünfziger Jahre war Kavesh verheiratet, wohnte in New Jersey und hatte zwei Kinder. Hin und wieder traf er sich mit Greenspan zum Abendessen. »Er begeisterte sich wirklich für den Objektivismus«, erzählt Kavesh. »Er sprach ständig vom ›Überprüfen von Prämissen‹ und solchen Dingen. Wenn man Kinder hat, ist es schwer, philosophisch zu werden. Man denkt praktischer.«

Aber Kavesh erinnert sich auch, dass Greenspan nie versuchte, anderen seine Überzeugungen aufzudrängen. Die beiden Freunde hatten auch außerhalb des Objektivismus viel gemeinsam. Außerdem erhielt Kavesh auf diese Weise eine signierte Erstausgabe von *Wer ist John Galt?*.

Wer ist John Galt? wurde 1957 veröffentlicht, vierzehn Jahre, nachdem die Autorin mit dem Buch begonnen hatte, und es enthielt sämtliche Randschen Themen in einem Band, der dick genug war, um einen Zug zum Entgleisen zu bringen. Aber es betrachtete seinen Gegenstand, die Industrie, auf bizarr gebrochene Weise, durch eine Linse, wie sie nur in einem Geist wie dem von Ayn Rand entstehen konnte.

»Alan war begeistert von dem ethischen System, das sie in *Wer ist John Galt?* vorlegte«, erinnert sich Barbara Branden.

Der ewige Quell war schlicht ehrgeizig gewesen, *Wer ist John Galt?* sollte ungeheure Folgen haben. Rand hatte versucht, ihre Theorien über alles Mögliche darzulegen: Politik, Wirtschaft, Metaphysik, Ästhetik und Sex.

Wer ist John Galt? ist eine Variation über das Thema Streik – wie es scheint, kein besonders aufregendes Gebiet. Solange es Unternehmen gegeben hat, hat es auch Streiks gegeben, und Arbeiter haben versucht, ihren Arbeitgebern bessere Arbeitsbedingungen und mehr Geld abzutrotzen. Rand jedoch hat derartige Vorstellungen auf den Kopf gestellt. Was würde geschehen, wenn es Wissenschaftler und Erfinder wären, Stahl- und Transportmagnaten, die in den Streik treten?

In all seinen Zügen ist das Buch typisch für seine Autorin Ayn Rand. Es treten Figuren auf mit Namen wie Midas Mulligan und Francisco Domingo Carlos Andres Sebastián d'Anconia, ein adliger Kupferbaron. Dann gibt es einen norwegischen Philosophen namens Ragnar Danneskjöld, der zum Piraten wurde. Auf hoher See überfällt er Schiffe, die Hilfsgüter der US-Regierung in die zusammenbrechenden marxistischen Volksrepubliken bringen sollen – eine Variation des alten Robin-Hood-Motivs. Nur: Danneskjöld stiehlt den Armen und gibt den Reichen. Was die *Bösen* angeht, so wäre da Wesley Mouch, Koordinator des Büros für wirtschaftliche Planung und Nationale Ressourcen, und Claude Slagenhop, der Präsident der Freunde des weltweiten Fortschritts.

Im Zentrum des Geschehens steht John Galt, Ingenieur, Unternehmer und Renaissancegestalt von gewaltigem Genie und noch größerer Virilität. In *Wer ist John Galt?* gibt es Unmengen fiebrigheroischer, reißerischer Liebesszenen. Galt ist es auch, der den Streik derer organisiert, die die Welt wirklich bewegen. Er errichtet in

Colorado eine neue Gesellschaft, die sich dem ungehemmten Laisser-faire-Kapitalismus verschrieben hat und »Galt's Gulch« genannt wird.

Der ewige Quell verabreichte den Lesern Rands Philosophie teelöffelweise, *Wer ist John Galt?* bedient sich der Schaufel. Rands Lektor bei Random House – der legendäre Bennet Cerf – hatte vorgeschlagen, dass sie das Buch vielleicht ein wenig kürzen solle. »Würden Sie die Bibel kürzen?«, war Rands Entgegnung.

Also wurde *Wer ist John Galt?* ungekürzt und 645 000 Wörter lang auf eine nichts ahnende Welt losgelassen.

Die Kritiken waren brutal. »Der schlechteste Roman seit *Der ewige Quell*«, schrieb ein Kritiker. »Länger als das Leben und doppelt so grotesk«, höhnte ein anderer. Eine der vernichtendsten Beurteilungen kam von dem Kritiker Granville Hicks, der für die *New York Times* schrieb.

Das Buch ist in keiner Hinsicht ein ernsthafter Roman, aber todernst, kriegerisch und unnachgiebig in seiner Ernsthaftigkeit. Er kreischt dem Leser ins Ohr und zieht ihm eins über, um Aufmerksamkeit zu erregen, und wenn der Leser schließlich ordentlich eingeschüchtert ist, liest es ihm Seite für Seite die Leviten. Es hat nur zwei Stimmungen, melodramatisch und didaktisch, und bei beidem kennt es keinerlei Mäßigung.

Damit hatte sich Hicks nur aufgewärmt. Ein paar Absätze später holte er aus zum vernichtenden Schlag: »... so lautstark Miss Rand auch ihre Liebe zum Leben verkündet, so klar wird doch, dass dieses Buch aus Hass heraus geschrieben wurde.«

Ayn Rand fühlte sich von Hicks Kritik getroffen und war erschüttert von der rundum feindseligen Aufnahme ihres Buches. Das Kollektiv sammelte sich schützend um sie. Mehrere Mitglieder, darunter Greenspan, schrieben zornige Leserbriefe an die *New York Times*. Greenspans Brief wurde am 3. November 1957 abgedruckt:

An den Herausgeber:
Wer ist John Galt? feiert das Leben und das Glück. Gerechtigkeit ist unnachgiebig. Kreative Individuen und unbeirrbare Zielgerichtetheit und Rationalität führen zu Freude und Erfüllung. Parasiten, die stets versuchen, sowohl einem Ziel als auch der Vernunft aus dem Weg zu gehen, gehen zugrunde, und so sollte es auch sein. Mr. Hicks fragt sich misstrauisch, »was das für ein Mensch ist, der eine solche Stimmung über 1168 Seiten und vierzehn Jahre Arbeit« aufrechterhalten kann. Dieser Leser fragt sich, was für ein Mensch unnachgiebige Gerechtigkeit so verstörend findet.

Alan Greenspan, NY

Eines spricht zweifellos für *Wer ist John Galt?*: Es rief leidenschaftliche Reaktionen hervor. Die Kritiker mochten aufheulen, Akademiker schnauben, die Literaten sich angewidert abwenden, aber das Buch sollte auch ebenso leidenschaftliche Befürworter finden. Wie schon *Der ewige Quell* verkaufte es sich quasi von selbst.

Die Popularität beider Bücher von Ayn Rand brachte Nathaniel Branden, ihren geistigen Erben, auf eine Idee. Er war überzeugt, dass hier ein unbefriedigtes Bedürfnis vorlag: Die Menschen wollten noch mehr über den Objektivismus erfahren. Er setzte sich zum Ziel, Rand von der Notwendigkeit einer Art Bildungszentrum zu überzeugen, das Vorträge und Kurse anbietet. 1958 rief er das Nathaniel Branden Institute (NBI) ins Leben. Er organisierte es zunächst von seiner Wohnung aus, später eröffnete er ein kleines Büro im Haus Nummer 120 der East 34th Street.

Branden startete mit einer Vortragsreihe zu den »Grundprinzipien des Objektivismus«. Die Reihe wurde für eine Teilnahmegebühr von 70 Dollar einmal im Frühling, einmal im Herbst angeboten. Die einzelnen Stunden standen unter Themen wie »Wie zerstörerisch ist der Gottesbegriff?« oder »Warum Menschen nicht das Schlechteste in sich unterdrücken und verbergen, sondern ihr Bestes«. Auch andere Mitglieder des Kollektivs trugen zu dieser Reihe bei, darunter Barbara Branden, Leonard Peikoff und Greenspan. Dieser hielt einen neunzigminütigen Vortrag mit dem Titel »Die Ökonomie einer freien Gesellschaft«.

»Ich erinnere mich, dass er die Bedeutung des Goldstandards sehr betont hat«, erzählt Barbara Branden. »Er sprach auch über die Gründe wirtschaftlicher Depressionen. Wie Ayn war er davon überzeugt, dass diese die Folge von Interventionen der Regierung in die Wirtschaft waren. Er war ein recht trockener Redner, aber das Material war interessant für jeden, der auch nur ein vages Interesse an Volkswirtschaft hatte.«

Auch John Hospers, Philosophieprofessor an der UCLA, war beeindruckt, der Mann, der sich 1972 als erster Präsidentschaftskandidat der Libertarian Party zur Wahl stellte. Er erhielt nur eine einzige Wahlmännerstimme, die von Roger MacBride, dem Adoptivsohn von Rands Freundin und Schriftstellerkollegin Rose Wilder Lane abgegeben wurde. »Greenspans Vorträge waren sehr gut«, erinnert sich Hospers. »Er war auf seine ruhige Art überzeugend, nicht theatralisch, dennoch beeindruckend. Ich war der Ansicht, dass sein Vortrag des Beste war, was das NBI je hervorgebracht hat.«

Als die Reihe beliebter wurde, bot das NBI auch Mitschnitte der Vorträge an. Sie wurden nicht direkt verkauft; man konnte nicht einfach einen Mitschnitt von Greenspans »Wirtschaft einer freien Gesellschaft« erwerben, stattdessen konnten sich Leute, die sich für Objektivismus interessierten, für ein Treffen im Konferenzraum eines Hotels anmelden, wo sie dann mit anderen Interessierten den Bandmitschnitt anhören konnten. Ein ausgebildeter Moderator bediente das Tonbandgerät und beantwortete danach Fragen.

Ein etwas seltsames Verfahren, aber es funktionierte. Auf diesem Weg konnten Branden, Greenspan und die anderen ihre Zuhörer »live« erreichen, ohne denselben Vortrag immer wieder halten zu müssen. Sie konnten auch zu Menschen außerhalb von New York sprechen, ohne reisen zu müssen. 1965 wurden solche Vortragsmitschnitte in achtzig Städten angeboten, darunter Chicago, Los Angeles und Toronto. Brandens Institut war recht erfolgreich. 1967 zog es in neue Räume um – 750 qm im Untergeschoss des Empire State Building.

Als nächstes versuchten Rand und Branden ihr Glück mit einem Newsletter. Auch dieser erwies sich als Erfolg, und das Blatt wuchs rasch von vier Seiten zu einer richtigen Zeitschrift mit dem Titel *The Objectivist*. Greenspan trug häufig Artikel bei. In einem davon hinterfragt er die Zweckmäßigkeit von Kartellgesetzen, in einem anderen lässt er kein gutes Haar an den Verbraucherschutzgesetzen. Darin heißt es:

> Doch es ist genau diese ›Habgier‹ eines Geschäftsmanns, oder angemessener ausgedrückt, sein Streben nach Profit, das den Verbraucher am besten schützt. Kollektivisten wollen einfach nicht erkennen, dass es im eigenen Interesse eines jeden Geschäftsmanns liegt, hinsichtlich der Ehrlichkeit und der Qualität seiner Produkte einen guten Ruf zu haben.

Sein vielleicht aufwieglerischster Artikel erschien im Juli 1966. Unter der Überschrift »Gold und wirtschaftliche Freiheit« sprach er sich für den reinen Goldstandard aus – stellte sich also gegen den gemischten Goldstandard, an dem man zu dieser Zeit festhielt. Das war nach Greenspans Einschätzung das einzige sichere Gegenmittel gegen Inflation. Eine Währung müsse für etwas Fassbares stehen. Er kritisierte die Federal Reserve dafür, leicht zugängliche Kredite – die sogenannten Paper Reserves – geschaffen zu haben, die nicht von Gold gestützt waren. Er bezweifelte auch, dass sein zukünftiger Arbeitgeber unabhängig sein könne: »Und daher wurde 1913 das Zentralbanksystem organisiert. Es bestand aus zwölf regionalen Federal Reserve Banks, die dem Namen nach Privatpersonen gehörten, aber im Grunde von der Regierung kontrolliert und unterstützt wurden.«

Greenspans Artikel finden sich neben denen von Rand und Branden in einem Sammelband mit dem Titel *Kapitalismus. Das unbekannte Ideal.*

Vorträge, eine Zeitschrift, Aufsatzsammlungen, sogar der Verkauf von Rand-inspirierten Kunstwerken Joan Mitchells und anderer: Der Objektivismus wurde zu einer immer bedeutenderen Bewegung. Während der ersten Hälfte der 60er Jahre befand sich Ayn Rand auf dem Höhepunkt ihrer Bekanntheit. Der *Playboy* machte sie zum Thema seiner berühmten freien Frage-und-Antwortartikel. Und darüber hinaus trat sie mehrere Male in der Johnny Carson Show auf.

Auch zu Gastvorträgen wurde Ayn Rand häufig eingeladen. Mit ausgeprägtem russischem Akzent entwickelte sie ihr seltsam verdrehtes Universum und brachte die Studenten damit zunächst einmal vollkommen durcheinander. Für gewöhnlich trug sie bei solchen Anlässen einen wehenden schwarzen Umhang und eine Goldbrosche in Form eines Dollarzeichens. »Das Kreuz ist ein Symbol der Folter«, erklärte sie einmal in *Time*. »Ich ziehe das Dollarzeichen vor, das Symbol freien Handels und daher auch freier Geister.«

Auch das Kollektiv erlebte seine beste Zeit. Das NBI veranstaltete regelmäßig gesellige Abende in seinen Räumen im Empire State Building. Diese Räume liebte Greenspan, der gerne tanzte, ganz besonders. Es gab auch zwei Softball-Teams, die sich die »Attilas« und die »Witch Doctors« nannten, nach zwei Randschen Archetypen des Bösen und der Heuchelei. Die Mannschaften traten mehrere Male im Central Park gegeneinander an. Die Spiele waren von epischer Jämmerlichkeit, voll von vermasselten Ballübergaben und gezerrten Muskeln. Schließlich hatte man es hier mit eher kopflastigen Leuten zu tun. »Alan war der beste Spieler von allen«, erinnert sich Kathryn Eickhoff, Kollegin und für einige Zeit Freundin Greenspans. »Er war einer der wenigen, die den Ball hin und wieder trafen. Und er konnte es wirklich gut.«

Eugene Schwartz, ebenfalls Objektivist, der wie Greenspan zu den Attilas gehörte, sagt: »Alan hatte einen großartigen, stillen Sinn für Humor und ein umgängliches Wesen, und dadurch machte es wirklich Spaß, mit ihm in einer Mannschaft zu spielen.«

Doch genau in dem Augenblick, als in der Welt des Kollektivs alles auf dem besten Wege schien, zeigten sich die ersten Risse.

Rand erschien zunehmend verbittert und gereizt. Selbst in den besten Zeiten war sie nicht sonderlich umgänglich gewesen. Doch nun, nachdem sie *Wer ist John Galt?*, ihr Hauptwerk, vollendet hatte, hatte sie keine Ahnung, was sie als nächstes tun sollte. Es nagte auch an ihr, dass die Vorträge an den Universitäten und die Auftritte in der Carson Show ihr zwar schmeichelten, ihr Bild in der Öffentlichkeit aber immer karikaturenhafter wurde. Rand wollte von den Kritikern und der akademischen Welt ernst genommen und anerkannt werden als Genie, als eine Frau, die ihrer Zeit weit voraus ist.

Die Spannungen, die sie verspürte, schlichen sich auch ins Kollektiv ein. Neue Begriffe wurden geprägt, wie zum Beispiel »Emotionalisten« und »soziale Metaphysiker«. Anders als bei den »Launenanbetern« und den »Existenzen aus zweiter Hand« waren diese neuen Bosheiten allerdings nicht auf die ignoranten Massen gemünzt, sondern auf die eigenen Anhänger. Als Emotionalisten bezeichneten sie Menschen, die die Welt eher durch Gefühle als durch Vernunft verstehen, soziale Metaphysiker ließen sich davon bestimmen, wie andere sie wahrnehmen. Rand und Nathaniel Branden leiteten eine Reihe von Veranstaltungen, die im Grunde Verhöre waren. Schüler des Objektivismus und sogar einige aus Rands innerem Kreis, dem Kollektiv, wurden wegen ihrer logischen Fehler öffentlich getadelt – Fehler, die sie zu einem oder gar beiden dieser neuen schrecklichen Gebrechen geführt hatten.

Es gelang Greenspan, sich dieser neuen, hässlichen Phase weitgehend fernzuhalten. Im Unterschied zu vielen anderen Mitgliedern des Kollektivs führte er ein weit gefächertes Leben auch außerhalb der Gruppe, das aus Geschäftsessen und Reisen und Golfspielen bestand.

»Alan distanzierte sich«, erzählt Barbara Branden. »Das war eine sehr gute Idee. Wir anderen sprachen mit Ayn über unser Privatleben, was dann bedeutete, dass wir es auch weiterhin mit ihr besprechen mussten. Alan tat das nicht, oder nur selten, und selbst dann blieb er eher oberflächlich. Er neigte instinktiv zur Zurückhaltung.«

Dann platzte die nächste Bombe, ein Ereignis, mit dem das Kollektiv nicht gerechnet hatte und das in Objektivistenkreisen für immer als »der Bruch« bezeichnet werden würde. Ayn Rand verkündete, sie werde alle Verbindungen zu Nathaniel und Barbara Branden abbrechen. Das erklärte sie in der Maiausgabe 1968 des *Objectivist*, in einem achtseitigen Brief an »alle Betroffenen.« Sie präsentierte eine ganze Liste von Beschwerden: Die beiden seien schlecht organisiert, hielten ihre geschäftlichen Verpflichtungen nicht ein, und was das Schlimmste war, legten diverse Arten von Unlogik an den Tag.

Rands Brief folgte eine Art Petition.

Die Unterzeichner, ehemals Dozenten des Nathaniel Branden Institute, möchten Folgendes öffentlich bekannt geben: Da Nathaniel Branden und Barbara Branden mehrmals grundlegende Prinzipien des Objektivismus verraten haben, verurteilen und verstoßen wir diese Personen unwiderruflich und beenden jegliche Verbindung zu ihnen und zum Nathaniel Branden Institute.

Unterschrieben hatten Greenspan, Peikoff und ein paar andere Mitglieder des Kollektivs. In späteren Jahren sollte Greenspan erklären, dass er seinen Namen nur hastig hinzugefügt hatte, er habe das Durcheinander der wechselseitigen Bezichtigungen nicht durchschaut und auch nicht geahnt, was auf dem Spiel stand.

Um die Wahrheit zu sagen, wusste niemand so recht, was geschehen war. Hunderte besorgter und verwirrter Anhänger des Objektivismus riefen beim NBI an. Der Verstoß der Brandens war eine sehr ernste Angelegenheit, gleichzeitig erschienen die Anklagen gegen sie außerordentlich vage.

Gerüchte, Rand habe die Brandens bei Unterschlagungen ertappt, machten die Runde. Möglicherweise hätten sie auch Drogen genommen. Aber die Wahrheit sollte sich als viel bizarrer und erbärmlicher erweisen, als man sich hätte vorstellen können. Und so gut wie niemand – auch Greenspan nicht – sollte sie in den nächsten Jahren erfahren.

Inzwischen brach die Welt der Objektivisten endgültig zusammen. Es ging zu wie in einem Miniaturbürgerkrieg, Vetter gegen Vettern, Ehemänner gegen ihre Frauen. Peikoff stellte sich auf Rands Seite und brach mit seiner Cousine Barbara Branden. Nathaniel Branden und sein Vetter Allan Blumenthal, der ebenfalls dem Kollektiv angehörte, gingen getrennte Wege. Und die Brandens ließen sich scheiden.

Nathaniel sollte New York bald verlassen und in Los Angeles später ein bekannter Psychotherapeut werden. Er schieb *My Years with Ayn Rand*, ein autobiographisches Buch über seine turbulente Zeit im Kollektiv. Barbara Branden ließ sich schließlich in New Mexico nieder, veröffentlichte ebenfalls ein Buch, *The Passion of Ayn Rand*. Es wurde mit Helen Mirren als Ayn Rand und Peter Fonda als Frank O'Connor verfilmt.

Ayn Rand dagegen sollte den Rest ihrer Tage, was ihr gesellschaftliches Leben anging, auf einem Abwärtskurs verbringen. Schon vor dem Bruch im Jahr 1968 konnte sie auf eine lange Reihe zerbrochener Freundschaften zurückblicken. Später wurde sie zu einer wahren Furie. Die Menschen in ihrer Umgebung konnten sich nur noch ducken. Rands beißende Angriffe gegen Joan Mitchells Geschmack in Sachen Kunst und Musik wurden so heftig, dass Mitchell schließlich den Kontakt vollkommen abbrach.

Dennoch, eine Hand voll Menschen stand weiterhin zu ihr. Frank O'Connor, Rands Mann, blieb bei ihr, müde und abgehärmt, aber loyal bis zum Ende. Auch Leonard Peikoff blieb, schmachtend und bedürftig, eine etwas weniger kriecherische Version des Uriah Heep. Er nutzte die neue Situation, sich noch näher an seine Mentorin heranzumachen.

Auch Greenspan ließ Ayn Rand nicht im Stich. Er fand zu einer idealen emotionalen Distanz – er blieb Ayn Rands Freund, aber er sah sie nicht annähernd so häufig wie zuvor. In den kommenden Jahren sollte er zahllose Stunden in Washington und im Dienst seiner Beratungsfirma verbringen. Aber er hat sich nie vollkommen von Rand losgesagt – tatsächlich blieb er ihr immer dankbar dafür, dass sie ihm die Augen für eine moralische Dimension des Kapitalismus geöffnet hatte.

Natürlich gibt es einige Kodas zu Ayn Rands so eigenartiger Geschichte. Mehr als zehn Jahre später erfuhr Greenspan bei einem Besuch von Barbara Branden in seiner Wohnung im New Yorker UN Plaza überraschende Einzelheiten über den Bruch des Kollektivs.

Der große Bruch von 1968 war damals längst Geschichte. Greenspan – der Bastion der Zweiparteienanhängerschaft – war es gelungen, Freundschaften auf beiden Seiten des Grabens zu pflegen. Obwohl er damals schnell den »Schwur« unterzeichnet hatte, der die Brandens denunzierte, gelang es ihm, die Beziehung zu Barbara Branden wieder ins Lot zu bringen.

Die beiden unterhielten sich über alte Zeiten, und in diesem Zusammenhang hatte Barbara Branden eine ziemlich aufregende Enthüllung für ihn. »Alan, das wird dich schockieren«, sagte sie.

»Ich bin nicht so leicht zu schockieren«, sei seine Antwort gewesen.

Branden berichtete ihm daraufhin von der Affäre, die ihr Mann und Rand miteinander hatten. Als gute Objektivisten – sie wollten niemals etwas verheimlichen – hatte das Paar zuerst um die Erlaubnis ihrer jeweiligen Ehepartner, Barbara und Frank O'Connor, gebeten, die in der Hoffnung zugestimmt hatten, dass eine solche Affäre nicht lange dauern könne. Aber sie währte von 1954 bis 1968. Währenddessen hatte Nathaniel Branden eine zweite außereheliche Affäre mit Patrecia Gullsion angefangen, einem Model und Schülerin des Objektivismus, die er bei einem seiner Vorträge kennen gelernt hatte. Für den Neujahrsabend des Jahres 1967 hatte Greenspan eine Verabredung mit Patrecias Zwillingsschwester Leisha vereinbart. Wie der Rest der Gruppe wusste er nichts über die verschiedenen außerehelichen Spielereien.

Als Rand von der Sache mit Patrecia erfuhr, war sie natürlich wütend auf Nathaniel; verärgert auch darüber, dass Barbara davon gewusst hatte, ohne es ihr zu erzählen. So brach sie den Kontakt zu beiden ab. Branden erklärte Greenspan, diese Folge von Ereignissen – viel mehr als Unterschlagung, Drogengenuss, unlogisches Denken oder jede andere Verfehlung – sei es gewesen, die zum Bruch geführt habe.

Branden erinnert sich: »Er war sprachlos. Nun fügte sich für ihn alles zusammen. All das, was er beobachtet hatte und sich nicht erklären konnte, machte nun Sinn.«

Zu Beginn der achtziger Jahre war Ayn Rand gesundheitlich angeschlagen. Ihr ganzes Erwachsenenleben lang hatte sie viel und mit großem Vergnügen geraucht. Eine ihrer vielleicht eigenartigsten Ansichten war die, dass die Menschen rauchen sollten, weil es die menschliche Zähmung des Feuers repräsentiere und deshalb ein Symbol menschlichen Fleißes sei. Tatsächlich hatte der Verlag von *Wer ist John Galt?* spezielle Zigaretten für sie herstellen lassen, auf die ein kleines Dollarzeichen in Blattgold geprägt war.

In den siebziger Jahren wurde bei Ayn Rand Lungenkrebs diagnostiziert. Sie tat ihr Möglichstes, diese Nachrichten mit klarsichtiger Rationalität aufzunehmen. Sie hatte gelebt, und nun würde sie sterben. Sie machte weiter, so gut sie konnte.

Im November 1981 war sie eingeladen, auf einer Konferenz des Komittees für die Neuordnung des Geldwesens in New Orleans zu sprechen, einer Organisation, die sich für das freie Unternehmertum einsetzte und zum alten Goldstandard zurückkehren wollte. Die Gruppe organisierte einen privaten Eisenbahnwaggon für ihre Fahrt von New York nach New Orleans. Es gibt unvergessliche Eisenbahnszenen in *Wer war John Galt?*, und diese Reise schien ein passender Tribut an eine Verfechterin der Schwerindustrie.

Andere Redner der Tagung waren Louis Rukeyser, Paul Erdman und Adam Smith, aber Ayn Rand war die große Attraktion. 4000 Leute erwarteten sie. Rand beendete ihre Rede mit einem Zitat aus *Wer war John Galt?*:

Die Welt, die du dir wünschst, kannst du bekommen, sie existiert, sie ist real, sie ist möglich, sie gehört dir. Aber zu gewinnen verlangt deine völlige Hingabe und einen totalen Bruch mit der Welt deiner Vergangenheit, mit der Doktrin, dass der Mensch ein Opfertier ist, das zum Wohl der anderen existiert. Kämpfe für den Wert deiner Person. Kämpfe für die Tugend deines Stolzes. Kämpfe für das Wesentliche, das den

Menschen ausmacht: für seinen souveränen rationalen Verstand. Kämpfe mit der strahlenden Sicherheit und absoluten Rechtschaffenheit und im Bewusstsein, dass deine Sache die Moral des Lebens und der Kampf für jede Errungenschaft, jeden Wert, jegliche Größe, jede Güte und Freude ist, die es jemals auf der Welt gab.

Die Menge sprang auf und brach in stürmischen Beifall aus.

Rand bestieg ihren Privatzug und reiste nach New York zurück. Sie kam dort siegesbewusst, aber erschöpft an. Kurz darauf ging sie ins Krankenhaus und starb am 6. März 1982, Greenspans Geburtstag, im Alter von 77 Jahren.

Zwei Tage später fand die Trauerfeier in der Frank E. Campbell-Leichenhalle an der Upper East Side von Manhattan statt. Rand lag aufgebahrt in einem offenen Sarg, neben dem ein zwei Meter hohes Dollarzeichen stand. Der Raum war voller Blumen und erfüllt von den Klängen des Lieds »It's a long way to Tipperary«.

Greenspan erschien, um der Autorin seine letzte Ehre zu erweisen, ebenso Leonard Peikoff.

Dazu kamen noch fast 800 andere Trauergäste, ein paar von ihnen Freunde, die meisten jedoch Anhänger der Toten.

Am nächsten Tag fand auf dem Friedhof von Valhalla, New York, eine kleine private Feier statt. Ayn Rand wurde neben ihrem Mann Frank O'Connor beerdigt. In der Nähe befindet sich das Grab ihres Lieblingskomponisten Rachmaninoff.

Sie hinterließ ihren ganzen Besitz Leonard Peikoff. Er betrug insgesamt 550 000 Dollar, eine erstaunlich geringe Summe für eine Frau, die Millionen von Büchern verkauft hatte. Die Wahrheit ist, dass diese Meisterin des Wirtschaftsromans bis in ein relativ hohes Alter hinein gezögert hatte, in die Welt der Aktien und Geldanlagen einzutauchen. Zur Zeit ihres Todes hatte die Inflation einen großen Teil ihrer Einkünfte aus dem Buchverkauf verschlungen.

5 | TOWNSEND-GREENSPAN

Greenspan war mit Äußerungen zu seinem Privatleben zurückhaltender als der Rest des Kollektivs, was ihm half, stets einen gesunden Abstand zu Ayn Rand zu halten. 1968 – also bis zum großen Bruch – hatte er fünfzehn Jahre in ihrem inneren Kreis verbracht, gleichzeitig aber auch ein eigenes Leben aufgebaut. Im Gegensatz zu anderen aus dem Kollektiv hatte er Ayn Rand niemals seine tiefsten Gefühle enthüllt, sie auch nie nach ihrer Meinung zu seinen Privatangelegenheiten gefragt oder um ihre Hilfe beim Umgang mit seinen kleinen Schwächen gebeten.

Greenspan verbrachte seine Zeit im Kollektiv auch nicht damit, müßig über den moralischen Vorrang des Kapitalismus zu philosophieren. Statt dessen ging er in die Welt hinaus und erreichte etwas.

Während der Jahre im Umkreis des Kollektivs hatte er sich eine ausgesprochen erfolgreiche Beratungsfirma für Wirtschaftsfragen aufgebaut. Damit hatte er 1953 begonnen, noch während er seine Vollzeitstelle beim Conference Board hatte. Dort hatte sich Greenspan darauf spezialisiert, Angelegenheiten der Schwerindustrie zu analysieren. Als Nebenbeschäftigung hatte er eigene Kunden aus der Stahlbranche beraten. Er lieferte ihnen Hochrechnungen zum Wirtschaftswachstum, Prognosen der Zinsbewegungen und andere Beobachtungen zur Gesamtwirtschaft, sofern diese die Nachfrage nach Stahl beeinflussen konnten.

Greenspan wollte unbedingt auf eigenen Füßen stehen. Aber die fünfziger Jahre waren das Goldene Zeitalter des Unternehmenspaternalismus. Eine Generation später brach der enge Zusammenhalt zwischen Unternehmern und Angestellten zusammen, und Mitarbeiter begannen massenhaft, aus altmodischen Firmen wie IBM und AT&T auszubrechen – oder sie wurden ausgestoßen. Viele versuchten sich danach als Berater, und mit dem Anwachsen ihrer Zahl wurde Unternehmensberatung zu einem anerkannten und verbreiteten Berufszweig.

In den fünfziger Jahren konnte davon noch keine Rede sein. Die wenigen, die sich in die selbständige Beratertätigkeit vorwagten, konzentrierten sich überwiegend darauf, die Firmenleitung zu beraten oder Unternehmen dabei zu unterstützen, Fertigungsprozesse effektiver zu organisieren. Wirtschaftsberater dagegen beschäftigten sich damit, für ihre Klienten Bewegungen und Maßnahmen des Wirtschaftsgeschehens zu interpretieren – Inflation, Zinsraten, Wohnungsneubauten –, damit diese besser planen konnten. In der damals kleinen exklusiven Welt der Unternehmensberatung waren die Wirtschaftsberater eine winzige Untergruppierung. Unter ihnen befand sich zufällig auch Greenspans Vater, der sein Geld als Börsenmakler und Wirtschaftsberater verdiente.

Greenspan tadelte sich selbst für seinen Mangel an Unternehmensgeist. Sein Vater war zwar nie sonderlich erfolgreich gewesen, hatte aber immerhin den Sprung ins kalte Wasser gewagt. Darüber hinaus hatte Herbert Greenspan in seinen Worten auf dem Vorsatzblatt von *Recovery Ahead!* seinen Sohn gedrängt, »selbst Ähnliches zu leisten«. Es fiel dem jüngeren Greenspan allerdings schwer, den Mut und das Selbstvertrauen dazu aufzubringen.

Durch einen Glücksfall verschaffte seine Tätigkeit am Conference Board Greenspan Kontakte zu Townsend-Skinner; ein kleines Unternehmen ohne große Mittel, aber eben eines der wenigen Wirtschaftsberatungsbüros, die zu diesem Zeitpunkt existierten. In enger Zusammenarbeit mit den Beratern von Townsend-Skinner lieferte Greenspan Daten des Conference Board und eigene Prognosen. Dabei gelang es ihm, die Aufmerksamkeit eines der Partner, William Townsend, zu erwecken. Als sich dieser entschied, einen neuen

Partner aufzunehmen, dachte er an Greenspan und bat ihn zu einem Gespräch.

Townsend sollte bei dieser Begegnung ins Staunen geraten. Bis dahin hatten die beiden Männer nur am Telefon miteinander gesprochen. Dank Greenspans tiefer Stimme und seiner ruhig überlegten Sprechweise hatte Townsend angenommen, dass sie etwa im gleichen Alter waren. Townsend war fünfundsechzig, Greenspan siebenundzwanzig. Dennoch beeindruckte der junge Greenspan den viel älteren Townsend ungemein und erhielt die Stelle.

Townsend-Skinner war im Schreckensjahr 1929 von Townsend und Dana Skinner gegründet worden. Die Haupttätigkeit des Unternehmens bestand darin, Wirtschaftsinformationen für Kunden zu liefern, die im Investmentbereich tätig waren: Portfoliomanager in Banken, Versicherungsunternehmen und Rentenfonds, aber auch wohlhabende Privatkunden. Während der ersten Jahre der Firma waren Wirtschaftsinformationen gleich welcher Art ausgesprochen schwer zu erhalten. Das Land war in einer Depression versunken, und die Menschen gierten nach den kleinsten Hinweisen auf die weitere wirtschaftliche Entwicklung und deren Richtung. Ein Aktionär betrachtete es zum Beispiel bereits als eine Dienstleistung, wenn man ihm Informationen über den allgemeinen Trend der Zinssätze verschaffen konnte.

Townsend war das Verkaufsgenie der Firma, ein Fachmann, wenn es darum ging, neue Kunden zu akquirieren; Skinner dagegen der Wirtschaftsguru und Meister im Auftreiben von Daten und im Erkennen von Trends. Schon früh arbeitete er direkt mit seinen Kontaktleuten in den Banken zusammen, um Informationen über Liquidität und das Verhältnis von Krediten und Einlagen zu erhalten. Im Lauf der Zeit wurden diese Informationen allgemeiner zugänglich. Gleichwohl blieb Skinner stets eine Nasenlänge voraus. Er konzentrierte sich einfach auf andere Datenbestände, die schwieriger zu beschaffen und daher für seine Kunden von Wert waren.

Skinner starb Mitte der 40er Jahre, kurz nach Ende des Zweiten Weltkriegs. Seine Tochter – ebenfalls ausgebildete Volkswirtin –

übernahm seine Position für eine Weile, verließ aber dann das Unternehmen, um einen italienischen Grafen zu heiraten. Townsend brachte seinen Schwiegersohn Bill Knowles in die Firma. Als auch dieser wieder ging, machte sich Townsend auf die Suche nach einem neuen Partner.

Inzwischen hatten die fünfziger Jahre begonnen. Die Nachkriegsindustrie legte ein schnelleres Tempo vor. Öl und Chemikalien, Stahl und Autos – diese Branchen musste man im Auge behalten. »Was für General Motors gut ist, ist auch gut für das Land«, hieß es damals – also brauchte Townsend jemanden, der sich mit der aufblühenden Schwerindustrie auskannte. Dieser Mann war Greenspan. Gemeinsam gründeten die beiden ein neues Unternehmen. Parallel zur alten Firma Townsend-Skinner operierend, die sich weiter auf Finanzberatung konzentrierte, beriet Townsend-Greenspan in Industriefragen.

Townsend-Greenspan und Townsend-Skinner waren auch zusammen kaum als Imperium zu bezeichnen. Fünf Leute – die beiden Chefs, zwei Rechercheure und eine Sekretärin – saßen zusammengedrängt in einem heruntergekommenen Büro an der Wall Street 52. Und Greenspan hatte auch noch den Tick, in diesem winzigen Gemeinschaftsbüro auf- und abzugehen und hin und wieder einen imaginären Golfschlag auszuführen.

Der muntere, liebenswerte Townsend mochte seinen jungen Partner sofort; war er der geborene Verkäufer, so trat Greenspan erheblich zurückhaltender auf. Damit erinnerte er Townsend an seinen alten Partner Skinner. Und er liebte das kreative Durcheinander, das in Greenspans Büro stets herrschte.

»Auf Alans Schreibtisch herrschte immer ein ziemliches Chaos. Der von Townsend war stets ordentlich aufgeräumt. Er sagte regelmäßig, ein unordentlicher Schreibtisch sei das Zeichen eines Genies«, so Bess Kaplan, die von 1956 bis 1987, bis zur Schließung des Unternehmens, für Townsend-Greenspan arbeitete.

Mit großen Schwung stürzte sich Greenspan auf seine neue Arbeit – für einen Datenbegeisterten wie ihn waren Analysen der Schwerindustrie die reine Freude. Die Volkswirtschaft der fünfziger Jahre war eine sehr materielle Angelegenheit, entsprechend auch gut fassbar: X Männer arbeiteten Y Stunden, um Z Tonnen Stahl herzustellen. Das Produkt wurde in soundso viele Eisenbahnwaggons verladen und ergab schließlich eine bestimmte Anzahl von Eisenträgern, Flugzeugspanten und Autokotflügeln. Inzwischen hat sich die US-Wirtschaft entwickelt und immer mehr auf Hochtechnologie und Dienstleistungen hin orientiert. Diese postindustrielle Entwicklung mit Hilfe von reiner Geisteskraft und Silikonplättchen zu messen, stellt Analysten vor ganz andere Aufgaben. Aber damals, in den fünfziger Jahren, war es noch möglich, ein Bild des Ganzen wie ein großes Puzzlespiel zusammenzusetzen.

Darin war Greenspan Meister. Er kam hinter Regierungsinformationen, spürte Originalquellen auf, erhielt Rohdaten. Häufig ging er direkt zu den Unternehmen oder Unternehmerverbänden. Bei jeder sich bietenden Gelegenheit stellte er Fragen, den leitenden Angestellten ebenso wie Fließbandarbeitern, um eine Vorstellung von dem Wettbewerbsklima in einem bestimmten Industriezweig zu bekommen.

Bob Kavesh, Greenspans alter Freund aus den New Yorker Universitätszeiten, arbeitete von 1956 bis 1958 als Betriebswirt bei der Chase Manhattan Bank. Er erinnert sich an Besprechungen unter Wirtschaftswissenschaftlern, bei denen Greenspan anwesend war. »Er war der ultimative Anatom des Systems«, sagt Kavesh. »Er wusste, wie alles zusammenpasst. Er kannte die Knochen, die Muskeln, das Blut. Ende der fünfziger Jahre kannte sich keiner besser mit Zahlen aus als er.«

Greenspan hatte endlich zu seiner Berufung gefunden.

Selbstverständlich hatten ihn eine ganze Reihe von Menschen in die richtige Richtung geschoben. Arthur Burns, Greenspans Professor an der Columbia University, hatte ihn mit rigorosem Empirismus geimpft. Von Sandy Parker, seinem Kollegen am Conference Board, lernte er, die Volkswirtschaft als organisches Ganzes zu sehen, bei dem alle Einzelteile eng miteinander verbunden sind. Häufig wurde Parkers Fähigkeit gewürdigt, zu erkennen, wie der Flügelschlag eines Schmetterlings in einer abgelegenen Ecke des Wirtschaftsgeschehens an einem anderen Ende zu einem Unwetter führen konnte. Auch Ayn Rands eigenwillige Logik, die alles auf den Kopf stellte, trug dazu bei, aus Greenspan einen Wirtschaftsberater zu machen. Rand erklärte zum Beispiel, dass es so etwas wie Gegensätze nicht gebe. Man müsse nur scharf genug hinsehen, dann werde man schließlich auf eine einzige Wahrheit stoßen. Greenspan benutzte seine Tätigkeit auch, um sich für die von Rand leidenschaftlich verfochtenen Laisser-faire-Ideen einzusetzen, allerdings nie in allzu strenger oder dogmatischer Weise.

Lowell Wiltbank, den Greenspan in Objektivistenkreisen kennen gelernt hatte, trat bei Townsend-Greenspan ein, wo er vom Dienst am Kopierer zum leitenden Angestellten aufstieg. Er erinnert sich daran, wie spürbar Ayn Rands Einfluss auf die Firma war. »Es gab eine feste Regel bei Townsend-Greenspan: Nichts durfte aus der Firma verlauten, das dazu dienen konnte, den Einfluss der Regierung auf die Wirtschaft zu vergrößern. Wenn wir überhaupt eine Regierungspolitik befürworteten, dann war es die der Deregulierung.«

Aber selbst wenn Burns, Parker und Rand großen Einfluss auf Greenspans Entwicklung ausgeübt haben, war er doch mehr als die Summe dieser Einflüsse. Er hatte ein natürliches Gespür für Daten und Zahlen. Man könnte das in gewisser Weise sogar als logische Alternative zu seiner abgebrochenen Musikerkarriere sehen. Musik ist eine Folge von Noten, die auf einen runden Abschluss zustreben. Daten müssen in Reihen arrangiert werden, die dann eine zwingende Geschichte erzählen und auf eine Lösung hinzielen. Greenspan sollte später einmal dem *New York Times Magazine* erklären: »Ich empfinde dieselbe Freude beim Lösen eines schwierigen mathematischen Problems wie beim Anhören eines Haydn-Quartetts.«

Wirtschaftsberatung entsprach auch Greenspans angeborenem Pragmatismus. Er hatte die Juillard School verlassen, weil er den Beruf eines Musikers Kursen über Musik als Beruf vorzog. Greenspan liebte es, die Ärmel hochzukrempeln und sich in die Einzelheiten der wirklichen Welt zu stürzen. Nur ein Beispiel dazu: Während seiner Zeit als Berater setzte Greenspan immer wieder auf die Verkaufszahlen für Kartonagen als Indikator wirtschaftlicher Trends. Kartons werden praktisch überall verwendet, insbesondere bei allen Arten von Frachtversand. Wenn die Nachfrage nach Pappen stieg, betrachtete Greenspan das als ein Anzeichen für den Anstieg wirtschaftlicher Aktivität. Ein derart prosaischer Indikator mag einem akademischen Volkswirt nicht genügen, aber er hat den Vorteil, erstaunlich genau zu sein. Greenspan war immer darauf aus, sein Instrumenten-Set mit neuen Indikatoren anzureichern. Alle, die im Lauf der Jahre für ihn arbeiteten, trieb er mit der stets weiter wachsenden Menge verfolgenswerter Daten zur Verzweiflung.

Die Klienten wandten sich vor allem an Townsend-Greenspan, weil sie Beobachtungen zur Wirtschaftslage auf industriespezifischer Grundlage brauchten, die ihnen helfen sollten, wenn Entscheidungen über Neueinstellungen, Gründung neuer Unternehmen oder Investitionen in Ausrüstung zu fällen waren. Man erwartete auch, dass die bereits verfügbaren Daten mit neuen Methoden zu entsprechenden Aussagen verarbeitet würden. Eine der meist gefragten Dienstleistungen von Townsend-Greenspan bestand in monatlichen Schätzungen des Bruttosozialprodukts; die Regierung veröffentlichte diese Zahlen nur vierteljährlich. Townsend-Greenspan lieferten bereits zu einer Zeit statistische Grafiken, als deren Erstellung – ohne die Hilfe von Computern – noch eine knifflige und zeitintensive Tätigkeit war.

Selbstverständlich sah sich Greenspan denselben Problemen mit veralteten Daten gegenüber wie sein Vorgänger Skinner. Es dauerte ewig, an die benötigten Informationen zu gelangen. Wie Skinner war auch Greenspan stets eine Nasenlänge voraus, immer dabei, sich neue Instrumente zu ersinnen, um seine Kunden zufrieden zu stellen. Ende der fünfziger Jahre hatten Townsend-Greenspan eine beeindruckende Kundenliste aus der Industrie, darunter U.S. Steel, Owens Corning, Weyerhauser und die Aluminium Company of America (Alcoa).

Trotz dieses Erfolges schrieb sich Greenspan wieder an der New York University ein, um zu promovieren. Er hatte die Columbia University verlassen, weil er der akademischen Welt gegenüber zwiespältig empfand; außerdem hatte er nicht genug Geld gehabt und sich danach gesehnt, in die wirkliche Welt hinauszukommen, aber er wusste auch, welchen Wert, als intellektuelle Leistung ebenso wie als praktische Referenz, ein höherer akademischer Grad hat. Einmal bezeichnete er seinen Ph.D. boshaft als »Gewerkschaftsausweis«.

Er hatte schon an der Columbia in Oberseminaren gesessen, aber das Prüfungsamt der NYU verlangte, dass er praktisch wieder von vorn anfing. Nur die wenigsten seiner Seminarscheine wurden angerechnet. Weil Greenspan inzwischen ein etablierter Wirtschaftsberater geworden war, wollte sich die NYU nicht vorwerfen lassen, Günstlingswirtschaft zu betreiben.

Ein Seminar, an dem er teilnahm, war »Aktuelle Wirtschafts- und Finanzprobleme« von Kavesh, der aus der Geschäftswelt wieder zur Universität gewechselt war. Es war ein Seminar mit praktischen Übungen, das 250 Studenten besuchten. »Da war dieser Bursche, der mehr von der Wirtschaft wusste als jeder andere«, berichtet Kavesh, »und dennoch saß er still da und hörte sich Vorträge darüber an, was die Fed tat und wie sich die Geldmarktzinsen verhielten.«

Greenspan schloss das Seminar mit der Bestnote ab. Er sollte noch viele Jahre an seinem Doktortitel arbeiten, immer dann, wenn ihm sein voller Terminplan die Zeit dafür ließ. Langsam und Stück für Stück erfüllte er so die Anforderungen für die Zulassung zur Promotion.

1958 starb William Townsend an einem Herzschlag. Greenspan, erst 32, war nun allein für die Firma verantwortlich und wusste nicht so recht, ob er sie am Leben erhalten konnte. Aber das Unternehmen war etabliert und hatte einen soliden Ruf. Die Aufträge rissen nicht ab. Bald machte sich Greenspan daran, Townsends Erben die Anteile abzukaufen, bis die Firma ihm allein gehörte. Auch die ursprünglichen Finanzberatungskunden nahm er mit in die nun einzige Firma Townsend-Greenspan. Er hatte den Namen um der Kontinuität willen beibehalten, wollte damit aber auch seinen alten Partner ehren, der ihm zum Durchbruch verholfen hatte.

Im Übergang zu den sechziger Jahren veränderte sich die Branche der Wirtschaftsberater. Computerisierte Wirtschaftsmodelle kamen in Gebrauch. Larry Klein von der Wharton School of Business der University of Pennsylvania stand an der Spitze dieser Bewegung; für seine Pionierarbeit erhielt er später einen Nobelpreis. »Es war eine aufregende Zeit«, erinnert sich Klein. »Computer steckten noch in den Kinderschuhen, und es war ausgesprochen lästig, ihnen Wirtschaftsangelegenheiten beizubringen.«

Die Avantgarde der Ökonometrie bevorzugte etwas, das sich Black Box nannte. Daten und Gleichungen wurden in Computer eingegeben, die ihrerseits ein detailliertes Bild der Volkswirtschaft ausspuckten. Jede Variable wirkt sich auf jede andere Variable aus. So führt zum Beispiel eine Zunahme der Autoverkäufe zu einem Anstieg der Ölkäufe. Diverse Abhängigkeiten und Beziehungen sind in den Computerprogrammen berücksichtigt worden, die Befehlszeile um Befehlszeile immer komplizierter wurden.

Greenspan – der Wirtschaftsanatom – traute den Computern niemals vollkommen. Um im Trend zu bleiben, kaufte Townsend-Greenspan einen IBM 1130, der damals 100 000 Dollar kostete, aber weniger Leistungsvermögen hatte als ein 386er PC. Das Gerät war so groß wie ein Kleinwagen, und im Büro mussten ringsum Ventilatoren aufgestellt werden, damit der Rechner sich nicht überhitzte. Townsend-Greenspan entwickelten ein Programm namens MOUSE, eine Abkürzung, die für »Model of the U.S. Economy« stand. Eine riesige Lochkartenbibliothek musste ebenso eingerichtet werden wie ein Archiv jener primitiven Vorläufer der Diskette, die pro Stück etwa fünf Pfund wogen.

Computerisierte Ökonometrie-Modelle waren immer schon eher Kunst als Wissenschaft. Alle – selbst technische Genies wie Klein – waren gezwungen, den Computeroutput noch einmal in Form zu bringen. Aber Greenspan neigte ohnehin dazu, die Ergebnisse zu bearbeiten. Er nahm dabei beträchtliche Änderungen vor, denn er war sicher, dass Lochkarten keinen Ersatz für die altmodische Technik der Beobachtung darstellten. »Alan glaubte einfach nicht, dass es möglich war, die Wirtschaft auf diese Weise tatsächlich zu erfassen«, erinnerte sich Kathryn Eickhoff. »Er zog es vor, alles von Grund auf selbst zu analysieren. Das war die Grundlage der Arbeit bei Townsend-Greenspan. Die glaubten einfach nicht an die Black Box.«

Kathryn Eickhoff wurde Greenspan vorgestellt, als sie kurz nach ihrem Abschluss an der University of Missouri eine Stelle als Forschungsassistentin beim Maklerbüro Van Alstyne, Noel and Company an der Wall Street antrat. Die beiden begegneten sich, als Eickhoffs Chef sie zu einem Geschäftsessen der American Statistical Association mitnahm, zu dem auch Greenspan eingeladen war. Die beiden verstanden sich sofort – sowohl beruflich als auch privat.

Kathryn Eickhoff trat 1962 als Volkswirtin bei Townsend-Greenspan ein. Sie wurde auch Greenspans Freundin, und die diskrete Büroaffäre dauerte sieben Jahre an.

Beide gingen gern ins Kino, ins Theater und zu Konzerten – das übliche New Yorker Kulturprogramm. Aber manchmal zogen sie es vor, einfach zu Hause zu bleiben und fernzusehen. Greenspan versuchte sich sogar als Koch. Damals hatte er ein sehr begrenztes Repertoire, aber Kathryn Eickhoff hatte nichts gegen Rühreier. »Es gab vieles, was er gerne unternahm, viele Orte, an die er gerne ging«, erinnert sie sich. »Er war ein sehr anziehender Mensch, sehr selbstsicher. Diese Sicherheit hatte er früher vielleicht nicht gehabt. Er war zweifellos ein faszinierender Gesprächspartner. Dieser Aspekt von ihm wird wahrscheinlich nicht so deutlich, wenn er in seiner Eigenschaft als Chairman der Fed vor dem Senat auftritt.«

Greenspan führte Kathryn Eickhoff auch in den Objektivismus ein. Auch Ayn Rand sollte sie kennen lernen. Tatsächlich blieb sie der Philosophie länger verpflichtet als dem Mann Greenspan. »Meine Beziehung zu Alan war ernst«, erzählt sie heute. »Aber ich glaube nicht, dass wir je auch nur daran gedacht hätten, von Ehe zu sprechen.«

Nach dem Ende der Beziehung blieb Kathryn Eickhoff in der Firma. Noch später, als seine Tätigkeit für die Politik Greenspan zwang, lange abwesend zu sein – manchmal sogar jahrelang – führte Kathryn Eickhoff als seine Stellvertreterin die Geschäfte von Townsend-Greenspan für ihn weiter.

Greenspan hatte schon erstaunliche Talente, so auch die seltene Begabung, seine Vergangenheit und Gegenwart, Berufliches und Privates miteinander zu mischen, ohne dass sich daraus Sprengstoff entwickelte. Offensichtlich war es seine sprichwörtliche Sachlichkeit, die es ihm ermöglichte, mit Situationen zu leben, die für andere unerträglich geworden wären. Die kühle Objektivität, aus der Rand ein Programm gemacht hatte, war für Greenspan ganz natürlich.

Als Kathryn Eickhoff heiratete, stellte Greenspan schließlich auch Jim Smith, ihren Mann, für einige Zeit bei Townsend-Greenspan an. Auch er war Objektivist und viele Jahre lang Besitzer des Village Corner, eines beliebten Downtown-Jazzclubs. Volkswirtschaft und Exfreundinnen, Musik und Objektivismus – all das floss während dieser Zeit überraschend harmonisch in Greenspans Leben zusammen.

Auch seiner Exfrau stand er weiterhin sehr nahe. Tatsächlich setzten sie ihre Freundschaft auch fort, nachdem sie ein anderes Mitglied des Kollektivs, Nathaniel Brandens Vetter Allan Blumenthal, geheiratet hatte. Dieses Kollektiv war tatsächlich eine inzestuöse Gemeinschaft, ein kompliziertes Netz aus Blutsverwandtschaft und Heirat.

Mit der ihm eigenen Gelassenheit nahm Greenspan zur Kenntnis, dass seine Exfrau wieder geheiratet hatte und dass sie sich alle in den gleichen gesellschaftlichen Kreisen bewegten. Die Wahrheit, die objektive Wahrheit, bestand darin, dass Greenspan und Allan Blumenthal – im Kollektiv als A.G. und A.B. bekannt – tatsächlich eine Menge gemeinsam hatten. Blumenthal war kurze Zeit als Arzt tätig gewesen, hatte aber die Medizin hinter sich gelassen, war an die Juilliard School gegangen und versuchte nun, sich in New York als klassischer Pianist einen Namen zu machen.

Blumenthal erinnert sich an Greenspan:

Links: Alan Greenspan an der Klarinette

Rechts: Alan Greenspan im Trio mit den Objektivisten Allan Blumenthal am Klavier und Eugene Schwartz an der Geige (um 1965)

Wir freundeten uns schnell an, unterhielten uns häufig über Konzerte. Wir hatten einen ganz ähnlichen Geschmack, mochten besonders Mozart. Aber unsere Perspektiven unterschieden sich gewaltig. Manchmal sprach ich mit ihm über diese und jene Passage und darüber, was für ein Genie Mozart doch war. Aber er hatte nur Kontrapunkt im Sinn und hörte die inneren Stimmen, die mathematischen Aspekte der Musik. Es kam alles auf dasselbe heraus, aber wir konzentrierten uns auf vollkommen unterschiedliche Punkte.

Greenspan und Blumenthal gründeten sogar ein klassisches Trio – Greenspan an der Klarinette, Blumenthal am Klavier und der Mit-Objektivist Eugene Schwartz spielte Geige. Sie probten bis tief in die Nacht und kümmerten sich dabei kein bisschen um Rands Geschmack, spielten Bach und Beethoven, Mahler und Mozart. »Jeder Volkswirtschaftler, der Mozart begreift, kennt sich auch mit den Grundlagen des Lebens aus«, sagt Schwarz über seinen ehemaligen Triokollegen.

Greenspan ging häufig mit seiner Freundin, Allan und Joan, nun Joan Mitchell Blumenthal, aus. Aber er vertraute Joan auch an, dass er so bald nicht wieder vor dem Altar stehen werde.

Er habe, so Joan heute, Fehler der Vergangenheit, die schwer auf ihm lasteten, nicht wiederholen wollen. Er beobachtete an sich selbst Aspekte derselben ausgeprägten eisigen Zurückhaltung, die er bei seinem Vater wahrgenommen hatte. Für sich genommen hielt Greenspan das nicht für sonderlich schlimm. Reserviertheit war eben Reserviertheit, und wenn dies in seinem Wesen lag, konnte er damit leben. Aber er wollte nicht gegen seine Natur handeln. Das war der Fehler, den sein Vater gemacht hatte, als er so weit ging, ein Kind zu haben, für dessen Erziehung er dann keine Verantwortung übernehmen konnte.

Die andere Frau, mit der Greenspan in jener Zeit häufig ausging, war Marjorie Scheffler. Sie war Hausfrau und lebte mit ihren Kindern aus einer früheren Ehe. Sie war groß, rothaarig und sah recht gut aus.

»Marjorie war eine ziemlich hinreißende Frau«, erinnert sich

Robert Hessen, Historiker und ebenfalls Mitglied des Kollektivs, und fügt hinzu: »Ich war immer der Ansicht, sie hätte auch etwas Besseres finden können. Und das ist komisch, wenn man bedenkt, welche Macht, welches Prestige und welche Prominenz Alan schließlich erreicht hat.«

Greenspan, der an der NYU noch große Probleme gehabt hatte, Freundinnen zu finden, hatte nun erheblich größeren Erfolg bei Frauen. Er kam besser zur Geltung, hatte eine eigene Firma und trat immer selbstsicherer auf.

»Alan strahlte große Kraft aus – nicht körperlich, aber moralisch und intellektuell. Er mochte Frauen gern, und darauf reagieren Frauen im Allgemeinen«, erinnert sich Barbara Branden.

Es war klar, dass ein Mann von Greenspans Eigenheiten auch als Geschäftsmann ungewöhnliche Wege ging. Das Erstaunlichste war, dass er außer Kathryn Eickhoff noch eine ganze Anzahl weiblicher Fachkräfte einstellte. Greenspan war immer gut mit starken Frauen zurechtgekommen. Seine Mutter hatte ihn ohne Vater aufgezogen, und auch mit Ayn Rands verblüffend starker Persönlichkeit war er sehr rasch zurecht gekommen. Mit derselben Haltung führte er Townsend-Greenspan. In den fünfziger und sechziger Jahren fühlten sich Männer gegenüber beruflich gleichgestellten Frauen oft unbehaglich, Greenspan hatte keine Probleme mit ihnen.

Judith Mackey, eine Kommilitonin von der Columbia University, erinnert sich, welche beruflichen Hürden sie als Volkswirtin in den fünfziger Jahren zu überwinden hatte. Sie arbeitete bei der Life Insurance Association, und man hatte ihr die Beförderung zur stellvertretenden Abteilungsleiterin der Research-Abteilung in Aussicht gestellt. Aber die Sitzungen, die unabdingbar waren für ihren Aufstieg, wurden häufig an Orten wie dem New York City University Club abgehalten, zu dem Frauen keinen Zutritt hatten. Sie hatte das Gefühl, in einer Sackgasse gelandet zu sein, machte sich auf die Suche nach einem anderen Job und begegnete Greenspan bei einer Party von McGraw-Hill in Philadelphia.

Sie habe, so Mackey, ihrem geballten Zorn und ihrer Frustration

Luft gemacht. Greenspan habe sie gebeten, ihm ihren Lebenslauf zuschicken, und bald schon arbeitete sie für Townsend-Greenspan.

»Ich war ihm sehr dankbar«, sagt Judith Mackey. »Er hat mir Gelegenheit gegeben, in Bereiche aufzusteigen, die mir anderswo versperrt waren. Dies war meine Eintrittskarte in eine Welt der Männer.«

Aber Greenspan war nicht vollkommen blind, was die Geschlechterproblematik anging. Er zahlte Frauen mehr, als sie anderswo bekommen konnten, aber immer noch weniger, als ein Mann in einer vergleichbaren Position erhalten hätte. Immerhin führte Greenspan ein kleines Unternehmen und versuchte, die Kosten so niedrig wie möglich zu halten. Stets ganz Wirtschaftler, hatte er eine wunderbare Gelegenheit zur Arbitrage gefunden. Wie er einmal der *New York Times* erklärte: »Ich habe Frauen und Männer immer gleich hoch geschätzt, und ich stellte fest, dass weibliche Ökonomen, weil andere meine Einschätzung nicht teilten, billiger waren als Männer. Frauen einzustellen hat also gleich zweierlei Nutzen: Wir bekommen bessere Arbeit für weniger Geld, und die Frauen erhöhen ihren Marktwert.«

Greenspan erwies sich auch als sehr geschickt, wenn es darum ging, das Vertrauen von Unternehmenschefs wie Dan Lufkin, dem Mitgründer von Donaldson, Lufkin and Jenrette, oder Sandy Weill zu gewinnen, der später Chef der Citigroup werden sollte. Etwas an Greenspans sachlich-ruhiger Haltung zog sie an. »Die Menschen reagierten auf Alans Integrität«, sagt Mackey heute. »Seine Brillanz war ihm deutlich anzumerken. Er konnte sich vollkommen gelassen präsentieren. Sie wollten hören, was er zu sagen hatte, und es immer wieder hören.«

Nach und nach sprachen sich Greenspans erstaunliche Fähigkeiten bei der Beschaffung von Daten herum. Einer der Geschichten zufolge, die man sich erzählt, soll Greenspan auf einer Party zufällig bemerkt haben, dass der Gastgeber das letzte *U.S. Statistical Abstract* besaß. Er griff danach, ließ sich in einer Ecke nieder und war den ganzen Abend über nicht mehr ansprechbar.

Edgar Fiedler, ein Volkswirt, der während der sechziger Jahre bei

Bankers Trust arbeitete, erinnert sich, dass ein Kollege von Greenspan sagte: »Alan zerpflückt den Produktionsindex der amerikanischen Industrie schon vor dem Frühstück, sozusagen zum Warmlaufen.« Und Frank Ikard, Vertreter des American Petroleum Institute in Washington, beschreibt Greenspan als »einen dieser Leute, die wissen, wieviel tausend Flachkopfbolzen in einem Chevrolet Baujahr 1964 benutzt wurden, und wie es sich auf die Volkswirtschaft auswirken würde, wenn wir drei davon einsparten.«

Greenspans Ansehen wuchs. Im Jahr 1966 tat er sich mit Sandy Parker zu einem Projekt zusammen, das beträchtliche Aufmerksamkeit erregte. Parker, damals Leiter der Wirtschaftsredaktion der Zeitschrift *Fortune*, hatte sich Greenspans Hilfe für einen Artikel erbeten, in dem die Budgetvoraussetzungen für den Vietnamkrieg seziert werden sollten. Parkers und Greenspans Detektivarbeit enthüllte, dass eine Fortsetzung des Kriegs mit dem damaligen Aufwand 9 Milliarden Dollar mehr kosten würde, als Präsident Johnson dafür im Haushalt für 1967 vorgesehen hatte. *Fortune* brachte den epochemachenden Artikel im April 1966 als Titelstory, und die Auswirkungen wurden sofort deutlich.

Mit Greenspans Ansehen wuchs auch Townsend-Greenspan. Mitte der sechziger Jahre hatte das Unternehmen etwa ein Dutzend Angestellte. Es war in immer größere Büros gezogen, erst im Haus 39 am Broadway und später in die Pine Street Nr. 80. Dennoch war auch das neue Büro noch lange kein Palast. Greenspan, ein wahrer Jäger und Sammler, stopfte die Räume voller blauer Ordner mit Rückenschildern wie »Verkäufe von Wohnwagen« oder »Arbeitsministerium Massachusetts«. Um dem Ganzen aber auch eine ästhetische Note zu geben, hängte er ein paar Gemälde seiner Exfrau dazu – abstrakte Stadtlandschaften von einer Art heroischer *Fountainhead*-Atmosphäre.

Mitte der sechziger Jahre setzte Greenspan bei Townsend-Greenspan ein kleines Board of Directors ein. Es bestand aus ihm selbst, Kathryn Eickhoff und seiner Mutter. Die Sitzungen erfolgten monatlich, allerdings nahm Greenspan selten persönlich teil. Stattdessen trafen sich Rose Goldsmith und Kathryn Eickhoff einfach zum

Essen in der Fraunces Tavern, einem historischen Wall-Street-Lokal, in dem schon George Washington nach Beendigung des Revolutionskriegs gerührt Abschied von seinen Offizieren gefeiert hatte. Rose rief auch jeden Tag im Büro von Townsend-Greenspan an, um zu hören, wie es Alan ging. Da sie ihn nicht stören wollte, ließ sie sich das für gewöhnlich von Eickhoff, Bess Kaplan oder Judith Mackey erzählen.

Während dieser Jahre trat auch Greenspans Vater wieder in dessen Leben, wenn auch nur am Rand. Beide arbeiteten an der Wall Street, nur ein paar Blocks voneinander entfernt, aber sie sahen einander nur selten. Für gewöhnlich lud Herbert Greenspan seinen Sohn jedes Jahr zu dessen Geburtstag zum Essen ein. Die Kälte war beiderseitig. »Alan hatte kein großes Interesse daran, etwas mit seinem Vater zu unternehmen«, so Kathryn Eickhoff.

Greenspan war beruflich zwar tatsächlich in die Fußstapfen seines Vaters getreten, aber er stand selbst seinen Mann und war zudem erfolgreich. 1967 kaufte sich Greenspan eine Wohnung im Haus Nummer 860 an der United Nations Plaza. Der Gebäudekomplex war von der Alcoa, einem der Kunden von Townsend-Greenspan, gebaut worden. Greenspan hatte sich schon früh zum Kauf entschieden, und man machte ihm einen guten Preis. UN Plaza sollte sich als sehr beliebte Adresse erweisen. Später kauften Leute wie Johnny Carson und Walter Cronkite hier ebenfalls Wohnungen.

Aber der vielleicht sprechendste Indikator von Greenspans Erfolg ist grundlegender Art: Ende der sechziger Jahre war er Millionär.

Und doch gewannen die Menschen, die Greenspan in diesen Jahren kannten, nicht unbedingt den Eindruck, dass er zur Größe bestimmt war. Seiner Beratungsfirma ging es gut. Er hatte Erfolg, daran bestand kein Zweifel. Aber niemand hätte erwartete, dass er noch in schwindelerregende Höhen aufsteigen würde. Man hielt ihn im Allgemeinen für bescheiden, verlässlich, großzügig, belesen und ziemlich introvertiert. Keiner dieser Charakterzüge schien dazu geeignet, die Welt mitzureißen. Selbst Joan Mitchell Blumenthal erklärt, sie hätte es wirklich nicht erwartet.

Im Rückblick gehen Freunde Greenspans aus diesen Jahren davon aus, dass die Saat seines Ehrgeizes bereits gelegt war, aber vergraben oder unsichtbar. Vielleicht bestand ja die Kehrseite seiner Bescheidenheit und Introvertiertheit in jener Distanz und dem ruhigen inneren Antrieb, die man für Erfolg in großem Maßstab braucht.

6 | Im Team Nixon

In den späten sechziger Jahren war vom Kreis um Ayn Rand nicht mehr viel übrig geblieben. Doch während die Welt des Kollektivs zusammenbrach, eröffnete sich für Greenspan ein ganz neues Leben.

Drei Menschen aus ganz unterschiedlichen Phasen in Greenspans Vergangenheit waren daran beteiligt, diese nächste Phase seines Lebens einzuläuten: Lenny Garment, sein alter Bandkumpan aus den Swingtagen mit Henry Jerome, Arthur Burns, sein Mentor und Professor an der Columbia University, und Martin Anderson, ein ehemaliger Student des Objektivismus.

1968 stieß Greenspan auf der Broad Street an der Südspitze von Manhattan zufällig auf Garment. In den über zwanzig Jahren seit Auflösung der Band hatten beide nur noch sehr losen Kontakt miteinander gehabt. Garment hatte die Brooklyn Law School absolviert und sich der vornehmen WASP-Anwaltsfirma Mudge, Stern, Williams and Tucker angeschlossen. Außerdem war er inzwischen verheiratet und Vater zweier Kinder.

Im Lauf mehrerer personeller Wechsel war aus Garments Kanzlei schließlich Nixon, Mudge, Rose, Guthrie, Alexander and Mitchell geworden. Richard Nixon, nach diversen politischen Niederlagen an die Ostküste zurückgekehrt, war der neue erste Partner. Er hatte 1960 die Präsidentschaftswahl gegen John F. Kennedy und 1962 das Rennen um den Gouverneursposten in Kalifornien gegen den demokratischen Amtsinhaber Pat Brown verloren. Daraufhin hatte er sich mit den berühmten Worten verabschiedet: »Sie werden nun keinen Nixon mehr haben, auf dem Sie herumtrampeln können, meine Damen und Herren, denn dies ist meine letzte Pressekonferenz.«

Nixon hatte sich in die »Wüste« zurückgezogen. Nachdem er jahrelang daran gearbeitet hatte, sich im Westen eine Machtbasis aufzubauen, war er nun an die Ostküste umgesiedelt. Und nach Jahren, in denen er als Präsidentschaftskandidat eher schlecht verdient hatte, hatte er nun einen lukrativen Job als Rechtsanwalt. Dieser neue Wohlstand gestattete es ihm, eine Zwölf-Zimmer-Wohnung in einem Gebäude an der Fifth Avenue zu erwerben, zu dessen Bewohnern auch Nelson Rockefeller gehörte. 1963 musste man für eine solche Wohnung 135 000 Dollar zahlen.

Aber Mitte der sechziger Jahre konnte Nixon nicht länger still halten. Die Kanzlei wurde zur Machtbasis für einen erneuten Versuch, Präsident zu werden. Mehrere Personen, die im Wahlkampf gegen Hubert Humphrey wichtige Rollen spielten, kamen aus der Kanzlei. So wurde Nixons Partner John Mitchell Wahlkampfmanager und während Nixons Amtszeit schließlich auch Justizminister.

Auch Garment war in den Wahlkampf involviert. Im Verlauf ihrer Zusammenarbeit in der Kanzlei hatten sich Nixon und Garment angefreundet, trotz des Konservativismus des ersteren und Garments Ruf als »geborener Demokrat«. Nixon hatte Garment im Wahlkampf eine Rolle zugedacht, die derjenigen ganz ähnlich war, die dieser in Henry Jeromes Band gehabt hatte. Zwei Jahrzehnte zuvor war er ruhelos durch die Clubs in Harlem und an der 52nd Street gestreift, hatte avantgardistischen Musikern zugehört und Vorspieltermine arrangiert, um neue Talente in die Band zu holen. Nun hatte er von Nixon den Auftrag, ungewöhnliche Menschen für seinen Wahlkampf zu rekrutieren, Menschen, die ihm ansonsten vielleicht nicht aufgefallen wären.

In diese Zeit fiel Garments zufällige Begegnung mit Greenspan. Bei einem spontanen gemeinsamen Essen im nahe gelegenen Bankers Club hingen die beiden ihren Erinnerungen nach. Als Garment in die Kanzlei zurückkehrte, riet er Nixon zu einem Treffen mit Greenspan. Man verabredete einen Termin.

Greenspan war, als er Nixon zum ersten Mal traf, außergewöhnlich gut in Form. Die Gegenwart eines Mannes, der Präsident werden wollte, schüchterte ihn nicht ein, er sprach ausführlich über die Wirtschaft der Vereinigten Staaten, und zwar in jenem obskurmystischen Stil, der zu seinem Markenzeichen werden sollte. Sein Vorlesungsthema an diesem Tag war der Haushalt. Er sezierte ältere Finanzpläne und erläuterte, wie man bereits aus den schlichten Zahlen ein Bild der unterschiedlichen Präsidenten und ihres politischen Stils gewinnen könne. Es sei ein beeindruckender Vortrag gewesen, so Garment, allerdings auch recht technisch. Er habe mit leerem Blick daneben gesessen; später hat er Greenspans verbale Mäander als »Nepal-Katmandu-Sprache« beschrieben. Wie dem auch sei: Greenspan weckte Nixons Interesse.

»Nixon war beeindruckt von ihm«, erinnert sich Garment, Partner in der Kanzlei Verner, Lipfert, Bernhard, McPherson and Hand in Washington, D.C. »Nixon hätte nie so etwas wie ›Mann, das ist vielleicht ein Kerl!‹ gesagt. Er sagte: ›Das ist ein sehr intelligenter Mann. Er weiß, wovon er redet. Sorgen wir dafür, dass er uns so viel von seiner Zeit wie möglich gibt, und binden wir ihn in die Truppe ein.«

Ein weiterer politischer Freund Nixons war Arthur Burns. Die beiden hatten sich enger aneinander angeschlossen, nachdem Burns Nixon 1960 eine entscheidende Warnung hatte zukommen lassen. Das war zu Nixons Zeit als Vizepräsident unter Eisenhower, in der Burns die Regierung in Wirtschaftsfragen beriet. Er hatte Nixon erklärt, dass sich nach seinen Zahlen und Überlegungen eine Rezession zusammenbraue. Für Nixon, der sich ausgehend von seiner Vizepräsidentschaft darauf vorbereitete, selbst ins Rennen um die Präsidentschaft zu gehen, war dies eine entscheidender Hinweis. Als äußerst dringend gab er die Nachricht sofort an seinen Chef Eisenhower weiter. Dieser zeigte sich nicht sonderlich überzeugt, aber tatsächlich begann 1960 eine Rezession, und Nixon verlor die Wahlen gegen Kennedy, der allerdings nur einen hauchdünnen Vorsprung hatte.

Nixon hat seine Niederlage stets mit der ökonomischen Abwärtsentwicklung begründet und fühlte sich Burns seitdem zutiefst verpflichtet. Als er seinen 1968er Wahlkampf begann, verpflichtete er Burns als Berater in sein Team. Dieser wiederum brachte Martin Anderson, einen zweiunddreißigjährigen Dozenten der Columbia University und Rand-Anhänger, als Stellvertreter mit.

Anderson war als Autor von *The Federal Bulldozer*, einer furiosen Streitschrift gegen die fehlgeleiteten Regierungsausgaben für Stadtentwicklungsprojekte, in konservativen politischen Kreisen so etwas wie eine Berühmtheit. Anderson sollte während Nixons Wahlkampf die Recherchen des Policy Shop leiten, jener improvisierten Denkfabrik, in der Positionen zu allen möglichen Themengebieten entwickelt wurden. Aus seiner Zeit bei den Objektivisten war Anderson auch einigermaßen vertraut mit Greenspans Ideen. Diese Verbindung von alten Bekannten gab Greenspan einen ersten Vorgeschmack von der Politik, die Andersons Team vorbereiten sollte.

Für seine 1968er Kandidatur musste Nixon gewaltig an seinem Image arbeiten. Wegen seiner letzten Niederlagen war er als Verlierer gebrandmarkt. Es war sein achter Wahlkampf um ein öffentliches Amt, und er musste mit der Tendenz der Wähler rechnen, allzu Vertrautes eher gering zu schätzen. Außerdem stand er, sicher nicht zu Unrecht, im Ruf, ein fintenreicher, unangenehmer, nicht zu bremsender Rotenfresser zu sein.

Ja, er war in dieser Rolle überhaupt erst landesweit bekannt geworden. Als junger Kongressabgeordneter aus Kalifornien hatte er im House Un-American Activities Committee, jenem berüchtigten Ausschuss gegen unamerikanische Umtriebe, gesessen und war wesentlich an der Ermittlung beteiligt gewesen, die klären sollte, ob Alger Hiss, ein Angestellter des Auswärtigen Amts, ein Spion der Sowjets gewesen war. Außerdem gab es sein berüchtigtes »pink sheet«. 1950 hatte er gegen die demokratische Amtsinhaberin Helen Galaghan Douglas, eine ehemalige Schauspielerin, für einen Senatssitz kandidiert. Nixon ließ ein Flugblatt verteilen, das – auf rosa Papier – Douglas' Abstimmungsverhalten im Kongress mit dem von

Vito Marcantonio verglich, einem Kongressabgeordneten aus New York, der als Sympathisant der Kommunisten galt.

Allerdings hatten sich die Vereinigten Staaten bis 1968 nachhaltig verändert. Vietnam spielte im Bewusstsein der Menschen eine viel bedeutsamere Rolle als die Bedrohung durch die Russen. Auch an der Heimatfront war die Hölle los. Martin Luther King war ermordet worden. Im Juni wurde auch Robert Kennedy – der voraussichtliche demokratische Herausforderer – ermordet.

Vor diesem Hintergrund entwickelte Nixon eine ganz neue politische Strategie. Die Geschichtsschreibung tendiert dazu, Nixon auf eine einzige schrille Fußnote zu beschränken: auf Watergate. Aber 1968 war er unzweifelhaft in politischer Bestform und meilenweit entfernt von seinem späteren bösen Spiegelbild mit Tonbändern, Verfolgungswahn und rassistischen Verunglimpfungen. 1968 präsentierte er sich als der große Versöhner und zielte mit einer beruhigenden Arznei aus Law and Order und Ende des Vietnamkriegs auf jene Wähler, die er immer wieder als Neue oder Schweigende Mehrheit ansprach.

Hinter den Kulissen kam eine gewaltige Wahlkampfmaschinerie für diesen neuen Nixon in Gang. Zu den Schlüsselfiguren gehörten neben Mitchell auch H. R. Haldeman und John Ehrlichman. Sie, die später wegen ihrer Verwicklung in die Watergate-Affäre in Haft gingen, waren abgebrühte Wahlkämpfer. Im Team, das die Reden des Kandidaten verfasste, arbeiteten Raymond Price, Richard Whalen, Pat Buchanan und William Safire. Der dreißigjährige Buchanan war ein spitzzüngiger, kampflustiger, stolzer Katholik und zutiefst konservativ – in anderen Worten: die jüngere Version des späteren Buchanan, des ungehobelten, immer wiederkehrenden Präsidentschaftskandidaten. Auf Safire war Nixon aufmerksam geworden, als er noch als Public-Relations-Mann arbeitete.

Nixons Medienteam bestand aus Harry Treleaven, Frank Shakespeare und dem zukünftigen Meister der Öffentlichkeitsmanipulation Roger Ailes, damals siebenundzwanzig und zuvor bereits Produzent der *Mike Douglas Show*.

Diesem Team schloss sich Greenspan an: mit ehrgeizigen Hoffnungen. Trotz eines gewissen Misstrauens gegen die Politik, das er während seiner Jahre mit Ayn Rand entwickelt hatte, sah Greenspan in Nixons Wahlkampf 1968 etwas Erfrischendes.

Anderson erinnert sich:

> Mit Vietnam saßen wir in einer Sackgasse. Es gab Unruhen auf den Straßen, und es hieß, dass die Republikanische Partei nach [Barry] Goldwater [dem Kandidaten von 1964] nichts mehr zu bieten hatte. Das brachte eine Anzahl von Leuten auf den Plan, die sich ansonsten aus der Politik herausgehalten hätten. Ich glaube, dass sich Alan aus denselben Gründen wie viele andere dem Wahlkampf angeschlossen hat. Ich glaube, der gemeinsame Nenner bestand darin, dass sich die Leute große Sorgen um das machten, was vor ihrer Nase geschah, und die Wahl als eine Chance betrachteten, die Verhältnisse wieder zurechtzurücken.

Greenspan sollte die Recherchen zum Thema Innenpolitik koordinieren. Seine Aufgabe bestand darin, Positionspapiere, wichtige neue Artikel, regierungsamtliche Statistiken und alle möglichen anderen Daten zusammenzutragen und sie bearbeitet an Nixons Team, das ständig unterwegs war, weiterzuleiten. Er arbeitete im New Yorker Wahlkampfhauptquartier im fünften Stock des alten American-Bible-Society-Gebäudes, Ecke 57th Street und Park Avenue. Greenspan leitete eine Minimal-Mannschaft, die aus ein paar Sekretärinnen und Martin Andersons Frau Annelise bestand. Es war ein ehrenamtlicher Job, für den er nur ein paar Stunden am Tag brauchte. In der Regel kam Greenspan abends vorbei, nach einem vollen Arbeitstag bei Townsend-Greenspan.

Von ganz unterschiedlichen Arbeitsgruppen, die sich für den Nixon-Wahlkampf engagierten, strömten Positionspapiere ins Hauptquartier im Bible Building. Es gab Arbeitsgruppen zu ziemlich allen erdenklichen Themen: Kriminalität, Senioren, schwarzer Kapitalismus, Bildung und Erziehung, Pornographie, Indianer, Studentenunruhen und – welche Ironie – über illegales Abhören. Nixon sollte zu allem, was im Lauf eines solchen Wahlkampfes aufs Tapet kommen konnte, etwas zu sagen haben.

Die Mitarbeiter der Arbeitsgruppen stammten aus einem gewaltigen Netz von Kontakten, das Nixon und seine Mitstreiter geknüpft hatten. George Shultz – der in Nixons späterem Kabinett verschiedene Posten einnehmen sollte – befand sich in der Gruppe, die sich mit Fragen der Arbeit beschäftigte. Das Wirtschaftsteam bestand aus Nixons Freunden Elmer Bobst, dem Chairman von Warner Lambert, und Donald Kendall, dem President von Pepsico. Insgesamt war ein weites Spektrum von Standpunkten und Ideologien vertreten. »Es sollte Papiere zu möglichst jedem Thema geben«, so Dwight Chapin, mit seinen siebenundzwanzig Jahren eine Art Wunderkind im Wahlkampfteam. »Nixon wollte auf jeden Fall eine Kampagne, die alle einschloss, in der ein Konservativer wie Buchanan ebenso einen Platz finden konnte wie der liberale Lenny Garment.«

Natürlich war Greenspan, was die meisten Themen der Arbeitsgruppen anging, alles andere als ein Experte. Aber beinahe jedes Thema – sei es nun die Bildungsreform oder die Erhaltung von Feuchtgebieten – hatte eine ökonomische Komponente. Da konnte er eingreifen. Wenn er es für angemessen hielt, schrieb er Randbemerkungen und flocht vielleicht eine wichtige Statistik ein. Mit großer Sorgfalt verfolgte er die Erklärungen des Gegenkandidaten Humphrey zu wirtschaftlichen Themen und lieferte Nixon und seinen Leuten Gegenargumente.

Für gewöhnlich war Martin Anderson mit Nixon unterwegs und nahm die Positionspapiere entgegen. Buchanan seinerseits trug ein dickes Notizbuch mit sich herum, das mit Positionspapieren vollgestopft war, die er mit kleinen roten Schildchen gekennzeichnet hatte.

Die Informationen sickerten auf unterschiedlichen Wegen zu Nixon durch. Häufig fanden Ideen aus den Papieren ihren Weg in Reden, die von Safire oder Buchanan für den Kandidaten geschrieben wurden. Aber Nixon hatte auch nichts dagegen, die Produkte seiner Positionswerkstatt in noch ziemlich roher Form zu durchstöbern. Er hatte einen Kopf wie einen Schwamm und saugte Statistiken und auch Fakten zu den abgelegensten Themen problemlos auf. Man konnte sich darauf verlassen, dass er sie während des Wahlkampfs irgendwann wieder zutage fördern würde.

Nixon schrieb auch gern selbst, um auf diese Weise Probleme durchzuarbeiten. Er war der Ansicht, eine politische Position habe eine bessere Chance auf Erfolg in der wirklichen Welt, wenn sie zunächst auf dem Papier ausgearbeitet war. Und wenn er auf diese Weise den Ausstoß seiner Denkfabrik durchforstete, war er stets erfreut, einen Beitrag, eine Bemerkung von Greenspan zu finden. »Nixon war ausgesprochen begeistert von Alan. Er hatte große Hochachtung vor ihm, was sein Urteil über eine ganze Reihe von politischen Themen anging«, erinnert sich Anderson im Lauf seiner zehnten Präsidentschaftskampagne, diesmal für George W. Bush.

Aber nicht alle waren so beeindruckt von dem, was aus der Politikwerkstatt kam. Als der Wahltag 1968 näher rückte, begannen sich in der Presse die Bemerkungen darüber zu häufen, Nixons Umgang mit Kernthemen sei doch recht oberflächlich. Anderson rief Greenspan im Hauptquartier an und schlug vor, rasch ein Buch über die Themen zusammenzustellen, die Nixon im Lauf der Kampagne angesprochen hatte. Greenspan beeilte sich, die Anthologie von Positionspapieren zusammenzufassen. Sechs Tage später, am 17. Oktober 1968, stellten sie der skeptischen Presse ein politisches Manifest von 291 Seiten vor: »Nixon on the Issues«. Anderson überreichte dem Kandidaten eine in Leder gebundene Ausgabe, auf der in Goldprägung stand: »Nixon zeigt, wo's lang geht.«

Aber auch wenn sich die Medien von Nixons Zugang zu den verschiedensten Themen nicht beeindrucken ließen, so gelang es ihm dennoch, einen Teil der Bevölkerung für sich zu begeistern. Wieder war es ein Kopf-an-Kopf-Rennen, aber nicht so knapp wie im Jahr 1960, als Nixon mit zwei Zehntelprozent gegen Kennedy verloren hatte. Diesmal hatte Nixon 301 Wahlmännerstimmen gegenüber Humphreys 191. Der unabhängige Kandidat George Wallace, Gouverneur von Alabama, kam auf 46.

Nixon bat Greenspan, während der Zeit zwischen Wahlsieg und Amtseinführung im Januar 1969 bei ihm zu bleiben, als Verbindungsmann für Haushaltsfragen, einer der wichtigsten Positionen im Übergangsteam eines Präsidenten. Greenspan sollte mit Charles Zwick, dem Leiter der Hauhaltsabteilung unter Lyndon Johnson, den reibungslosen Übergang von einer Regierung zur anderen zu vorbereiten.

Dank der Eigenheiten des Rechnungsjahres einer US-Regierung fällt es noch dem scheidenden Präsidenten zu, den Haushaltsplan aufzustellen, der im ersten Amtsjahr des neuen Präsidenten Geltung hat. Johnsons Haushalt für 1970 sollte am 13. Januar 1969 aufgestellt werden, und Nixon würde sein Amt am 20. Januar antreten.

Als Verbindungsmann für Haushaltsfragen war es Greenspans Aufgabe, die Zahlen zunächst einmal ausführlich zu überprüfen, um herauszufinden, ob Johnson vielleicht ein paar Minen vergraben hatte, die Nixon später in Verlegenheit bringen könnten. Greenspan, der nach eindringlichen Recherchen in jenem bahnbrechenden Artikel in *Fortune* nachweisen konnte, dass Johnson die Kosten des Vietnamkriegs untertrieben hatte, war für diese aktuelle Aufgabe genau der richtige Mann.

Das finanzpolitische Schlüsselthema war ein zehnprozentiger Einkommensteuerzuschlag, den Johnson benutzt hatte, um den Haushalt der Regierung auszugleichen und die Inflation in Schach zu halten, während er den Vietnamkrieg finanzierte. Die Steuererhöhung war eine extrem unpopuläre Maßnahme gewesen. Johnson hatte nun die Möglichkeit, als Abschiedsgeste die Aufhebung dieses Zuschlags vorzuschlagen – was Nixon ein Dilemma hinterlassen würde. In seinem Wahlkampf hatte Nixon ein Ende des Vietnamkriegs versprochen, aber keinen Zeitplan aufgestellt. Wenn er die amerikanische Präsenz dort nicht überstürzt abbauen wollte, würde er dieses Steuereinkommen brauchen und gezwungen sein, den Zuschlag abermals zu erheben. Greenspan kaute an den Zahlen herum, um zu erkennen, welche Möglichkeiten offen standen.

Am Ende entschied sich Johnson, den Steuerzuschlag unangetastet zu lassen. Als Nixon sein Amt antrat, ließ er es ebenfalls dabei. *Newsweek* beschrieb diese Entscheidung als die »zweifellos unpopulärste dieser noch jungen Regierung«.

Ein gewaltiger Aufschrei ertönte aus der Öffentlichkeit und den Reihen der Demokraten im Kongress. Was folgte, war eine Reihe von Purzelbäumen, die als diverse Steuervorschläge vorgebracht, abgeändert, mit Zusätzen versehen und offiziell vorgelegt wurden. Treibende Kraft in diesem Durcheinander war Albert Gore Sr., ein liberaler Senator aus Tennessee und eindeutiger Fürsprecher einer Steuererleichterung für die Mittelschicht und die Armen. Erst ein volles Jahr später gelang es Nixon, die Angelegenheit halbwegs zu einem Ende zu bringen, indem er den Tax Reform Act von 1969 unterzeichnete.

Bis dahin hatte Greenspan die Regierungsumgebung lange wieder verlassen. Man hatte ihm die Stelle des Leiters der Hauhaltsabteilung angeboten, aber er hatte abgelehnt. Man hatte ihn auch für diverse Posten im Finanzministerium und in den Reihen der Berater in Wirtschaftsfragen im Auge gehabt, doch jedes Mal hatte Greenspan Nein gesagt.

Vor allem anderen wollte er sich wieder vollständig seiner Firma widmen können. Townsend-Greenspan war ein kleines Unternehmen und lief ohne ihn nicht wirklich gut. Offensichtlich waren ihm auch einige Zweifel an Nixons Zielen gekommen. Dem Wahlkampfteam hatte er sich voller Optimismus angeschlossen, aber selbst in den begeisterten Tagen des Jahres 1968 hatte er offenbar bemerkt, dass nicht alles zum Besten lief. Dazu sagt er in einem Interview von 1974:

[Nixon] und ich kamen nie sonderlich gut miteinander aus. Einer der Gründe, weshalb ich nicht nach Washington gehen wollte, lag darin, dass ich ziemlich beunruhigt war darüber, welche Beziehung sich zu ihm ergeben würde … Ich hatte mich in seinem Wahlkampf 1968 sehr stark engagiert, und ich glaube, ich war der einzige aus dem Wirtschaftsbereich, der nicht mit nach Washington ging. Einer der Gründe bestand darin, dass ich dem Mann gegenüber ein unangenehmes Gefühl hatte, ganz ähnlich, wie auch die meisten Intellektuellen oder Männer wie Burns und Bryce Harlow empfanden.

*Nixon hielt auf Greenspan große Stücke, aber Greenspan hatte
Vorbehalte gegenüber dem Präsidenten.*

Der Grund dafür ist, dass er selbst intellektuell unsicher ist,
und darin steckt schon eine gewaltige Ironie, denn ich war
immer der Ansicht und behaupte noch heute, dass Richard
Nixon wahrscheinlich der Präsident mit dem höchsten IQ seit
Woodrow Wilson war. Ich habe selbst gesehen, wie dieser
Mann Bemerkenswertes leistete. Aber er hatte diese ungewöhnliche Haltung, die es schwer machte, mit ihm umzugehen.

Greenspan hatte ernsthafte Vorbehalte gegenüber Nixon, und von
Männern wir Haldeman und Ehrlichman hielt er überhaupt nichts.
Er fand Nixons vertrauteste Helfer übernervös und autokratisch
und ging davon aus, dass es sehr schwierig sein würde, mit ihnen
zusammenzuarbeiten.

Während des Bundesparteitags der Republikaner 1968 in Miami

machte Greenspan zu einem Reporter eine weitere seltsame Bemerkung: »Das beunruhigt mich«, sagte er, »jede einzelne Entscheidung wird von politischer Taktik bestimmt, und zwar von der eingeschränktesten Art politischer Taktik.«

Burns und Garment gingen mit Nixon nach Washington. Nixon, entschlossen, einen Platz für Burns zu finden, berief ihn schließlich als Notenbankpräsidenten. Garment erhielt unterdessen eine Reihe von typischen Garment-Aufgaben; er arbeitete an Bürgerrechtsangelegenheiten und half der Regierung, eine Position zum Thema Kunst zu entwickeln.

Obwohl Greenspan abgelehnt hatte, sich dem Lager Nixons weiterhin offen anzuschließen, pflegte er seine neuen Kontakte in Washington, wurde Mitglied einer Reihe von Kommissionen, darunter der Sonderkommission für Wirtschaftswachstum und der für Finanzstruktur und Regulation. Wie diese Bezeichnungen schon nahe legen, ging es dabei nicht um bahnbrechend weltverändernde Unternehmungen – mit einer bemerkenswerten Ausnahme: der Kommission für ein Freiwilligenheer.

Sein Sitz in eben dieser Kommission katapultierte Greenspan mitten in eine kulturelle Debatte, die seit Jahren in den Vereinigten Staaten tobte: Je intensiver das amerikanische Engagement in Vietnam wurde, desto heftiger die Debatte. Beide Seiten hatten vielerlei Argumente. Wer für den Wehrdienst war, verwies auf Studien des Pentagon, in denen die Unmöglichkeit von Streitkräften, die nur aus Freiwilligen bestanden, dargestellt wurde. Die Gegner konnten sich auf den Gründervater Benjamin Franklin berufen, einen leidenschaftlichen Kritiker an der Dienstverpflichtung von Amerikanern für die Marine der britischen Kolonialherren.

Während eines Wahlkampfflugs von New York nach Washington machte Nixon in einer seiner Improvisationen gegenüber Pressevertretern die eigene Position deutlich: »Ich denke, wir sollten die Wehrpflicht aufgeben und ein Heer auf Freiwilligenbasis aufbauen.«

Nach der Wahl übertrug man Martin Anderson, der sich intensiv für das Thema interessiert hatte, die Aufgabe, Mitglieder für eine

Kommission zum Studium des Problems auszuwählen. Anderson wusste, wenn er zu viele Wehrpflichtgegner einlud, würden die Ergebnisse der Kommissionsarbeit nur angezweifelt werden. Stattdessen hatte er also einen Querschnitt durch die Gesellschaft vor Augen, bei denen Teilnehmer unterschiedlichster Überzeugung miteinander debattierten und feilschten – wie die Geschworenen bei einem Prozess. Wenn sich eine Gruppe so unterschiedlicher Menschen schließlich für eine Aufhebung der Wehrpflicht aussprechen würde, könnte der Bericht der Kommission tatsächlich nachhaltige Wirkung haben.

Von den fünfzehn Personen, die am Ende ausgewählt wurden, waren fünf eindeutige Befürworter der Wehrpflicht, fünf Gegner und fünf Unentschiedene. Es war kaum überraschend, dass das Kontingent der Wehrpflichtbefürworter mehrere prominente Militärs enthielt. Thomas Gates Jr., ehemaliger Verteidigungsminister, wurde Vorsitzender der Kommission, die schließlich als Gates-Kommission bekannt werden sollte. Ebenfalls im Lager der Wehrpflichtbefürworter befand sich General Alfred Gruenther, ehemaliger alliierter Kommandant in Europa und Bridgepartner Eisenhowers.

Unter den Unentschiedenen war Roy Wilkins, Executive Director des NAACP, und einige wichtige Geschäftsleute – Frederick Dent, President der Mayfair Mills, und Crawford Greenwalt, Director und ehemaliger President von du Pont.

Dazu kamen die Wehrpflichtgegner, unter ihnen Greenspan und Stephen Herbits, ein Collegestudent, den man in die Kommission geholt hatte, um auch die Perspektive der jungen Leute einzubeziehen. Mehrere Mitglieder der Kommission kamen von der University of Chicago, darunter Allen Wallis, ehemals Professor in Chicago, nun Präsident der University of Rochester, und William Meckling, Dekan der University of Rochester School of Business, der in Chicago promoviert hatte. Und außerdem auch Milton Friedman.

Greenspan und Friedman vertraten ähnliche Ansichten über eine ganze Anzahl von Themen. Sie hatten auch einen gemeinsamen Mentor in Arthur Burns, und beide zählen sicher zu den prominentesten Nationalökonomen der amerikanischen Geschichte. Dennoch sollte die Gates-Kommission die einzige Gelegenheit bleiben, bei der sie in bedeutender Funktion zusammenarbeiteten.

Friedman war in Chicago als Apostel des freien Marktes bekannt geworden, für den er nicht weniger leidenschaftlich eintrat als Ayn Rand. Auch er erkannte eine moralische Dimension des Kapitalismus an. Sein 1962 erschienener Klassiker *Kapitalismus und Freiheit* gewann ihm eine Anzahl von Jüngern, überwiegend promovierte Wirtschaftswissenschaftler, die das Thema allerdings eleganter anpackten als die ernsthaften jungen Sucher, die Ayn Rand umgaben.

Friedman vertrat vor allem die Notwendigkeit, die Regierungsmacht einzuschränken; er wollte die Abschaffung der meisten Bundesbehörden, der Sozialversicherung und der Mindestlöhne. Diese Dinge solle man einem unbehinderten Markt überlassen, so sein Credo. Er kritisierte regelmäßig die Lebensmittelbehörde, und das aus ganz ähnlichen Gründen, wie sie Greenspan bei seinem Angriff gegen die Verbraucherschutzgesetze im *Objectivist* angegeben hatte.

Wie Greenspan in seinen Kollektiv-Tagen hatte Friedman gewaltige Probleme mit der Federal Reserve. Sein wegweisendes Werk *A Monetary History of the United States* stellte eine starke Korrelation zwischen restriktiver Geldpolitik der Fed und dem Beginn von Rezessionen und Depressionen fest. Darum müsse man der Fed ihre Herrschaft über die Ökonomie nehmen. Statt dessen entwickelte er, was später als Monetarismus bekannt werden sollte: eine Theorie, die behauptet, der Schlüssel zu einer stabilen Volkswirtschaft liege darin, die Geldzufuhr stetig wachsen zu lassen, im ungefähren Gleichschritt mit dem Tempo der Produktionssteigerung.

Bei aller ideologischen Nähe, hinsichtlich ihres Temperaments bestanden gewaltige Unterschiede zwischen Friedman und Greenspan. Zum einen ist Greenspan kein Ideologe. Es liegt offenbar in seinem Wesen, dass er – selbst, wenn er es wollte – nicht in der Lage wäre, eine hitzige Auseinandersetzung zu führen. Tatsächlich resultiert seine Stärke gerade aus seiner Fähigkeit, unterschiedliche, ja sogar widersprüchliche Einflüsse zu absorbieren. Wie anders sollte man erklären, dass ein ehemaliger Jazzmusiker und Keynes-Anhänger zum Randschüler und schließlich zum Chef der Fed werden konnte?

Im Gegensatz dazu war Friedman – ein kleiner, gnomenhafter Mann, der sich gerne stritt und seine Meinung pointiert äußerte – ein Revolutionär. Als solcher war er nie imstande, sich an die Welt der Politik anzupassen, wie es Greenspan schließlich gelang. Friedman betrachtete die Regierung immer mit größtem Misstrauen und zog es vor, aus der Distanz der akademischen Welt heraus zu kritisieren und hin und wieder einen guten Rat zu geben.

Es ist beinahe unvorstellbar, dass ein derart doktrinärer Denker je als Wirtschaftsberater des Präsidenten hätte arbeiten können. Nicht weniger undenkbar, dass Greenspan kontroverse Theorien entwickelt und sie mit solcher Vehemenz und Überzeugung verteidigt, dass man ihn dafür mit einem Nobelpreis belohnt, wie es Friedman 1976 widerfuhr.

Mit Friedman war eine starke Stimme gegen die Wehrpflicht in die Gates-Kommission eingezogen, ein Wortführer und ein Blitzableiter für Kontroversen. Er hielt die Wehrpflicht für ebenso unmoralisch wie unvereinbar mit vernünftigen volkswirtschaftlichen Prinzipien. Wehrpflicht sei im Grunde eine Form der Besteuerung ohne Gleichheit. Mit der Wehrpflicht zwinge eine Regierung junge Menschen, ihre Arbeit aufzugeben und für geringere Bezahlung den Streitkräften beizutreten. Und noch schlimmer, eine unproportionale Anzahl von Wehrpflichtigen gehörten Minderheiten an und/oder seien Schulabbrecher – in anderen Worten, genau die Menschen, die am wenigsten imstande sind, sich gegen eine derart heimtückische Besteuerung zu verteidigen.

Wallis und Meckling, Friedmans Kollegen aus Chicago, teilten diese Ansicht nachdrücklich. Greenspan hingegen war eher ein Fragezeichen.

Wenn man Walter Oi, einem ausgezeichneten Wirtschaftswissenschaftler der University of Rochester und Beobachter der Gates-Kommission, folgen darf, änderte Greenspan seine Ansicht, sobald er sich eindringlicher mit dem strittigen Thema befasst hatte:

»Greenspan kannte nicht viele Details. Aber sobald er mehr darüber erfuhr, brach der Ayn-Rand-Libertäre in ihm durch.«

Zunächst schien es wichtig festzustellen, ob ein Freiwilligenheer nicht zu teuer würde. Tatsächlich war das Pentagon bei einer Reihe von Studien zu dem Schluss gekommen, ausschließlich mit Freiwilligen operierende Streitkräfte würden Mehrkosten zwischen fünf und 17 Milliarden Dollar pro Jahr verursachen. Das hätte man unmöglich finanzieren können, und folglich bemühte sich die Anti-Wehrpflicht-Seite, niedrigere Zahlen anzuführen. Aber es mussten überzeugende und glaubwürdige Zahlen sein.

Ein Forschungsstab machte sich an die Arbeit. Greenspans Rolle bestand unter anderem darin, dessen Berechnungen zu verfolgen und diverse Annahmen zu überprüfen. Schließlich kam man zu dem Ergebnis, dass ein Freiwilligenheer jährlich zwischen zwei und vier Milliarden zusätzliche Haushaltskosten verursachen würde. Das alleine war von hoher Bedeutung, denn es machte deutlich, dass ein Ende der Wehrpflicht ökonomisch zu bewerkstelligen war. Es war der Ausgangspunkt aller weiteren Auseinandersetzungen.

Des Weiteren fürchteten die Befürworter der Wehrpflicht, dass eine Freiwilligen-Streitmacht automatisch zu einer rein schwarzen Streitmacht würde. Im Januar 1969 stand in der *Time* zu lesen: »Es ist anzunehmen, dass Neger einer solchen Freiwilligen-Streitmacht sowohl aus einem ehrenhaften Grund – gesellschaftlicher Aufstieg – zuströmen würden, als auch einem abzulehnenden, nämlich um eine revolutionäre Kraft im eigenen Land zu bilden.«

Dies ist ein alarmistischer Standpunkt, der zweifellos auf dem Hintergrund des militanten Klimas der Endsechziger zu sehen ist, das von Rassenunruhen und Eldridge Cleavers *Seele auf Eis* geprägt war. Doch ließ er sich mit rein ökonomischen Argumenten zweifelsfrei beiseite schieben. Die Wehrpflicht traf bereits überwiegend die gesellschaftlichen Minderheiten: Würde man aber freiwilligen Soldaten anständigen Sold zahlen, dann hätten mehr Menschen zumindest eine Wahl.

Solche Bedenken bewegten General William Westmoreland, den Befehlshaber der amerikanischen Streitkräfte in Vietnam, als er vor der Gates-Kommission aussagte. Das Ergebnis war eine dramatische Konfrontation, über die Friedman in seiner Autobiographie *Two Lucky People* berichtet, die er gemeinsam mit seiner Frau verfasst hat.

Westmoreland hatte erklärt, er wolle keine Armee aus Söldnern befehligen. Darauf entgegnete Friedman, »General, möchten Sie lieber eine Armee von Sklaven kommandieren?«

Westmoreland war solche Dreistigkeit nicht gewöhnt. Er plusterte sich auf und verkündete: »Es gefällt mir nicht, wenn man unsere patriotischen Wehrpflichtigen als Sklaven bezeichnet.«

Friedman gab zurück: »Und mir gefällt nicht, unsere patriotischen Freiwilligen als Söldner bezeichnet zu hören.« Jetzt war Friedman wirklich in Fahrt. »Wenn diese Leute Söldner sind«, fuhr er fort, »dann bin ich, Sir, ein Söldner-Professor, und Sie, Sir, sind ein Söldner-General; wir werden behandelt von Söldner-Ärzten, wir wenden uns an Söldner-Anwälte und kaufen unser Fleisch bei einem Söldner-Metzger.«

Dem verdutzten General fiel nichts mehr ein.

Während Friedman den bösen Cop spielte, war Greenspan eher geneigt, den guten Cop des Wehrpflichtgegner-Kontingents darzustellen. »Milton Friedman war so schneidend, so prägnant, dass man kaum mehr wusste, wo einem der Kopf stand«, erinnert sich Stephen Herbits, der ehemalige Jugendvertreter der Kommission. »Aber Alan hörten alle ruhig zu. Er konnte leidenschaftslos sein, wenn es darauf ankam; er konnte ruhig, intelligent und nachdenklich sprechen, um die Leute zusammenzubringen.«

Nach und nach gelang es der Streitmacht, die sich für ein Freiwilligenheer aussprach, die Wehrpflichtbefürworter zu zermürben und auf ihre Seite zu ziehen. Es mag überraschend erscheinen, dass eine Hand voll Libertäre und Anhänger des Freien Marktes die Ansichten einer Gruppe bärbeißiger Generäle ändern konnten. Aber die einsichtigsten Argumente, die Friedman, Greenspan und andere aus diesem Lager vorbrachten, sprachen direkt das Eigeninteresse der Generäle an.

Der Vietnamkrieg war auf seinem Höhepunkt, und die Streitkräfte standen ohne jeden Zweifel vor ernsthaften moralischen Problemen. Die Soldaten erwiesen sich als aufsässig und neigten zu Sabotageakten. Die Gegner des Wehrdienstes trugen schließlich den Sieg davon, indem sie erklärten, ein Ende des Wehrdiensts würde eine zufriedenstellendere Umgebung schaffen: Rekruten würden intensiver trainieren, schwerer arbeiten und länger in der Armee bleiben.

Am 20. Februar 1970 veröffentlichte die Gates-Kommission ihren letzten Bericht: eine einstimmige Entscheidung für ein Ende der Wehrpflicht. Selbstverständlich war die Ablehnung der Wehrpflicht ein Thema, auf das sich die Linken gestürzt hatten, mit ihren Verbrennungen von Einberufungsbefehlen und Antikriegshymnen wie »I-Feel-Like-I'm-Fixin'-To-Die Rag« von Country Joe and The Fish. Dass erzkonservative volkswirtschaftliche Theorien halfen, ihre Absichten durchzusetzen, ist eine seltsame historische Wendung. Am 23. Januar 1973 wurde die Wehrpflicht offiziell abgeschafft.

Friedman war zeitlebens stolz auf diese Leistung. Noch als Emeritus der University of Chicago hat er darauf hingewiesen, dass sich in der Folgezeit und im Hinblick auf die nächste Generation keine der damals geäußerten Befürchtungen als begründet erwiesen hatten. Die Streitkräfte seien angemessen vorbereitet gewesen, sich in diversen Krisengebieten vom Persischen Golf über Somalia bis hin zum Balkan in den Kampf zu stürzen. »Ich habe immer noch keinen Zweifel daran, dass die Gates-Kommission eine der erfolgreichsten Kommissionen überhaupt war«, sagt er.

Er erinnert sich auch gerne an die Zusammenarbeit mit Greenspan. »Ich denke, Alan war während dieser Zeit eine große Stütze.«

7 | PENDEL-DIPLOMATIE

Nach seinem Pensum für die Gates-Kommission stürzte sich Greenspan mit neuer Entschlossenheit und Energie in die Arbeit für Townsend-Greenspan. Es gab keinen Grund zur Sorge: das Unternehmen wuchs stetig weiter. Im Sommer 1970 beschloss Greenspan, neue Büroräume im kürzlich fertig gestellten Atlas-McGrath-Gebäude an der New York Plaza zu beziehen, einem fünfzigstöckigen Wolkenkratzer aus Glas und Stahl an Broad und South Street, nahe der Anlegestelle der Staten Island Ferry.

Das Gebäude war vom bekannten New Yorker Architektenbüro Kahn und Jacobs entworfen worden. Der leitende Partner des Büros war kein anderer als der Architekt Ely Jacques Kahn, bei dem Ayn Rand als unbezahlte Praktikantin gearbeitet hatte, als sie für *Der ewige Quell* recherchierte.

Am 5. August 1970, einem Mittwoch – nur einen Monat, nachdem Townsend-Greenspan die neuen Räume im dreißigsten Stockwerk bezogen hatte –, brach gegen 18 Uhr ein Feuer aus. Kathryn Eickhoff war die erste, die den Rauch roch und alle drängte, das Büro zu verlassen. Greenspan und Lucille Wu, die rangälteste Ökonomin der Firma, arbeiteten sehr intensiv an einer Prognose und wollten sich nicht unterbrechen lassen, aber auf Kathryn Eickhoffs Drängen ließen auch sie alles liegen.

Inzwischen waren die Flure draußen schon voller Rauch. Man konnte kaum noch etwas sehen, die sechs krochen zur Feuertreppe und stiegen diese hinunter bis zum 28. Stock. Da sie sicher waren, dass der Brand über ihnen tobte, fuhren sie mit einem Fahrstuhl weiter ganz nach unten. »Wir wussten damals nicht, was heute jeder über Fahrstühle und Feuer weiß«, sagt Eickhoff, »wir sind einfach eingestiegen und runtergefahren.«

Inzwischen war das Gebäude von Löschzügen umstellt, die sogar aus Queens und Brooklyn gekommen waren. Selbst die Katastropheneinheit des Bellevue Hospital war vor Ort. Tausende von Menschen drängten sich und glotzten.

Greenspan und Kathryn Eickhoff gingen hinüber zu einem kleinen Park nahe der Anlegestelle. Deutlich konnten sie von dort aus die langen Flammenzungen sehen, die aus den Fenstern einiger höherer Stockwerke schlugen. Methodisch begann Greenspan, von unten an die Stockwerke zu zählen, und tatsächlich, der dreißigste Stock stand in hellen Flammen.

Kathryn war entsetzt, aber Greenspan blieb seltsam ruhig. Schließlich habe er sich ihr zugewandt und gesagt: »Mach dir keine Sorgen, Kathryn, wir haben nichts verloren.«

»Wie meist du das?« habe sie gefragt. Und er habe auf seine Schläfe gezeigt und einmal dagegengetippt. »Alles hier drin.«

Greenspan und Eickhoff warteten – wie Tausende andere – und beobachteten, wie die Katastrophe ihren Lauf nahm. Später sollte sich herausstellen, dass das Feuer im Kabelschrank eines Mieters auf demselben Stockwerk ausgebrochen war, in dem sich auch die Büros von Townsend-Greenspan befanden. Zwei Menschen starben, weil sie in einem Fahrstuhl festsaßen. Es gab mehr als vierzig Verletzte, davon die Hälfte Feuerwehrleute.

Das Bild des glitzernden neuen Wolkenkratzers, aus dessen Fenstern Flammen lecken, ließ einen unauslöschlichen Eindruck zurück. Tatsächlich diente das brennende Atlas-McGrath-Building dem 1974 gedrehten Katastrophenfilm *Flammendes Inferno* mit Paul Newman und Steve McQueen in den Hauptrollen und O. J. Simpson in einer Nebenrolle als Vorlage.

Was die Büros von Townsend-Greenspan anging, so war der Schaden gravierend, aber doch nicht so schlimm wie befürchtet. Greenspan war noch nicht dazu gekommen, Joan Mitchell Blumenthals Stadtlandschaften aufzuhängen, also blieben sie verschont. Auch ein großer Teil der Bibliothek der Firma war noch nicht ausgepackt und befand sich in Rollcontainern. Einige dieser Container waren in Flammen aufgegangen, aber die meisten, darunter auch der mit Eickhoffs Magister-Arbeit, waren nur vom Löschwasser durchtränkt. Noch Jahre später rochen einige Nachschlagewerke, die bei Townsend-Greenspan benutzt wurden, nach Rauch.

Allerdings waren sämtliche Büromöbel verloren – der Schadensachverständige betrachtete es als Totalschaden. Etwa um die gleiche Zeit musste eine nahe gelegene Brokerfirma Konkurs anmelden, und so konnte Townsend-Greenspan deren sämtliche Büromöbel zum Schleuderpreis übernehmen. »Ich glaube, wir haben dabei sogar Gewinn gemacht«, sagt Eickhoff.

Die Rolle, die Greenspan Anfang der siebziger Jahre spielte, belebte ihn sichtlich. Er liebte es, zwischen zwei unterschiedlichen Welten zu pendeln. Einerseits mischte er in Washington mit, saß in diversen Kommissionen und Komitees des Präsidenten. Seine Position im Wirtschaftsbeirat gab ihm das Recht, auch unangekündigt im Weißen Haus zu erscheinen. Nicht weniger genoss es Greenspan aber auch, sich in den mächtigen Wall-Street-Kreisen zu bewegen, die die Beratung von Townsend-Greenspan benötigten. Unabhängigkeit war wichtig für ihn.

Hin und wieder unterstützte er Initiativen der Nixon-Regierung. Aber er blieb kritisch und nutzte häufig die viel gelesenen *Townsend Letters* seiner Firma, um Einfluss zu nehmen.

Greenspan wählte sich seine Themen, ohne sich um politische Rücksichten oder wirtschaftspolitische Orthodoxie zu kümmern. Nehmen wir zum Beispiel die offizielle Prognose der Regierung, nach der das Bruttosozialprodukt im Jahr 1971 bei 1,065 Billionen Dollar liegen sollte. Greenspan hielt dies für viel zu optimistisch. Paul Samuelson, Professor am MIT, eingestanden liberaler Volkswirt und Nobelpreisträger des Jahres 1970, dachte ebenso. Gemeinsam sprachen sie vor dem Kongressausschuss für Wirtschaftsangelegenheiten.

Samuelson war in selten guter Form. Nixons Zahlen zum Bruttosozialprodukt seien »Quatsch«, »absurd«, eine »komische Oper«, im Grunde nur mit den schöngerechneten Prognosen zu vergleichen, die Castro für die Zuckerernte in Kuba angegeben hatte. Mit solchen Angriffen manövrierte sich Samuelson schließlich auf Nixons berüchtigte »Feindliste«.

Wie es seine Art war, schlug Greenspan vor dem Ausschuss versöhnlichere Töne an. Er murmelte etwas von verzerrten Prognosen und setzte das zu erwartende Bruttosozialprodukt seinerseits um 20 Milliarden Dollar niedriger an. Auch das war, wie sich herausstellte, noch zu hoch, denn das Bruttosozialprodukt blieb real unter einer Billion Dollar. Greenspan hatte zumindest insofern Recht gehabt, als Nixons Einschätzung viel zu rosig gewesen war.

Bei einer anderen Gelegenheit taten sich Greenspan und Ralph Nader zusammen, um gegen eine Regierungsbürgschaft für Lockheed zu kämpfen. Gemeinsam mit zwei weiteren Wirtschaftswissenschaftlern traten sie vor den Senatsausschuss für Bank- und Währungsangelegenheiten.

Es ging um 250 Millionen Dollar, mit denen Lockheed die Entwicklung des L-1011 Tristar hätte abschließen können, ein Linienjet, mit dem man gegen die McDonnell Douglas' DC 10 antreten wollte. Greenspan und Nader argumentierten gegen die Rettung des Projekts, weil damit ein riskanter, gefährlicher Präzedenzfall geschaffen würde. Eine solche Finanzspritze werde Lockheed davon abhalten, sich wettbewerbsfähig zu machen; vielmehr werde man weitere Regierungsunterstützung erwarten und schließlich von deren Hilfe leben. Außerdem würden auch andere, in Bedrängnis geratene Firmen Unterstützung fordern.

Nader sah darin vor allem Nachteile für die Verbraucher. Sie müssten schließlich die Produkte dieser schlaffen Firmenmündel des Staates kaufen. Greenspan hielt derartige Regierungshilfen schlicht für einen Widerspruch gegen die Prinzipien freien Unternehmertums. In einem Beitrag für die *New York Times* schrieb er: »Brächte man die Regierung in eine Position, in der sie bestimmen kann, welche Privatfirmen bankrott gehen dürfen und welche zu unterstützen seien, dann würde dies unvermeidlich zu einer Stützung der am wenigsten effizienten Konzerne einer Branche führen.«

Greenspan und Nader verloren ihren Kampf, und Lockheed erhielt das Darlehen. Aber die Anstrengung der beiden ist bemerkenswert, nicht zuletzt deshalb, weil sich ein bekannter Verbraucheranwalt mit einem Mann zusammengetan hatte, der sich einmal im *Objectivist* für die Abschaffung von Verbraucherschutzgesetzen ausgesprochen hatte.

Seine pointierteste Kritik hob sich Greenspan für Nixons Lohn- und Preiskontrollen auf.

Im Jahr 1971 näherte sich die Inflation langsam der Fünf-Prozent-Marke. Das war nicht viel angesichts des zweistelligen Desasters, das damals so weit nicht entfernt schien. Andererseits zeigte der Anstieg, dass die sechziger Jahre mit ihren niedrigen Inflationsraten zu Ende waren. In Kennedys Regierungszeit war die Inflationsrate bis unter zwei Prozent gefallen. Vor diesem Hintergrund waren fünf Prozent Grund zu ernsthafter Beunruhigung. Nixon hatte ehrgeizige außenpolitische Ziele, darunter seinen geplanten Besuch in China. Und 1972 stand der nächste Wahlkampf ins Haus. Der Präsident musste befürchten, dass eine ungesunde Wirtschaft seine Pläne gewaltig einschränken würde.

Am 15. August 1971, an einem Sonntagabend kurz vor der wöchentlichen *Bonanza*-Folge, verkündete Nixon im Fernsehen seine neue Wirtschaftspolitik. Eine Schlüsselkomponente dabei war – neben dem Plan, den Goldstandard aufzugeben – das sofortige Einfrieren von Löhnen und Preisen für neunzig Tage. Spötter wiesen sofort darauf hin, dass auch Lenin den Begriff New Economic Policy benutzt habe.

Die Regierung wollte tatsächlich die Kontrolle über die Wirtschaft übernehmen. Nixon sah darin die einzige Möglichkeit, die so genannte kostentreibende Inflation zu entschärfen. Tatsächlich stiegen die Rohstoffpreise allmählich an. Infolgedessen mussten die Unternehmen die Preise für die Endprodukte erhöhen. Daraufhin verlangten wiederum die Arbeiter höhere Löhne, um mit den steigenden Preisen zurechtzukommen. Steigende Lohnkosten trieben selbstverständlich wieder die Geschäftskosten hoch – und so immer weiter: Die US-Wirtschaft war in einer Todesspirale gefangen. Nixons Lösung: Löhne und Preise einfrieren und damit die Spirale anhalten.

Dieser Schachzug stieß sofort auf Kritik, besonders seitens der Wirtschaftswissenschaftler und anderer, die in solchen Fragen einen weiteren Horizont hatten. Noch nie in der Geschichte habe sich eine solche Kontrolle von Löhnen und Preisen als wirkungsvoll erwiesen – auch nicht in jener noch nicht allzu lange zurückliegenden Phase der amerikanischen Geschichte, in der Nixon selbst eine Rolle gespielt hatte. Als achtundzwanzigjähriger Jurist hatte er nämlich in der Preisüberwachungsstelle gearbeitet, die für die Preiskontrollen während des Zweiten Weltkriegs zuständig war. Nach dem Krieg wurden die Kontrollen gelockert, und die Inflationsrate schoss augenblicklich in die Höhe. Das war die unangenehme Lehre zum Thema Lohn- und Preiskontrollen: Sobald die Kontrolle gelockert wurde, wirkte dies wie ein Dammbruch und die gestauten Löhne und Preise schossen erst recht davon. Man riskierte auf diese Weise, dass Löhne und Preise höher steigen würden, als dies ohne Kontrollen der Fall gewesen wäre.

Die Präzedenzfälle ignorierend setzte Nixon sein Programm durch. Noch lag Watergate ein paar Jahre in der Zukunft. Aber gerade die konservativen Anhänger des freien Markts sollten von da an in den Lohn- und Preiskontrollen ein frühes Anzeichen der zynischen Haltung dieses Präsidenten sehen.

Auf die Frage eines Journalisten nach Lohn- und Preiskontrollen hatte Greenspan im Wahlkampf 1968 kurz und knapp geantwortet: »Das setzt an den Symptomen der Inflation an, nicht an den Ursachen.« Ein seltsames Echo von Nixons eigenem Wahlkampfstatement zu Kontrollen: »Meine Regierung wird sich um die Grundlagen der Probleme kümmern, nicht um ihre Symptome.«

Nun fiel Nixon hinter sein Wort zurück. Dennoch sah am Anfang alles recht gut aus. Die Bevölkerung akzeptierte das Einfrieren als eine neuartige Methode, die Inflation zu meistern; also hielt man sich freiwillig an die Leitlinien. Alle schnallten den Gürtel enger und legten so etwas wie Patriotismus an den Tag. Nach neunzig Tagen legte die Regierung Statistiken vor, die nachweisen sollten, dass die Inflation gezähmt worden sei. Die Preise für Zahnpasta stiegen pro Jahr nur mehr um ein Prozent, für Fernsehgeräte um 0,3 Prozent, für einen Herrenhaarschnitt um 0,4 Prozent.

Aber dann wurde das Einfrieren durch Phase II, III und IV fortgesetzt. Alles Erdenkliche unterlag diesen Kontrollen, von den Gagen professioneller Footballspieler bis hin zum Preis von Reispudding, und das erforderte eine zunehmend byzantinische Verwaltung. Die Finanzämter ließen einen Sturm weißer Formulare über das Land wirbeln. Berge davon hatten Unternehmen auszufüllen, wenn sie zum Beispiel, um einem einzelnen Angestellten eine Gehaltserhöhung zu gewähren oder den Preis eines Produkts heraufzusetzen, eine Ausnahmegenehmigung erreichen wollten.

Diese Anträge wurden vom offiziellen Pay Board der Regierung bearbeitet. War der Druck groß genug, und besonders die Gewerkschaften machten Dampf, wurde die Ausnahme genehmigt. So konnten die Signalwarte der Eisenbahngesellschaften eine 46-prozentige Lohnsteigerung erreichen, obwohl die Leitlinien die Obergrenze bei 5,5 Prozent festgesetzt hatten. Es gab sogar eine offizielle Preisüberwachungsstelle der Regierung, die sich um die Verstöße kümmern sollte. Aber nur ein paar hundert Repräsentanten der obersten Finanzbhörde waren damit beauftragt, sich um die beinahe drei Millionen Einzelhandelsbetriebe im gesamten Land zu kümmern.

Verstöße wurden häufiger und offensichtlicher. Fleischhändler verfrachteten Rindfleisch nach Kanada und ließen es dort umpakken, um es in die Staaten zu »importieren« und so die Kontrollen zu umgehen. Und als die Kontrollen immer mehr Lücken aufwiesen, erhob sich ein ganzer Chor kritischer Stimmen.

Milton Friedman sah im Einfrieren der Löhne und Preise »den größten Fehler in der amerikanischen Wirtschaftspolitik, den ein amerikanischer Präsident seit 40 Jahren gemacht hat«.

Auch Ayn Rand schaltete sich ein. Sie widmete zwei Ausgaben des *Ayn Rand Letter* komplett einer vehementen Kritik der Kontrollen, tadelte Nixon mit schärfsten Worten und beklagte die Dummheit des amerikanischen Volkes im Allgemeinen.

Greenspan ließ sich ebenfalls öffentlich vernehmen, obwohl er als Autor weder über Friedmans Biss noch über die Vehemenz einer Ayn Rand verfügte. In der *New York Times* fragte er: »Wie konnten wir in kaum mehr als einer Dekade von einer politischen Linie, die schon die wirtschaftliche Feinabstimmung nicht als Regierungsaufgabe sah, zu einem Punkt gelangen, an dem zuletzt selbst der Preis von Popcorn in die Verantwortung der Regierung fällt?«

Während dieser Zeit setzte Greenspan seine Pendel-Diplomatie mit der Nixon-Regierung fort und hielt sich für Beratungen über die Lohn- und Preisbindung bereit. Er gehörte zu einer Gruppe bekannter Wirtschaftswissenschaftler, die C. Jackson Grayson, der Vorsitzende der Preisüberwachungsstelle, zusammengestellt hatte; weitere Mitglieder waren John Kenneth Galbraith, Walter Heller, Arthur Okun und Otto Eckstein. »Ich habe allerdings nicht viel von ihnen gelernt«, erinnert sich Grayson, »nur, dass sie alle uneinig waren.«

Greenspan traf sich auch regelmäßig mit Donald Rumsfeld, dem Direktor des Programms zur Stabilisierung der Konjunktur, jener bürokratischen Institution, die die Kontrollen beaufsichtigte. Rumsfeld erinnert sich: »Alans Rat lautete, es sei ein Fehler gewesen, mit diesen Kontrollen überhaupt zu beginnen; wir sollten eine Möglichkeit finden, sie wieder abzuschaffen.«

Die Nixon-Regierung versuchte angestrengt, sich aus der Situation herauszuwinden, aber das gelang nur in kleinen Stufen. In einigen Bereichen der Wirtschaft wurden die Kontrollen gelockert, während sie anderswo in Kraft blieben. Das brachte Verzerrungen der Wirtschaft wie die berüchtigte eingeschränkte Fahrerlaubnis entweder nur an geraden oder nur an ungeraden Wochentagen mit sich.

Zu einem wahrhaft bizarren und beunruhigenden Ereignis führte eine andere derartige Verzerrung. Im Juni 1973 ertränkten Arbeiter in einer Kükenfarm in Joaquin, Texas, 43 000 Küken in Wasserfässern. Warum? Weil die der Kontrolle entzogenen Getreidefutterpreise stiegen, während der Preis für Hühner weiterhin eingefroren blieb. »Es ist billiger, sie zu ersäufen, als sie aufzuziehen«, erklärte der Geschäftsführer der Kükenfarm. Die Episode wurde gefilmt und im ganzen Land in den Abendnachrichten gesendet. Viele sahen darin eine groteske Illustration der Narretei von Lohn- und Preiskontrollen.

Im April 1974 wurden die Kontrollen aufgehoben, ausgenommen blieb nur noch das einheimische Rohöl. Doch das Kind war bereits in den Brunnen gefallen. Lohn- und Preisdruck hatten sich angestaut, und die Aufhebung der Kontrollen war ein wichtiger Faktor dafür, dass die Inflation Mitte der siebziger Jahre in zweistellige Höhen schnellte – die nächste Herausforderung in Greenspans Laufbahn.

Greenspans lauwarme Haltung gegenüber Nixon und der Washingtoner Szene sollte sich auszahlen. Mit seinem Verfahren, einen Schritt vorzutreten, sich dann wieder zurückzuziehen, in ausgewählten Ausschüssen zu sitzen und mit dem nächsten Atemzug die Regierung zu kritisieren, wahrte Greenspan seine Unabhängigkeit; in den Augen des Nixon-Lagers schien er sogar zu unabhängig. Als der Watergate-Skandal in seine heiße Phase trat und gleichzeitig die Wirtschaft zu stottern begann, war Unabhängigkeit genau das, was gebraucht wurde: jemand, der glaubwürdig über diesem ganzen Hickhack stand. Zu Beginn des Jahres 1974 bot man Greenspan ein weiteres Regierungsamt an.

Wieder ging es um den Wirtschaftsbeirat. Aber diesmal lockte die Regierung mit dem prestigeträchtigen Posten des Vorsitzenden des Council of Economic Advisers (CEA).

Der CEA war 1946 als Element des Congress Employment Act, des Gesetzes zur Aufrechterhaltung der Vollbeschäftigung, ins Leben gerufen worden. In jenen Tagen nach dem Zweiten Weltkrieg war guter volkswirtschaftlicher Rat teuer. Da die heimische Produktionsmaschine keine Kugeln und Schlachtschiffe mehr ausstieß, fürchtete man ernsthaft, die Vereinigten Staaten könnten in die Depression zurückgleiten.

Der CEA soll den Präsidenten in allen Fragen der Wirtschaftspolitik beraten. Der Rat bereitet Memos vor, die erklären, wie die Daten zu interpretieren sind, die die unterschiedlichen Behörden und Institute der Regierung in großen Mengen produzieren. Er erarbeitet Prognosen und bereitet für den Kongress und den Präsidenten alljährlich einen Bericht über den Stand der Wirtschaft vor. Wenn nötig, sind die Mitarbeiter des Wirtschaftsbeirats anderen Ministerien bei der Vorbereitung oder Interpretation von Wirtschaftsdaten behilflich. In bestimmten Fällen, wenn sich zum Beispiel Finanzministerium und Außenministerium wegen einer internationalen Handelsangelegenheit befehden, kann man sich auch an den CEA wenden, um solche wirtschaftspolitischen Kontroversen zu schlichten.

Der Wirtschaftsbeirat ist eine kleine spezialisierte Gruppe, bestehend aus den drei so genannten Mitgliedern, von denen einer Vorsitzender oder Chairman ist. Im Allgemeinen handelt es sich um Wirtschaftswissenschaftler, die von ihren Universitäten beurlaubt sind. Paul McCracken nahm zum Beispiel ein Sabbatical von der University of Michigan, um unter Nixon als erster Chairman des CEA zu dienen. Neben den drei Mitgliedern gibt es zehn angestellte Wirtschaftswissenschaftler, auch sie meist beurlaubte Professoren. Damit soll erreicht werden, dass die Angestellten des CEA, indem sie ihre Beziehungen zur akademischen Welt nutzen, der Regierung die aktuellsten ökonomischen Theorien liefern können. Der Wirtschaftsbeirat, das Finanzministerium, die Haushaltsbehörde und die Notenbank sind die vier Körperschaften, denen die Gestaltung der amerikanischen Wirtschaftspolitik obliegt. Zusammen bilden sie, was als »Quadriad« bekannt ist.

Das Amt des Vorsitzenden des Wirtschaftsbeirats hat jedoch einen eingebauten Pferdefuß, wie ihn sich nur Washington ausdenken kann. Der Vorsitzende wird vom Präsidenten berufen, nicht anders als ein Mitglied des Kabinetts. Damit hören die Ähnlichkeiten allerdings auch schon wieder auf. Während man vom Finanzminister erwartet, dass er als politischer Berater die Linie des Präsidenten vertritt, muss der CEA-Chairman den Präsidenten zwar direkt beraten, dabei aber doch unparteiisch bleiben.

Daher kann es kaum überraschen, dass die relativ kurze Geschichte des CEA sehr lebhaft verlief. So muss Edwin Nourse, der erste Vorsitzende des Wirtschaftsbeirats, Präsident Truman mit seiner ununterbrochen zur Schau gestellten Ausgewogenheit – er soll jede seiner Erklärungen mit einem »einerseits ... andererseits« abgepolstert haben – ziemlich auf die Nerven gegangen sein. Truman soll sich darüber dermaßen geärgert haben, dass er schließlich sagte: »Ich will eigentlich nur einen einseitigen Berater.« Als Nourses Amtszeit zu Ende ging, ernannte Truman Leon Keyserling, der sich dann als einseitig genug erwies.

Keyserling mochte dem Präsidenten besser passen, nun aber war der Kongress verärgert über den Stil des neuen Chairman. Diesen Ärger demonstrierte er, indem er dem CEA im Haushaltsjahr 1953 nur Mittel für neun Monate anwies. Als Eisenhower sein Amt antrat, überlegte er zunächst, den Rat einfach abzuschaffen, weil er zu viel Ärger machte. Er machte Arthur Burns zum informellen Berater in Wirtschaftsfragen. Dieser versuchte nun, den Kongress zu überzeugen, dass er, anders als Keyserling, seine Arbeit professionell angehen würde. Schließlich wurde der Wirtschaftsbeirat wieder ins Leben gerufen und Burns als dessen Vorsitzender eingesetzt.

Im Jahr 1974 hatte die Nixon-Regierung bereits ihren zweiten CEA-Chairman so gut wie verschlissen. Herb Stein war ein gefeierter und eklektischer Nationalökonom. Generell war er zwar ein Konservativer, doch einen Namen hat er sich damit gemacht, dass er die skeptische Nachkriegs-Geschäftswelt von den Vorzügen Keynesianischer Politik überzeugen konnte. Steins Gelehrtheit war legendär. Seine Wirtschaftsprognosen waren im Allgemeinen mit Shakespearezitaten und Bibelversen gewürzt. Er hatte auch eine Leidenschaft für geistreiche Anmerkungen. »Wenn etwas nicht ewig weitergehen kann, wird es aufhören«, war einer seiner Lieblingssätze.

Steins Sohn Ben hatte Reden für Nixon geschrieben und sich schließlich zu einer wahren Renaissancefigur entwickelt. Gemeinsam mit seinem Vater schrieb er einen Thriller über eine weltweite

Finanzpanik. Er lehrte Recht in Pepperdine, schrieb eine Kolumne in der Zeitschrift *New York*, trat als Schauspieler in Clear-Eye-Werbespots auf und – dies blieb nachhaltiger in Erinnerung – als phlegmatischer High-School-Lehrer in *Ferris macht blau*, ebenso wie als Moderator der Reihe *Win Ben Stein's Money* des Comedy-Central-Fensehkanals.

Der CEA-Vorsitz des älteren Stein war begleitet von der üblichen Unruhe. Die Medien gingen davon aus, dass er die grimmigen Wirtschaftsnachrichten der frühen siebziger Jahre zu optimistisch betrachtete. Die Demokraten im Kongress waren der Ansicht, dass einige Reden, die er 1972 – also in einem Wahlkampfjahr – hielt, doch sehr parteilich waren. Im Frühjahr 1974 jedoch war Stein hauptsächlich darauf aus, der Nixon-Regierung zu entkommen und eine Stelle anzutreten, die ihm die University of Virginia angeboten hatte.

Am Anfang lehnte es Greenspan ab, den Posten zu übernehmen. Er würde damit ein Einkommen von über 300 000 Dollar im Jahr zugunsten der 42 500 Dollar aufgeben, die ein Vorsitzender des Wirtschaftsbeirats damals bekam. Außerdem müsste er nach Washington ziehen und sich täglich mit Nixon und seinen Kumpanen auseinandersetzen. Das eigene Unternehmen würde von Stellvertretern geführt, auf die er sich blind verlassen müsste. Auch seine Bemühungen um einen Doktortitel würde er weiter auf die lange Bank schieben müssen. Seit einem Vierteljahrhundert hatte er hier ein Seminar besucht, dort ein weiteres, und jetzt sollte er seine Studien noch einmal aufschieben – eine alles andere als erfreuliche Vorstellung.

Aber Greenspans Bekannte in der Nixon-Regierung drängten ihn, den Vorsitz zu übernehmen. Er erhielt eine Reihe von Anrufen von Finanzminister William Simon, den er aus Wall-Street-Kreisen kannte. Auch Kenneth Rush, ein Wirtschaftssprecher von Nixon, der als Präsident von Union Carbide auch Kunde von Townsend-Greenspan gewesen war, wandte sich an Greenspan. Nixons Stabschef Alexander Haig hofierte Greenspan wie eine Berühmtheit und charterte ein Flugzeug, um ihn zu einer Besprechung nach Key Biscayne zu bringen.

Greenspan hatte eine lange Unterredung mit Haig, in der er seine Ansichten kundtat:

> Sie machen da einen Fehler, Sie wollen gar nicht mich. Ich bin die Art Vorsitzender, der sehr wahrscheinlich zurücktreten wird, wenn er feststellt, dass er politischen Maßnahmen, die die Regierung trifft, nicht zustimmen kann. Das brauchen Sie wirklich nicht. Ich auch nicht. Ich könnte auf keinen Fall im Amt bleiben, wenn Sie zum Beispiel wieder Lohn- und Preiskontrollen anstreben.

Trotz eines stetigen Stroms von Bitten blieb Greenspan hart; er wollte auf keinen Fall näher mit der Regierung zusammenarbeiten. Ein Mann wie Arthur Burns musste kommen, um diesen Nachfahren des römischen Lucius Cincinnatus, der weiter sein Gut bestellte und darauf wartete, zum Oberhaupt des römischen Staats berufen zu werden, schließlich zum Einlenken zu bewegen. Burns appellierte an Greenspans Patriotismus; es sei einfach seine Pflicht, nach Washington zu gehen und dort gegen die Inflation zu kämpfen.

»Ich habe es mir anders überlegt, weil einige Leute in Washington erfolgreich gegen meine Überzeugung argumentierten, dass ich nichts besser machen könnte«, erklärte Greenspan der *New York Times*, nachdem er das Amt beim CEA schließlich doch angenommen hatte.

Bei einem späteren Gespräch über diese Entscheidung gab er sich ein wenig forscher: »Was hier auf dem Spiel steht ist so gewaltig, dass jeder, der die Möglichkeit hat, etwas dazu beizutragen, es auch tun sollte. Es ist eine jener seltenen Gelegenheiten, bei denen es auch um das Thema Patriotismus geht.«

Sobald Greenspan die Berufung zum Chairman angenommen hatte, begann der eigentliche Spaß. Ein paar FBI-Agenten besuchten seine Exfrau Joan Mitchell Blumenthal. Sie hockten verlegen in ihrem Wohnzimmer herum und versuchten, Fragen zu formulieren.

Wie ein Mantra wiederholte einer von ihnen von Zeit zu Zeit den Satz: »Wenn man etwas über die schlechten Seiten eines Menschen erfahren will, muss man seine Exfrau fragen.«

Blumenthal war verdutzt. »Ja, ich verstehe schon, dass Sie deshalb hier sind«, sagte sie immer wieder. »Aber ich weiß nicht, was Sie wollen.«

Dies sei, so erinnert sich Joan Blumenthal, etwa eine Dreiviertelstunde hin und her gegangen. Ihr Ärger wuchs. Und die FBI-Agenten wurden ebenfalls immer nervöser.

Plötzlich sei ihr ein Licht aufgegangen. »Ach, Sie wollen wissen, ob er schwul ist?«

Immerhin hatte man es hier mit einem Mann zu tun, der zum letzten Mal vor zwanzig Jahren verheiratet gewesen war, und das auch nur für zehn Monate. Und aus der Perspektive des FBI wäre ein schwuler Greenspan in einem so hohen öffentlichen Amt ein leichtes Opfer für Erpresser gewesen.

»Das ist er bestimmt nicht, ganz ohne Frage.« Als sie dies versichert habe, hätten sich die beiden Agenten errötend bedankt und eilig den Rückzug angetreten.

Am 8. August 1974 wurde Greenspan selbst in die Mangel genommen. Seine Berufungsanhörung fand statt vor dem Ausschuss für Wohnungs- und städtische Angelegenheiten der Bankenkommission des Senats. Ihm gegenüber saßen unter anderem Adlai Stevenson III aus Illinois, John Tower aus Texas, Joseph Biden für Delaware und William Proxmire für Wisconsin.

Zu Anfang gab es das Übliche: »Schön, dass Sie hier sind, Mr. Greenspan.« Und Greenspan revanchierte sich mit ein paar Plattitüden über die Gefahren der Inflation und die Notwendigkeit, eher nach langfristigen als nach kurzfristigen Lösungen zu suchen.

Dann aber begann Proxmire mit der eigentlichen Befragung. Seinen Ruf als scharfer und kompromissloser Inquisitor und Meister der Kunst, mit silberner Zunge auch noch die verborgensten Einzelheiten ans Tageslicht zu befördern, hatte er zu Recht. Landesweit bekannt wurde Proxmire durch die Golden Fleece Awards, die er monatlich an Projekte vergab, die ganz besonders großzügig

Regierungsgelder verschleuderten. Gefördert wurde unter anderem eine wissenschaftliche Studie darüber, wieso Menschen sich verlieben. »Selbst wenn man das herausfinden könnte, glaube ich nicht, dass wir es wirklich wissen wollen«, sagte er.

Proxmire und Greenspan sollten im Lauf der Jahre häufig Sparringspartner sein. An diesem Tag begann Proxmire folgendermaßen:

> Herr Vorsitzender, ich möchte den Ausschuss darauf aufmerksam machen, dass ich erwarte, einige Zeit für die Befragung von Mr. Greenspan zu brauchen. Ich muss mich entschuldigen, wenn meine Fragen allzu detailliert erscheinen, aber wie Sie schon sagten, er wird Vorsitzender des Wirtschaftsbeirats sein, er wird unserem Wirtschaftsausschuss vorstehen, und es ist von großer Wichtigkeit, dass wir so viel wie möglich über ihn und seine Ansichten erfahren.

An diesem Punkt unterbrach ihn John Sparkman, der Vorsitzende des Ausschusses, und fragte, »Können Sie die Zeit, die Sie brauchen werden, in etwa einschätzen?«

»Ich denke 40 Minuten, aber es könnte auch länger dauern«, entgegnete Proxmire.

Dann legte er los. Besonders beunruhigte ihn die Tatsache, dass Greenspan eine profitable Wirtschaftsberatungsfirma besaß, die einige der größten Unternehmen des Landes zu ihren Kunden zählte. Wenn dem so sei, dann müsse er, Proxmire, doch fragen, ob sich Greenspan überhaupt in einer Position befinde, unabhängigen Rat zu erteilen. Immerhin bestünde auch die Möglichkeit, dass er Insiderinformationen an seine Firma weitergeben könnte.

Zuletzt schoss er sich auf Greenspans ökonomische Grundüberzeugungen ein. Er erwähnte Ayn Rand nicht direkt, aber die Fragen, die er stellte, zeigen, dass er mit Greenspans objektivistischen Schriften vertraut war.

So fragte er: »Sie haben sich in der Vergangenheit dahingehend geäußert, dass Sie Verbraucherschutzgesetze für nicht wirklich im Interesse der Verbraucher halten.«

»Ja, Sir«, erwiderte Greenspan und erläuterte seinen Standpunkt, dass Unternehmen auch ohne diese Schutzgesetze bereits über genügend Gründe verfügten, mit den Kunden ehrlich umzugehen: »In vielen Fällen haben sich Qualitätsprodukte auf dem Markt durchgesetzt, weil es im eigenen Interesse [der Unternehmen] liegt, für höchste Qualität und höchste Integrität zu sorgen.«

Proxmire bohrte und prüfte und fragte und versuchte, Greenspan aufs Glatteis zu führen. Greenspan hielt sich gut. Sein eigener Redestil – stets höflich und bemerkenswert leidenschaftslos – machte ihn für diese Art von Verhör geeigneter als die meisten. Proxmire arbeitet sich durch diverse philosophische Themen, in denen er und Greenspan nicht übereinstimmten. Dann schloss er in seinem einzigartigen Stil:

Nun, ich danke Ihnen sehr. Mein Problem mit Ihrer Berufung, Mr. Greenspan, besteht darin, dass es sehr schwierig ist, weil Sie ehrlich und ein fähiger Mann sind, und ich kann einigen Dingen, die Sie vorschlagen, nur begeistert zustimmen. Aber ich habe wirklich große Probleme mit der Tatsache, dass Sie aus der freien Wirtschaft kommen, nicht an Kartellpolitik glauben, nicht an Verbraucherschutz glauben, nicht an die progressive Einkommenssteuer. Das letztere mag durchaus zu einer Laisser-faire-Haltung passen, aber Sie scheinen auch viele der sozialen Programme abzulehnen, die wir durchgesetzt haben.

Damit war die Anhörung beendet. Sie hatte zweieinhalb Stunden gedauert.

8 | »WHIP INFLATION NOW«

Am 8. August 1974 kündigte Nixon seinen Rücktritt an. Am Tag darauf wurde Gerald Ford als achtunddreißigster Präsident der Vereinigten Staaten vereidigt.

Es sollte eine schwere Amtszeit werden. Zeitgeschichtliche Betrachtungen neigen dazu, Nixons gesamte politische Laufbahn auf Watergate zu reduzieren, und auf diesem Weg gerät Fords Amtszeit erst recht in Vergessenheit. Man betrachtet ihn als den »Zufallspräsidenten«, da er zum höchsten Amt im Land gelangte, ohne gewählt worden zu sein. Im Lauf der Jahre hat sich die Vorstellung eingeschliffen, Ford sei nur ein Verwahrer des Präsidentenamts gewesen, eine Notlösung zwischen dem entehrten Nixon und dem regulär gewählten Carter. Fords Mangel an Charisma und rednerischem Feuer machte dies nicht besser.

Doch verbirgt sich hinter Fords stillem Auftreten eine recht dogmatische Ader. Tatsächlich hatte er bei seinem Amtsantritt sehr deutliche Vorstellungen davon, was er erreichen wollte. Seine politischen Vorstellungen und Überzeugungen waren klar und ausgeprägt, hatten ihren Schliff während seiner Jahrzehnte als Kongressabgeordneter erhalten. Er mochte große Probleme haben, wenn es darum ging, der Öffentlichkeit seine Vorstellungen deutlich zu machen, aber er hatte durchaus so etwas wie eine Philosophie. Und genau besehen, zeigen seine Ansichten bemerkenswerte Übereinstimmungen mit denen von Greenspan.

Ford, dreizehn Jahre älter als Greenspan, ist in Michigan aufgewachsen und hat an der University of Michigan Volkswirtschaft, Politik und Geschichte studiert. Er war auch ein Footballstar, der 1932 und 1933 für mehrere unbesiegte Mannschaften spielte. Nach dem Collegeabschluss wollten die Detroit Lions und die Green Bay Packers Ford als Profispieler gewinnen. Er lehnte diese Angebote ab, denn er wollte Anwalt werden. Er besuchte die Yale Law School, arbeitete in dieser Zeit allerdings auch als Assistent des Footballtrainers der Universität. Einer der Spieler, die er trainierte, war William Proxmire.

Im Zweiten Weltkrieg hat Ford an Bord der USS Monterey, eines leichten Flugzeugträgers, gedient. Das Schiff bestand mehrere Gefechte, wirklich in Lebensgefahr geriet Ford aber nicht durch feindlichen Beschuss, sondern in einem Taifun vor den Philippinen im Dezember 1944. Er wurde beinahe über Bord gespült und konnte sich nur retten, indem er sich an ein fünf Zentimeter hohes Sims klammerte, das eigentlich verhindern sollte, dass Werkzeuge von Deck rutschten.

Nach dem Krieg heiratete Ford Betty Bloomer Warren; sie, die bei Martha Graham Tanz studiert und in New York als Model gearbeitet hat, hatte damals gerade eine Scheidung hinter sich. In diese Zeit fällt auch der Beginn seiner politischen Karriere. Ermutigt von seinem Stiefvater, der in lokalen Organisationen der Republikaner aktiv war, forderte Ford den Kongressabgeordneten seines Distrikts, Barney Jonkman, heraus und gewann die Wahl. Für die erste von dreizehn aufeinander folgenden Amtsperioden war er Mitglied des Repräsentantenhauses.

Eine weitere Station in Fords politischer Laufbahn war seine Mitarbeit in der Warren Commission, die den Mord an John F. Kennedy untersuchte. 1965 veröffentlichte er als Mitautor *Portrait of an Assassin*, mit dem das Ermittlungsergebnis der Kommission verteidigt wurde – die These, dass Lee Harvey Oswald als Einzeltäter gehandelt hatte. Er sammelte belastendes Material, mit dem er William Douglas, einen liberalen Richter am Obersten Bundesgericht, anklagen wollte. Ford glaubte, dass einige von Douglas' Schriften von »revolutionärer Gesinnung im Hippie-Yippie-Stil« zeugten.

Den größten Eindruck jedoch hinterließ Fords Engagement im Haushaltsausschuss, wo er die Aufgabe hatte, die Ausgaben der Bundesregierung zu kontrollieren. Ford erwies sich als ausgesprochen penibler Haushaltsprüfer; einige Male hatte er sich auf kostspielige Sozialprogramme und andere Großzügigkeiten der Regierung regelrecht eingeschossen. In dieser Zeit im Haushaltsausschuss entwickelt Ford sein eigenes politisches Profil und zeigt sich fortan als unbeugsamer Konservativer jener Schule, die sich vor allem um den Bundeshaushalt kümmert und Washington ansonsten aus allgemeinen Angelegenheiten heraushalten möchte. Einer seiner Lieblingssätze lautete: »Eine Regierung, die mächtig genug ist, uns alles zu geben, was wir wollen, ist auch mächtig genug, uns alles zu nehmen, was wir haben.«

Auch in das Amt des Vizepräsidenten war der Kongressabgeordnete Ford nur durch Zufall gelangt. Er hat diese Position 1973 von Spiro Agnew übernommen, der angesichts von Ermittlungen wegen Steuerhinterziehung zurückgetreten war. Dem fünfundzwanzigsten Verfassungszusatz zufolge – der erst ein paar Jahre zuvor, nämlich 1967, ratifiziert worden war – durfte sich Nixon den Nachfolger für Agnew selbst aussuchen, und am 6. Dezember 1973 wurde Ford vom Kongress als Vizepräsident bestätigt. Acht Monate später war er Präsident. Erst Agnew, dann Nixon. Bei seiner Vereidigung erklärte Ford: »Unser langer nationaler Alptraum ist nun vorüber.«

Das mochte innenpolitisch stimmen. Doch an der Wirtschaftsfront hatte Ford schreckliche Probleme geerbt, um die sich während Nixons Amtszeit niemand so recht gekümmert hatte. Als Ford sein Amt antrat, lag die Inflationsrate bei zwölf Prozent, doppelt so hoch wie zu Beginn von Nixons Amtszeit. Die Arbeitslosigkeit war von 3,4 Prozent Anfang 1969 auf 5,3 Prozent gestiegen. Der Dow Jones Industrial Average, der US-Industrieaktienindex, der bei Nixons Amtsantritt bei 785 Zählern gestanden hatte, hatte 17 Prozent eingebüßt.

Für diese wirtschaftliche Bedrängnis gab es Gründe mehr als genug. Eine wesentliche Rolle spielte die Aufhebung der Lohn- und Preiskontrollen, des Weiteren das Ölembargo der OPEC im Herbst

1973, das über Nacht eine Vervierfachung der Preise bewirkte: Das Barrel stieg von 2,29 auf 11,65 Dollar. Schuld trug auch der damalige Notenbankpräsident Arthur Burns, der mit seiner falschen Geldpolitik die Inflation im Jahr 1972 noch beschleunigt hatte.

Burns taktischer Fehler war nur allzu offensichtlich. Einige Kritiker gingen sogar so weit zu behaupten, er habe die Geldmenge nur deshalb erhöht, weil er seinem alten Kumpan Nixon im Wahljahr helfen wollte. Wenn man genügend Geld druckt, wissen das die Bürger an den Wahlurnen häufig zu würdigen; die schleichende Inflation setzt erst später ein.

Burns hat sich gegen solche Vorwürfe stets gewehrt. Überzeugende Beweise für eine Zusammenarbeit zwischen der Notenbank und Nixon im Wahljahr 1972 sind niemals gefunden worden. Doch war dies auch gleichgültig geworden: Ob Burns aus politischem Kalkül gehandelt hatte oder nicht, das Ergebnis war dasselbe: Er hatte Gas gegeben, als er hätte bremsen sollen.

Im Jahr 1974 begann die Wirtschaft vollkommen außer Kontrolle zu geraten, und der Ford-Regierung blieb nur der Versuch, mit der »Stagflation« zurechtzukommen – einer unangenehmen Situation, in der Inflation und Arbeitslosigkeit sich gleichermaßen nach oben entwickeln. Und als wäre das nicht genug, sollte das Land während Fords Amtszeit beinahe täglich von alarmierenden Wirtschaftsnachrichten und Krisen geschüttelt werden.

Zusammen mit Nixons wirtschaftspolitischen Problemen hatte Ford auch dessen Mitarbeiter übernommen. Noch war Greenspans Berufung zum Vorsitzenden des Wirtschaftsbeirats vom Senat nicht bestätigt worden, und Ford hätte hier durchaus einen eigenen Mann durchsetzen können. Wiederum geriet Greenspans erklärte Ambivalenz gegenüber Washington diesem zum Vorteil. Dass er sich Nixon nur zögernd angeschlossen hatte, erwies sich in dem Moment als Plus, als Ford sich bemühte, die Regierungsmannschaft neu zu besetzen und Nixons Freunde und Kumpane loszuwerden.

Donald Rumsfeld, der Fords Übergangsmannschaft leitete, schildert seinen damaligen Eindruck von der Situation:

Nun hatten wir einen neuen Präsidenten, der nie kandidiert, nie ein Wahlkampfprogramm vorgelegt und kein eigenes Team zusammengestellt hatte. Er stand einer Regierung vor, die ein großer Teil des amerikanischen Volkes für gesetzwidrig hielt. Ford muss sich gefühlt haben wie einer, der sich plötzlich in einem Flugzeug wiederfindet, das mit 500 Meilen in der Stunde in 40 000 Fuß Höhe fliegt, dessen Besatzung er nicht kennt, und das er nun selbst fliegen muss.

In diesem Zusammenhang erinnert sich Rumsfeld auch an Greenspans bevorstehende Berufung.

> In einem der ersten Anrufe, die ich erhielt, ging es um die Berufungen, die noch vor den Senat mussten. Eine war die von Alan Greenspan. Ich ging zu Gerald Ford, und ich erinnere mich, dass ich zum Präsidenten sagte: Das ist eine wunderbare Situation. Es kann absolut nichts schief gehen. Sie könnten keinen Besseren wählen. Wir nahmen ihn ins Team und machten ihn zu einem Kandidaten Fords.

Greenspan und Ford sollten ausgesprochen gut miteinander auskommen. In den beiden folgenden Jahren befand sich die Wirtschaft im freien Fall, die Demokraten im Kongress tobten, es kam zu schweren Kontroversen zwischen Kabinettsmitgliedern, die öffentliche Polemik nahm zu, doch zwischen diesen beiden höflichen und zurückhaltenden Männern fiel nie ein böses Wort.

Auch der alte Weggefährte Leonard Garment sollte in der Ford-Regierung eine kleine Rolle spielen. Zusammen mit Greenspan galt er als einer der wenigen, die nicht durch ihre Verbindung zu Nixon belastet waren. Als der Watergate-Skandal hitziger wurde, übernahm Garment eine neue Funktion: Er diente Nixon als juristischer Berater und empfahl diesem, Haldeman, Ehrlichman und John Dean, den Rechtsberater des Weißen Hauses, zu entlassen. Er schlug Nixon auch vor, ihm Zugang zu diversen Bändern und Dokumenten zu verschaffen, damit er feststellen konnte, wie schwerwiegend ein

Verfahren gegen den Präsidenten wäre. Nixon lehnte ab. Daraus konnte Garment nur schließen, dass die Anklagen gegen Nixon hieb- und stichfest waren. Also bestand Garments nächster Schritt darin, den Präsidenten um ein Gespräch in Key Biscayne zu bitten, bei dem er Nixon drängen wollte, sich mit dem Unvermeidlichen vertraut zu machen: mit dem Gedanken an den Rücktritt. Nixon muss dies geahnt haben und lehnte ein Treffen ab. Garment stand allerdings bis zum bitteren Ende zu Nixon und versuchte immer wieder, der Stimme der Vernunft Gehör zu verschaffen. Während der Regierungszeit Fords wurde Garment zum Vertreter der Vereinigten Staaten bei der UN Menschenrechtskommission ernannt.

Greenspans Berufung wurde dem Senat wie geplant zur Entscheidung vorgelegt. Am 13. August 1974 sandte Proxmire einen »Liebe Kollegen«-Brief an seine Mitabgeordneten. »Ich halte es für wichtig, dass die Mitglieder des Senats vollständig über die kontroverse Natur dieser Berufung informiert sind«, war einer der Kernsätze. Seit der Übergang von Nixon zu Ford seinen Lauf nahm, war viel Durcheinander zu verarbeiten. Der Senat hatte über sehr viel Wichtigeres nachzudenken. Daher gelang es Proxmire nicht, sonderliches Interesse für eine Berufung zu wecken, die zu anderen Zeiten sicherlich größere Aufmerksamkeit auf sich gezogen hätte. Am 19. August bestätigte der Senat Greenspan als Chairman. Es gab keine protokollierte Abstimmung, und nur drei Senatoren meldeten sich zu Wort.

Greenspan legte die Leitung seiner Beratungsfirma in die Hände von vier Stellvertreterinnen – Bess Kaplan, Judith Mackey, Lucille Wu und Kathryn Eickhoff. Seinen 99-prozentigen Anteil an Townsend-Greenspan übergab er in treuhänderische Verwaltung. Damit konnten alle in seiner Abwesenheit erwirtschafteten Erträge entweder an Angestellte oder an wohltätige Organisationen verteilt werden. Als besondere Vorsichtsmaßnahme, um seine Kritiker zu beruhigen – unter denen Proxmire immer noch führend war –, wurde ihm streng verboten, mit Angehörigen des Unternehmens über Geschäftsangelegenheiten zu sprechen. Immerhin war Greenspan professioneller Wirtschaftsberater und kein Akademiker. Er wäre in der Lage gewesen, finanziellen Profit aus Kenntnissen zu schlagen, die ihm seine Arbeit für die Regierung verschaffen würde.

Er behielt zwar seine Wohnung in Manhattan, suchte sich aber auch Räume in Washington. Er entschied sich für den Watergate-Komplex, den Schauplatz des Einbruchs ins Hauptquartier der Demokraten, über den Nixon gestolpert war. Auch Arthur Burns wohnte dort. Das Gebäude, in das Greenspan einzog, Watergate East in der Virginia Avenue 2500, war das älteste und im Jahr 1969 errichtet worden. 1974 hatte sich um diese beliebte Washingtoner Adresse, direkt gegenüber vom Kennedy Center und zwanzig Blocks vom Capitol Hill entfernt, eine kleine Stadt in der Stadt gebildet: drei Wohngebäude, ein Hotel, zwei Bürogebäude und ein Fitnesscenter – in jenen Jahren noch ausgesprochener Luxus. Der Komplex verfügte auch über ein eigenes Einkaufszentrum, in dem man fast alles finden konnte, was man zum Leben brauchte: eine Apotheke, ein Postamt, einen Zahnarzt und etwa dreißig Läden.

Greenspans Wohnung umfasste auf rund 150 Quadratmetern zwei Schlafzimmer, zwei Bäder und eine Aussicht auf den Potomac River. Der Mietvertrag sah monatliche Kündigung vor – Greenspan war noch nicht überzeugt davon, dass sich Washington wirklich als Zuhause erweisen würde.

Am Tag der Amtseinführung Greenspans, am 4. September 1974, führte Präsident Ford einen recht bunt zusammengewürfelten Trupp geladener Gäste durch das Weiße Haus. Ayn Rand war aus New York angereist, begleitet von ihrem leidgeprüften, alkoholgetränkten Gatten Frank O'Connor. Auch Rose Goldsmith, Alans Mutter, war anwesend.

Es folgte eine kurze Vereidigungszeremonie im Sitzungszimmer. In der Rede, die Ford aus diesem Anlass hielt, spielte er auf Greenspans Musikervergangenheit an: »Aber nun, als neunter Vorsitzender, hat er eine neue Verantwortung: Er muss aufhören, den Blues zu spielen, und endlich anfangen, etwas gegen den Blues zu unternehmen.« Erst gestern habe man ihm gesagt, »es sei gar nicht übel, hier in Washington Klarinettist oder Musiker zu sein. Auch Len Gar-

ment war ein guter Musiker und hat sich hier in Washington hervorragend geschlagen.«

Rand, die kühle Rationalistin und gnadenlose Atheistin, verfolgte die Zeremonie ebenso gespannt wie Greenspans gefühlsbetonte
und lebhafte Mutter.

Ein Fotograf hat festgehalten, wie Rose ihren Sohn nach der
Vereidigung umarmt, und sie trug dieses Foto später stets bei sich; es
sei ihr Lieblingsfoto von Alan, erzählte sie immer wieder. Ford
schrieb eine Widmung an Greenspan in die Tora-Ausgabe, die zur
Vereidigung benutzt wurde. Greenspan übergab sie seiner Mutter,
und auch diese Tora hütet Rose Greenspan wie einen Schatz.

Für Ayn Rand war die Zeremonie im Weißen Haus so etwas wie
eine Rechtfertigung. Sie hatte zwar immer erklärt, sie verachte die
korrupte Welt der Politik, aber sie sehnte sich auch nach Einfluss.
Dass einer aus ihrem Kreis nun solche Macht erreichen sollte, war
ihr eine Genugtuung. »Ich bin sehr stolz auf Alan«, sagte sie kurz
nach ihrem Besuch im weißen Haus. »Er hat eine heroische Aufgabe
vor sich.«

Links: Neben Ford, bei seiner Ver-
eidigung zum Vorsitzenden des
Wirtschaftsbeirats; Greenspans
Mutter schaut zu.

Rechts: Greenspans Gäste bei
seiner Amtseinführung als Vorsit-
zender des Wirtschaftsbeirats
waren u.a. seine Mutter Rose und
Ayn Rand sowie deren Mann,
Frank O'Connor.

Es war durchaus nicht ohne Risiko, Ayn Rand einzuladen. Sie war zwar eine Bestsellerautorin, aber sie hatte stets polarisiert und wurde von vielen heftig kritisiert. Ein großer Teil der Bevölkerung betrachtete sie entweder als gefährlich, als verrückt oder als gefährlich verrückt.

Doch hat Greenspan sich niemals wegen seiner Freundschaft mit Rand öffentlich in die Defensive drängen lassen. Wann immer die Medien nach beider Beziehung fragten, betonte er Rands Ernsthaftigkeit als Denkerin und die tiefe Dankbarkeit, die er ihr schulde. Typisch dafür ist die folgende Bemerkung gegenüber *Newsweek*: »Als ich Ayn Rand begegnete, war ich Anhänger des freien Marktes im Sinn von Adam Smith, beeindruckt von der theoretischen Struktur und der Effizienz von Märkten. Ihr ist es gelungen, mir klarzumachen, dass Kapitalismus nicht nur effizient und praktisch ist, sondern auch moralisch.«

Auch Rand ihrerseits machte es ihm leicht; niemals prahlte sie damit, unangemessenen Einfluss auf Greenspan zu haben. »Ich bin Philosophin, keine Volkswirtin«, erklärte sie gegenüber der *Time*.

»Alan bittet mich in diesen Dingen nicht um Rat. Er kann mir mehr sagen als ich ihm, und er weiß mehr über die Tagespolitik.«

Zufrieden, dass sich in der Regierung keine objektivistische Verschwörung anbahnte, wandte die Presse ihre Aufmerksamkeit rasch wieder anderen Dingen zu. Greenspan zog in das alte Gebäude des Direktionsbüros neben dem Weißen Haus und machte sich an seine schwierige Arbeit.

Seine erste Aufgabe bestand in der Teilnahme an einem großen Inflationsgipfel, der für den Herbst geplant war. Dieses zweitägige Ereignis sollte vom Fernsehen aufgezeichnet werden; geladen waren Politiker und Wirtschaftswissenschaftler, Gewerkschaftsvorsitzende, Unternehmer, Verbraucheranwälte usw. Der Zusammenbruch hergebrachter ökonomischer Theorien lag in der Luft. Dieser Gipfel sollte zu einem Ideenaustausch und vielleicht zum Aufspüren neuer Lösungen führen.

Während der Nachkriegsperiode hatte es stets so ausgesehen, als verhielten sich Inflationsrate und Arbeitslosenzahlen umgekehrt proportional zueinander: Wenn die Inflationsrate anstieg, fielen die Arbeitslosenzahlen und umgekehrt. Keynesianer hatten sich lange auf diese Beziehung verlassen, um damit Eingriffe der Regierung in das Wirtschaftsgeschehen zu rechtfertigen. Unter liberalen Wirtschaftsfachleuten war die Ansicht weit verbreitet, die Bevölkerung könne im Interesse geringerer Arbeitslosenzahlen ein wenig mehr Inflation durchaus verkraften.

Aber im Herbst 1974 waren sowohl die Inflation als auch die Arbeitslosigkeit außer Kontrolle geraten. Dem Doppelproblem der Stagflation war mit konventionellen Mitteln offenbar nicht beizukommen. Beide Komponenten – Inflation und Arbeitslosigkeit – waren schon für sich genommen schreckenerregend.

Inflation macht es schwer, für die Zukunft zu planen. In Ungarn zum Beispiel mussten im Jahr 1948 die Löhne dreimal täglich angepasst werden, um mit der galoppierenden Inflation Schritt zu halten. Die Arbeiter brauchten einen treuen Helfer, meist die Ehefrau, die mit den Schecks zur Bank lief, so dass die eingezahlten Summen sofort Zinsen tragen konnten; anders hätten die Lohnschecks mit der Inflation nicht Schritt gehalten und wären am Ende eines Tages wertlos gewesen.

Bei jener ganz extremen Inflation, die zum Zusammenbruch der Weimarer Republik und später zur Machtübernahme der National-sozialisten führte, mussten die Menschen ihr Geld mit Schubkarren transportieren. Die grausame Lektion der Geschichte bestand darin, dass Hyperinflation zu einem vollständigen Verlust des Vertrauens in das System und zu einem Zusammenbruch der gesellschaftlichen Ordnung führt. Diese schreckenerregenden Aussichten brachten die so genannten Inflationsfalken hervor – Menschen, die in Sachen Inflation eine extrem unbeugsame Ansicht vertraten.

So ein Falke war Greenspan Mitte der siebziger Jahre. »Wenn die Inflation weitergeht, wird unser System in seiner gegenwärtigen Form keinen Bestand haben«, erklärte er im Herbst 1974.

Ford, immer schon zutiefst konservativ, was Wirtschaftsfragen anging, war derselben Ansicht wie Greenspan. Bei mehr als einer Gelegenheit bezeichnete er die Inflation als »unseren schlimmsten Feind im Inneren«.

Selbstverständlich ist auch Arbeitslosigkeit kein Sonntagsspa-ziergang, aber im Allgemeinen sind Inflationsfalken der Ansicht, Instabilität der Preise sei das größere Übel. Sie nämlich betreffe alle, die Arbeitslosigkeit dagegen nur einen Teil der Bevölkerung. Im Herbst 1974 waren die Arbeitslosenzahlen hoch, aber nicht alarmie-rend. Daher beschäftigte sich der große Gipfel überwiegend mit der Inflationskomponente der Stagflation.

Noch vor dem Inflationsgipfel kam es zu einer Reihe von »Vor-gebirgs«-Gipfeln zur Vorbereitung des großen Ereignisses. Da wur-de eine Unzahl von Themen behandelt, darunter Landwirtschaft, Wohnungsbau, Transport und Finanzen. Man wollte Vorschläge zur Bekämpfung der Inflation von Experten aus den unterschiedlichsten Bereichen sammeln. Ausgewählte Delegierte der Vorgebirgs-Gipfel sollten dann auf dem eigentlichen Gipfeltreffen sprechen.

Greenspan hatte die Aufgabe, die Teilnehmer eines jeden dieser Mini-Gipfel allgemein über die aktuelle Wirtschaftslage zu infor-

mieren. Beim Gesundheits-, Bildungs-, Einkommenssicherheits-
und Sozialleistungsgipfel, der am 19. September 1974 abgehalten
wurde, leistete sich Greenspan, was sicher als einer der größten –
wenn nicht der größte – Fauxpas seiner Laufbahn in die Geschichte
eingehen wird.

Caspar Weinberger, Gesundheits-, Bildungs- und Sozialminister,
war der Vorsitzende dieses Einzelgipfels. Vertreter von Interessen-
gruppen, darunter der Child Welfare League, Graue Panther, Anti-
Defamation League of B'nai B'rith, American Council for the Blind,
Easter Seals und der National Association for Retarded Citizens
hatten sich versammelt, um über die Inflation zu diskutieren.

Die Atmosphäre war ausgesprochen kritisch. Häufig richteten
sich Zwischenrufe an Greenspan, schließlich war er als Vertreter der
Regierung anwesend. Einer dieser Zwischenrufe kam von Jerry
Wurf, dem Präsidenten des Verbandes der Kreis- und Gemeindean-
gestellten. Er behauptete, Fords Politik gäbe den reichen Bankiers
den Vorzug vor armen Bürgern.

»Mr. Wurf«, entgegnete Greenspan, »wir alle haben Interesse an
dieser Volkswirtschaft. Wenn hier irgendjemand glaubt, dass es eine
Möglichkeit gibt, nicht von der Inflation betroffen zu sein – wir sind
eindeutig alle von der Inflation betroffen. Wenn Sie wirklich wissen
wollen, wessen Einkommen prozentual am schlimmsten betroffen
ist: es ist das der Wall-Street-Broker. Ich meine, deren Einkommen
ist am meisten gesunken. Wenn sie hier schon mit Statistiken kommen wollen, dann sehen sie sich erst einmal die Fakten an.«

Dies wurde mit lautstarken Buhrufen quittiert. Ein Teilnehmer
sprang auf und rief: »Das ist genau das Problem mit dieser Regierung!«

Die Reaktionen auf Greenspans Satz kamen rasch und heftig.
Der Gewerkschaftsverband verkündete, er habe Greenspan für seinen jährlichen Orden der »Zweifelhaften Ehre« nominiert. Inzwischen gründeten ein paar Bauhandwerker – deren Branche 1974
gewaltige Rückschläge einstecken musste – in Oregon eine Gruppe,
die sich »Rettet die Broker« nannte. Sie schickten Taschentücher an
die örtlichen Börsenmakler, damit diese sich mal richtig ausweinen,

und Pappbecher, weil sie sich doch keine Champagnergläser mehr leisten könnten.

»Das war wohl das letzte Mal, dass Greenspan versucht hat, unerprobte, spontane Bemerkungen zu machen«, sagt Murray Weidenbaum, Vorsitzender des Center for the Study of American Business an der Washington University in St. Louis und CEA-Chairman unter Präsident Reagan.

Für Greenspan war es zweifellos ein Tiefpunkt. Er hatte sich von seiner unangenehmsten Seite gezeigt – der bionische Buchhalter, dem Zahlen mehr gelten als Gefühle. Natürlich hatte er Recht, wenn man allein die Zahlen betrachtet, dann waren die Einkünfte der Börsenmakler prozentual am gravierendsten gesunken. Doch gab es Wahrheiten, die weitaus unangenehmer und gravierender waren.

Greenspan verlor keine Zeit und entschuldigte sich sofort. »Es ist klar, dass die Armen mehr leiden«, erklärte er vor dem Kongress.

Am Ende veränderte der Gipfel, um den so viel Rummel gemacht worden war, nicht viel. Er wurde am 27. und 28. September 1974 im Washington Hilton abgehalten und hatte 800 Teilnehmer, darunter die Hälfte der Kongressabgeordneten. Das Geschehen wurde live im Fernsehen und im Rundfunk übertragen.

Es begann mit einem Gebet des Kaplans des Weißen Hauses, wahrscheinlich der ersten und vielleicht auch letzten Fürbitte, die sich direkt auf den Index für Verbraucherpreise bezog. »Mögen wir trotz aller Differenzen eines Geistes sein, getrieben von einem gemeinsamen Ziel, unserm Land aus ganzem Herzen zu dienen, auf dass wir der Inflation nicht nur entgegentreten, sondern mit ihr umgehen, und nicht nur mit ihr umgehen, sondern sie auch meistern können. Amen.«

Ford traf als Letzter auf dem Gipfel ein. Seine Frau Betty war gerade an Brustkrebs operiert worden. Viele Gipfelteilnehmer sprechen noch heute mit Hochachtung davon, wie mutig Ford mit dieser Krise in seiner Familie umging. Sie erinnern sich, dass er informiert und eloquent über die Wirtschaftsprobleme sprach.

Aber es gibt noch einen weiteren Eindruck, den beinahe alle

Teilnehmer mit nach Hause nahmen: Der große Gipfel hatte nicht sonderlich viel genützt.

Nachdem der Gipfel mit nur allzu mageren Ergebnissen zu Ende gegangen war, setzte Ford auf Freiwilligkeit. Er wollte es buchstäblich der amerikanischen Bevölkerung überlassen, durch eigene Anstrengungen mit der Inflation fertig zu werden – sie sollten umsichtig einkaufen, Energie sparen und Ähnliches. In diese Richtung ließ er sich von Sylvia Porter, der bekannten Finanzkolumnistin, drängen. Greenspan, der gerade einen Hagel der Kritik überstanden hatte, hielt sich aus dieser nächsten Phase wirtschaftspolitischer Entscheidungsfindung heraus.

In einer Reihe von Ansprachen erklärte Ford die Grundsätze seines Vorgehens und seiner Vorschläge. Die Amerikaner sollten, so sagte er, in ihren Gärten eigenes Gemüse anbauen. Auch er und Betty äßen häufiger Eintöpfe, seine Landsleute sollten dasselbe tun. Um die Energiekosten niedrig zu halten, riet er zu Fahrgemeinschaften, nicht benötigte Lampen abzuschalten und die Raumtemperaturen im kommenden Winter niedriger zu halten. »Kauft überlegt ein, sucht nach Sonderangeboten, kauft das Billigste, und was das Wichtigste ist: Prahlt mit eurer Sparsamkeit. Ihr solltet stolz darauf sein«, sagte er während einer Ansprache am 15. Oktober vor den Future Farmers of America in Kansas City, Missouri.

»Republikanischer Quatsch«, kontert William Niskanen, Chairman des Cato Institute. »Ich erinnere mich, dass ich einmal bei Safeway einkaufte und eine nette republikanische Dame mit blaugefärbter Dauerwelle mit ihrer Handtasche auf mich einschlug, weil ich zu teures Fleisch kaufte.«

Was an dieser Aktion der Freiwilligkeit jedoch am meisten Spott provozierte, war der »WIN«-Anstecker. Dessen Konzept hatte Alvin Hample, Werbefachmann bei Benton and Bowles, vom Weißen Haus beauftragt, entwickelt. Er war der Urheber eines erfolgreichen Slogans für Continental Airlines, der lautete, »We Really Move Our Tail for You«. Für den Kampf gegen die Inflation suchte er nach etwas ebenso Treffendem und gebar schließlich »WIN«: »Whip Inflation Now.« Im Herbst 1974 druckte die U.S.-Regierung Millionen dieser Anstecker und Aufkleber.

Der *coup de grâce* bestand darin, dass der Anstecker rot mit weißen Buchstaben war. Ursprünglich sollte er in patriotischem Rot-Weiß-Blau leuchten. Dann aber kam man darauf, dass man in Zeiten der Inflation sparen müsse: also ein zweifarbiges Motiv, statt die richtige Gesinnung mit einem dreifarbigen Anstecker zu zeigen. Der Spott über WIN wollte nicht enden. Lester Kinsolving, Mitglied des Pressecorps des Weißen Hauses, fertigte sich einen eigenen SIN-Anstecker: »Stop Inflation Now«.

Doch auf seltsame Weise passte dieses Betonen der Freiwilligkeit gut zu Fords Philosophie. Mit der Überzeugung eines echten Konservativen glaubte er an den gesunden Menschenverstand aller Amerikaner. Der Gipfel hatte keine neuen Ideen gebracht. Lohn- und Preiskontrollen und andere Interventionsversuche hatten sich als katastrophal erwiesen. Das bescheidene Programm, die Lösung des Problems den Bürgern selbst zu überlassen, hatte eine ganz eigene und durchaus zwingende Logik. »Ich habe vor, das WIN-Programm fortzusetzen; nicht weil es die Welt total verändert, sondern, um ganz ehrlich zu sein, weil es das nicht tut«, sagte Ford in einer Ansprache.

Unter der alltäglich drückenden Stagflation ließ sich diese Botschaft dennoch schwer verkaufen. Fords Berater taten, was sie konnten, um ihn von dieser Idee abzubringen.

»Greenspan und mein Chef Bill Simon und ich hielten es für verrückt. Aber wir wussten einfach nicht, wie wir es Ford ausreden sollten«, sagt Edgar Fiedler.

Greenspan hat später über WIN gesagt: »Es war ein von Anfang an unseliges Programm, genau das, was Ford auf keinen Fall brauchte, und vielleicht der Tiefpunkt wirtschaftspolitischer Entscheidungen in dieser Amtsperiode.«

Während die Regierung nach Lösungen suchte, die mit freiwilligem Engagement funktionieren sollten, schlug die Wirtschaft Kapriolen. Sie schien in eine Rezession zu schlittern – ein merklicher Konjunkturrückschlag, häufig definiert als ein Schrumpfen der Volkswirtschaft in zwei aufeinanderfolgenden Quartalen. Die Demokraten im Kongress, Arbeiterführer und liberale Wirtschaftsfachleute hatten gewarnt, doch die Regierung hatte beschlossen, sich auf die Inflation als das größere Schrecknis zu konzentrieren. »Wir sind pflichtschuldig zu den Gipfeln gegangen. Greenspan und Burns trugen ihre WIN-Anstecker, obwohl einige anwesende Wirtschaftswissenschaftler – ich eingeschlossen – das Hauptproblem für die Vereinigten Staaten in der sich entwickelnden Rezession sahen, und nicht in der Inflation«, erinnert sich Paul Samuelson, inzwischen vierundachtzig und Emeritus des Massachusetts Institute of Technology.

Der unermüdliche Nobelpreisträger Samuelson war Zeuge vieler wirtschaftlicher Ereignisse des 20. Jahrhunderts, aber nur wenige seien von derart nervenzehrender Intensität gewesen wie die Rezession der Jahre 1974–1975; man habe dauernd gefürchtet, den Boden unter den Füßen zu verlieren.

Verbraucher und Unternehmen waren in einer Art Totentanz ineinander verschlungen. Über die steigende Inflationsrate erschrocken, hatten die Konsumenten immer weniger Geld ausgegeben. Durch die schwindende Nachfrage waren die Unternehmen gezwungen, die Produktion zu drosseln. Die industrielle Produktion fiel im Herbst 1974 um zehn Prozent – der steilste Absturz seit 1937. Und im Zug dieser Produktionsdrosselung begannen die Unternehmen, Arbeitskräfte zu entlassen.

Zum Jahresende hatten drei Viertel aller nichtlandwirtschaftlichen Unternehmen Personal abgebaut. General Motors hatte ein Drittel seiner 440 000 Arbeiter entlassen. Die Ford Motor Company verkündete ihre Absicht, zweiundzwanzig von sechsundsechzig Fabriken in den Vereinigten Staaten zu schließen und damit die Hälfte der 155 000 Arbeiter auf die Straße zu setzen. Black & Decker schlossen den gesamten Betrieb für eine Woche. Zu Beginn des neuen Jahres war die Arbeitslosenquote auf fast acht Prozent geklettert – der Höchststand seit 1941. Zwischen 1960 und 1973 hatte die durchschnittliche Arbeitslosenquote bei 4,9 Prozent gelegen.

Die Bevölkerung wurde von Angst vor einer totalen Depression erfasst, obwohl die Zahlen diese Panik eigentlich noch nicht rechtfertigten. Die Arbeitslosigkeit hatte die zehn Prozent noch nicht überschritten – das ist die Zahl, die von einigen als Schwelle zur Depression betrachtet wird. (Die Durchschnittsarbeitslosigkeit in den dreißiger Jahren lag bei 17,9 Prozent, erreichte 1933 jedoch einen Höchststand von 24,9 Prozent.)

Solche Zahlenvergleiche genügten allerdings kaum, um alle diejenigen zu beruhigen, die die Depression miterlebt hatten, und auch viele jüngere Amerikaner hatten Angst. Ende 1974 war das Vertrauen in die Wirtschaft ernstlich erschüttert, und die technischen Unterscheidungen zwischen Rezession und Depression blieben rein akademisch. Dies hat ein Regierungsmitglied bei einer Pressekonferenz kurz und knapp zusammengefasst: »Rezession ist, wenn Sie arbeitslos sind. Depression ist, wenn ich arbeitslos bin.«

Etwas musste geschehen. In und außerhalb der Regierung erhob sich ein ganzer Chor von Stimmen, die sich für einen Wechsel in der Steuerpolitik aussprachen: statt zurückhaltender Steuerpolitik steuerliche Anreize.

Greenspan schloss sich diesem Chor an, eine für ihn überraschende Wendung. Als er seinen Posten beim Wirtschaftsbeirat übernahm, hatte er intensive Haushaltseinsparungen als Mittel zur Bekämpfung der Inflation vorgeschlagen. In den ersten Tagen von Fords Präsidentschaft war häufig die Rede davon gewesen, den Haushalt im Auge und das Defizit unter Kontrolle zu halten.

Nun drängte auch Greenspan zu wirtschaftlichen Anreizen, die möglicherweise zu weiteren Preissteigerungen führen mochten – ein erstaunlicher Rat von einem entschiedenen Inflationsfalken, aber ein sprechendes Beispiel für Greenspans Pragmatismus. Schüler sowohl von Burns als auch von Rand, hatte Greenspan gelernt, sich nur an die Fakten zu halten. Das brachte ihn hin und wieder in die Situation, dass er eine Position vertreten musste, die seiner allgemeinen Philosophie widersprach. Ein Muster, das sich während seiner langen Zeit in Washington noch häufiger wiederholen sollte: Er gab den harten Tatsachen stets den Vorrang vor der strengen wirtschaftstheoretischen Lehre.

»Jedermann weiß, dass Greenspan ein Republikaner ist, der nicht daran glaubt, dass man die Wirtschaft mit Feinabstimmung steuern kann«, sagt David Munro, während der Regierung Ford Mitarbeiter im CEA unter Greenspan. »Aber er lehnte sich auch sehr gerne zurück und hörte sich den Rat anderer an. Manchmal kam er dann zu der Ansicht, dass eine Adrenalinspritze nötig sein könne.«

Und so drängte Greenspan Ford, die Steuern zu senken. In seiner Rede zur Lage der Nation von 1975 empfahl der Präsident Steuerkürzungen von 16 Milliarden Dollar. Aber der demokratisch beherrschte Kongress bewilligte ihm noch mehr, als er hatte haben wollen. Im März 1975 wurde Ford ein Gesetzentwurf vorgelegt, der zu Steuerkürzungen von 22,8 Milliarden Dollar führen sollte.

Zwischen den Beratern des Präsidenten brach ein erbitterter Kampf darüber aus, ob dieser Gesetzesvorschlag zurückgewiesen werden sollte oder nicht. Er drohte, den Haushalt an den Rand des Scheiterns zu bringen, was wiederum die Inflation nur noch weiter in die Höhe treiben würde. Aber nun forderte auch das zweite Element der Stagflation Beachtung: die Arbeitsplätze. Es war in der Tat ein Gordischer Knoten. Vielleicht würden geringere Steuern zu einer Steigerung des Konsums führen. Die wiederum ließe auch die Produktion wieder steigen, und die Unternehmen könnten einige der entlassenen Arbeiter wieder einstellen. Das zumindest war die Theorie.

Ford bat seine wichtigsten Wirtschaftsberater, ihre Ansichten schriftlich einzureichen, damit es bei einem derart kontroversen Thema zu keiner direkten verbalen Auseinandersetzung kam. Notenbankpräsident Burns und Finanzminister Simon sprachen sich für ein Veto zum Gesetzentwurf aus. Nicht so Greenspan. In einem Memo vom 28. März 1975 schrieb er: »Mr. President, ich empfehle, dass Sie das Steuergesetz unterzeichnen.«

Am Ende folgte Ford Greenspans Rat. Er unterzeichnete das Gesetz, das Erleichterungen wie eine Erhöhung des Freibetrags und Steuerermäßigungen von bis zu fünf Prozent beim Kauf eines neuen Hauses vorsah, was besonders der bedrängten Baubranche helfen sollte. Wo aber dies Gesetz tatsächlich Weihnachten und Ostern zusammenfallen ließ, das waren die Steuerrückzahlungen für 1974 im Wert von 100 bis 200 Dollar pro Steuerzahler.

Selbstverständlich brachten ein paar hundert Dollar keinen Reichtum, selbst 1975 nicht, aber insgesamt konnten durch diese Rückzahlungen 8,1 Milliarden Dollar in die Wirtschaft zurückfließen. Ob dies genügen würde, um den Gesundungsprozess zumindest einzuleiten, ließ sich damals nicht absehen.

Eines ist allerdings sicher: Die Steuersenkung war das erste Anzeichen des wachsenden Einflusses, den Greenspan auf Präsident Ford hatte. Wie Dick Cheney, der Stabschef der Regierung Ford, einmal gegenüber *Fortune* erklärte: »Spät am Abend, wenn er mit allen anderen gesprochen hatte, sagte Präsident Ford immer: ›Holen wir Alan mal rüber‹, und dann traf Ford die Schlüsselentscheidung.«

Während Greenspan und Ford hervorragend miteinander auskamen, wuchs die Ablehnung bei den Angestellten des Wirtschaftsbeirats. Das lag in erster Linie an der engen Beziehung zwischen Greenspan und dem Präsidenten, die den Gepflogenheiten widersprach.

Traditionell bestand die Belegschaft des Wirtschaftsbeirats aus Akademikern. Außer Greenspan hatte es nur einen anderen Chef des CEA gegeben, der keinen Doktortitel vorweisen konnte, nämlich Leon Keyserling, ein ausgebildeter Jurist. Dank dieses intensiven Einflusses von Akademikern gab es im Ausschuss die Tendenz, ganz ähnlich zu arbeiten wie akademische Gremien – für gewöhnlich herrschte ein kollegiales Arbeitsklima, in dem die Angestellten sich in die Forschungs- und Prognosearbeit teilten. Ein ungeschriebenes Gesetz des Wirtschaftsbeirats sagt, dass die Inhaber der höchsten Positionen – die eigentlichen Ratsmitglieder – untereinander gleichgestellt sind, selbst wenn der Vorsitzende der Form nach Leiter des Gremiums ist. Die Mitglieder werden oft bewusst nach ihren unterschiedlichen, einander ergänzenden Bereichen fachlicher Erfahrung ausgewählt. Es ist sinnvoll, die Arbeit entsprechend aufzuteilen. Der eine kann den Präsidenten vielleicht besser im Hinblick auf kartellrechtliche Probleme, der andere besser zum Thema Landwirtschaft beraten.

Unter den Angestellten des Wirtschaftsbeirats gibt es auch die Tradition, sich auf eine professorale Weise, wie in einem Elfenbeinturm, von den politischen Auseinandersetzungen fern zu halten. Dies ist ein Luxus, den sich Berufspolitiker nicht leisten können. Sie sind abhängig von der Gunst des Präsidenten, wenn sie ihre Stellen behalten wollen. »Wenn man von einer Universität kommt und nur beurlaubt ist, gibt einem das ein wunderbares Gefühl der Unabhängigkeit. Man weiß nämlich, dass man jederzeit zurückkehren kann. Auch die Präsidenten wissen das«, so Murray Weidenbaum, Vorsitzender des Wirtschaftsbeirats während der Reagan-Ära.

Greenspan stellte, als er sich so eng an den Präsidenten anschloss, die Traditionen des Wirtschaftsbeirats auf den Kopf. Und er zog eifersüchtig die attraktivsten und publikumswirksamsten Aufgaben an sich. Ein Angestellter des CEA, der lieber anonym bleiben wollte, sagte der *New York Times* im März 1975: »Da Alan so viel Zeit und Energie für die Arbeit im Weißen Haus braucht, hat der Wirtschaftsbeirat keinen Vollzeit-Vorsitzenden. Ich bekomme ihn kaum zu sehen. Er sagt mir nur selten, was er vorhat. Und er interessiert sich auch nicht sonderlich für meine Arbeit.«

Gary Seevers, der Mitglied des CEA unter Greenspan war, hat ähnliche Erinnerungen: »Greenspan war einfach eine andere Art Chairman. Er achtete nicht sonderlich darauf, seine Ratskollegen oder die Angestellten so zu behandeln, als halte er sie für wichtig. Ich habe große Hochachtung vor ihm, aber er ist kein Mann für Teamarbeit. Er hat nie lange an einer Universität gearbeitet, wo man eine Gruppe führen muss.«

Am 1. April 1975 – als die Vereinigten Staaten wirtschaftlich noch tief in der Krise steckten – kündigten Seevers und William Fellner, das dritte Ratsmitglied. Beide Männer waren verärgert darüber, dass Greenspan sie nicht stärker in die Politik mit einbezogen hatte. Greenspan stand nun allein an der Spitze des Wirtschaftsbeirats.

Es brauchte mehrere Monate, die richtigen Nachfolger zu finden. Endlich kamen Paul MacAvoy, ein Energieexperte von der Sloane School des Massachusetts Institute of Technology, und Burton Malkiel, ein Princeton-Professor. MacAvoy beschrieb sich selbst als »isolierten demokratisch-konservativen Mikroökonom.« Er unterrichtet inzwischen in Yale. Malkiel kehrte im Anschluss an seine Mitarbeit im Wirtschaftsbeirat nach Princeton zurück und hat den Geldanlage-Klassiker *Börsenerfolg ist kein Zufall. Die besten Investmentstrategien für das neue Jahrtausend* verfasst.

Gleich nachdem die beiden neuen Kollegen im Wirtschaftsbeirat installiert waren, machte sich Greenspan daran, ihre Erwartungen zurechtzustutzen. MacAvoy erinnert sich, dass Greenspan ihn zum Mittagessen in den Speisesaal im Untergeschoss des Westflügels führte. »Erst steckte er sein eigenes Territorium ab, dann sagte er: Nun erzählen Sie mal, was können Sie aus dem Job machen?« Und er fügt hinzu: »Greenspan hatte eine besondere, persönliche Beziehung zu Ford. Burt und ich waren nie wirklich Berater des Präsidenten.«

Aber der Wirtschaftsbeirat litt nicht nur daran, das Greenspan dieses Gremium an der kurzen Leine hielt, sondern auch an den Folgen einer noch immer schlingernden Wirtschaft. In der relativen Ruhe der Kennedy-Jahre hatten CEA-Chairman Walter Heller und seine Angestellten vielleicht normale Arbeitszeiten einhalten können. In der Ford-Ära waren Sieben-Tage-Wochen nichts Ungewöhnliches.

Im Sommer 1975 zeigte die Wirtschaft die ersten zögerlichen Anzeichen von Erholung. Die Talsohle der Konjunktur war im März erreicht worden, die Arbeitslosenzahlen hatten im Mai bei neun Prozent gelegen. Von dort aus begann ein langer, langsamer Aufschwung.

Mehr als alles andere bestätigte diese Konjunkturbelebung sowohl Greenspans als auch Fords Glauben an die Richtigkeit des Laisser-faire-Ansatzes. Seit dem Zweiten Weltkrieg hatte es fünf Rezessionen gegeben, und die Wirtschaft hatte sich immer wieder erholt. Wenn einige behaupteten, dies sei gezielter, nachdrücklicher Intervention zu verdanken, hielten Ford und Greenspan daran fest, dass die Wirtschaft sich trotz der Intervention erholt habe. Märkte seien schlauer als Regierungsbürokraten, die versuchen sich einzumischen, so lautete das klassische Argument.

»Eines wissen wir über unsere Ökonomie: Sie versucht, Ungleichgewicht auszuschließen. In anderen Worten, sie tendiert zu einem Gleichgewichtszustand«, sagte Greenspan dem *U.S. News and World Report* in einem Versuch, den Umschwung von der Rezession zur Gesundung zu erklären. Später führte er dazu aus: »Ich rede oft bis zum Überdruss davon, dass der freie Markt alles löst – nicht, weil ich diese Ideologie hätte, sondern einfach, weil ich glaube, dass es funktioniert. Wenn das einmal nicht der Fall ist, dann erkenne ich es. Aber ich würde stets dazu neigen anzunehmen, dass das System funktioniert. Es gibt andere, die davon ausgehen, dass es niemals funktionieren werde, wenn man es nicht dauernd in die richtige Richtung schubst.«

Natürlich hatte Greenspan mit den Steuererleichterungen selbst ein wenig geschubst. Aber die Rückzahlung war wie der Haferbrei des kleinen Bären, weder zu heiß noch zu kalt. Sie spielte sicher eine Rolle bei der Erholung, aber bei einer derart heftigen Abwärtsbewegung lässt sich auch mit 8,1 Milliarden Dollar nicht alles erreichen, besonders, wenn dieses Geld in Tranchen von 100 oder 200 Dollar verteilt wird. Wirksam war es sicher als Stärkungsspritze für das Vertrauen der Konsumenten. Eine Wirtschaftsintervention in keynesianischer Art hätte – zumindest nach Greenspans Einschätzung – größeren Schaden verursacht.

Nicht jedes Mal, wenn die Konjunktur sich von einem Tief erholt, verläuft dieser Prozess auf die gleiche Weise. Was im Sommer 1975 begann, erwies sich als ausgesprochen bescheiden, langsam und ungemein empfindlich. Schon die kleinste Störung, das kleinste unvorhergesehene Ereignis drohte, alles wieder aus dem Gleichgewicht zu bringen. Das zeigte sich, als die Ford-Regierung mit der zweiten großen Getreidekrise des Jahrzehnts konfrontiert wurde.

Die erste hatte sich 1972 ereignet, während Nixons Amtszeit, und war neben der OPEC-Krise, der Lockerung der Lohn- und Preiskontrollen und Burns' Gasgeben eine weitere Ursache der Stagflation gewesen. Die Krise begann damit, dass die Getreideernte in der Sowjetunion katastrophal schlecht ausgefallen war. Handelsminister Nikolaj Patolitschew schickte Unterhändler in die Vereinigten Staaten. Ganz im Stillen schlossen sie eine Reihe von Verträgen mit Getreidegroßhändlern ab. Bevor noch irgendwer wusste, was geschah, hatten die Russen 19 Millionen Tonnen Weizen und Mais aufgekauft, etwa ein Viertel der U.S.-Vorräte. Da sie früh auf dem Markt aufgetaucht waren, hatten die Russen das Getreide zu einem Niedrigpreis von 1,1 Milliarde Dollar erhalten.

Nun wiederholte sich diese Geschichte, und der Zeitpunkt hätte nicht ungeeigneter sein können. An einem Sommertag des Jahres 1975 kam ein Mitarbeiter der CIA ins Büro des Wirtschaftsbeirats. Er brachte drei Informationen mit. Erstens hatten Satellitenfotos gezeigt, dass die Getreidefelder in Sibirien in schrecklichem Zustand waren. Zweitens verkauften die Sowjets Gold in Zürich. Drittens erwarben sie Frachtraum in Rotterdam.

»Was schließen Sie daraus, Mr. Greenspan?« fragte der CIA-Mann.

Das war recht einfach. Die Sowjets planten einen zweiten verdeckten Vorstoß auf den Weltgetreidemarkt. CIA-Berichte ließen annehmen, dass heftiger Schneefall die Winterweizenernte beschädigt und Trockenheit die Sommeraussaat zerstört hatte. Nach damaligen Schätzungen würde die sowjetische Getreideernte 25 bis 30 Millionen Tonnen geringer ausfallen als die angestrebten 215 Millionen Tonnen – doch der sowjetische Landwirtschaftsminister erklärte, es sei alles in Ordnung. Die Sowjets spielten auf Zeit, um sich erneut auf dem Markt einzuschleichen. Wenn die Bauern in den Vereinigten Staaten und anderen Ländern vom Ausmaß der Missernte erfahren würden, würden sie wahrscheinlich die Preise erhöhen, weil das Getreide so knapp war.

Greenspan beschäftigte sich intensiv damit herauszufinden, was die Sowjets denn nun vorhatten. Hektische Telefongespräche mit ausländischen Behörden und amerikanischen Getreidegroßhändlern sollten mehr Informationen darüber bringen, was schon verkauft war. Zu befürchten war, dass die Sowjets ihre Ankäufe wieder Stück für Stück tätigen würden, ein bisschen hier, ein bisschen da.

»Das Canadian Wheat Board hat heute früh den Verkauf von

2,03 Millionen Tonnen Weizen an die Sowjetunion bestätigt … Das Australian Wheat Board stritt heute ab, dass mit den Sowjets Verhandlungen über Weizenkäufe geführt werden«, steht in einem an Greenspan gerichteten Memo vom 17. Juli 1975, das G. Edward Schuh verfasst hatte, ein Agrarwirtschaftler der Purdue University, der einige Zeit für den Wirtschaftsbeirat arbeitete.

Der CEA versuchte mit Hilfe diverser Schätzungen zu berechnen, wie sich sowjetische Käufe auf die Inflation in den Vereinigten Staaten auswirken würden. Die zögerliche Erholung der Konjunktur würde einem ernsten Schlag nicht standhalten. Eine warnende Stimme kam aus der renommierten Brookings Institution, die eine Studie herausgab, nach der die Getreidepreise sehr wahrscheinlich den Brotpreis mit nach oben reißen würden, was sich dann auf die gesamte Lebensmittelkette auswirken würde. Das wahrscheinliche Ergebnis war eine Wiederholung der Ereignisse von 1972; damals waren die Lebensmittelpreise um 20 Prozent gestiegen. Aber Greenspan machte sich keine allzu großen Sorgen; die offiziellen Schätzungen des Wirtschaftsbeirats liefen auf recht milde inflationäre Effekte hinaus.

Dann aber, im August, bedrohte eine Trockenheit die amerikanische Getreideernte. Ford verkündete ein Embargo: Keine neuen Getreideverkäufe an die Sowjetunion, bis die U.S.-Ernte eingebracht war. Die Sowjets sahen sich daraufhin auf anderen Märkten um, in Frankreich, Argentinien und Brasilien.

Die amerikanischen Bauern waren aufgebracht. Man verweigerte ihnen die Verkäufe, die sie so dringend brauchten, und derweil wandten sich die Sowjets einfach ab und kauften bei der überseeischen Konkurrenz. Landwirtschaftsminister Earl Butz schickte wiederholt Petitionen an Ford, das Embargo wieder aufzuheben. Gleichzeitig drohten die amerikanischen Hafenarbeiter, das Getreide, das die Sowjets noch vor dem Embargo gekauft hatten, einfach nicht zu verladen. Ihre Argumentation: 1972 war der größte Teil der sowjetischen Getreidekäufe aus den Staaten in ausländischen Schiffen transportiert worden, die die Sowjets unter anderem in Rotterdam gechartert hatten. Die Hafenarbeiter wollten sicherstellen, dass mindestens 50 Prozent der U.S.-Getreideverkäufe auch an Bord von U.S.-Frachtern gingen. »Buy American, ship American«, war ihre Devise. Sie hatten Arbeitsminister John Dunlop auf ihrer Seite. Das Kabinett Ford geriet in Aufruhr.

Während all dieser Unruhe blieb der Wirtschaftsbeirat recht stetig bei seiner Haltung. Langfristig gesehen war ein Embargo vermutlich keine Lösung, besonders dann nicht, wenn man die Inflation bedachte. Immerhin konnten die Sowjets immer noch anderswo kaufen. Die Weltwirtschaft war derartig verflochten, dass der inflationäre Effekt im Hinblick auf die Staaten in etwa derselbe sein würde. »Greenspan dachte: Wenn die Sowjets Getreide haben wollen, werden sie es bekommen. Die Frage war, ob sie es diesseits oder jenseits des großen Teichs bekommen würden«, so G. Edward Schuh, inzwischen Professor an der University of Minnesota.

Der Wirtschaftsbeirat riet dazu, den Getreidehandel zwischen den beiden Staaten zu normalisieren. Statt dass sich die Sowjets alle paar Jahre heimlich auf den Markt schlichen, sollten sie sich lieber verpflichten, alljährlich eine bestimmte Menge amerikanischen Getreides zu kaufen. Sie sollten auch Informationen über die erwartete Ernte weiterleiten. In anderen Worten, die Sorgen des kommunistischen Russland sollten eine kapitalistische Lösung finden – freier Informationsaustausch. Würden die Vereinigten Staaten im Voraus von Missernten in der Sowjetunion erfahren, könnten sie versuchen, sich angemessen darauf vorzubereiten. Und die Sowjets würden nicht auf hektische internationale Getreidespekulationen in letzter Minute angewiesen sein.

Im Oktober 1975 hob Ford das Embargo auf und handelte mit den Sowjets Bedingungen aus, die Greenspans Vorschlägen weitgehend entsprachen. Man erlaubte den Sowjets, sieben Millionen Tonnen Getreide zu erwerben, zusätzlich zu den 10,3 Millionen Tonnen, die bereits vertraglich vereinbart waren. Sie stimmten auch zu, in den kommenden fünf Jahren jeweils mindestens sechs Millionen Tonnen von den Vereinigten Staaten zu kaufen und rechtzeitig mitzuteilen, wenn der Bedarf größer sein sollte.

Erst nach Abschluss der Vereinbarung enthüllte der Kreml das wahre Ausmaß der Schwierigkeiten. Die negativste Schätzung für die Ernte von 1975 war eine Differenz von 30 Millionen Tonnen gewesen, aber tatsächlich wurde das Ziel um 78 Millionen verfehlt. Und selbst diese Zählung schloss schon die Millionen Tonnen ein, die die Sowjets auf ausländischen Märken erworben hatten. Der Mangel an Futtergetreide zwang sowjetische Bauern, ein Fünftel des Bestandes an Schweinen und Geflügel zu schlachten. Die ärmsten Bürger waren dem Verhungern nahe. Insgesamt war die schlechte Ernte des Jahres 1975 eine der größten Katastrophen, die die Sowjetunion seit der deutschen Invasion im Jahr 1941 heimgesucht hatten.

Rückwirkend gesehen waren die Getreideverkäufe an die Sowjets eine extrem komplizierte Angelegenheit, bei der diverse Ministerien zusammenwirken mussten, manchmal mit Konflikten, manchmal in einem improvisierten Bündnis. Die Krise von 1975 beschäftigte nicht nur die Ministerien für Landwirtschaft und Arbeit, den Wirtschaftsbeirat, die CIA und den Präsidenten, sondern auch Greenspans alten Mitschüler, Außenminister Henry Kissinger.

Es ist bemerkenswert, dass sowohl Greenspan als auch Kissinger hohe Stellungen in der amerikanischen Regierung erreicht haben. Niemand, der in den dreißiger Jahren in Washington Heights aufwuchs, hatte damals allzu rosige Zukunftsaussichten. Kissingers Regierungsamt war selbstverständlich das höhere, und er war sich nicht zu schade, sich auch darauf zu berufen.

Der herrische Kissinger machte klar, dass er nur wenig Interesse an Volkswirtschaft hatte. Er war ein Diplomat auf dem internationalen Parkett. Dabei stützte sich der ehemalige Harvard-Professor und Friedensnobelpreisträger des Jahres 1973 auf das, was er durch die intensive Beschäftigung mit Metternich und Bismarck und anderen Staatsmännern des neunzehnten Jahrhunderts gelernt hatte. Damit ausgestattet reiste er durch die Welt, um mit feindlichen Regierungen Abkommen auszuhandeln.

Während Nixons Amtszeit war Kissinger so etwas wie eine Berühmtheit geworden. Er hatte eine geradezu sagenhafte Karriere hinter sich. Kissinger, mit seinem deutlichen deutschen Akzent – einem Erbe seiner Kindheit, die er in Bayern verbracht hatte, bevor

An Bord der ›Air Force One‹ mit Henry Kissinger und Liberty,
dem Hund von Präsident Ford.

er vor den Nazis fliehen musste –, neigte zu forschen Erklärungen.
Er war außerdem nicht gerade ein Kandidat für die »50 schönsten
Männer«, die die Zeitschrift *People* jedes Jahr ausguckt. Dennoch
sollte sich Kissinger zu diesem seltenen Geschöpf entwickeln, zu
einem Lebemann, der zugleich Spezialist für internationale Beziehungen war. Häufig sah man ihn in der Gesellschaft von Schauspie-
lerinnen, darunter Marlo Thomas, Liv Ullmann, Candice Bergen
und Jill St. John. »Macht ist das ultimative Aphrodisiakum«, pflegte
er zu sagen.

Kissinger erkannte das diplomatische Potenzial der Getreidekrise. Als wäre alles nicht schon kompliziert genug, versuchte er, das
Getreideabkommen zu einem Vertrag zu erweitern, in dem die
Sowjets in Bezug auf das kurz zuvor zwischen Israel und Ägypten
unterzeichnete Sinai-Abkommen Nichteinmischung in die Angelegenheiten der Vereinten Nationen versprachen.

Eine zufällige Folge der Getreidekrise war, dass Greenspan und

Kissinger einander kennen lernten. »Ich empfand große Hochachtung für Alan«, erinnert sich Kissinger. »Seine große Stärke war seine strikte Professionalität. Er blieb immer bei seinem Thema und hat nie versucht, Politiker zu sein.«

Eine Krise nach der anderen erschütterte die amerikanische Wirtschaft. Zunächst die sowjetischen Getreideprobleme, und dann – im Herbst 1975 – drohte »Big Apple«, der City von New York, die Pleite.

Dank einer verblüffend jämmerlichen Finanzpolitik stand die City von New York am Rande des Konkurses. Und wenn die Stadt bankrott ging, konnte dies eine Kettenreaktion auslösen und in anderen Großstädten, im gesamten Bundesstaat New York, an der Wall Street und schließlich innerhalb des Bankensystems finanzielles Unheil anrichten.

Greenspan war in Manhattan aufgewachsen, hatte dort familiäre und andere Bindungen und immer noch eine Wohnung. Gleichzeitig jedoch missfiel ihm der Gedanke, dass sich die Bundesregierung in ein lokales Problem einmischen musste.

Die Gründe für die damaligen Probleme der Stadt lagen viele Jahre zurück. Verkürzt gesagt, hatten sie mit grenzenloser und unrealistischer Verschwendung zu tun. Im Jahr 1975 war eine ganze Armee von Angestellten in Diensten der Stadt beschäftigt – insgesamt 338 000, das heißt beinahe jeder dreiundzwanzigste Einwohner. Jeder achte Einwohner bezog Sozialhilfe, was im Jahr über zwei Milliarden Dollar verschlang. Die Kosten der Kommune waren gewaltig.

Gleichzeitig aber erodierten die städtischen Einnahmequellen immer mehr, denn viele wohlhabende Steuerzahler flohen in die Vorstädte. Auch Unternehmen verlagerten ihre Betriebe aus der Stadt heraus. In den 60er Jahren hatten etwa 150 der *Fortune-Top 500*-Unternehmen ihren Hauptsitz in New York City. Bis 1974 war diese Zahl auf 98 gesunken.

In Folge dessen geriet der Haushalt der Stadt in eine Schieflage.

Die Ausgaben wuchsen um 15 Prozent jährlich, während sich das Steueraufkommen nur um acht Prozent erhöhte.

Um sich über Wasser halten zu können, bediente sich die Stadt einer Reihe von Buchführungstricks – ähnlich denen, die jeder anwendet, der unbedingt sein Konto ausgleichen will. Hier jedoch geschah das auf höchster Ebene der Stadtverwaltung. So wurde zum Beispiel gängige Praxis, den Haushalt eines Rechnungsjahres mit den Steuereinnahmen des Folgejahres zu stützen. Für das Rechnungsjahr 1974 wurden achtzehn Monate Steuereinnahmen der öffentlichen Wasserwerke in den Haushalt eingestellt. Was natürlich zum nächsten Problem führte: 1975 standen dann nur noch sechs Monate Steuereinnahmen in den Büchern.

Der kommunalen Altersversorgung fehlten zwischen 1967 und 1975 beinahe zwei Milliarden Dollar. Warum? Weil ihre Finanzierung auf Zahlen aus den Jahren 1908-1914 beruhten, als die Menschen keine annähernd so hohe Lebenserwartung hatten. Die städtischen Statistiker hatten sich nie die Mühe gemacht, die Daten zu aktualisieren.

Bei einer solchen Vorliebe für kreative Buchhaltung musste es immer zweifelhafter werden, ob New York City seine Schuldendienste würde erfüllen können. Das brachte eine wichtige Finanzquelle in Gefahr. Die Stadt war immer sehr forsch gewesen, wenn es um den Verkauf von Anleihen ging, selbst auf dem ausländischen Markt. Doch im März 1975 fiel die Bewertung der städtischen Anleihen bei Moody's und Standard and Poor's, zwei der wichtigsten Ratingunternehmen, auf »unverkäuflich«.

Die Achterbahnfahrt begann.

Der nächste Schachzug der Stadt bestand darin, die Municipal Assistance Corporation (MAC) ins Leben zu rufen. Chef wurde Felix Rohatyn, ein stets gepflegter, in Wien geborener Investmentbanker und Mitglied des Verwaltungsrats der New Yorker Börse. Indem eine neue Art von New York City-Schuldverschreibungen eingeführt wurde, sollte neues Vertrauen geschaffen werden. Statt von der Stadt selbst wurden diese so genannten MAC-Bonds von Investmenthäusern wie Lazard Frères, einer Firma von Rohatyn, ausgegeben. Sie sollten durch Mittel besichert werden, die man aus der allgemeinen Kasse der Stadt herausgenommen hatte. Auf diese Weise konnten Buchhaltungstricks ihre Solvenz nicht länger bedrohen.

Eine große Verkaufsaktion wurde gestartet, mit dem Ziel, MAC-Bonds im Wert von drei Milliarden Dollar auf den Markt zu bringen. Aber das rezessionsgeschüttelte Jahr 1975 war kaum der ideale Zeitpunkt, um ein neues und ungeprüftes Geldmarktpapier einzuführen. Darüber hinaus hatten eine Anzahl anderer Städte, darunter Houston und Los Angeles, New York vom ersten Platz auf dem Markt verdrängt. Der Wettbewerb wurde härter.

Wie vorauszusehen wurde es schwierig, für MAC-Bonds im Wert von drei Milliarden Dollar ausreichend Investoren zu gewinnen. Inzwischen kämpfte die Stadt jede Woche verzweifelt darum, genug Geld zur Entlohnung ihrer Angestellten aufzutreiben. Wenn sie nicht genug erwirtschaftete, blieb keine andere Möglichkeit, als die Kosten zu reduzieren.

In einem ersten Schritt wurden dreiundvierzig Schulen geschlossen. Dann folgte die Ankündigung, dass 60 000 städtische Teilzeit- und Vollzeitarbeitskräfte entlassen würden. Jene, die das Glück hatten, ihre Jobs zu behalten, fürchteten Gehaltskürzungen und eine Verringerung der Sozialleistungen.

Aufgebrachte Müllarbeiter traten in den Streik, und vom 1. bis zum 3. Juli türmten sich 20 000 Tonnen Müll in der heißen Sommersonne. Entlassene Polizisten versammelten sich an den diversen Verkehrknotenpunkten der Stadt – der Pennsylvania Station, dem Flughafen La Guardia und dem Port-Authority-Bus-Bahnhof – und verteilten Flugblätter mit der Headline »Stadt der Angst«. Sie teilten den ankommenden Besuchern mit, sie würden nun eine Stadt betreten, in der es so wenig Polizei und medizinische Notdienste gebe, dass der Aufenthalt in New York ein ernsthaftes Risiko darstelle. Die Touristen waren verständlicherweise beunruhigt.

New York City rutschte in diesem Sommer so tief in die Kreide, dass die Stadt nicht einmal mehr Ersatz beschaffen konnte, wenn ein Polizeipferd starb. Diese traurige Tatsache erregte die Aufmerksamkeit eines exzentrischen, aber damals noch relativ unbekannten

Multimillionärs namens Ross Perot, der der New Yorker Polizei zwanzig Tennessee Walkers spendete.

Der Sommer ging in den Herbst über, und New York City schleppte sich mühsam weiter. Mit jedem Tag, der verging, wurde die Aussicht auf den Bankrott bedrohlicher und auch realistischer. Alle möglichen Delegationen pilgerten nach Washington und flehten die Bundesregierung mit demütiger Geste an, Geld vorzuschießen, um das Schlimmste zu verhindern. Am 9. Oktober traf sich Greenspan mit dem stellvertretenden Bürgermeister James Cavanaugh und mit Paul O'Dwyer, dem Vorsitzenden des Stadtrats. Das Treffen hatte Ed Koch arrangiert, der zukünftige Bürgermeister von New York City, der damals für Greenwich Village im Kongress saß. Als Greenspan die Besprechung verließ, fasste er die Lage in einem einzigen Wort zusammen: »Verzweifelt.«

Ein schreckliches Dilemma zeichnete sich ab. Dabeizustehen und Zeuge zu werden, wie New York City Bankrott ging, war keine angenehme Aussicht. Leistete man der Stadt aber Hilfe, dann drohte, was Wirtschaftswissenschaftler als »moralisches Risiko« bezeichnen: Man würde einen gefährlichen Präzedenzfall schaffen. Wenn man New York City half, dann musste man auch Cleveland, Newark, Detroit helfen – und wo sollte dies schließlich enden?

Die in der Regierung allgemein verbreitete Ansicht war, New York City sollte seine Probleme selbst ausbaden. Ford und Greenspan hatten beide das Gefühl, dass eine finanzielle Unterstützung die Metropole nur in einen riesigen Sozialhilfeempfänger verwandeln würde. Wenn sie sich weigerten, den Forderungen von New York City nachzugeben, konnten sie die Stadt vielleicht dazu bringen, sich aus eigener Kraft zu helfen. Ron Nessen, Fords Pressesprecher, verglich New York City mit einer gestrauchelten Tochter, die heroinsüchtig ist: »Der gibt man auch keine 100 Dollar am Tag, damit sie ihrer Sucht frönen kann. Man zwingt sie zum Entzug.«

Der härteste Vertreter dieser Fraktion war Bill Simon. Schon kraft ihres Amtes neigen Finanzminister dazu, in Sachen finanzieller Verantwortlichkeit Eiferer zu sein; ohne diese Eigenschaft würden sie ihren Job verlieren. Aber Simon hatte eine zusätzliche Qualifikation. Bevor er in die Regierung eingetreten war, hatte er als Investmentbanker für Salomon Brothers in New York gearbeitet, in eben jener Abteilung, die für kommunale und Staatsanleihen zuständig war. Er kannte sich aus, und er hatte kein Verständnis für die unverantwortlichen Praktiken der Stadt.

»Ich würde sagen, Greenspan neigte zu weniger Härte«, erinnert sich L. William Seidman, der Ford als Wirtschaftsberater diente. »Er hatte ein wenig mehr Mitgefühl mit New York als andere. Aber wir sagten alle: Versucht erst mal, selbst zurechtzukommen, bevor ihr um Hilfe bettelt. Die Grundhaltung war, dass dir niemand helfen kann, solange du dir nicht selbst hilfst.«

Verzweifelt fuhren der New Yorker Gouverneur Hugh Carey und Bürgermeister Abraham Beame fort, um Hilfe zu flehen. Die Regierung blieb standhaft. Ende Oktober 1975 sprach Ford vor dem National Press Club und unterstrich seine Weigerung, ein Gesetz zu unterzeichnen, das New York Hilfe verschaffen würde. »Ford to City: Drop Dead«, lautete eine berühmte Schlagzeile der *Daily News*.

Langsam wurde es unangenehm. Verschiedene Studien versuchten das Ausmaß der wirtschaftlichen Katastrophe im Fall eines Bankrotts der Stadt einzuschätzen und kamen zu erschreckenden Ergebnissen. Auch der Wirtschaftsbeirat fertigte eine Analyse an, kam allerdings zu dem Ergebnis, dass die Unheilspropheten sich verrechnet hatten. In einem Memo schrieb Greenspan: »Trotz einer Reihe von Schauergeschichten, die überwiegend aus New York kommen, wird die Zahlungsunfähigkeit der Stadt keine ernsthaften wirtschaftlichen Konsequenzen für den Rest des Landes haben.«

Der Wirtschaftsbeirat musste auch mit den beunruhigten Anrufen vergleichbarer Institutionen in Frankreich, Großbritannien und Japan fertig werden. Was würde geschehen, wenn New York City den Bankrott erklären musste? Das war die Frage, die die meisten ausländischen Spezialisten beschäftigte. Die Mitarbeiter des Wirtschaftsbeirats taten ihr Bestes, die Zuständigkeiten innerhalb eines föderalen Systems zu erklären, betonten vor allem, dass die kommunalen und staatlichen Verwaltungen jeweils eigene Bücher führten.

Der Bankrott einer einzelnen Stadt – selbst einer so großen und bedeutenden wie New York – müsse sich nicht unbedingt auf den Rest des Landes auswirken.

David Munro, damals einer der leitenden Ökonomen des Wirtschaftsbeirats, erinnert sich an ein Telefongespräch mit einem französischen Kollegen, der seiner Beunruhigung Ausdruck verliehen hatte. »Wenn Paris pleite ist, dann bedeutet das auch, dass die französische Regierung pleite ist«, habe er gesagt. Mit dem Satz: »Herzlichen Dank, aber hier ist das eben anders«, habe Munro seinen Standardvortrag über den amerikanischen Föderalismus begonnen.

Im November stellten Gouverneur Carey und Felix Rohatyn eine Liste der wichtigsten Ausgaben auf. Dies war eine Aufgabe, die einem in der Grundschule beliebten Spiel glich, bei dem die Kinder jene fünf Gegenstände nennen sollen, die sie bei sich haben wollten, wenn sie auf einer einsamen Insel strandeten. Ganz oben auf Careys und Rohatyns Liste standen Lebensmittel und ärztliche Versorgung für Strafgefangene. Ohne das, erklärten sie, wäre bald die Hölle los, und die schauerlichsten Vorhersagen einer »Stadt der Angst« würden Wirklichkeit. Ebenfalls hoch oben auf der Liste befanden sich Polizistengehälter und Sozialhilfe für alleinerziehende Frauen.

Es war wirklich schwer zu glauben. New York würde das Handtuch werfen.

Fünf vor zwölf, nur noch Sekunden vor dem großen Knall, wurde ein Kompromiss erreicht. Die Regierung wollte dem Bürgermeister von New York nicht einfach eine Hand voll Wechselgeld hinwerfen. Aber sie wollte einen Kredit gewähren, der mit Zinsen zurückzuzahlen war. Die Stadt sollte bis 1978 jährlich 2,3 Milliarden Dollar erhalten. Der Kredit sollte mit Zinsen von etwa acht Prozent zurückgezahlt werden – ein Prozent mehr, als der damalige Sollzinssatz für amerikanische Staatsanleihen betrug.

»Zu einem hohen Grad war Alan Greenspan für diesen Plan verantwortlich«, erinnerte sich Ford 1999 in einem Telefoninterview, das er von seinem Haus in Rancho Mirage, Kalifornien, aus führte. »Der Bürgermeister hatte einfach nur Geld haben wollen, ohne tatsächlich Verbesserungen vorzunehmen, ohne etwa die Renten- oder Lohnpolitik der Stadt zu verändern. Alan half dabei, ein umfassendes Programm zu entwickeln. Er wollte das Problem lösen, ohne die Stadt einfach nur freizukaufen.«

New York City hat den Kredit zurückgezahlt. Aber die Auswirkungen der Krise von 1975 sollten für Jahrzehnte spürbar bleiben. Noch zur Jahrtausendwende war die Stadt damit beschäftigt, Straßen und Brücken zu reparieren, an denen seit den siebziger Jahren nicht viel getan worden war. Und die vielleicht spürbarste Auswirkung der Krise von 1975 ist die pathologische Angst der Kommune vor einer Abwanderung finanzkräftiger Unternehmen. New York hat aus erster Hand erlebt, was es bedeutet, wenn die Steuereinnahmen sinken. Daraus ist das Gefühl erwachsen, dass es sich die Stadt nicht leisten könne, auch nur ein einziges weiteres Unternehmen zu verlieren. Während der neunziger Jahre war Bürgermeister Rudolph Giuliani stets geneigt, Unternehmen, die sich bereit erklärten, in der Stadt zu bleiben, große Steuererleichterungen zu verschaffen.

So hatte eine Krise die nächste gejagt, und Greenspans erste Monate als Vorsitzender des Wirtschaftsbeirats waren ausgesprochen schwierig gewesen. Aber vom Gesichtspunkt der Karriere erwies sich diese Zeit als bedeutend. Im Verlauf der Getreide- und der New-York-Krise legte Greenspan ein unerwartetes Gespür für die politische Arena an den Tag. Es sollte nicht lange dauern, bis man dies in Washington erkannte.

9 | DER INSIDER

Greenspans Schlagkraft wuchs. Politisch so unterschiedliche Kongressabgeordnete wie George Bush und Hubert Humphrey holten sich bei ihm ökonomischen Rat. Vernon Jordan, der später unter Präsident Clinton als dessen Mann im Hintergrund wirken sollte, besuchte ihn, um mit ihm einen bevorstehenden Gipfel zur Schattenwirtschaft vorzubereiten. Mit Frank Zarb, dem Leiter der staatlichen Energiebehörde, erledigte er gemeinsam Weihnachtseinkäufe. Mr. Beunruhigt-durch-den-Washington-Stil wurde tatsächlich zu einem Machtmakler.

Eine überraschende Entwicklung für diesen Mann. Seine alten Freunde hätten nie erwartet, dass er ein derartiges Talent in der politischen Arena zeigen würde. Arthur Burns, der schon an der Universität Greenspans Mentor gewesen war, machte ihm vor, wie man alle Eigenschaften eines Wirtschaftswissenschaftlers in seiner Person vereinigt und doch eine glänzende Karriere in Washington machen kann.

Burns und Greenspan blieben in der Zeit der Regierung Ford gute Freunde. Besonders lebendig erinnert sich Lenny Garment an die beiden: »Arthur war ein liebenswürdiger Mensch, ein lieber Mann und sehr, sehr klug. Er und Greenspan standen einander sehr nahe, waren Lehrer und Schüler, Berufskollegen. Sie teilten grundlegende Ansichten über den Staat, darüber, wie man die Staatsfinanzen stabil halten kann. An die beiden erinnere ich mich besonders gut. … Arthur blies Rauchringe aus seiner Pfeife in die Luft, sehr ruhig, sehr weise – wie eine Eule. Mit seiner Brille sah er tatsächlich aus wie eine wunderbare grauhaarige Eule. Er saß mit Alan Greenspan zusammen, der ebenfalls wie eine Eule aussah. Es waren einfach zwei Eulen!«

Viele Mitglieder der Regierung Ford erfassten diese Ähnlichkeiten zwischen den beiden Chairmen, zwischen Burns von der Notenbank und Greenspan vom Wirtschaftsbeirat – nicht nur weil sie beide auf gerade unheimliche Art der Filmfigur Woodsy glichen, sondern auch, weil sich ihre Art, Politik zu machen, sehr ähnelte. »Burns begegnete man auf dem Capitol Hill mit großem Respekt. Er wusste genau, wie man sich in D.C. bewegen musste«, meint Donald Rumsfeld, »und Greenspan entwickelte dieselbe Fähigkeit. Er ist vertrauenswürdig, er ist bedächtig, und er lernte, was man aus einer relativ wenig profilierten, externen Rolle machen kann.«

Das letztere – eine relativ wenig profilierte Rolle zu wahren – ist der Schlüssel. Wenn es einen Fehler gibt, den ein Ausschussvorsitzender machen kann, dann den, den Wirtschaftsbeirat zu politisieren. Ein schwieriger Balanceakt, denn die Verführung ist groß. Man darf den schmalen Grat nicht verlassen, der zwischen der Beratung des Präsidenten und dem aktiven Verfechten der präsidialen Politik liegt. Auf welcher Seite ein Vorsitzender des Wirtschaftsbeirats steht, hängt auch davon ab, wie ihn die Presse und die Mitglieder der Regierung sehen. Die Strafglocke schrillt, wenn der CEA den Eindruck macht, dass die Wirtschaftsprogramme der politischen Führung von diesem Ausschuss aus gesteuert werden.

Zweifellos war Greenspan ein Parteigänger. Und ohne Zweifel verband ihn ein besonderes Verhältnis mit Ford. Aber er wurde stets als ein Berater im Hintergrund betrachtet, er war keiner, der die Nachricht unter die Leute brachte. Greenspan verwöhnte die Presse keineswegs mit Informationen. Er gab dem Wirtschaftsbeirat, der unter der Regierung Nixon wie viele andere Institutionen auch hatte erleben müssen, dass sein Image an Glanz verlor, ein gewisses Maß an Professionalität zurück.

Der Einfluss eines CEA-Chairman hängt entscheidend davon ab, ob der von ihm beratene Präsident seinerseits Sinn und Interesse für

Im Gespräch mit seinem Mentor Arthur Burns, der zu dieser Zeit Notenbankpräsident war; der Mann mit dem Rücken zum Betrachter ist Wirtschaftsberater L. William Seidman.

Fragen der Wirtschaftspolitik hat. Viele Präsidenten hatten dies nicht, die meisten befassten sich lieber mit breiteren Bereichen ihres Amtes wie Führung und Außenpolitik. Ein außenpolitischer Triumph schlägt bei den Wählern letztlich viel mehr ein als etwa das Einführen von Zöllen. Angesichts einer ökonomischen Krise soll Warren Harding gesagt haben: »Es muss in dieser Regierung irgendjemanden geben, der mir das erklären kann, aber ich würde es vermutlich nicht verstehen. Es muss ein Buch geben, in dem ich das nachlesen kann, aber das würde ich wahrscheinlich auch nicht verstehen.«

Nixon war bekanntlich uninteressiert an Wirtschaftsfragen. »Die Lira ist mir völlig gleich«, sagte er, als er davon erfuhr, dass Spekulanten die italienische Währung herunterhandelten. Viele sehen darin die Quintessenz seiner Einstellung zur Wirtschaftspolitik. Bei einer anderen Gelegenheit sollte Nixon die Lage der amerikanischen

Wirtschaft mit einer Gruppe von Geschäftsleuten diskutieren, die zu Besuch im Weißen Haus waren. »Er zeigte den Enthusiasmus eines Drittklässlers, der etwas sagen soll«, so der damalige CEA-Chairman Paul McCracken. »Wenn es um Außenpolitik ging, wurde er ganz lebendig. Ford hingegen schien Wirtschaftspolitik intellektuell interessant zu finden.«

Ford hat sich in seiner Zeit als Kongressabgeordneter zu einem Experten für Haushaltsfragen entwickelt. »Politik ist die Kunst des Möglichen«, sagt eine alte Weisheit. Er verstand, dass das jeweils politisch Mögliche von den Einkünften des Staates abhing. Er schloss sich denen an, die man den Eisenhowerschen internationalistischen Flügel der Republikaner nennen könnte, der hohe Verteidigungsausgaben befürwortete, um den Kommunismus abzuwehren. Bei den Inlandsausgaben dagegen vertrat Ford eine harte Linie. In Fragen der Sozialgesetzgebung stimmte er gegen fast jeden Vorschlag von Kennedy und Johnson, auch gegen die Modellstädte und den Kampf gegen die Armut.

Natürlich konnte Ford unter den vorgefundenen Umständen in seiner Amtszeit gar nichts anderes tun, als sich auf die Wirtschaft zu konzentrieren. Er setzte einen konjunkturpolitischen Ausschuss ein, um so weit auseinander liegende Verwaltungsbereiche – das Landwirtschaftsministerium, das Verkehrsministerium und die Haushaltsabteilung – im Kampf gegen die Stagflation zu koordinieren. Das so genannte Economic Policy Board (EPC) war eine beeindruckende Versammlung von Menschen, zu denen unter anderem Greenspan, Finanzminister William Simon, Arbeitsminister Jim Lynn und Bill Seidman gehörten. Sie trafen sich fast täglich im Roosevelt-Raum im Weißen Haus und berichteten Ford einmal die Woche.

Auch Burns, Verteidigungsminister Dick Cheney und andere nahmen, wenn erforderlich, an den Treffen teil. Als Chef der Fed musste Burns jedoch ein bestimmtes Maß der Unabhängigkeit vom Präsidenten wahren und war nicht häufig dabei. Darum war Greenspan bei den meisten Treffen des EPB der einzige Wirtschaftsfachmann und konnte sich mit besonderer Autorität einbringen.

Nicht nur seine ökonomische Ausbildung, auch andere Eigenschaften verschafften Greenspan einen Vorteil gegenüber Ford. Eine davon war sein trockenes und ernstes Auftreten. Herb Stein, Greenspans Vorgänger im Wirtschaftsbeirat, wurde vorgeworfen, aus schlechten Statistiken ermutigende Nachrichten herauszuquetschen. Ford musste nicht befürchten, dass irgendjemand ähnliche Vorwürfe gegen Greenspan, den Meister der Logik und der Empirie, erheben würde. Die Wirtschaftsnachrichten waren schlecht, und Greenspan versuchte auch nicht, sie zu beschönigen. Wenn er vor den Kongress oder vor die Presse trat, war er entsprechend mürrisch – der perfekte Botschafter in schlechten Zeiten.

Während Greenspan in der Öffentlichkeit richtig düster auftrat, hatte er privat ein sehr gutes Verhältnis zu Ford. Darin liegt eines der Geheimnisse von Greenspans politischem Erfolg. In Washington muss man immer wissen, auf wen man sich verlassen kann. Es war Ford, der Greenspans Nominierung unterstützte, denn es war Greenspan, der Ford berichtet hat. Dabei kamen Greenspan seine Erfahrungen als Wirtschaftsberater zugute.

In seinem Wirtschaftsberatungsunternehmen hatte Greenspan gelernt, auf einem schmalen Grat zu wandeln. Einerseits sollte er den CEOs seiner Kunden die Notwendigkeit schmerzlicher Entscheidungen nahe bringen. Er konnte den führenden Managern nicht einfach erzählen, was sie hören wollten, wenn er als Berater Erfolg haben wollte. Er entwickelte ein Talent, wenn notwendig, auch schlechte Nachrichten zu überbringen, während er seinen Klienten gegenüber zugleich sehr aufmerksam und respektvoll war.

Viele, die zur Zeit der Regierung Ford mit Greenspan in Berührung gekommen sind, sehen bemerkenswerte Ähnlichkeiten zwischen Greenspan, dem Berater, und Greenspan, dem Vorsitzenden des Wirtschaftsbeirats. »Greenspan behandelte den Präsidenten wie seinen besten Kunden«, erinnert sich Paul MacAvoy, Greenspans Kollege im CEA.

Im Grunde war es Übereinstimmung im Denken und im Temperament, die das offene Verhältnis zwischen Ford und Greenspan stiftete. Beide Männer verband eine gegenseitige Bewunderung.

»Er ist fraglos ein ruhiger Mann, mit weniger psychologischen Durchhängern als die meisten anderen, die ich getroffen habe«, erinnert sich Greenspan später an Ford. »Folglich empfing man nie negative emotionale Schwingungen von ihm, außer wenn er sich aus absolut sachlichen Gründen aufregte; es gab bei ihm keine subtilen oder versteckten Motive.« Und er fügt hinzu: »Weil meine Ansichten mit seinen meistens weitgehend übereinstimmten, war die Arbeit einfach für mich.«

Ford wiederum »war froh, einen so fähigen Mann zu haben, jemanden, zu dem ich so großes Vertrauen hatte wie zu Greenspan, der mich beriet und mir Empfehlungen machte. Ich billigte seine Ansichten und offenbar vertraute er meinen Entscheidungen. Wir hatten eine sehr gute Arbeitsbeziehung.«

Als Vorsitzender des Wirtschaftsbeirats hatte Greenspan Mitspracherecht bei einer ganzen Reihe politischer Fragen, von der Bierverbrauchssteuer bis zur Ineffizienz des amerikanischen Postsystems. Er sandte Ford regelmäßig Memos, in denen er Bedeutung und Zuverlässigkeit verschiedener Statistiken kommentierte, ganz gleich, ob es um die Gründung neuer Haushalte oder um Großhandelspreise ging.

In vielen seiner Briefe gewöhnte sich Greenspan einen einfachen, schulmeisterlichen Stil an. »Beachten Sie, dass die britische Wirtschaft an dem Punkt zu stehen scheint, dass sie die Höhe staatlicher steuerlicher Anreize erhöhen muss, nur damit sie stillstehen kann«, heißt es in einem seiner Memos. Man muss schon ein gutes Verhältnis zum Präsidenten der Vereinigten Staaten haben, um ihm sagen zu können, was er zu »beachten« hat.

Tatsächlich hat niemals zwischen einem Präsidenten und dem Vorsitzenden des Wirtschaftsbeirats ein besseres Verhältnis bestanden als zwischen Ford und Greenspan; es war mit Abstand besser als das zwischen Kennedy und Heller.

Die beiden verkehrten sogar privat miteinander, im Weißen Haus schauten sie sich Samstag nachmittags gemeinsam Sportveranstaltungen an und spielten während der Arbeitsurlaube Fords in Vail, Colorado, miteinander Golf. Einmal besuchten beide ein Footballspiel der Navy gegen die Army, und Greenspan war erfreut und fühlte sich geschmeichelt, wenn der Präsident sich nach seiner Mutter erkundigte.

Auch wie er mit dem Kongress umging, zeigt Greenspans seltenes Talent. Das war in den siebziger Jahren, als die Demokraten die Mehrheit stellten, eine besondere Leistung für einen erklärten Konservativen. In der Folge von Watergate hatten die Wähler 75 neue Demokraten nach Washington geschickt, eine liberale und reformfreudige Gruppe. Diesen Kongressabgeordneten juckte es in den Fingern, auf die Wirtschaft Einfluss zu nehmen, indem sie versuchten, die Arbeitslosigkeit zu reduzieren. Über das Tempo der wirtschaftlichen Erholung kam es zwischen ihnen und Präsident Ford schließlich zu regelrechten Zusammenstößen.

Im Verhältnis zum Kongress erwiesen sich Greenspans grundsätzliche Höflichkeit und Bescheidenheit als ein wirklicher Vorteil. Er war immer ein Mensch mit starken Überzeugungen gewesen. Zugleich fühlte er sich auch wohl mit Menschen, die ganz anders waren als er – etwa mit Kavesh, dem selbst ernannten »Franklin-Roosevelt-Liberalen«. Wenn Greenspans berüchtigte Prozentsatz-Weisheiten im Telegrammstil eines Börsenmaklers die dunkle Seite seiner äußerst rationalen Persönlichkeit darstellen, dann war das seine helle Seite. Die Erfahrung gebot, dass er andere Ansichten in Betracht zog.

Sicher erlaubte er sich nie emotionale Reaktionen in öffentlichen Diskussionen, eine wesentliche Voraussetzung im Umgang mit dem Kongress. Schließlich ist es unter den Kongressabgeordneten üblich, zum Wohl der Wähler mit dem Finger auf andere zu zeigen, deren Ruf zu schädigen und sich dann in eine Kneipe zurückzuziehen und sich darüber zu amüsieren. Solche Angriffe gehören zum Arbeitsalltag und sollten nie persönlich genommen werden. Joan Mitchell Blumenthal hat lebendige Erinnerungen an die Fordjahre. Selbst nachdem Greenspan nach Washington gegangen war, blieben die beiden einander nahe. Sie telefonierten oft miteinander und sprachen dabei auch über politische Fragen.

Er wusste, dass ich eine gewisse Abneigung gegen Ted Kennedy hatte. Damals verband ihn und Kennedy eine freundliche Beziehung. Er wusste auch, dass ich Bedenken gegenüber Hubert Humphrey hatte. Er kam gut mit ihm aus. Er kam mit vielen dieser Leute gut aus … Ich glaube, er wollte seinen Job so perfekt wie möglich tun, und das alles gehört für ihn einfach dazu. Er ist ziemlich versöhnlich. Nicht, dass er in den Fragen nachgegeben hätte, die ihm wichtig sind. Aber er glaubt an Diskussionen, ohne dabei zornig zu werden. Ich habe ihn nie zornig gesehen.

Es waren diese Jahre, in denen Greenspan lernte, im Kongress ausweichend zu antworten, eine Fähigkeit, die er seitdem zur Meisterschaft entwickelt hat. Alle möglichen Mitglieder der Regierung werden regelmäßig vor den Kongress zitiert, um Rechenschaft abzulegen. Die meisten von ihnen werden zugeben, dass diese Aufforderung lästig sein kann. Der Kongress ist vor allem ein öffentliches Forum. Kongressabgeordnete und Senatoren sind leicht geneigt, scharf formulierte Fragen loszulassen, in der Hoffnung, vor den Wählern zu Hause gut dazustehen. Oder sie reiten gerne und unerwartet auf Angelegenheiten herum, von denen sie kaum etwas verstehen.

Nun könnte man der Meinung sein, dass in solchen Situationen unverblümte Ehrlichkeit der beste Weg sei; aber das kann auf dem Capitol Hill ins Auge gehen. Eine andere Lösung besteht darin auszuweichen, etwas zu sagen, ohne etwas zu sagen – geschickt ausweichen, sich entziehen oder die Frage umgehen. In gestellten Gesprächen mit Mitarbeitern des CEA bereitete sich Greenspan auf seine Auftritte im Kongress vor. »Zur Vorbereitung auf öffentliche Auftritte übte er und sagte irgend etwas. Es ging ihm darum, etwas zu sagen, für das man möglichst lange brauchte, um es zu analysieren«, erzählt MacAvoy und fügt hinzu: »Er war damals nur halb so gut wie heute.«

Schuh erinnert sich: »Die Mitarbeiter gingen gerne hinauf und hörten ihn auf dem Hill reden. Er ist ein großer Verwirrer. Er hat es immer fertig gebracht, dass er seinen Part vortrug und die anderen keine einzige Frage stellten. Niemand will, dass der Kongress in seinen Angelegenheiten herumpfuscht. Es gibt Tage, da brauchst du ihn, und Tage, an denen es dir lieber wäre, man ließe dich in Ruhe.«

In den ersten Jahren seiner öffentlichen Auftritte war Greenspan seiner Zeit voraus. Er erledigte einen weiß Gott nicht einfachen Job in einer schwierigen Zeit und wurde damit so etwas wie eine Berühmtheit. Er kam sogar auf das Titelblatt von *Newsweek* – das erste Mal, dass dies einem Wirtschaftsexperten passierte. Andere Titelfotos im Jahr 1975 zeigten Bruce Springsteen, Nola Ryan, Patty Hearst, Mel Brooks, Christina Onassis und Jimmy Hoffa. Die Wirtschaft war jedoch ein großes Thema in jenem Jahr, und Greenspan war eine zentrale Figur – dicke Brille, zerknitterte Kleidung, nach innen gewandt, ein bisschen professoral. Ein Woody Allen mit Mathekenntnissen, und die Öffentlichkeit begann, auf ihn zu achten.

Nach dem Erscheinen des *Newsweek*-Titels wurde Greenspan mit vielen Anfragen bedrängt. Autogrammjäger schickten ihm Ausgaben dieses Heftes zum Signieren. *Penthouse* bat ihn um ein Interview. Greenspan lehnte ab.

Dann kam eine Anfrage eines Psychologieprofessors aus Stanford: Ob Greenspan bereit sei, sich für eine Studie über Schüchternheit zur Verfügung zu stellen. »Ich schätze Ihr Interesse«, schrieb Greenspan zurück, »aber ich glaube nicht, dass ich nach irgendwelchen objektiven Kriterien als schüchtern beschrieben werden könnte.«

Dutzende von Briefen von Ayn Rand-Anhängern aus allen Teilen des Landes trafen ein. Manche wollten Greenspan einfach als einen der ihren für sich beanspruchen und sich indirekt im Ruhm eines Randianers sonnen, der es so weit gebracht hatte. Andere waren konsterniert. War Greenspan immer noch Objektivist? Wenn man bedenkt, dass eines der dauerhaftesten Symbole dieser Philosophie ein fiktiver Architekt ist, der ein Gebäude in die Luft jagt, weil es seinen Originalplänen nicht entspricht, ist dies keine überraschende Frage.

Wenn Greenspan auch nur annähernd dem raubeinigen Howard

Roark aus *Der ewige Quell* glich, wie konnte er dann die grotesken Kompromisse der Politik tolerieren? Wenn er tatsächlich Objektivist war, wann endlich würde er sich als solcher offenbaren? Würde er es mit einer spektakulären Opferung der gemischten Wirtschaftsordnung der Vereinigten Staaten tun?

»Was ist mit Ihnen geschehen?«, fragte ein Briefschreiber 1975 flehend. »Warum sprechen Sie es nicht aus? … Haben Sie Ihren Standpunkt geändert? Wenn nicht, wie sieht dann Ihre Strategie aus?«

»Lieber Mr. Greenspan«, stand in einem anderen Brief. »Ich habe Ihre Artikel in Ayn Rands *Kapitalismus. Das unbekannte Ideal* gelesen und ihnen entnommen, dass Sie ein Vertreter des Laisser-faire-Kapitalismus sind – so wie ich. Haben Sie Ihre Ansichten geändert? Oder ist das eine Frage der Realitäten, die es verhindern, dass Ihre Überzeugungen zur offiziellen Politik werden?«

Greenspans Antwort: »Ich ändere dann meine Ansichten, wenn glaubwürdige Beweise es verlangen. Ich kann nicht sagen, dass ich die in letzter Zeit gesehen hätte.«

Irgendwo zwischen all diesen verschiedenen Krisen und Kongressanhörungen hat Greenspan tatsächlich auch die Zeit gefunden, in den exklusiven Washingtoner Party-Zirkel einzudringen. Das geschah völlig unerwartet. Wenn Weggefährten aus seiner Vergangenheit von seinem politischen Talent überrascht waren, dann war diese Annäherung eine Entwicklung, die ans Unglaubliche grenzte. Greenspans Weg hat etwas noch Ungewöhnlicheres als der von Kissinger, der als Spezialist für internationale Beziehungen zu einem Mann der Gesellschaft geworden war. Greenspan schaffte dies als Wirtschaftsfachmann.

Der frühere Berater Nixons Bryce Harlow und dessen Frau Betty gaben 1975 eine Party mit einer Gästeliste, auf der die Top-Leute Washingtons standen. Auch Greenspan war dabei. Tom Brokaw nahm an einem förmlichen Abendessen für Radio- und Fernsehkorrespondenten teil. Er brachte Greenspan als seinen persönlichen Gast mit. An vielen Abenden verließ Greenspan den Wirtschaftsbeirat um sieben Uhr, besuchte einen glamourösen Empfang oder eine Abendgesellschaft, und kehrte dann um zehn Uhr ins Büro zurück, um bis in die Nacht zu arbeiten.

Natürlich gefiel der Presse die Vorstellung, dass es einem Mann wie Greenspan gelingen könnte, in die Party-Zirkel einzudringen. Henry Mitchell von der *Washington Post* nannte ihn eine »gesellschaftliche Kletterpflanze«. Mitchell zeichnete ein bezwingendes Portrait – Greenspan, der sich durch die Menge von Partygästen schlängelte und gestelzt versuchte, die verschiedenen Konversationsinseln zu knacken. Aber das ist wohl nicht die ganze Wahrheit. Jeder, der Greenspan kennt, erzählt eine andere Geschichte. Sein damaliger Stellvertreter David Munro beschreibt ihn wie folgt: »Da ist ein Kerl, sehr klug, der konzentriert zuhört, dich durch eulenartige Brillengläser anschaut und oft kein einziges Wort sagt. Das mag den Leuten sonderbar vorkommen. Er kann kühl wirken. Er ist ein sehr kenntnisreicher Gesprächspartner bei Unterhaltungen über ganz andere Dinge als Wirtschaft.«

Schmerzen bereitete Greenspan sein wirbelndes gesellschaftliches Leben in einem anderen Sinn. Seine gesundheitliche Verfassung hatte ihm die Kategorie 4-F eingetragen, weswegen er um den Militärdienst herum gekommen war, und er litt immer wieder unter gesundheitlichen Problemen, besonders unter einem Rückenleiden. Während der nächtlichen Treffen im Weißen Haus, so erinnert sich Rumsfeld, lag Greenspan auf dem Boden, die beste Methode, um seine Rückenschmerzen zu lindern. Im Gegensatz dazu war Burns – auch einer der seltenen Wirtschaftsexperten im Zentrum des gesellschaftlichen Lebens – bekannt für sein phänomenales Durchhaltevermögen. Er konnte einen langen Tag hindurch arbeiten, ein oder zwei Galaveranstaltungen besuchen und anschließend noch ein wenig arbeiten – ohne dass ihn dies gesundheitlich beeinträchtigte.

In den siebziger Jahren begann Greenspan damit, morgens als erstes ein heißes Bad zu nehmen, um seine Rückenschmerzen zu lindern. Oft las oder arbeitete er in der Badewanne. Es machte ihm Spaß, seinen Freunden zu erzählen, dass sein IQ frühmorgens um sechs zwanzig Punkte höher sei als abends um sechs.

Noch in der Regierungszeit Fords landete Greenspan seinen ersten bedeutenden gesellschaftlichen Coup. Er begann sich mit der aus dem Fernsehen bekannten Barbara Walters zu treffen. Die beiden hatten sich auf einer Party von Vizepräsident Nelson Rockefeller kennen gelernt.

Journalisten, die die Beziehung zwischen Greenspan und Walters beobachteten, sahen nicht gerade romantische Funken sprühen. Es sah eher so aus, als hätten sich die zwei als Begleiter zu gesellschaftlichen Ereignissen gefunden denn als leidenschaftliche Liebhaber. »Offenbar«, so Bill Seidman, »war das ein Arrangement oder eine Zweckverbindung. Beide waren alleinstehend und brauchten eine Begleitung für die Parties«.

Seidman erinnert sich auch, dass Greenspan nicht immer das Durchhaltevermögen hatte, das Barbara Walters auf der Tanzfläche zeigte. Deshalb habe er oft an Stelle seines Kollegen mit der Walters getanzt.

Aber Greenspan und Barbara Walters lieferten Gesprächsstoff. Das Paar wurde auf einer Party in Palm Springs fotografiert, und die *New York Times* wollte von Greenspan wissen, ob die beiden sich häufig träfen. Eine Story über Greenspan und Ford in der *Pittsburgh Post Gazette* trug die Überschrift: »Barbaras Freund, Bettys Ehemann«.

Das war eine interessante Wendung der Ereignisse, denn bisher hatte Greenspan versucht, die Glaubwürdigkeit des Wirtschaftsbeirats gerade dadurch wiederherzustellen, dass er sich von den Medien fernhielt. Wenn er mit Barbara Walters ausging, buhlte er um die Presse – buchstäblich.

Mit dieser Beziehung begann etwas Neues in Greenspans Leben: Er war hinter Frauen aus dem Rundfunk- und Fernsehjournalismus her. Während der achtziger Jahre ging Greenspan mit Susan Mills aus, einer Produzentin bei der *MacNeil-Lehrer Newshour*. Und als er 1997 noch einmal heiratete, war die Ehefrau keine andere als Andrea Mitchell, eine Korrespondentin bei NBC.

Man hat über Greenspans Hang zu Journalistinnen allerhand Theorien entwickelt. Manche folgen der Spur Freuds und betrachten

Greenspans Verhältnis zu seiner Mutter als Quelle für die eigenartige Tatsache, dass er sich in Gesellschaft von starken und unkonventionellen Frauen so wohl fühlte. Das scheint ziemlich schlüssig, besonders im Licht seiner Verbindungen zu Ayn Rand und auch deshalb, weil er vier Wirtschaftsfachfrauen die Verantwortung für seine Beraterfirma übertrug, als er nach Washington ging.

Andere wiederum meinen, Greenspans Vorlieben seien aus den Verlockungen des exotischen Anderen entstanden. Der Posten als Vorsitzender des Wirtschaftsbeirats und noch mehr der als Notenbankpräsident verlangten extreme, vollkommene und stetige Umsicht. Ein nachlässiger Kommentar, und die Märkte geraten völlig durcheinander. Inzwischen gibt es einen verschworenen Kreis von Leuten, die genau auf eine solche Gelegenheit warten. Die Medien in Washington leben davon, unvorsichtigen Leuten pikante Kommentare zu entlocken. Das erzeugt eine ständige Spannung. Vielleicht, weil er mitten darin steckte, verfügte Greenspan über einen hoch entwickelten Sinn für die Macht der Medien und fühlte sich stark zu Frauen hingezogen, die auf das Schicksal von Politikern durchaus Einfluss nehmen können.

Es gibt noch einfachere, nicht weniger plausible Ansichten, so etwa die Theorie des Pools möglicher »Dates«. Offenbar sind die Spieler der Macht in Washington doch sehr einsam. Mitarbeiter der Medien gehören in den begrenzten Zirkel von Leuten, die sie treffen, und unter ihnen findet man Partner für Verabredungen.

Die Freundschaft zwischen Greenspan und Barbara Walters blieb auch über die Regierungszeit Fords hinaus erhalten. Sie blieben einander auch dann noch nahe, als sie Merv Adelson heiratete, einen Mogul aus dem Unterhaltungsgeschäft – das war diesmal nicht anders als damals mit Joan Mitchell Blumenthal.

»Er ist ein liebenswürdiger, ruhiger Mann, der nie laut wird«, sagte Barbara Walters später über Greenspan. »Er lacht über sich selbst. Ich habe niemals gehört, dass er einem anderen ins Wort gefallen wäre. Ich glaube nicht, dass er so etwas wie einen persönlichen Feind hat.«

Barbara Walters rechnete es Greenspan besonders hoch an, dass er sie 1976 bei einem schwierigen Wechsel von NBC zu ABC unterstützt hat. Es sei fast so gewesen, »als hätte ich einen Analytiker gehabt«, erzählte sie später dem *New York Times Magazine*.

Zwar machte Greenspan abends gesellschaftlich Furore, tagsüber jedoch hatte er als Vorsitzender des Wirtschaftsbeirats eine Menge zu tun. Die Wirtschaft benötigte bis ins Jahr 1976, um sich zu erholen, und sie blieb noch viel länger labil. Schließlich jedoch stieg der Dow Jones wieder und stand Anfang des Jahres bei 1000 Punkten. Nach einem verheerenden Jahr 1975 erholten sich auch die Unternehmensgewinne wieder: Sie stiegen im ersten Quartal im Vergleich zum Vorjahr um fast 45 Prozent.

Greenspan sah in solchen Entwicklungen einen Beweis – nämlich den für die grundsätzliche Stabilität der Wirtschaft und für die Unsinnigkeit von staatlichen Interventionen. Zufällig war 1976 auch das Jahr des zweihundertjährigen Jubiläums der Gründung der Vereinigten Staaten. Darin witterte Greenspan eine Chance. Der Regierung wurde regelmäßig Untätigkeit und ein Mangel an Ideen vorgeworfen. Die Regierung Ford hatte es nie einfach gehabt, die Wirtschaftspolitik der Öffentlichkeit oder dem von den Demokraten beherrschten Kongress schmackhaft zu machen. Das Jubiläum war genau der richtige Anlass, so schien es Greenspan, eine geistige Verbindung zwischen der aktuellen Politik und den hochgehaltenen Werten zu knüpfen, die während der gesamten amerikanischen Geschichte gegolten hatten.

Greenspan besuchte eine Reihe von Arbeitssitzungen, auf denen die Themen für Fords Rede zur Lage der Vereinigten Staaten entwickelt wurden. Angesteckt vom Geist des Jahres '76 wurde der normalerweise ruhige Greenspan lebhaft und aufgeregt. Die Schriften der Gründerväter hatten, so schien es ihm, sehr viele Bezüge zu den 1976 aktuellen politischen Debatten. »Den Einzelnen zu befreien ist ein ziemlich weitgehender Gedanke«, sagte er einmal. »Es bedeutet, die Größe der Regierung zu reduzieren, die Regulierungen zu reduzieren und den Status des Individuums zu erhöhen. Ein Thema der Rede zur Lage der Vereinigten Staaten könnte, im Jahr des zweihundertsten Jubiläums, das dritte Jahrhundert sein – das Jahrhundert des Individuums.«

Am Abend, bevor diese Rede gehalten werden sollte, arbeitete Greenspan bis tief in die Nacht mit den Redeschreibern und machte letzte Korrekturen. Die Rede durchlief neun Entwürfe. Und zuletzt war in der Rede, die Ford am 19. Januar 1976 hielt, Greenspans Handschrift deutlich zu erkennen. Ford sprach mehrmals vom »Common Sense«, ein Anklang an die klassischen Schriften des Gründervaters Thomas Paine. An einer Stelle erklärte der Präsident: »Das wahrhaft revolutionäre Konzept von 1776 … geht davon aus, dass in einer freien Gesellschaft eine öffentliche Politik und eine erfolgreiche Problemlösung viel mehr als Regierung bedeuten.«

Die zögernde wirtschaftliche Erholung bekam im Frühjahr 1976 Schwung, und Greenspan verbreitete weiterhin seine Vorstellung, dass sich die Regierung zurückhalten müssen und nicht intervenieren dürfe. In der Fernsehshow *Issues and Answers* sagte er: »Man nimmt oft an, es sei gut, zu handeln, aktiv zu werden, während es als irgendwie nachteilig angesehen wird, die Dinge zu beruhigen, sich zurückzuhalten und es der Privatwirtschaft, privaten Institutionen, Privatleuten zu überlassen, etwas zu tun.«

Doch so oft Ford und Greenspan auf ihrem Lieblingsthema herumritten, es blieb einigermaßen spitzfindig und war der Öffentlichkeit schwierig zu vermitteln. Ein großer Teil der Bevölkerung konnte mit solchen Gedanken nicht viel anfangen. Von einem streng technischen Standpunkt aus gesehen, erholte sich die Wirtschaft, das hieß, sie wuchs wieder. Doch die Stagflation war noch lange nicht besiegt. Die Arbeitslosenrate lag im Frühjahr 1976 bei ungefähr 7,5 Prozent, und die Preise stiegen immer noch um vier Prozent jährlich.

Die Menschen wurden ungeduldig. Einfach nur darauf zu warten, dass eine nicht regulierte Wirtschaft ihre Unausgeglichenheit überwand, schien vielen nicht genug. In vielen Regionen des Landes blieb die Lage weiterhin ernst und problematisch. Die Arbeitslosenquote unter den Schwarzen lag bei 14 Prozent. »Wir befinden uns heute statt fünf nur zweieinhalb Meter unter Wasser, aber wir befinden uns immer noch unter der Oberfläche« – so hat es Arthur Okun, Chef der CEA während der Ära Johnson, dem *New York Times Magazine* beschrieben.

Es war ein Jubiläumsjahr, zugleich ein frustrierendes Jahr – und es war Wahljahr. Jimmy Carter, der Gouverneur von Georgia, stürzte sich auf das Problem des zögerlichen wirtschaftlichen Aufschwungs. Schon vor dem Parteitag, der ein paar Monate später, im August, stattfinden sollte, wurde Carter zum Spitzenkandidat der Demokraten. Falls er zum Präsidenten gewählt würde, werde er, so sein Versprechen, seine Energien auf den Abbau der Arbeitslosigkeit richten und auch die Inflationsrate senken. Seine »Schlüsselwerkzeuge« für den wirtschaftlichen Aufschwung seien Projekte für öffentliche Bauvorhaben, verstärkte Arbeitsplatzberatung und die Schaffung einer Organisation, die dem Civilian Conservation Corps der Depressionszeit ähnlich sein sollte.

Carter gelang es rasch, sich in Wirtschaftsfragen als ernsthafte Alternative zu Ford zu etablieren. Er trat für einen großzügigen Staat ein, der kreativ nach Heilungsmöglichkeiten für die Krankheiten sucht, die die Nation befallen hatten. Im Gegensatz dazu stand Ford für »Gebe weniger aus, tue weniger, denke wenig«, wie es ein Helfer in Carters Wahlkampagne voller Ranküne umriss.

Zu Carters Beratern gehörten Larry Klein, Pionier der computergestützten ökonometrischen Modellbildung an der University of Pennsylvania und Nobelpreisträger für Wirtschaft, Lester Thurow, ein liberaler Wirtschaftsfachmann vom MIT, der George McGovern 1972 während seiner Präsidentschaftskandidatur beraten hatte, und Al Sommers, Greenspans alter Freund aus dem Conference Board.

Auch der von den Demokraten beherrschte Kongress schaltete sich in die Wirtschaftspolitik ein. Ein Sozialhilfegesetz wurde verabschiedet, unterstützt von Hubert Humphrey und von Augustus Hawkins, einem Kongressabgeordneten aus Südkalifornien. Dessen Berater war Leon Keyserling, Vorsitzender des Wirtschaftsbeirats unter Truman und nun als privater Consultant tätig.

Das so genannte Humphrey-Hawkins-Gesetz war gedacht als Erweiterung des Gesetzes zur Aufrechterhaltung der Vollbeschäftigung von 1946, das unter anderem auch den Wirtschaftsbeirat hervorgebracht hatte. Aber während das ursprüngliche Gesetz die Regierung nur ganz allgemein aufforderte, »sich so stark wie möglich für Beschäftigung, Produktion und Handel einzusetzen«, führte das neue Gesetz das Weshalb und Warum aus. Der Gesetzentwurf von Humphrey und Hawkins beinhaltete ein Menü althergebrachter Anreize seitens der Regierung sowie Arbeitsbeschaffungsprogramme; als Ziel der Maßnahmen wurde festgeschrieben, die Arbeitslosigkeit innerhalb von drei Jahren auf drei Prozent zu drücken.

Das Gesetz wurde schließlich verabschiedet, obwohl Greenspan und Ford starke Einwände erhoben. Im Folgenden sollte sich zeigen, dass sich die Programme nur schwer durchsetzen ließen, und sie wurden mit der Zeit wieder aufgegeben. Ein Element blieb jedoch bis heute erhalten. Humphrey und Hawkins verlangten eine größere Verantwortlichkeit der Regierungsstellen, die für die Wirtschaftspolitik zuständig waren, besonders der Federal Reserve. Deren Chairman muss dem Humphrey-Hawkins-Gesetz entsprechend zwei Mal jährlich vor dem Kongress Rechenschaft ablegen.

Als die Wahlen näher rückten, erreichten die Ford-Regierung beunruhigende Nachrichten. Die Arbeitslosenquote stieg wieder. Im Mai hatte sie bei 7,3 Prozent gelegen, im August wieder 7,9 Prozent erreicht. Die Regierung musste zugeben, dass es unwahrscheinlich sei, dass sie im gleichen Jahr noch unter 7 Prozent fallen würde.

Greenspan erklärte, dies gehöre zum normalen Schema eines wirtschaftlichen Aufschwungs. Es sei unwahrscheinlich, dass sich die Wirtschaft sanft und geradlinig von der Rezession erholen werde, eher schon werde sie erst fallen, dann hochschießen, dann wieder fallen.

Greenspan beschrieb die aktuelle Phase des Aufschwungs als »Pause«. Der Begriff wurde von der Presse aufgegriffen, und sie setzte ihn ein, wo immer es ging. Das ist ein weiteres Beispiel für Greenspans außergewöhnliches Geschick, Dinge so zu äußern, dass sie die Vorstellungen der Öffentlichkeit treffen – eine Gabe, die doppelt ungewöhnlich für einen leise sprechenden Mann ist, der zu

Weitschweifigkeit neigt. Zwei Worte, die er als Notenbankpräsident äußerte – »irrationaler Überschwang« –, sind aussichtsreiche Kandidaten für seine Grabinschrift. Doch schon ein einziges Wort, »Pause«, sorgte 1976 dafür, dass sich eine Menge Leute am Kopf kratzten, und löste zugleich eine Welle von Anwürfen und wilden Spekulationen in den Medien aus.

Kurz, das Wort war in aller Munde. Greenspan fiel die Aufgabe zu, Präsident Ford eine beunruhigende Voraussage zu übermitteln. Nach den Berechnungen des Wirtschaftsbeirats würde die viel beredete Pause über den Herbst hinaus ungefähr bis in den Dezember dauern. Das war angesichts der Wahlen im November besorgniserregend.

Kissinger war anwesend, als Greenspan diese Nachricht überbrachte. Noch Jahre später erzählte er von dieser Situation. Zuerst ahmte er Greenspan nach, der vor Ford stehend in Richtung seiner Schuhspitzen etwas von »Spurts« und »Pause« und anderen ökonomischen Esoterika murmelte. Dann mimte er wieder einen Kissinger, der sich an einen imaginären Ford wendet, seine Arme in die Luft wirft und sagt: »Was macht der mit uns?«

Die Lage schien trostlos. Obwohl er der Amtsinhaber war, setzte sich Ford im August auf dem Parteitag in Kansas City nur mit einer hauchdünnen Mehrheit von 1187 zu 1070 Stimmen gegen seinen Hauptherausforderer Ronald Reagan durch, den charismatischen Gouverneur von Kalifornien. Ford wählte Senator Bob Dole aus Kansas zu seinem Kandidaten für die Vizepräsidentschaft und stolperte den großen Wahlen entgegen.

Weitere schlechte Nachrichten trafen im Oktober ein – die neuesten Zahlen des Handelsministeriums zu den wesentlichen Wirtschaftsindikatoren zeigten einen Rückgang um 0,7 Prozent. Das waren die allerletzten Wirtschaftsdaten, die vor der Wahl veröffentlicht wurden. Carters Lager sah darin natürlich den jüngsten Beweis dafür, dass die Wirtschaft tief in der Flaute steckte.

Am 31. Oktober gingen Greenspan und Klein, die jeweils entscheidenden Wirtschaftsberater der beiden Präsidentschaftskandidaten, in *Face the Nation* in den Clinch.

»Ich glaube«, sagte Klein, »zuallererst ist es wichtig, dass die Regierung die aktuelle Flaute in ihrer ganzen Bedeutung erkennt. Sie ist meiner Meinung nach viel bedenklicher als gerade in der Hitze des Gefechts zugegeben wird.« Weiter empfahl Klein ein Programm konjktureller Anreize, um den Aufschwung zu fördern.

Greenspan konterte: »Ich glaube, wir können die Arbeitslosigkeit am besten und so schnell wie möglich senken, indem wir inflationsbedingte Unausgewogenheiten und Unsicherheiten in unserem System abschaffen und es dem privaten Sektor überlassen, schnell neue Jobs zu schaffen.«

Das war der Kern der Differenzen, der Unterschied zwischen den beiden Kandidaten, in riesigen Lettern in den Himmel geschrieben: *Lasst die Wirtschaft in Ruhe* gegen *Interveniert*. Nun war es an den Wählern zu entscheiden.

Am 2. November 1976 gewann Carter mit insgesamt 297 Wahlmännerstimmen gegenüber 240 vor Ford, ein Abstand von rund zwei Millionen Wählerstimmen.

Fords Chancen waren durch die Rezession der Jahre 1974/75 und die Trägheit des wirtschaftlichen Aufschwungs irreparabel beeinträchtigt worden. Während seiner Amtszeit wurde er zudem noch von einer kontroversen Entscheidung verfolgt, die er nur einen Monat nach seinem Amtsantritt gefällt hatte – er hatte Nixon alle FBI-Verbrechen verziehen, die dieser während seiner Amtszeit möglicherweise begangen hatte. Ford konnte Nixons Erbe nie völlig abschütteln, weder politisch noch wirtschaftlich. Carter versprach frischen Wind und Neubeginn, und er gewann.

Im Rückblick erscheint Greenspans Amtszeit als Vorsitzender des Wirtschaftsbeirats zwiespältig. Auf der einen Seite war diese Zeit ein durchschlagender Erfolg. Greenspan erwies sich als ein Naturtalent, was die Navigation durch das verrückte Wirrwarr Washingtons angeht. Er fand überraschend schnell heraus, wie die widerstreitenden Ansprüche verschiedener Seiten auszubalancieren waren. Damit machte er sich selbst für den Präsidenten unentbehrlich. Und er erwies sich als fähiger Vermittler zwischen gesellschaftlichen Führungsgruppen. Die Verbindungen, die Greenspan in der Zeit der Regierung Ford geknüpft hat, waren beständig und beeinflussten die Richtung seiner weiteren Karriere entscheidend.

Schwieriger zu bewerten sind seine Leistungen als wirtschaftspolitischer Berater. Der Vorsitz des Wirtschaftsbeirats ist eine ungewöhnliche Aufgabe, zugleich breiter gefächert und eindeutig weniger einflussreich als die des Notenbankpräsidenten. Letztlich muss sich der Chef des CEA mit allen Fragen der Wirtschaft beschäftigen, dies aber in einer ausschließlich beratenden Funktion. Der Chef der Fed hat nur eine Hand voll Hebel zu bedienen, aber er entscheidet, ob die Menschen neue oder alte Schuhe tragen.

Als Vorsitzender des Wirtschaftsbeirats schaltete sich Greenspan in das gesamte Geschehen ein, von den Vorgängen, die New York City beinahe hatten zusammenbrechen lassen, bis hin zu einem Arbeitsgesetz im Stil des New Deal. Mit der denkwürdigen Ausnahme einer minimalen Steuerrückvergütung im Frühjahr 1975 war sein Rat von einer nahezu stoischen Stetigkeit – interveniert nicht, interveniert nicht, interveniert nicht. Das Laisser-faire wurzelte in festen Grundüberzeugungen, die er mit dem Präsidenten teilte. Aber nicht wenige werden dem entgegenhalten, dies sei doch eine ziemlich einfallslose Einstellung. Warum sollte der Berater des Präsidenten nicht ein paar neue Ideen einbringen, besonders angesichts der einzigartigen Herausforderungen einer Stagflation?

Andere wiederum behaupten, Greenspan sei seiner Zeit weit voraus gewesen. Eine Generation später, 1994, wurden die Republikaner durch Kongresswahlen mitten in der Amtszeit des Präsidenten an die Macht gespült. Zu diesem Zeitpunkt hatte die Vorstellung weniger und begrenzter staatlicher Eingriffe revolutionäre Kraft. Sie wurde eines der leitenden Prinzipien der neunziger Jahre und schließlich auch von Clinton und anderen Demokraten übernommen.

In den neunziger Jahren war das Laisser-faire unbestrittenes Leitbild geworden. Greenspan, als einer seiner führenden Vertreter, wurde in dieser Zeit zum Notenbankpräsidenten ernannt. In dieser neuen Rolle hatte er mehr Raum, seine Prinzipien auszuspielen. Gewiss erhöhte er die Leitzinsen der Fed, wenn es die Lage erforderte. Aber er neigte auch dazu, die Wirtschaft an einer längeren Leine zu führen als viele seiner Vorgänger. Das führt zu dem Schluss: Der Vorsitz des Wirtschaftsbeirats war ein hervorragendes Trittbrett, aber der Vorsitz der Federal Reserve war die Aufgabe, die Greenspan auf den Leib geschneidert war.

Kurz vor dem Ende von Fords Amtszeit erhielt Greenspan eine Nachricht von seinem Mentor Arthur Burns. Darin steht unter anderem: »Ich habe die Zusammenarbeit mit Ihnen in dieser Stadt sehr genossen und sehr von ihr profitiert. Ich denke, Sie wissen, dass ich Sie nicht nur als guten Freund, sondern auch als einen begabten Wirtschaftsexperten betrachte, dessen Urteil ich hoch schätze. Kurz, ich werde Sie vermissen.«

Carter wurde am 20. Januar 1977 vereidigt. An diesem Tag saß Greenspan in der Mittagsmaschine nach New York.

10 | In die Wüste geschickt

Mit seiner Rückkehr nach New York begann für Greenspan eine Zeit, die man als seine »Jahre in der Wüste« beschreiben könnte. Er verfiel zwar nicht wie Nixon während seiner Zeit im Exil fern der Öffentlichkeit in schwermütige Selbstbetrachtung. Aber er wusste auch nicht recht, was er als Nächstes tun sollte.

»Ich glaube, er war ziemlich enttäuscht«, sagt Judith Mackey, seine alte Studienkollegin von der Columbia University und langjährige Mitarbeiterin bei Townsend-Greenspan, »aber Alan ist niemand, der sich fragt: Was wäre, wenn … Oder sagt: Ich wünschte, dass … Er nimmt die Dinge, wie sie sind.«

Die meisten ehemaligen Vorsitzenden des Wirtschaftsbeirats kehren auf gut bezahlte Posten in der Wissenschaft zurück. Greenspan kehrte in das Beratungsunternehmen zurück, das er 23 Jahre lang geleitet hatte. Die Büros hatten sich nun fest im New York Plaza Nr. 1 etabliert, das große Feuer war eine blasse Erinnerung. Er bezog einen neuen Arbeitsraum, der nach seinen eigenen, etwas seltsamen Vorstellungen gestaltet war. Es war im Wesentlichen ein Büro im Büro, wie eine chinesische Schachtel. Dadurch hatte er einen abgeschiedenen Arbeitsplatz, an dem er seiner Vorliebe für Unordnung nachgeben konnte. Doch wenn wichtige Kunden kamen, empfing Greenspan sie in seinem »Schau«-Büro – es war geräumig, elegant eingerichtet und vor allem aufgeräumt.

Die Angestellten machten sich einen Spaß daraus. Der Blick durch die Eingangstür von Greenspans Büro verriet nicht, ob er anwesend war. Man musste schon in die kleine Sackgasse schauen, in der er eigentlich arbeitete. »Man musste in sein Büro hineingehen und einen scharfen Bogen schlagen, wenn man wissen wollte, ob er da war«, erinnert sich David Rowe, ein langjähriger Mitarbeiter.

Greenspan war ein Datenjunkie. Wenn er einmal eine Zahl gefunden hatte, die ihm etwas sagte, ließ er sie nicht mehr los. Das Unternehmen kaufte sogar einen Prime-300-Minicomputer als Ersatz für den alten IBM 1130 und schloss an ihn eine Reihe von uneigenständigen Terminals an, die von den Mitarbeitern genutzt werden konnten. Als Vorsitzender des Wirtschaftsbeirats hatte Greenspan einige der neuesten ökonometrischen Modelle und Techniken kennen gelernt. Nun konnte er die Methoden von Townsend-Greenspan erweitern, indem er die Zahl der Variablen vergrößerte, die für die Prognosemodelle berücksichtigt wurden.

1977 erwarb Greenspan seinen Doktortitel an der New York University – endlich. Allerdings hat er nie eine eigene Dissertation abgeschlossen, sondern an deren Stelle die Sammlung von Artikeln eingereicht, die seit 1959 in einer Reihe von wissenschaftlichen Zeitschriften und populären Magazinen erschienen waren.

Einer davon, »Ein Modell des Kapitalaufwands und der kalkulatorischen Zinsen für die US-Wirtschaft«, wurde 1971 in der Maiausgabe von *Business Economics* veröffentlicht. Ein anderer, »Die stille Revolution«, erschien 1977 in der Maiausgabe von *Across the Board*, dem Magazin des Conference Board. Er enthielt sogar ein Dokument, das Greenspan als Vorsitzender des Wirtschaftsbeirats vorbereitet hatte, einen *Wirtschaftsbericht des U.S.-Präsidenten*.

Der 176 Seiten starken Sammlung gab Greenspan den prosaischen Titel *Aufsätze zur Wirtschaftstheorie und -politik*. Inhaltlich zweifellos solide, enthielt der Band nicht gerade bahnbrechende wissenschaftliche Thesen und hatte auch nicht den üblichen Umfang einer Dissertation.

Noch Jahre später war Greenspans Doktortitel Anlass für kleine Kontroversen. Die Kritiker bezweifelten, dass seine Arbeit wirklich auszeichnungswürdig war. Und Greenspan machte es dadurch nicht besser, dass er die Universität bat, seine Dissertation vor der Öffentlichkeit verschlossen zu halten. Eine Tradition wissenschaftlicher Offenheit verlangt, dass jede Dissertation, für die ein Doktortitel verliehen wurde, jedem zugänglich ist.

Barbara Walters gab in ihrer Wohnung in Manhattan eine kleine Party für Greenspan, um seine Promotion zu feiern. Arthur und Helen Burns kamen, zusammen mit Robert und Ruth Kavesh. Ebenfalls gekommen waren Greenspans Mutter und Frank Zarb, ein Freund aus der Ford-Administration. Nach dem Abendessen verteilte Walters die kubanischen Zigarren, die sie bei einem Interview aus erster Hand bekommen hatte – von Fidel Castro.

Greenspan war nun Dr. Greenspan. Gleichwohl ging bei Townsend-Greenspan alles seinen normalen Gang. Nur dass jetzt die Uhr tickte; er wusste, dass er einen Weg finden musste, aus dem Profil, das er sich als Vorsitzender des Wirtschaftsbeirats erworben hatte, Kapital zu schlagen, und zwar schnell. Es war typisch für ihn, dafür sogar einen Zeitplan zu erstellen. Die Öffentlichkeit würde seiner Schätzung nach innerhalb eines Jahres das Interesse an einer Person aus den hinteren Reihen der Regierung verlieren.

Greenspan gelang es, die mächtige Harry Walker Agency als Agentur zu gewinnen, ein Unternehmen, das heute Redner wie John Glenn, Marion Como und die Naturwissenschaftlerin Jane Goodall vertritt. Angeblich verlangte Greenspan ein Honorar zwischen 10 000 und 40 000 Dollar für eine Rede, die er bei Geschäftsessen, bei Treffen von Handelsvereinigungen oder Veranstaltungen von Organisationen wie dem Business Roundtable hielt. Das war damals viel Geld – und ist es eigentlich immer noch. Aber noch mehr als um das Geld ging es Greenspan darum, Einfluss gewinnen. In den Jahren nach seinem Abschied vom CEA hielt er jede Woche einen Vortrag und hoffte damit, im Bewusstsein der Öffentlichkeit zu bleiben und sein Profil zu schärfen.

Greenspan begann auch damit, die Presse gewissenhafter zu hofieren. »Du hattest nie Probleme, ihn zu erreichen, wenn du eine Stellungnahme wolltest«, erinnert sich Bill Franklin, in den siebziger Jahren Redakteur der *Business Week*. »Egal, was er tat, du konntest ihn sofort erreichen.«

Greenspan wurde aufgefordert, dem »Beirat der Wirtschaftswissenschaftler« des Magazins *Time* beizutreten. Einmal im Quartal traf sich eine Auswahl von Wirtschaftlern im Hauptquartier von Time-Life im Zentrum von Manhattan. Die Teilnehmer wechselten, in der Regel anwesend jedoch waren Walter Heller und Arthur Okun, ein liberaler Nationalökonom, der unter Kennedy und Johnson Vorsitzender des Wirtschaftsbeirats gewesen war, Beryl Sprinkle, ein bekannter Monetarist und Schüler von Milton Friedman, sowie Murray Weidenbaum, damals Direktor des Studienzentrums für amerikanische Wirtschaft an der Washington University in St. Louis.

Marshall Loeb, ein Redakteur der *Time*, der später die Zeitschrift *Money* gründete, fungierte als Moderator. Man wollte eine Gruppe von Wirtschaftswissenschaftlern verschiedener Richtungen zusammenbringen und sie zu einer leidenschaftlichen Debatte anstacheln. Höhepunkte dieser Diskussionen wurden in der Zeitschrift publiziert. »Alan war immer sehr verständnisvoll«, erinnert sich Weidenbaum, »er sprach mit großem Gespür für Zahlen. Wir ergänzten uns gewöhnlich als marktorientierte Konservative.«

Die verstärkte Pressepräsenz begann sich auszuwirken. Townsend-Greenspan gewann eine Menge neuer Kunden. Während der siebziger Jahre wurde Greenspan aufgefordert, den Aufsichtsräten einer ganzen Reihe von Unternehmen beizutreten, unter anderem von Alcoa, Mobil und General Foods. Er wurde sogar gebeten, einen Verwaltungsratsposten bei dem traditionsreichen Unternehmens J. P. Morgan and Company zu übernehmen, eine Ehre, die das Magazin *Fortune* als das »Äquivalent der New Yorker Finanzwelt zum Ritterschlag« beschrieb. Aber viel mehr als nach Auszeichnungen der Geschäftswelt sehnte sich Greenspan nach einer Rückkehr in die Politik.

Mit dem Jahr 1980 eröffneten sich neue Aussichten für Greenspan. Es war wieder Wahljahr, und er wollte erneut ins Spiel kommen.

Ihm fehlte der große Spielraum der politischen Arena, in der man an Entscheidungen beteiligt ist, die das Leben von Millionen beeinflussen, und er vermisste es auch, etwas für die Gesellschaft tun zu können. Greenspan hatte entdeckt, dass Washington der beste Ort war, wenn man Einfluss ausüben und etwas in großem Stil bewegen will.

Der erste, der nach seinen Diensten rief, war erstaunlicherweise Ted Kennedy, der Senator von Massachusetts. Er plante eine Präsidentschaftskandidatur und wollte sichergehen, nicht den großen Fehler zu begehen, der George McGovern, einem anderen Ultraliberalen, 1972 unterlaufen war.

Die Wirtschaftsplattform des Senators aus South Dakota – von Kritikern amüsiert als »McGovernomics« abgetan – hatte Vorschläge für eine Sondergewinnsteuer für Unternehmen und eine Überprüfung der Sozialhilfe enthalten. Seine Ansichten waren als so radikal verschrien, dass sogar bekannte Demokraten der Wall Street wie William Salomon von Salomon Brothers ihre Sponsorengelder zurückgezogen hatten. Das hatte eine große Rolle bei McGoverns Niederlage gegen Nixon gespielt.

Greenspan organisierte ein Frühstück für Ted Kennedy und lud eine Reihe von Schwergewichten aus der Finanzwelt ein. »Kennedy wollte einen Dialog«, erinnert sich David Rowe von Townsend-Greenspan, »er wollte den Leuten an der Wall Street vermitteln, dass er nicht verrückt war. Was Greenspan anging, Alan konnte immer quer durch das breite politische Spektrum kommunizieren. Er ist im Wesentlichen ein Rationalist. Er beteiligt sich nie innerlich oder emotional an etwas.«

Das nächste Angebot an Greenspan, sich wieder politisch zu betätigen, kam aus der direkt entgegengesetzten Ecke des politischen Spektrums. Er wurde gebeten, sich als Wirtschaftsberater in Ronald Reagans Kampagne von 1980 zu engagieren. Greenspan hatte Reagan früher bei verschiedenen Gelegenheiten getroffen, so auch bei einer Dinnerparty von George Shultz im Sommer 1978. Das entscheidende Treffen jedoch hatte Martin Anderson vermittelt.

Anderson – der auch 1968 für Greenspans Mitarbeit im Team

Nixons gesorgt hatte – war diesmal der Weichensteller für Reagans Wahlkampagne. Er arrangierte ein Mittagessen zwischen Greenspan und dem Kandidaten im Stanford Faculty Club.

»Reagan stellte Greenspan im Wesentlichen ein paar politische Fragen«, erinnert sich Anderson, »Reagan spricht zwar immer sehr beiläufig, versucht dabei aber, an die wesentlichen Punkte heranzukommen. Er war beeindruckt von ihm. Er gab mir hinterher sofort zu verstehen, dass er Greenspan in seinem Team haben wolle.«

Greenspan schloss sich einem Wahlkampfteam an, in dem auch Arthur Burns, William Simon, Paul McCracken, Richard Allen und Dick Whalen mitwirkten – lauter alte Nixonleute.

Greenspans bemerkenswertester Beitrag zu Reagans Kandidatur lag in seinem Einsatz für Gerald Ford, eine seltsame Entwicklung, die als eine der verrücktesten Begebenheiten in der jüngsten Geschichte US-amerikanischer Wahlpolitik betrachtet wird.

Am 5. Juni 1980 besuchte Reagan Ford in dessen Haus in Rancho Mirage zu einem privaten Treffen. Nach außen hieß es, man wolle das Kriegsbeil vor dem landesweiten Parteitag der Republikaner begraben, der im Juli in Detroit stattfinden sollte. Um der Einheit der Partei willen war es wichtig, dass ein Präsidentschaftskandidat und ein ehemaliger Präsident zumindest für die Öffentlichkeit Einvernehmlichkeit demonstrierten. Seit den Wahlen von 1976 bestand zwischen beiden ein gespanntes Verhältnis. Reagan hatte einen harten Vorwahlkampf geführt und dem amtierenden Ford fast die republikanische Nominierung entrissen.

Das Treffen in Rancho Mirage war ein Erfolg. Als der Detroiter Parteitag einen Monat später stattfand, schienen alle früheren Differenzen zwischen den beiden ausgeräumt zu sein. Ford nahm eine Suite im 70. Stock des Plaza Hotels in Detroits Renaissance Center, die von Reagan lag im 69. Stockwerk. Die beiden machten einander mehrere Höflichkeitsbesuche. Einer davon, am 14. Juli 1980, fiel auf Fords 76. Geburtstag. Ronald und Nancy Reagan ließen mit Jerry und Betty Ford die Champagnergläser klingen. Als Geschenk hatte Reagan eine Pfeife und einen Tabaksbeutel mitgebracht, der im neunzehnten Jahrhundert von Crow-Indianern in Montana gefertigt worden war.

Der Besuch am nächsten Tag hatte einen viel ernsteren Hintergrund. Reagan hatte sich immer noch nicht für die Idee erwärmen können, George Bush zu seinem Vizepräsidentschaftskandidaten zu machen. Im Verlauf einer einstündigen Diskussion ließ Reagan eine Bombe platzen; er soll zu Ford gesagt haben: »Ich fände es gut, wenn Sie sich zur Wahl stellen würden, um mit mir gegen Carter anzutreten und ihn hoffentlich zu schlagen.«

»Ich glaube nicht, dass das geht«, war Fords prompte Antwort.

Es gab eine ganze Reihe von Gründen, nicht zuletzt die Bedingung des Zwölften Verfassungszusatzes, die besagt, dass, wenn die Kandidaten für das Amt des Präsidenten und des Vizepräsidenten beide aus demselben Bundesstaat kommen, die Wähler nicht für beide stimmen dürfen. Reagan und Ford waren beide Bürger von Kalifornien – einer von ihnen hätte also umziehen müssen. Abgesehen davon war es alles andere als sicher, ob ein neuer und ein ehemaliger Präsident als produktives Team zusammenarbeiten könnten.

Ford verließ das Treffen skeptisch. Aber er schloß die Vorstellung einer gemeinsamen Kandidatur nicht ganz aus. Innerhalb von Stunden fand eine Gruppe von Reagans Wahlkampfmitarbeitern und anderen ausgewählten Leuten aus der Politik zusammen und versuchte die Details auszuarbeiten. Man bildete rasch zwei Teams, ein Ford-Team und ein Reagan-Team. Das Ford-Team bestand aus Greenspan, Kissinger und Robert Barrett, dem Stabschef des ehemaligen Präsidenten.

Selbstverständlich war Greenspan offiziell Reagans Wirtschaftsberater. Aber weil er eng mit Ford zusammengearbeitet hatte, fand er es absolut sinnvoll, in den bevorstehenden komplizierten Verhandlungen die Interessen des ehemaligen Präsidenten zu vertreten.

Das Reagan-Team bestand aus dem Wahlkampfleiter William Casey, dem Stabschef Ed Meese und dem Meinungsforscher Richard Wirthlin.

Spät in der Nacht kam das Ford-Team mit dem ehemaligen

Präsidenten zusammen. Auch Kissinger und Ford setzten sich für 45 Minuten unter vier Augen zusammen. Kissinger appellierte an Fords Patriotismus; er solle bedenken, dass Carters fehlgeleitete Politik einen »nationalen Notfall« verursacht habe.

»Henry, ich glaube nicht, dass das funktioniert«, sagte Ford. Das Treffen wurde abgebrochen, und schließlich ging man schlafen. Der nächste Tag begann in einer höchst dramatischen Stimmung, die sich bis zum Abend zu Turbulenzen steigern sollte.

Während eines Treffens beim Frühstück versuchten die beiden Teams ihre Vision der Traumkandidatur Reagan und Ford zu klären. Man kam überein, dass man letzterem als Vizepräsidenten eine bedeutendere Rolle einräumen müsse, aber die genauen Bedingungen waren schwierig zu fixieren. Jedem klugen Einfall stand ein Dutzend möglicher Fallstricke gegenüber. Jemand schlug vor, Ford solle an den Ernennungen der Minister beteiligt werden. Aber würde Reagan seine Wahl nicht selbst treffen wollen?

Beide Seiten verfassten ein schnell zusammengestelltes Memo mit dem Titel »Skizze der Gesprächsthemen«. Zweizeilig beschrieben und nur eineinhalb Seiten lang zielte das Papier darauf, eine ansehnliche Reihe von praktischen, logistischen, politischen und verfassungsrechtlichen Fragen anzusprechen. Eine davon war die Überlegung, ob nicht der Vizepräsident mit dem Haushalt betraut werden könne. Eine andere lautete: Ob es nicht einen einzigen gemeinsamen Stab im Weißen Haus geben solle, der beiden zuarbeitet.

Die beiden Teams wanderten weiter hin und her, trafen sich mit Ford und Reagan, tagten ohne sie, trafen sich wieder mit Ford und Reagan. Die Spannung stieg.

Einmal drängte Greenspan Ford dazu, aus »Pflicht« zu kandidieren. Ford erwiderte: »Sehen Sie, in Gottes Namen, aber wenn ich das tun würde: Wären Sie bereit, mitzumachen und mich in Wirtschaftsfragen zu unterstützen?«

Greenspan antwortete: »Wenn ich hier sitze und deutlich die Meinung vertrete, dass Ihre Vizepräsidentschaft keine schlechte Idee ist, dann habe ich keine andere Wahl, als dem zuzustimmen.«

Vielleicht würde Greenspan schließlich Finanzminister werden.

Aber allmählich zeigten sich Risse, besonders in Reagans Lager. Eine stärkere Rolle des Vizepräsidenten würde die des Präsidenten schwächen. Es gab auch Gerüchte, Ford werde versuchen, Kissinger wieder als Außenminister einzusetzen. Diese Vorstellung behagte Reagan überhaupt nicht. Er hatte das Gefühl, dass Kissinger etwas mit sich herumtrug.

Für diesen Abend hatte Ford einige Fernsehinterviews vereinbart, mit Walter Cronkite von CBS und mit Barbara Walters von ABC. Gerüchte über die Traumkandidatur waren natürlich durchgesickert, und der Parteitagssaal in der Joe Louis Arena summte; man redete über kaum etwas anderes. Selbstverständlich kam das Thema auch in den Interviews zur Sprache. Ford antwortete in seiner typischen Offenheit und deutete an, dass seine Kandidatur für die Vizepräsidentschaft möglich, aber unwahrscheinlich sei – es gebe noch eine große Zahl von Einzelfragen, die man klären müsse. Das trug zu Reagans wachsender Verärgerung bei. Er sah es als Vertrauensbruch, dass Ford das Gerede noch nährte.

Als der Abend voranschritt, wuchsen auch Fords Zweifel. Um 23 Uhr ging er in Reagans Suite und lehnte ab. Zu diesem Zeitpunkt hatten beide dasselbe Gefühl. Die seltsame Tändelei war innerhalb von 36 Stunden erblüht und abgestorben. Die beiden Männer sprachen zehn Minuten lang höflich miteinander, dann kehrte Ford in seine Räume zurück.

Ein paar Minuten später, am 16. Juli 1980 um 23.17 Uhr, um genau zu sein, rief Ronald Reagan George Bush an und bat ihn, sein Vizepräsidentschaftskandidat zu werden.

Was Greenspans Rolle in diesem Drama angeht, so brachte ihm diese eine Menge Kritik ein, ganz ähnlich erging es Kissinger. Manche meinten, die beiden hätten sich, als sie Ford drängten, von ihren eigenen selbstsüchtigen Motiven leiten lassen – vom Wunsch, etwas von ihrem früheren Ruhm wiederzugewinnen. Andere glaubten lediglich, dass sie, als Männer, die für gewöhnlich über einen feinen politischen Instinkt verfügten, eine überraschende Naivität an den Tag gelegt hatten.

»Weder Greenspan noch ich haben das forciert«, sagt Kissinger, »wir analysierten, wie es funktionieren könnte, wenn die Reaganleute unbedingt wollten, dass es funktioniert. Uns ging es nur darum, die Carter-Regierung abzulösen.«

Auch Donald Rumsfeld, der in der Regel sehr schmeichelhaft über Greenspan spricht, erinnert sich an den Parteitag von 1980 nicht als an dessen Sternstunde. »Ich weiß nicht, was Greenspan und Kissinger sich dabei dachten. Einen ehemaligen Präsidenten als Vizepräsidenten auszuwählen, war die dümmste Idee, von der ich je gehört habe. Ich persönlich glaube, sie meinten es gut, aber falsch – total falsch. Du kannst nicht vier Hände am Steuer haben. Es hätte Reagan geschwächt und ihn aussehen lassen, als sei er kein ganzer Präsident. Die Leute wollen keinen Präsidenten, der keiner ist.«

Nach dem Parteitag kehrte Greenspan in seine Funktion als Reagans Wirtschaftsberater zurück. Aber er sah sich weiterhin kleinen Kontroversen ausgesetzt, so auch der, die Jude Wanniski aufgerührt hat.

Wanniski war Wirtschaftsberater und Reagan freundschaftlich verbunden. Er war auch ein enger Schüler von Professor Arthur Laffer von der University of Chicago, der für die Lafferkurve berühmt war, die theoretische Untermauerung für die angebotsorientierte Wirtschaftspolitik. Dieser Theorie zufolge ist es möglich, die Staatseinkünfte durch Steuersenkungen zu steigern. Im Wesentlichen geht es bei der angebotsorientierten Wirtschaftspolitik darum, die Steuerlast der Bevölkerung zu reduzieren, wodurch sie einen Anreiz bekommt, mehr zu arbeiten und mehr zu verdienen. Das wiederum führt zu höheren Steuereinnahmen der Regierung.

Wanniski war die wichtigste Quelle für einen Artikel von Alexander Cockburn und James Ridgeway, der am 7. April 1980 in der *Village Voice* unter dem Titel »Kollidierende Welten. Der Kampf um Reagans Meinung« erschienen war. Die wesentliche Aussage war, Reagans Wirtschaftsberater seien in zwei Lager gespalten. Auf der einen Seite standen Vertreter der angebotsorientierten Wirtschaftspolitik wie Wanniski, Laffer und der Kongressabgeordnete Jack

Greenspan beim Shakehands mit Reagan – hinter ihm Notenbank-präsident Paul Volcker, Greenspans Vorgänger in diesem Amt.

Kemp; auf der anderen Seite Traditionalisten wie Burns, Shultz und Greenspan.

Die Mitglieder von Reagans Wahlkampfteam betrachteten Wanniskis Vorgehen als einen Versuch, sich selbst in Rampenlicht zu rücken. Reagan ließ Wanniski sofort fallen, aber die Presse hatte schon einen ziemlichen Rummel um die Story veranstaltet. Die Vorstellung eines »Kampfes um Reagans Meinung« war einfach zu gut, um sie nicht breit auszuschlachten.

Selbst nach dem Parteitag der Republikaner im Juli hielt sich der Glaube, Reagans Berater seien in zwei Lager gespalten. Greenspan sollte später für immer als ein Skeptiker der angebotsorientierten Wirtschaftspolitik gelten, als jemand, der die Tauglichkeit der umstrittenen Theorie bezweifelte. Aber das war nur eine dauerhafte und dennoch falsche Wahrnehmung, die auf Wanniskis unvorsichtiges Interview mit *Village Voice* zurückging.

Tatsache ist, dass Greenspan keine besonderen theoretischen Einwände gegen die angebotsorientierte Wirtschaftspolitik hatte. Im Verlauf des Wahlkampfes bezweifelte er bestimmte Annahmen, die er für übermäßig optimistisch hielt. Aber er stellte verschiedene Prognosen auf und überprüfte sie mehrfach, um zu zuverlässigen Zahlen zu gelangen. »Greenspan sagte immer wieder: Ja, Sie können diese Zahlen haben. Er half, realistische Prognosen zu erstellen«, so Annelise Anderson, Martin Andersons Frau und ebenfalls Wahlkampfberaterin Reagans.

Reagan gewann die Wahl deutlich mit insgesamt 50,7 Prozent der Stimmen gegen 41 Prozent für Carter. Auf ihn fielen 489 Wahlmännerstimmen, auf Carter lediglich 49.

Greenspan arbeitete weiter mit Reagan zusammen und spielte unter dessen Führung eine ähnliche Rolle wie unter der Nixon-Administration. Er wurde das, was spaßhaft als »outhouse adviser« bezeichnet wird – im Gegensatz zu einem hausinternen Berater. Er blieb in New York und leitete Townsend-Greenspan, stand der Regierung aber für die Beratung in Wirtschaftsfragen zur Verfügung. Er arbeitete auch in bestimmten Arbeitsgruppen und Komitees mit, deren Einfluss allerdings gering war – mit einer bemerkenswerten Ausnahme.

Angesichts einer großen Krise berief die Regierung Reagan die Staatliche Kommission für die Reform der Sozialversicherung, auch unter dem Namen Greenspan-Kommission bekannt.

Die amerikanische Sozialversicherung funktioniert nach einem System, bei dem die Beiträge der Beschäftigten direkt an die Rentner weitergeleitet werden. Die Höhe der Auszahlungen ist seit 1972 an die Inflationsrate gebunden. Diese beiden Faktoren waren mit schuld an der Katastrophe während der Stagflation der Ford- und Carterjahre. Zwischen 1977 und 1981 beispielsweise stieg die Inflation insgesamt um 60 Prozent. Die Reallöhne jedoch fielen um 6,9 Prozent. So konnten die Löhne der Beschäftigten nicht mit den aktuellen, an die Inflation gebundenen Rentenzahlungen Schritt halten.

Im Mai 1981 kündigte die Reagan-Administration eine Reihe von Maßnahmen an, die das System der Sozialversicherung stützen sollten, was in jedem Fall eine Kürzung der Renten bedeutete. Die Regierung machte etwa den Vorschlag, die Zahlungen an diejenigen zu vermindern, die vor dem 65. Lebensjahr in Rente gingen. Damals konnten Arbeitnehmer, die mit 62 Jahren den Ruhestand antreten, nur 80 Prozent der Leistungen in Anspruch nehmen; das ist bis heute so. Reagan wollte diesen Betrag bis auf 55 Prozent senken. Das führte zu einem riesigen Aufschrei in der Öfentlichkeit.

Die Gewerkschaften und die AARP, die Vereinigung der amerikanischen Ruhestandsgeldempfänger, waren aus dem Häuschen. Kongressabgeordnete aus beiden politischen Lagern protestierten, und am 20. Mai 1981 wurde vom Senat eine Resolution angenommen, die diesen Vorschlag verurteilte. Nicht umsonst wird das System der Sozialversicherung die »dritte Schiene« der Politik genannt.

Reagan erlebte einen PR-Alptraum. Am 24. September 1981 kündigte er an, eine Zweiparteienkommission zu bilden, die nach Lösungen für das chaotische Sozialversicherungssystem suchen solle. Ein Drittel ihrer fünfzehn Mitglieder wurde von Tip O'Neill, dem Sprecher des Weißen Hauses, ausgewählt, ein Drittel vom Führer der Senatsmehrheit, Howard Baker, und Reagan sollte die restlichen benennen. Die Liste wurde am 16. Dezember 1981 vorgestellt. Der Kommission gehörten unter anderem der Senator Bob Dole (ein Republikaner aus Kansas), Senator Daniel Patrick Moynihan (ein Demokrat aus New York), Lane Kirkland, der Vorsitzende des größten amerikanischen Gewerkschaftsverbandes, Alexander Trowbridge, der Präsident Arbeitgebervereinigung, und Robert Ball an, der die Sozialversicherungsverwaltung vertrat. Die Mitglieder der Kommission waren politisch gespalten, acht Republikaner und sieben Demokraten saßen um den Tisch.

Greenspan wurde zum Vorsitzenden ernannt. »Er wurde ausgewählt, ... weil er in Wirtschaftskreisen sehr anerkannt war«, so James Baker, Reagans damaliger Stabschef. »Er wurde in politischen Kreisen hoch geschätzt, sowohl als ehemaliger Vorsitzender des Wirtschaftsbeirats als auch, weil er einen Ruf als Zweiparteienmensch besaß.«

Die Kommission tagte bis 1982 und versuchte eine Lösung zu finden, die der Kongress und das amerikanische Volk akzeptieren würden. Die Sache drängte – das System sank buchstäblich jede Sekunde um 20 000 Dollar tiefer in die roten Zahlen. Die Verwaltung der Sozialversicherung gab bekannt, dass die Rücklagen im Juli 1983 so weit erschöpft sein würden, dass die Renten nicht länger in voller Höhe ausgezahlt werden könnten.

Unter dem Druck der sich abzeichnenden Katastrophe kämpfte die Kommission um eine Lösung, die weniger schmerzhaft sein sollte, als Reagans ursprünglicher Vorschlag. Schließlich schnürten sie ein Paket aus Auszahlungskürzungen und Steuererhöhungen. Mangels eines großen und unverhofften Segens von Steuereinnahmen war dies die einzige Möglichkeit. Weitere Empfehlungen der Greenspan-Kommission waren: Erhöhung der gesetzlichen Abgaben zur Sozialversicherung; Erweiterung des Niveaus steuerpflichtiger Einkünfte und Besteuerung der Sozialversicherung selbst.

Die Empfehlungen der Greenspan-Kommission wurden dem Kongress vorgelegt, der diesmal auf seine typischen langwierigen Beratungen verzichtete. (Niemand wollte den Zorn von 36 Millionen wütenden Rentenempfängern erleben, wenn die Zahlungen der Sozialversicherung tatsächlich reduziert werden müssten.) Reagan konnte das Gesetz am 20. April 1983 unterzeichnen.

Im Rückblick ist die Lösung der Kommission so etwas wie ein Heftpflaster. Die grundsätzlichen Probleme eines umlagefinanzierten Systems, bei dem die Beiträge direkt an die Empfänger weiterfließen, wurden nicht ausgeräumt. Wie die Sozialversicherung abgesichert werden kann, ist eine der größten zu lösenden Aufgaben des Landes. Im Jahr 2000 beträgt das Verhältnis von Beschäftigten zu Rentnern 3,25 : 1; bis 2030 jedoch wird es vermutlich auf 2 : 1 gefallen sein. Weil die älter werdenden Babyboomer die Gruppe der Rentner anschwellen lassen wird, wird es immer mehr Zahlungsempfänger geben, die von einer relativ kleineren Zahl von Arbeitskräften unterstützt werden. Zweifellos bietet das Stoff für noch viele Kommissionen.

Trotzdem hat Greenspan Anerkennung für die Leitung einer

Kommission erhalten, die den Zusammenbruch des Sozialversicherungssystems wenigstens kurzfristig abgewendet hatte. Danach war er wieder der externe Berater, allerdings einer, den sich Reagan gut merkte.

Zurück in New York kehrte für Greenspan wieder der Alltag ein. Er hielt weiterhin gute Beziehungen zum Lager Reagans. Da die passende Gelegenheit, die nächste Stufe zu erklimmen, aber noch auf sich warten ließ, verwendete er seine ganze Aufmerksamkeit auf den Versuch, sein Ansehen als Berater zu vergrößern.

1985 sah man Greenspan – bis dahin nie als wirklicher Technikfreund in Erscheinung getreten – in Zeitschriftenanzeigen für den Apple IIc. Der dazugehörige Slogan lautete: »Wie Sie um das Bezahlen Ihrer Rechnungen herumkommen«, und die Werbung vermittelte den Eindruck, der »berühmte Wirtschaftsberater« Greenspan würde sich bei der Verwaltung seiner Finanzen auf den Apple Computer verlassen.

Er versuchte es auch mit einigen Beteiligungsgeschäften von Townsend-Greenspan. Zum Beispiel wollte er mit Roderick »Rory« O'Neil, einem hochrangigen Manager der Travelers Corporation ins Finanzgeschäft einsteigen. Marvin Josephson, der bekannte Talent-Scout, stellte drei Millionen Dollar zur Anschubfinanzierung bereit.

In das neue Unternehmen wurde Greenspan nur einbezogen, weil er seinen Namen und seine Reputation zur Verfügung stellen sollte – O'Neil sollte die Kontakte und das Fachwissen liefern. Aber die Finanzwelt ist ein schwieriges Geschäft. Greenspan O'Neil Associates begann als ein Dienstleistungsunternehmen für Pensionsfonds und andere große institutionelle Investoren, aber das Unternehmen scheiterte am Markt und konnte nie genügend Fonds unter Vertrag nehmen. So erzielte das Unternehmen nur geringe Honorareinkünfte und schloss nach wenig mehr als einem Jahr.

Während dieser Zeit sprachen auch Greenspan und Kissinger über ein Jointventure. Kissinger hatte 1982 ein Beratungsunternehmen gegründet, das auf Fragen der Außenpolitik spezialisiert war. Er und Greenspan waren seit den Zeiten der Regierung Ford in Verbindung geblieben und Freunde geworden. Tatsächlich fuhr Greenspan häufig als Wochenendgast zu Kissinger nach Kent, Connecticut. Sie führten lange Diskussionen, die unweigerlich in ihre jeweiligen Fachgebiete führten.

»Ich sagte ihm, wie ich die außenpolitische Situation auffasste«, erinnert sich Kissinger, »er legte mir seine Analyse der aktuellen Wirtschaftsverhältnisse dar – äußerst brillant.«

So kamen beide auf den verlockenden Gedanken, dass sie doch auch professionell ein gutes Team abgeben würden. Ihre Spezialgebiete – Wirtschaft und Außenpolitik – ergänzten sich auf verführerische Weise. Dennoch waren einfach zu viele Einzelheiten zu klären, und das geplante Unternehmen gelangte nie über den Status einer Idee hinaus. »Ich glaube, dass es die Chance für einen Zusammenschluss gegeben hätte, wenn Alan nicht zur Fed gegangen wäre«, sagt Kissinger heute.

11 | NOTENBANKPRÄSIDENT GREENSPAN

Im Sommer 1987 erhielt Greenspan einen Anruf von Präsident Ronald Reagan, der sein Leben verändern sollte. Reagan bot ihm den Posten des Notenbankpräsidenten an, eine überaus anspruchsvolle Aufgabe: Der Chairman der Federal Reserve wird von vielen als der zweitmächtigste Mann im Lande betrachtet. Manche würden sogar behaupten, dass diese Position zu bestimmten Zeiten, unter bestimmten Umständen die politisch mächtigste des Landes ist. Der Notenbankpräsident sitzt an den Hebeln, die die Wirtschaft buchstäblich beschleunigen oder zum Erliegen bringen können.

Vorsicht, Umsicht und Unparteilichkeit sind die notwendigen Voraussetzungen für diese Aufgabe. Ein Chef der Fed muss mit dem Präsidenten und dem Kongress zusammenarbeiten können, gleichwohl aber stets über den politischen Auseinandersetzungen stehen, ein schwieriger Balanceakt. Der Chef der Fed muss Tag und Nacht Zahlen ein- und ausatmen – und dies auch mögen.

Vor allem aber muss er absolut dickhäutig sein. Das Ertragen von Kritik – jeder Menge Kritik – gehört zu seiner Arbeit. Es ist wie der Job eines Baseballschiedsrichters, nur tausendmal schlimmer.

Der Kongress hat die Federal Reserve der Vereinigten Staaten ursprünglich geschaffen, damit eine unabhängige Behörde einen Großteil der Verantwortung für das Funktionieren der Wirtschaft trägt. Wegen ihrer Macht ist die Federal Reserve jedoch traditionellerweise nicht unumstritten. In Zeiten des Aufschwungs konkurrieren Kongress und Regierung um die Anerkennung für den wirtschaftlichen Erfolg. Wenn die Wirtschaft jedoch abstürzt, richten sich alle Augen auf die Fed. In solchen Zeiten ist deren Chairman Zielscheibe von Vorwürfen. Wegen seines kühlen, gelassenen Stils war Greenspan für diese Aufgabe gut geeignet.

In vielerlei Hinsicht hatte Greenspan sein gesamtes bisheriges Leben mit der Vorbereitung auf diese Position verbracht. Sein Mentor Arthur Burns war denselben Weg gegangen: Vorsitzender des Wirtschaftsbeirats, Insider in Washington, Notenbankpräsident. Dennoch kann niemand wirklich aktiv auf diesen Job hinarbeiten. Der Präsident ernennt den Chairman der Fed nach intensiven Konsultationen mit seinen Beratern und mit Blick auf die möglichen Reaktionen der Wall Street.

Als Angehöriger des inneren Kreises um Reagan zählte Greenspan zu dessen engerer Wahl. Die Tatsache, dass er nie bei der Federal Reserve gearbeitet hatte, war weder Vor- noch Nachteil. Traditionell werden die Chefs der Fed von außerhalb geholt. Während der gesamten Geschichte der amerikanischen Notenbank ist es keinem einzigen Vizepräsidenten gelungen, den Vorsitz zu übernehmen. Selbst als aussichtsreichster Kandidat hätte sich Greenspan unmöglich sicher sein können, tatsächlich ernannt zu werden. Es gibt einfach zu viele Unwägbarkeiten.

Als Reagan schließlich anrief, um ihm den Posten anzubieten, saß Greenspan wegen seines Rückenleidens beim Arzt.

»Es lässt sich nicht sagen, was die mit ihm anstellen«, witzelte Reagan.

Zwanzig Minuten vergingen, bevor Greenspan ausfindig gemacht wurde. Als ihn das Weiße Haus gefunden hatte, nahm er den Job sofort an. 1974 musste er von vielen Leuten überredet werden, nach Washington zu gehen, aber diesmal brauchte er für seine Entscheidung nur »Millisekunden«, wie sich Greenspan später erinnerte.

Am nächsten Tag, dem 2. Juni 1987, informierte Reagan die Öffentlichkeit über die Nominierung Greenspans. Nun war es am Markt, zu reagieren. Innerhalb von Minuten nach Reagans Ankündigung fiel der Dow um 22 Punkte, erholte sich aber schnell. Das war ein deutliches Signal dafür, dass Greenspan zumindest von Teilen des Finanzmarktes als würdiger Nachfolger des letzten Notenbankpräsidenten betrachtet wurde. Der ausländische Devisenmarkt war eine andere Sache. Der Wert des Dollars sank heftig gegenüber dem japanischen Yen und verschiedenen europäischen Währungen.

Volcker war weltweit anerkannt. Während zweier Perioden als Notenbankpräsident hatte er ein Netzwerk ausländischer Zentralbanker aufgebaut, das sich von Bonn bis Peking erstreckte. Wenn Greenspan sich irgendwo durch ein deutliches Handikap auszeichnete, dann durch seine Unerfahrenheit in der internationalen Arena. Blitzschnell wurde ein Urteil gefällt: Der Inlandsmarkt hatte ein gutes Gefühl Greenspan gegenüber, aber international war er eine unbekannte Größe.

Der nächste Schritt hin zum Sessel des Notenbankpräsidenten war ein Auftritt vor dem Senatsausschuss für Bankangelegenheiten. Dieser Ausschuss hatte zu entscheiden, ob Greenspans Ernennung dem gesamten Senat zur Bestätigung vorgelegt werden sollte oder nicht. Die Nominierung löste Besorgnis aus. Würde sie akzeptiert, wäre Reagan der erste US-Präsident, der tatsächlich alle sieben Mitglieder des Vorstands der Federal Reserve ernannt hatte. Marta Seger, 1983 von Reagan ernannt, war zu dem Zeitpunkt die Dienstälteste im Notenbankvorstand. Die Mitglieder des Senatsausschusses sorgten sich darum, dass die Federal Reserve der Regierung übermäßig verpflichtet und ihre viel gepriesene Unabhängigkeit deshalb gefährdet sein würde.

Um es kurz zu sagen: Die Fed sitzt am Steuer, wenn es um die Wirtschaft geht, die sie sicher und mit gleichbleibender Geschwindigkeit lenken soll. Präsidenten dagegen wollen die Wirtschaft immer schneller und schneller wachsen sehen. Gäbe die Federal Reserve jemals den Wünschen des Präsidenten völlig nach, dann käme es zu einem Boom, der alle Booms beenden würde – mit zweiprozentigen Hypothekenzinsen und einem Aktienmarkt, der in die Stratosphäre schießt. Natürlich würde dieses Fahrzeug, das mit 190 Stundenkilometern dahinrast, schließlich außer Kontrolle geraten.

Während der Anhörungen bohrte Donald Riegle, ein Demokrat

aus Michigan, nach: »Wenn irgend jemand aus der Regierung versuchen würde, sich irgendwann im nächsten Jahr vor den Wahlen in die Entscheidungen der Fed einzumischen, was würden Sie dann tun?«

»Damit rechne ich überhaupt nicht«, antwortete Greenspan, »aber wenn das geschehen sollte, werde ich es natürlich zurückweisen.«

William Proxmire, der Demokrat aus Wisconsin und Greenspans alter Sparringspartner, hatte damals den Vorsitz des Senatsausschusses für Bankangelegenheiten inne. Er trug eine ganze Reihe von Bedenken vor, die Unabhängigkeit der Federal Reserve war nur eine davon. Wie damals bei Greenspans Ernennung zum Vorsitzenden des Wirtschaftsbeirats, als er ebenfalls den Vorsitz innegehabt hatte, begann er mit der Ankündigung, dass er wiederum sehr gründlich sein werde: »Dr. Greenspan«, sagte Proxmire, »ich werde ein bisschen länger brauchen als jemals zuvor bei einer ersten Stellungnahme, weil ich glaube, dass dies eine absolut wichtige Ernennung ist.«

Proxmire rügte Greenspan dafür, was er dessen »düsteren Prognoserekord« als Wirtschaftswissenschaftler nannte. Er sprach auch von seinen Vorbehalten gegenüber Greenspans Ansichten zur Kartellgesetzgebung, weil die Fed dazu aufgefordert sei, sich in bestimmte Bankfusionen einzumischen. Proxmire führte aus, dass Greenspan in einem Essay in Ayn Rands *Kapitalismus. Das unbekannte Ideal* seine »philosophischen Einwände gegen Kartellgesetze« ausgebreitet habe. Proxmire sorgte sich auch um die Tatsache, dass Greenspan einst von Sears zurückgehalten worden war, als er die Einzelhändler dabei unterstützen wollte, sich aggressiver im Sektor der Finanzdienstleistungen zu engagieren, einem Sektor, für den regulierende Beschränkungen zu erwarten waren.

Das Urteil, er sei ein schwacher Prognostiker, nahm Greenspan gelassen hin; darüber müsse nicht diskutiert werden. Die Inflationsprognosen von Townsend-Greenspan waren zwischen 1982 und 1986 um 1,2 bis 2,4 Prozent jährlich zu hoch ausgefallen. Greenspan hatte stets mehr von einem Anatom. Er sezierte das aktuelle Wirtschaftsgeschehen und lokalisierte die ersten Anzeichen für eine sich verlangsamende oder beschleunigende Inflation. Prognosen dagegen und deren Darstellung in genauen Zahlen gehörten nicht zu seinen Stärken. Tatsächlich belegte Townsend-Greenspan in einem Ranking der Fed nur den letzten Platz von acht Unternehmen, die Inflationsprognosen abgegeben hatten.

Was die Kartellgesetze angeht, vollführte Greenspan einen der für ihn typischen verbalen Tänze. »Ich bin, wie Sie gesagt haben, aus prinzipiellen Gründen gegen das Antitrust-Gesetz, den Sherman Act. Das war ich immer und werde es auch weiterhin bleiben. Aber ich verstehe ihn, und ich verstehe die juristischen Kriterien, die zu seiner Anwendung gehören, und hoffentlich werde ich meine eigenen Ansichten von den gesetzlichen Erfordernissen trennen können.«

Proxmires Antwort: »Das ist zugleich sehr beunruhigend und tröstlich, wenn Sie verstehen, was ich meine.«

Insgesamt wurde Greenspan dreieinhalb Stunden in die Zange genommen. Schließlich sprach sich der Ausschuss dafür aus, ihn dem Senat vorzuschlagen. Greenspan wiederum versicherte, er werde die wesentlichen der geäußerten Bedenken beherzigen.

Allerdings verlangte der Ausschuss, dass Greenspan alle Verbindungen zu Townsend-Greenspan löste. So musste ein Käufer oder ein neuer Partner für das Unternehmen gefunden werden, das auf rund 30 Angestellte angewachsen war. Greenspan und seine Partner kämpften darum, entsprechende Arrangements zu treffen, aber der Termindruck war zu groß. Am 31. Juli 1987 schloss die Firma Townsend-Greenspan ihre Pforten.

»Es war ein trauriger Tag«, erinnert sich Bess Kaplan. Sie hatte seit 1954 bei Townsend-Greenspan gearbeitet und nutzte die Gelegenheit, sich zur Ruhe zu setzen. Kathryn Eickhoff – Greenspans getreue Stellvertreterin – gründete ein eigenes Beratungsunternehmen, Eickhoff Economics.

Greenspan musste seine Finanzen neu ordnen, um Interessenkonflikte zu vermeiden. Dokumente belegen, dass er Wertpapiere im Wert von 2,9 Millionen Dollar besaß, darunter Anteile von Alcoa, Cap Cities/ABC und J. P. Morgan, dazu noch ein Portfolio mit US-Staatsanleihen und eine beträchtliche Menge an Transportanleihen des Staates New York. Greenspan willigte ein, seine Anteile an

Unternehmen abzustoßen, die wiederum Anteile an Banken hielten, wie etwa J. P. Morgan. Den Rest übergab er zwei so genannten *blind trusts*, Treuhandverhältnissen, die zur Vermeidung von Interessenkonflikten eingerichtet wurden. In seiner typischen Logik führte Greenspan aus, dass zwei solcher *blind trusts* eine bessere Risikostreuung seines Vermögens garantierten als nur einer.

Ein paar Tage nach Schließung seines Unternehmens kam Greenspans Nominierung vor den Senat. Die Sache wurde nur kurz und ohne große Diskussion beraten. Der Ausschuss hatte schließlich genügend Gespräche geführt und Anstöße gegeben. Mit 92 zu zwei Stimmen wurde Greenspan bestätigt.

Einer der beiden Abweichler war Bill Bradley, ein Demokrat aus New Jersey. Der Senator äußerte seine Besorgnis, Greenspan werde »schnell in Richtung Deregulierung gehen, anstatt dieselbe Vorsicht an den Tag zu legen wie Chairman Volcker«. Er fügte hinzu: »Ich glaube auch, dass wir diesmal einen Chef mit größerer internationaler Erfahrung brauchen.«

Das andere Nein kam nicht von Proxmire, sondern von Kent Conrad aus North Dakota. Als es um Greenspans Vorsitz im Wirtschaftsbeirat ging, hatte Proxmire gegen ihn gestimmt. Diesmal nicht.

»Prox stimmte oft für Leute, die er für fähig hielt, den Job zu machen, auch wenn er nicht einer Meinung mit ihnen war«, sagt Howard Shumann, dessen ehemaliger Stabschef. »Zum Beispiel unterstützte er auch William Rehnquists Nominierung für das Oberste Gericht, weil niemand behaupten konnte, dass er dafür nicht qualifiziert war.«

Die Vereidigungszeremonie wurde für den 11. August 1987 angesetzt. An diesem Tag lud Greenspan Wesley und Carolyn Halpert, seinen Cousin und dessen Frau, zum Mittagessen in das Kasino der Fed ein. In Greenspans Begleitung war Susan Mills, eine Produzentin bei der *MacNeil-Lehrer Newshour*, eine seiner Frauen aus dem Medienbereich. Carolyn Halpert hatte nicht den Eindruck, dass Greenspan und Mills es wirklich ernst meinten. Sie fand Greenspan auch überraschend mürrisch an seinem großen Tag. »Ich glaube, ich war aufgeregter als er«, erzählt sie, »er schien ganz ruhig zu sein.«

Die Vereidigung fand im East Room des Weißen Hauses statt. Eine Reihe von Regierungsvertretern waren anwesend, darunter Innenminister George Shultz und Verteidigungsminister Caspar Weinberger. Der scheidende Notenbankpräsident Volcker und die sechs übrigen Gouverneure der Federal Reserve waren ebenfalls anwesend. Greenspans Mutter Rose konnte wegen einer schweren Erkrankung nicht teilnehmen. Aber Cousin Wesley brachte das Exemplar der von Gerald Ford signierten Tora mit, die bei Greenspans Vereidigung zum Vorsitzenden des Wirtschaftsbeirats benutzt worden war. Rose hatte sie als eines ihrer wertvollsten Besitztümer stets auf dem Couchtisch in ihrem Wohnzimmer liegen.

Der Amtseid wurde von Vizepräsident Bush abgenommen; Reagan sagte ein paar Worte und lobte Greenspan als »Ökonomen der Ökonomen«. Greenspans Ansprache war kurz und launig: »Vielleicht sollte ich auch im Voraus den Erfindern all jener Ereignisse danken, die die nächsten Jahre zu leichten Jahren machen werden: eine Inflation, die sich nicht vom Fleck rührt, ein Aktienmarkt, der immer in Haussestimmung ist, ein Dollar, der immer stabil ist, Zinsen, die niedrig bleiben, und eine Beschäftigungsrate, die hoch bleibt. Aber ganz sicher möchte ich denen danken, die all das mit ihrer Fähigkeit, die Gesetze der Arithmetik aufzuheben, möglich machen.«

Niemand lachte. Vielleicht waren die Anwesenden an seinen besonderen Stil noch nicht gewöhnt. Doch Greenspan fand auch einen ernsteren Ton. »Ich bin jedoch besonders betrübt, dass Dr. Arthur F. Burns, ehemaliges Mitglied des Wirtschaftsbeirats und ehemaliger Notenbankpräsident und seit meinem Studium und über 35 Jahre hinweg mein Mentor, heute nicht bei uns sein kann.«

Burns war im Frühsommer im Alter von 83 Jahren gestorben, nachdem es Komplikationen bei der Legung eines dreifachen Bypasses gegeben hatte. In den letzten Jahren hatte Burns seine eindrucksvolle Karriere in Washington mit dem Amt des US-Botschafters in Deutschland gekrönt. Er war Gründer und erster Vorsitzender des Komittees zur Bekämpfung der Inflation, einer Gruppe anerkannter Wirtschaftsfachleute, die ihre Laufbahn im öffentlichen Dienst absolviert hatten. Ein Satz von Burns, mit dem er sich selbst charakterisiert hat, hätte sich auch als Grabinschrift für ihn geeignet: »Ich widmete einen großen Teil meines Lebens dem Versuch, dem Land die Gefahren der Inflation bewusst zu machen.« Der Job des obersten Inflationsbekämpfers war nun an den 13. Notenbankpräsidenten übergeben worden, an Burns' einstigen Schüler.

Die Federal Reserve ist die Zentralbank der Vereinigten Staaten. Mit ihren Entscheidungen bestimmt die Fed, wieviel Geld zirkuliert, wie leicht und zu welchen Bedingungen es geliehen werden kann. Diese Geldpolitik unterscheidet sich von der Finanzpolitik, die die Haushaltsentscheidungen der Regierung, die Steuerpolitik und die öffentlichen Ausgaben betrifft. In einer wohl überlegten Teilung der Macht kontrolliert die Federal Reserve die Geldpolitik, während die Regierung für die Finanzpolitik zuständig ist.

Die Macht der Federal Reserve über den geldpolitischen Kurs resultiert daraus, dass sie die Geldreserven kontrolliert. Handelsbanken, Spar- und Darlehenskassen und andere Institutionen, die Einlagen entgegennehmen, müssen einen bestimmten Prozentsatz ihrer Guthaben als Mindestreserve halten. Sie bewahren diese Gelder entweder in bar in ihren eigenen Tresoren auf oder überweisen sie auf Konten der Notenbank.

Die Fed diktiert die Höhe der Mindestreserve, die üblicherweise etwa zehn Prozent der Einlagen beträgt. Natürlich nehmen Banken ständig neue Einlagen an und verleihen dieselbe Menge an Geld. Sie müssen ihre Konten immer wieder berichtigen und sicherstellen, dass sie die Mindestreservevorschriften erfüllen. Andernfalls müssen sie mit harten Strafen seitens der Fed rechnen. Diese Strafen können auch dadurch umgangen werden, dass sich eine Bank bei einer anderen Kapital leiht, um die eigenen Reserven aufzufüllen.

Täglich verleihen die Banken aus diesem Grund Milliarden von Dollars untereinander. Und hier setzt die Fed ihr mächtigstes Instrument ein. Sie legt die so genannte *funds rate* fest, den Zinssatz für das Kreditgeschäft der Banken untereinander. Wenn die Fed diesen Zinssatz erhöht, wird es für die Banken teurer, bei anderen Kapital zu leihen. Die höheren Kosten werden an kreditnehmende Unternehmen und Privatleute weitergegeben.

Veränderungen in den Zinssätzen der Fed wirken sich schließlich auf die gesamte Wirtschaft aus, weil sie Entwicklungen beschleunigen oder bremsen. Eine Senkung der Leitzinsen zum Beispiel hilft, die Wirtschaft anzukurbeln. Es wird billiger, Geld zu leihen, was zu steigenden Hypothekendarlehen, Betriebsvergrößerungen usw. führt. Doch bergen solche finanziellen Erleichterungen auch ein Risiko: Wächst die Geldmenge schneller als das Angebot an Waren und Dienstleistungen, droht eine inflationäre Entwicklung. Deshalb kann es sein, dass die Fed ihre Leitzinsen erhöht, um das Kreditgeschäft der Banken untereinander und infolgedessen auch die Kredite zu verteuern und damit das Wirtschaftsgeschehen zu bremsen. Eine ruhige Entwicklung der Wirtschaft ist ihr Ziel, und die Fed korrigiert in Reaktion auf die Kräfte von Inflation oder Rezession regelmäßig ihre Leitzinsen.

Die Maßgaben, nach denen die Fed ihre Leitzinsen festsetzt, sind sehr komplex; sie sind alles andere als willkürlich und auch nicht der Intuition überlassen. Sie setzt nicht einfach den Geldmarktzins per se auf x oder y Prozent fest. Vielmehr tut sie es, indem sie sich an dem beteiligt, was als Offenmarktgeschäfte bekannt ist.

Die Fed hält ein riesiges, viele Milliarden Dollar schweres Portfolio an Staatsanleihen. Diese werden als eine extrem flüssige Anlageform betrachtet. Es gibt immer einen Markt, auf dem Schatzanweisungen gekauft und verkauft werden. So kann die Fed ihr Portfolio jederzeit vergrößern, indem sie Staatsanleihen kauft. Dazu steigt die Federal Reserve in den Anleihemarkt ein und kauft Papiere direkt bei einem Netz von 30 so genannten Primärhändlern. Die Fed kann auf einen Schlag Anleihen im Wert von Millionen Dollar vom Markt nehmen. Der Betrag wird den Kontokorrentkonten der Banken der Primärhändler gutgeschrieben. Und schon verfügen die Banken über zusätzliche Mittel – mehr als ihre Mindestreserve –, die sie verleihen können.

Auf diese Weise vergrößert die Fed die Geldmenge. Ist Geld reichlich vorhanden, ist es auch billiger zu leihen. Der Tagesgeldsatz fällt. Um ihn wieder zu erhöhen, verfährt die Federal Reserve genau umgekehrt. Sie verkauft Anleihen an das Netz der Primärhändler. Sagen wir, die Fed verkauft Anleihen im Wert von 100 Millionen Dollar. Das bedeutet, dass 100 Millionen Dollar weniger zirkulieren. Weil das Geld knapper wird, steigt der Tagesgeldsatz.

Indem sie ihr riesiges Portfolio anpasst – durch Kauf und Verkauf von Anleihen auf dem offenen Markt –, kann die Fed den Geldmarktzins sehr präzise verändern. Wird angekündigt, dass die Fed beabsichtigt, ihre Leitzinsen zu verändern – sie beispielsweise von sechs auf 5,75 Prozent zu senken –, heißt das tatsächlich, dass sie plant, Offenmarktgeschäfte zu tätigen, wodurch der erwünschte Zinssatz entsteht.

Allein schon durch dieses Druckmittel übt die Fed große Macht über die Wirtschaft der USA aus. Doch verfügt die Bank noch über andere Mittel. So kann sie einfach die Höhe der Mindestreserven verändern. Wenn sie beispielsweise von den Banken fordert, neun statt zehn Prozent in Reserve zu halten, würde das viel Geld freisetzen. Doch wird dies als unscharfes Instrument betrachtet, das nicht sehr präzise an den Geldmarktzins angepasst werden kann. Deshalb wird die Höhe der Mindestreserven selten verändert.

Daneben gibt es noch den Diskontsatz, den einzigen Zinssatz, den die Federal Reserve direkt festlegt. Der Diskontsatz ist der Zinssatz, den die Kreditinstitute bezahlen, wenn sie direkt bei der Fed Geld leihen. Der Diskontsatz bewegt sich gewöhnlich zusammen mit dem Tagesgeldsatz. Veränderungen in dieser Hinsicht geben ein deutliches Signal, wie die Fed die Gesundheit der Wirtschaft einschätzt.

In den letzten Jahren wurde das so genannte Diskontfenster immer seltener eingesetzt. Die Möglichkeit dazu ist jedoch immer vorhanden. Weil die Fed als Refinanzierungsinstitut der letzten Instanz agieren kann, kann zum Diskontsatz geliehenes Geld in der Tat der Rettungsanker in einer Notfallsituation sein. Dies aber wissen alle, und darum schrecken die Banken davor zurück, das Diskontfenster zu nutzen, solange es nicht absolut notwendig ist. Denn dies könnte als Zeichen dafür gewertet werden, dass eine Bank schwerwiegende Probleme hat.

Keine Bank möchte die Bankenaufsicht zu übertriebenen Überprüfungen animieren. Damit ist noch ein anderes Mittel der Fed, über den engeren Bereich der Geldpolitik hinaus, angesprochen. Die Federal Reserve überwacht eine Reihe von Banken im Land und prüft die Qualität von Krediten und billigt Fusionen. Aber sie reguliert nicht jede Entscheidung jeder einzelnen Bank. Während alle Institutionen, die Einlagen entgegennehmen, den Reserveregelungen der Fed unterliegen, werden manche von der Bankenaufsichtsbehörde, andere von der Bundeseinlagenversicherung kontrolliert.

Die Federal Reserve fungiert auch als Bank der Regierung. Regierungsstellen wie die Finanzbehörde haben Konten bei der Fed. Zur Zeit der Steuerzahlungen, wenn die Bevölkerung ihre Schecks einsendet, landet ein Teil des Geldes auf dem Konto der Finanzbehörde bei der Federal Reserve. Die Fed agiert auch als Verrechnungsstelle für Schecks. Sie rechnet die Schecks auf ihrem Weg von einer Bank zur anderen ab; das betrifft gut ein Drittel aller Schecks. Aber der Großteil dieser Arbeit wird im privaten Sektor erledigt, von Großbanken wie der Chase Manhattan.

Die Fed erhält keine Unterstützung von außerhalb. Sie gleicht ihre Betriebsausgaben durch Einnahmen aus Kapitalanlagen und auch durch Gebühren aus, die sie für Dienstleistungen wie die Scheckverrechnung erhebt. Der größte Teil des Gewinns wird dem Finanzministerium übergeben.

Die Federal Reserve ist nicht der erste Versuch der Vereinigten Staaten, eine Zentralbank einzurichten. Von Beginn an wurde im Land die Frage, ob es eine Zentralbank geben und welche Macht ihr verliehen werden solle, mit größter Erbitterung diskutiert.

Das Thema schlug sich bereits in der ersten großen Verfassungsdebatte nieder. Die Verfassung selbst geht auf das Bankwesen nicht ein. Aber Alexander Hamilton, Finanzminister und Führer der Föderalistischen Partei, setzte auf eine starke Zentralregierung. Er

stammte von der westindischen Insel Nevis – der einzige Gründervater, der außerhalb des kolonialen Amerika geboren wurde. Deshalb sah er die Vereinigten Staaten eher als eine Einheit denn als
lose Verbindung von Staaten.

Eine starke Zentralbank, glaubte Hamilton, werde der jungen
Nation helfen, nach Westen zu expandieren, und außerdem den
Überseehandel erleichtern. Er legte dem Kongress 1790 einen Gesetzentwurf zur Gründung einer Zentralbank vor, der von beiden
Kammern angenommen wurde. Aber er löste auch scharfen Widerspruch bei Hamiltons persönlichem und politischem Gegner Thomas Jefferson aus, dem Führer der Demokratisch-Republikanischen
Partei. Jefferson – ein eloquenter Vertreter der Dezentralisierung –
drängte George Washington zum Veto gegen das Gesetz, weil es
verfassungswidrig sei.

Hamilton inszenierte eine heftige Verteidigung und argumen-
tierte, die Verfassung enthalte implizit bestimmte Befugnisse, so
etwa die Einrichtung von Militärakademien. Warum also nicht auch
zur Einrichtung einer Zentralbank? Washington ließ sich von Hamiltons Argumentation überzeugen, und am 25. Februar 1791 unterzeichnete er den Gesetzentwurf. Die Bank of the United States
war geboren und erhielt eine Konzession für 20 Jahre.

Diese erste Zentralbank hatte wenig gemein mit der heutigen
Federal Reserve. Sie setzte keine Mindestreserven für andere Banken fest. Auch fungierte sie nicht als Refinanzierer der letzten
Instanz. Im Wesentlichen war diese erste Zentralinstitution nur eine
sehr große Bank, die als Kapitalsammelstelle des Finanzministeriums fungieren und sich am Devisenhandel beteiligen konnte. Sie
akzeptierte auch Einlagen von Privatkunden. Dadurch konkurrierte
sie sehr erfolgreich mit den kleineren einzelstaatlichen Banken und
zwang sie, im Kreditgeschäft überlegter vorzugehen. Nicht gerade
überraschenderweise bekamen die Farmer und kleinen Geschäftsleute die strengeren Kreditbedingungen am deutlichsten zu spüren.

Damit waren die Kampflinien gezogen: Jeffersons Anhänger aus
der freien Bauernschaft hassten die erste Zentralbank, Händler im
Osten, die gute Beziehungen hatten, fanden sie nützlich. Als 1811

die Konzession erneuert werden sollte, fiel die Entscheidung im Kongress sehr knapp aus. Das Repräsentantenhaus sprach sich mit der Mehrheit von genau einer Stimme gegen die Bank aus. Im Senat wurde die Stimmengleichheit durch die eine entscheidende Stimme von Vizepräsident George Clinton gegen die Bank aufgehoben.

In den nächsten Jahren hatten die Vereinigten Staaten keine Zentralbank mehr. Nach dem Krieg von 1812 jedoch gerieten die Staatsfinanzen in ein völliges Durcheinander. Damit sie den Krieg finanzieren konnte, musste die Regierung reiche Bürger um Unterstützung bitten. Das Kreditgeschäft der Banken war mittlerweile unbeaufsichtigt und wurde schlampig geführt. Die Inflationsrate stieg um mehr als zehn Prozent jährlich.

Die Lage wurde dadurch nicht übersichtlicher, dass Präsident James Madison, ein eingeschworener Feind der ersten Zentralbank, nun auf eine zweite zu drängen begann. Er wurde dabei von Albert Gallatin unterstützt, einem ehemaligen Finanzminister und dem späteren Gründer von Greenspans Alma Mater, der University of New York. Eine zweite Bank of the United States wurde vom Kongress akzeptiert, wieder wurde die Konzession auf zwanzig Jahre festgesetzt. Aber auch Geschäfte und Entwicklung der zweiten Zentralbank liefen zäh, aus den gleichen Gründen wie vormals. Zwei Mal gelangten Verfassungsklagen bis vor den Obersten Gerichtshof. Beide Male entschied das Gericht zugunsten der zweiten Zentralbank. In einer Stellungnahme von 1819 bezieht sich der Oberste Richter James Marshall wörtlich auf Hamiltons Argumente.

1832 beschlossen verschiedene Befürworter der zweiten Zentralbank, darunter Daniel Webster und Henry Clay, die Konzession zur Erneuerung vorzulegen, obwohl sie erst in vier Jahren ablaufen würde. Die Gesetzesvorlage passierte den Kongress. Als sie den Schreibtisch von Präsident Jackson erreichte, legte er sein Veto ein. Unverwüstlich und hausbacken, war der aus Tennessee stammende Jackson die Verkörperung des Grenzergeistes. In seinem Veto vom 10. Juli 1832 erklärte sich Jackson als »erfüllt von dem Glauben, dass ein Teil der Macht und einige der Privilegien, die die Bank besitzt, nicht von der Verfassung abgedeckt sind, sondern die Rechte der

Bundesstaaten unterlaufen und eine Gefahr für die Bevölkerung darstellen«.

Der Kongress konnte die notwendigen Stimmen nicht zusammenbekommen, um das Veto zu überstimmen. Während des folgenden, erbittert geführten Präsidentschaftswahlkampfes 1832 machte Jackson die Herzlosigkeit der zweiten Zentralbank gegenüber dem kleinen Mann zu einem Hauptthema. Er schlug seinen Konkurrenten Henry Clay von der Whig Partei vernichtend. Dieses Ergebnis betrachtete Jackson als Auftrag. Das amerikanische Volk hatte gesprochen, und es wollte weder eine Zentralbank noch brauchte es eine.

Damit trat das Land in die Phase ein, die als Ära des »freien Bankwesens« bekannt ist. Während dieser Zeit handhaben viele Staaten die Gewährung von Konzessionen sehr lax. Überall schossen Banken wie Pilze aus dem Boden, von denen jede ihre eigene Konkurrenzwährung ausgab. Wer durch das Land reiste, den erwartete eine verwirrende Ansammlung von Geldscheinen, ausgegeben von der Trust Company of Georgia oder der Pawtuckaway Bank in Epping, New Hampshire. Für die Kaufleute und Einzelhändler war es die reine Hölle.

Kaufleute und Händler gewöhnten sich an, von den Währungen Prozente abzuziehen. Als generelle Regel galt, je weiter entfernt die ausgebende Bank lag, desto größer war der Abzug. Ein Händler in Albany in New York verrechnete beispielsweise eine Zwanzigdollarnote einer Bank in Buffalo lediglich mit einem Wert von 19,80 Dollar. Ein gleicher Schein einer Bank aus Pennsylvania war dann nur etwa 19,60 Dollar wert.

Der Bürgerkrieg setzte der Ära des freien Bankwesens ein Ende. 1863 verabschiedete der Norden ein Gesetz über das Bankwesen mit der Absicht, ein Netzwerk von Staatsbanken zu schaffen, das eine gemeinsame Währung herausgeben und bei der Finanzierung des Konfliktes helfen konnte. Damit begann die Greenback-Ära, die deshalb so genannt wurde, weil sowohl das Finanzministerium als auch die Nationalbanken die Geldscheine mit billiger grüner Farbe druckten. Die Regierung verlangte auch Steuern auf die Banknoten, die von den Staatsbanken ausgegeben wurden, und hoffte damit, diese Banken aus dem Geschäft der Banknotenausgabe zu drängen. Aber die Staatsbanken entdeckten ein Hintertürchen. Statt Banknoten auszugeben, druckten sie Schecks. Das ist der Zeitpunkt, an dem eine moderne Einrichtung – das Bezahlen mit Schecks – in Mode kam.

Nach dem Bürgerkrieg versuchte es das Land weiterhin ohne eine Zentralbank. Doch war das Netz der Staatsbanken offenbar kein Ersatz. Das Bankgeschäft blieb ein äußerst lokales Geschäft. Folglich war die Geldversorgung in den USA extrem unelastisch und störanfällig. Zum Beispiel konnten die Banken zur Zeit der Weihnachtseinkäufe nicht mehr Geld bereitstellen als zu jeder anderen Zeit im Jahr. Oft waren Kredite im Frühjahr besonders knapp, wenn die Farmer Darlehen für Saatgut und Pflüge benötigten. In großen Städten waren unterdessen die Kredite im Herbst knapp, dann nämlich, wenn das Geld als Bezahlung für die Ernte der Bauern die Stadt verließ. Deshalb kam es im September und Oktober regelmäßig zu Markteinbrüchen.

Zu dieser Unsicherheit kam die Art und Weise hinzu, wie die Währung des Landes abgesichert wurde. Manchmal hielten sich die Banken an den Goldstandard und versprachen, Banknoten in einen festgesetzten Betrag in Gold zu wechseln. Zu anderen Zeiten hielten sie sich an einen kombinierten Silber- und Goldstandard. Münzgeld wurde nach ziemlich willkürlichen Faktoren festgelegt: gekoppelt an Silber aus Mexiko oder Gold aus Alaska. 1873 verkündete die Regierung, Silbermünzen außer Kurs zu setzen. Alle Banker unterstützten diese Entscheidung. Eine Währung allein auf der Basis von Gold – und nicht von Silber – bedeutete, dass weniger Geld in Umlauf war. Das würde die Inflation niedrig halten, die die Erträge aus dem Kreditgeschäft auffraß.

Wieder einmal zeigte sich: Eine geringere Menge Geld im Umlauf war ein Fluch für Farmer und Kleinhändler. Die Entscheidung der Regierung wurde bekannt als »das Verbrechen von '73«. Sie wurde von William Jennings Bryan, einem beeindruckenden populistischen Reformer, als der Große Bürgerliche bekannt, nur allzu gerne aufgegriffen und zur großen Affäre gemacht. Drei Mal kandidierte Bryan für die Präsidentschaft mit einem Wahlprogramm für die Befreiung des Silbers – als Silberrepublikaner, als Kandidat der Nationalen Silberpartei und als Demokrat. Auf dem Parteitag der Demokraten 1896 hielt Bryan seine berühmte Goldkreuzrede: »Du sollst der Stirn der Arbeit nicht diese Dornenkrone aufdrücken, du sollst nicht die Menschheit an ein Goldkreuz schlagen.«

Bryan verlor die Wahl gegen William McKinley. Als überzeugter Traditionalist und religiöser Fanatiker sollte Bryan später als Teilnehmer am bekannten Scopes-Prozess traurige Berühmtheit erlangen, in dem über ein Antievolutionsgesetz in Tennessee verhandelt wurde.

Amerikas Bankensystem blieb ein heilloses Durcheinander. Die Geldversorgung war schwankend, unzuverlässig und unelastisch. In der Folge unterlag die Wirtschaft einem verrückten Kreislauf: Ein Boom wurde von einer Pleitewelle abgelöst, die in eine Panik abglitt. Zu solchen Paniken kam es in den Jahren 1837, 1857, 1873, 1884 und 1893.

Der letzte Strohhalm, um doch noch zu einer Zentralbank zu kommen, bot sich mit der Panik von 1907. Große Versicherungsleistungen nach dem Erdbeben in San Francisco 1906 hatten das Finanzsystem erschüttert. In langen Schlangen belagerten Sparer die Banken und wollten ihre Einlagen ausbezahlt bekommen. Der Fondsmagnat J. P. Morgan musste als ein Quasi-Zentralbanker eingreifen und Kredite anbieten, die den Banken halfen, den Konkurs zu vermeiden.

Nach der Panik von 1907 wurde eine Staatliche Währungskommission gebildet, die herausfinden sollte, wie eine solche Panik abgewehrt werden könnte. Die Kommission führte eine breite Studie der Bankensysteme anderer Länder durch. Die Vereinigten Staaten, so wurde deutlich, gehörten zu den letzten entwickelten Staaten ohne eine Zentralbank. Aber die alten Befürchtungen starben nur langsam. Charles Lindbergh, ein Kongressabgeordneter der Republikaner aus Minnesota und Vater des berühmten Fliegers, war einer der vielen, die an den alten Argumenten festhielten. Wieder hieß es, die Bankreform würde fernen und unverantwortlichen Kräften zu viel

Macht einräumen. Lindbergh fürchtete das »Geldkartell« im Nord-osten.

So kam es, dass die Federal Reserve 1913 aufgrund eines schwierigen Kompromisses entstand. Präsident Woodrow Wilson, Carter Class, Kongressabgeordneter aus Virginia, Robert Owen, Senator aus Oklahoma, genauso wie Rechtsanwalt Louis Brandeis, unzählige Banker und sogar William Jennings Bryan trafen zu einer Reihe anstrengender Sitzungen zusammen, um einen effektiven Weg zu finden. Was sie sich einfallen ließen, war eine Art Mischform, eine »dezentralisierte« Zentralbank. Die Federal Reserve sollte ihren Sitz nominell in Washington haben. Ein Vorstand aus sieben Mitgliedern, den Gouverneuren, die vom Präsidenten ernannt und vom Senat bestätigt werden mussten, sollte sie leiten. Zusätzlich wurden jedoch noch zwölf regionale, überall im Land verstreute Bundesbanken, so genannte Federal Reserve Banks geschaffen. Alle sollten der Fed in Washington Bericht erstatten. Doch die Vorstände der regionalen Banken der Federal Reserve sollten aus örtlichen Bankern, Unternehmern und Führungspersonen aus den Gemeinden bestehen, damit die lokale Vertretung gesichert war. Wilson unterzeichnete den Federal Reserve Act am 23. Dezember 1913.

Binnen kurzer Zeit hatten die Vereinigten Staaten eine neue Landeswährung: die Federal Reserve Note, so ihr förmlicher Name, der quer über jede Eindollarnote, Fünfdollarnote oder andere Scheine gedruckt wurde.

Der nächste Schritt war die Auswahlprozedur für die Standorte der zwölf Bundesbanken. Geographische Streuung war das wichtigste Kriterium, aber die in Frage kommenden Städte sollten zugleich auch florierende Wirtschaftszentren sein. Die zwölf ursprünglichen Banken bestehen noch immer an ihren damaligen Gründungsorten. Deren Auswahl zeigt eine gute Momentaufnahme der Vereinigten Staaten und ihrer Wirtschaft vor dem Ersten Weltkrieg. Es gibt zum Beispiel eine regionale Federal Reserve Bank in Richmond in Virginia. Der Staat Missouri hat zwei – eine in St. Louis und eine in Kansas City. Die Verantwortung für die gesamte Region westlich von Colorado wurde der Federal Reserve Bank von San Francisco übertragen. Damals war es sinnvoll, dieses riesige Gebiet durch eine einzige Bundesbank vertreten zu lassen.

In den ersten Jahren war die Fed in Washington nur ein Schatten der modernen Institution. Das Hauptquartier in Washington musste erst gebaut werden. Der Vorstand und die Angestellten arbeiteten entweder in gemieteten Büros oder in Räumen, die das Finanzministerium bereitgestellt hatte. Damals war die Fed so etwas wie eine arme Verwandte des Finanzministeriums. Der Finanzminister war von Amts wegen der Präsident der Notenbank, der Währungskommissar von Amts wegen Vizepräsident.

Die Federal Reserve verfügte damals nur über wenige Instrumente der Geldpolitik. Die Bedeutung von Offenmarktgeschäften war noch nicht entdeckt worden. Hauptsächlich pfuschte die Fed am Diskontsatz herum. Sie war damals tatsächlich nicht viel mehr als »ein Debattierclub von sieben Wohltätern«, wie ein damaliges Vorstandsmitglied meinte.

Deshalb war die Fed auch so gut wie gar nicht auf ihre erste große Herausforderung vorbereitet, nämlich auf den Börsencrash von 1929. Historiker sind sich darüber einig, dass die Fed den Markt sofort mit Liquidität hätte überschwemmen sollen. Mit einem deutlichen Zeichen dafür, dass Geld für Kredite zur Verfügung steht, hätte man die Panik eindämmen können. Aber die Fed tat genau das Gegenteil, indem sie die Geldmenge restriktiv behandelte.

»Die Federal Reserve fiel durch die Prüfung. Die Große Depression hätte so schlimm nicht ausfallen müssen, hätte sich die Zentralbank auch wie eine Zentralbank verhalten«, meint Richard Sylla, Professor der Business School an der New York University, der sich auf Finanzgeschichte spezialisiert hat.

Während der dreißiger Jahre wurden Schritte unternommen, um die Federal Reserve zu vergrößern. Präsident Franklin Roosevelt wollte einige durchsetzungsfähige Persönlichkeiten an die Institution binden. Seine erste Wahl war Marriner Eccles, ein mormonischer Banker aus Utah. Seine Zurückhaltung war legendär. Angeblich hat er nur einmal bei einer Entenjagd oder beim Verspeisen einer Tüte gesalzener Erdnüsse so etwas wie Leichtfertigkeit gezeigt. Eccles hatte Roosevelt dadurch beeindruckt, dass er die Banken, die er besaß, gehalten und ohne einen Cent Verlust für die Einleger durch die Depression geführt hatte. Er erklärte sich bereit, in die Federal Reserve einzutreten, aber nur, wenn deren Struktur verändert würde.

Auf Eccles' Drängen wurden einige Reformen durchgeführt. Zum Beispiel wurde die Rolle des so genannten Offenmarktausschusses, des Federal Open Market Comittees (FOMC) kodifiziert. Der Offenmarktausschuss berät acht Mal im Jahr darüber, ob die Leitzinsen geändert werden sollen. Veränderungen in der Zusammensetzung des Ausschusses während der dreißiger Jahre stellten sicher, dass die Fed ihren Auftrag, als »dezentralisierte« Zentralbank zu wirken, tatsächlich erfüllen konnte. Es wurde vereinbart, dass der zwölfköpfige Offenmarktausschuss aus den sieben Gouverneuren des Washingtoner Vorstands der Fed sowie fünf Präsidenten der regionalen Federal Reserve Banks bestehen sollte. Die Entscheidung verlagerte das Kräfteverhältnis zugunsten Washingtons, stellte aber weiterhin sicher, dass auch die regionalen Interessen eine Stimme in der Geldpolitik hatten.

Durch eine weitere Reform verloren der Finanzminister und der Währungskommissar ihren Sitz im Notenbankvorstand. Das kappte die Verbindung zwischen dem Kabinett und der Fed und ebnete den Weg für einen starken Notenbankpräsidenten.

Eccles war grundsätzlich der Meinung, dass die Regierung öffentliche Bauvorhaben finanzieren sollte. Noch bevor Keynes seine berühmte Abhandlung geschrieben hatte, drängte Eccles auf eine Ankurbelung der Wirtschaft durch Staatsaufträge, ganz im keynesianischen Stil. Als Chairman der Fed arbeitete er eng mit Roosevelt zusammen und vergrößerte die Geldmenge, um die Programme des New Deal zu finanzieren. So begann eine Tradition, nach der ein Fed-Chairman die Geldpolitik einsetzt, um die Finanzpolitik des Präsidenten entweder zu stützen oder ihr entgegenzuwirken.

Während Eccles' Amtszeit bezog die Fed ihr eigenes Gebäude. Der 1937 in spartanisch klassizistischem Stil fertig gestellte Bau aus weißem Georgia-Marmor steht an der Constitution Avenue direkt gegenüber dem Washington Monument. Sein Architekt war Paul

Phillippe Cret, ein Franzose, der verschiedene andere bemerkenswerte Gebäude rund um das Regierungsviertel, darunter auch die Folger Shakespeare Library, gebaut hat. Heute ist das Federal Reserve-Gebäude unter dem Namen Marriner Eccles Building bekannt.

Ein weiterer mächtiger Fed-Chef war William McChesney Martin Jr. Bekannt als das »Wunderkind der Wall Street« wurde Martin im Alter von 31 Jahren der erste bezahlte Chef der New Yorker Börse. 1951 wurde er zum Notenbankpräsidenten ernannt, ein Posten, den er 19 Jahre lang, über die Amtsperioden von fünf Präsidenten – Truman, Eisenhower, Kennedy, Johnson und Nixon – hinweg, bekleidete. Er galt als absolut unabhängig. Einmal lud Johnson ihn auf seine Ranch in Texas ein und fuhr, völlig vertieft in ein schwungvolles Plädoyer für billiges Geld, mit ihm in einem Lincoln Cabrio mit unglaublicher Geschwindigkeit über unbefestigte Straßen. Die Zinsen sanken nicht.

Martin gebührt der Preis für die exakteste Beschreibung der Federal Reserve aller Zeiten: »Der Job der Fed ist der einer Anstandsdame, die die Punschschüssel dann abräumt, wenn die Party zu wild wird.«

Er starb 1998 im Alter von 91 Jahren.

Obwohl sie nicht gerade den Status von Stars in der Öffentlichkeit erreichten, leuchten Eccles und Martin hell am institutionellen Firmament der Federal Reserve als die Männer, die ihr den Weg geebnet und ihre Standards festgelegt haben. Jeder, der in die Fußstapfen dieser beiden trat, musste zwangsläufig Fehler machen. Arthur Burns hatte eine gute Amtszeit (1970-1978), aber er konnte die Gerüchte niemals völlig entkräften, dass er Nixon während der Wahl 1972 nachgegeben und für billiges Geld gesorgt hatte. G. William Miller war ein Desaster. Von Carter 1978 ernannt, blieb er nur siebzehn Monate im Amt. Miller verpfuschte die Geldpolitik ernstlich, indem er eine Inflationsrunde zu entfesseln half, die im Frühjahr 1980 mit 14 Prozent ihren Höhepunkt erreichte.

Dann trat Paul Volcker an – ein stattlicher Zweimeter-Mann, der für seine Schroffheit und als Liebhaber des Fliegenfischens bekannt war. Volcker war sein ganzes Leben lang Demokrat; wie Miller wurde er von Carter ernannt. Er sollte vor allem aufräumen. Als erstes drehte er den Geldhahn bis auf ein Tröpfeln zu. Der Tagesgeldsatz schoss 1981 auf 19 Prozent. Das war ein Anstieg um sechs Punkte, wie bereits 1977. Andere Zinssätze stiegen in ähnlicher Weise. Der Vorzugszinssatz, die so genannte Primärrate – der niedrigste Zinssatz der Banken für ihre besten Kunden – erreichte im Dezember 1980 mit 21,5 Prozent ebenfalls Rekordhöhe.

Volckers bittere Medizin trug dazu bei, das Land zu Beginn der achtziger Jahre in eine tiefe Rezession zu stürzen. Die Arbeitslosenquote stieg 1982 auf zehn Prozent, höher als jemals während der Rezession Mitte der siebziger Jahre. Natürlich schrie die Regierung Reagan Zeter und Mordio. Wütende Farmer umkreisten mit ihren Traktoren das Eccles-Gebäude an der Constitution Avenue. Aber Volcker blieb unbeugsam. Im Grunde griff er so lange hart durch, bis er die inflationsbedingten Ungleichgewichtigkeiten ausgemerzt hatte. Eine Art, dies zu betrachten, war folgende: Es war so wenig Geld im Umlauf, dass die Leute ihre Kaufentscheidungen sorgfältig fällen mussten, und Geschäftsleute waren gezwungen, zu verschlanken und effizient zu arbeiten, wenn sie überleben wollten.

Volcker gelang es, die Inflation einzudämmen. Der jährliche Anstieg des Lebenshaltungskostenindex sank 1983 auf einen Wert von 3,2 Prozent und stieg während seiner Amtszeit nie über fünf Prozent. Natürlich wehte Volcker von Seiten der Farmer und der Regierungsangestellten rauer Wind entgegen. Aber in manchen Kreisen wurde er zum Helden – vor allem für Aktienhändler und für seine Kollegen bei der Fed. Neben Eccles und Martin wurde Volcker ins Pantheon aufgenommen. Nach einer Einstufung – und wahrscheinlich gibt es nur diese eine – erhielt Volcker als Chef der Fed 93 Punkte, knapp hinter Eccles mit 95; Martin erhielt 90.

1983 lief Volckers erste Amtszeit aus. Bereits zu diesem frühen Zeitpunkt wurde Greenspan als mögliche Alternative gehandelt – wenn auch nicht ernsthaft.

Volcker blieb Notenbankpräsident, obwohl es ihm nie gelang, ein gutes Verhältnis zur Reagan-Administration aufzubauen. Als sich seine zweite Amtszeit 1987 dem Ende zu neigte, deutete er an, dass er an einer neuerlichen Nominierung nicht interessiert sei. Er nannte dafür gesundheitliche Gründe und die Tatsache, dass seine Frau die gesamte Zeit über in New York gelebt hatte, während er in Washington war. Nach allem, was man hört, war Volckers Weigerung eine Art Show. Stolz, wie er war, hätte er gerne noch eine Amtszeit weitergemacht, aber nur mit Reagans ausdrücklichem Rückhalt.

Reagan hatte jedoch Vorbehalte. Volcker war von Carter, nicht von ihm selbst ernannt worden, und er hatte eine erstaunliche Unabhängigkeit bewiesen. Bei der bevorstehenden Wahl im Jahr 1988 gab es keine Garantie, dass er bei der Geldmenge nicht noch einmal hart durchgreifen würde. Das konnte Reagans Wahlchancen ernsthaft gefährden.

Als sich Volcker und Reagan am 1. Juni 1987 zusammensetzten, war dies das erste Mal nach drei Jahren, dass sie sich persönlich trafen. Volcker übergab Reagan einen maschinengeschriebenen Brief, in dem er seinen Wunsch formuliert hatte, nicht noch einmal ernannt zu werden. Reagan machte keine Anstalten, Volcker umzustimmen. Stattdessen akzeptierte er den Brief mit den Worten: »Ich verfolge den Grundsatz, niemandem, der die Regierung aus persönlichen Gründen verlassen will, den Abschied auszureden.«

Ungeachtet aller widerstreitenden Gefühle hatte sich Volcker offenbar mit seiner Entscheidung abgefunden. Die Aufmerksamkeit richtete sich schnell auf einen Nachfolger. Ein möglicher Kandidat war John Whitehead, ein Abteilungsleiter im Finanzministerium, der über große internationale Erfahrung verfügte. Doch Greenspan war schon bald die erste Wahl.

Reagan war von der Idee angetan. Obwohl die politische Einstellung eines Notenbankpräsidenten keine Rolle spielen sollte, konnte es nicht schaden, einen Demokraten durch einen Republikaner zu ersetzen. Außerdem war Greenspan eine bekannte Größe.

»Es ist nicht leicht, einen Notenbankpräsidenten auszuwechseln. Man muss genau überlegen, welche Wirkung das auf die Märkte haben wird«, erinnert sich der ehemalige Finanzminister James Baker. »Volcker war auf den Finanzmärkten hoch geachtet, so sollte es auch sein. Greenspan war wahrscheinlich der einzige Mensch im Land, der als brauchbarer neuer Notenbankpräsident in Frage kam.«

Offenbar hatte Greenspan auch Volckers Segen. »Hier war ein Mann, der den Job tun konnte, und das gut«, sagt Wayne Angell, ein ehemaliger Gouverneur der Federal Reserve. »Ich glaube, Volcker hat gesagt: Am besten nehmen Sie Greenspan.«

12 | DER CRASH VON 1987

Der Nachfolger des langen Paul hatte es nicht leicht. Greenspan – bei einem Gewicht von rund 90 Kilogramm nur 1,80 Meter groß – nahm seine Arbeit am 11. August 1987 auf. Er hatte viel zu lernen und noch mehr zu beweisen. Nach den ersten Arbeitstagen in der neuen Funktion erzählte Greenspan einem Kollegen, er fühle sich wie ein Videorekorder im Schnellvorlauf. Bei der Geschwindigkeit, mit der er sich bewege, so scherzte er bei einer anderen Gelegenheit, werde er seine Amtszeit nach einem Jahr, acht Monaten und 47 Minuten beenden.

An die Spitze der Fed durchzustarten ist nicht gerade einfach. Greenspan hatte einiges zu tun, um von den hervorragenden Kompetenzen der Fed sinnvollen Gebrauch zu machen.

Eine Sache, die er rasch schätzen lernte, war die riesige Researchmaschinerie, die ihm nun zur Verfügung stand. Bei Townsend-Greenspan hatte ihm nur eine Handvoll Mitarbeiter assistiert, die Fed beschäftigte allein in Washington Hunderte von promovierten Wirtschaftsfachleuten – eine der größten Zusammenballungen dieser Art auf der Welt –, und noch viel mehr arbeiteten verteilt auf die zwölf regionalen Bundesbanken. Greenspan konnte seinen Appetit auf Daten aller Art befriedigen: Schrottpreise, LKW-Ladungen und Bestellungen für »Lastwagen der Klasse acht« – besonders schwere LKWs mit 18 Rädern. An seinem ersten Arbeitstag präsentierten ihm die Mitarbeiter der Researchabteilung ein ökonometrisches

Verfahren, das erlaubte bis ins Jahr 2001 vorauszuschauen – das ideale Willkommensgeschenk für den neuen Chef der Fed.

Obwohl kaum jemand einfach hereinspazieren und alles umkrempeln kann, begann Greenspan sofort damit, die berüchtigt rigide Unternehmenskultur der Fed zu verändern. Zum einen lockerte er die knauserige Ausgabenpolitik der Ära Volcker. Wie es sich für einen Inflationsbekämpfer gehört, war Volcker bekannt für seine Sparsamkeit. Er trug Anzüge von der Stange und lebte in Washington in einem sparsam möblierten Apartment für 500 Dollar. Er soll die Losung ausgegeben haben, dass Angestellte der Fed abends entweder Salat oder Gemüse essen sollten, nicht beides auf einmal. Greenspan erhöhte das Weinbudget um einen Dollar pro Flasche. Er sorgte dafür, dass auch die Fed eine eigene Flagge bekam – die Bundeseinlagenversicherung und das Auswärtige Amt hatten welche, warum also nicht die Fed?

Grundsätzlich jedoch blieb es dabei: Greenspan wich nicht vom Auftrag der Fed ab, die Inflation zu bekämpfen.

Dieser Frage wandte er sich rasch zu. Nur ein paar Wochen nach seiner Bestallung sah Greenspan immer mehr Anzeichen für eine Konjunkturüberhitzung. Die US-Wirtschaft erlebte den 56. Monat einer Wachstumsperiode. Der Dow Jones war vor kurzem das erste Mal über 2000 Zähler gestiegen und hatte am 25. August den Rekordstand von 2747 Punkten erreicht. Wie so häufig in der Endphase einer Wachstumsperiode begann die Wirtschaft stotternd und unausgeglichen zu wachsen. Greenspan befürchtete den Beginn einer neuen Inflationsrunde.

Am 4. September – nur 24 Tage nach seinem Amtsantritt – erhöhte Greenspan den Diskontsatz um 50 Basispunkte auf sechs Prozent. Manche Beobachter der Fed betrachteten dies als deutlichen Hinweis auf Greenspans Stehvermögen, weil er den Märkten damit signalisierte, dass er bereit war, die Inflation genauso energisch zu bekämpfen wie Volcker.

Schlechte Vorzeichen für die Wirtschaft häuften sich weiterhin. Nach einem Bericht des Handelsministeriums stand das Handelsdefizit der Vereinigten Staaten im Monat August bei der Rekordmarke von 15,7 Milliarden Dollar. Finanzminister Baker führte mittlerweile mit der Bundesrepublik Deutschland einen offenen Kampf gegen deren Wirtschaftspolitik, die die amerikanischen Importe matt setzte. Noch deutete keines dieser Ereignisse auf eine Katastrophe, aber sie wurden von den hypersensiblen Märkten als Hinweis darauf verstanden, dass die Wirtschaftspolitik der Vereinigten Staaten unsicher und konfus war. Das immense Haushaltsdefizit war eine schleppende Angelegenheit und trug mit dazu bei, die Verzinsung von 30-jährigen Bonds das erste Mal in zwei Jahren auf Werte um die zehn Prozent zu treiben; bei Greenspans Amtsantritt lag sie bei 8,8 Prozent.

Angst erzeugt Angst: Eine Psychologie der Furcht verbreitete sich allmählich unter den Händlern.

Die mit dem 12. Oktober 1987 beginnende Woche wurde zum Desaster. Die Börse fiel um insgesamt 235 Punkte, die Aktienwerte verloren 300 Milliarden Dollar. Allein der Freitag erlebte einen Sturz um 108 Punkte und ließ die Woche bitter enden. Als die Schlussglocke auf dem Parkett der American Stock Exchange läutete, schrie ein Händler: »Das ist das Ende der Welt!« Nach Schluss der Märkte hatten die Händler 48 Stunden, um sich über ihre Verluste aufzuregen und ihre wachsenden Sorgen zu nähren, dass der folgende Montag nur noch schlimmer werden könne.

Der Schwarze Montag kam mit der Macht eines Unwetters. Noch bevor am 19. Oktober 1987 die Eröffnungsglocke an der Wall Street läutete, wurden starke Verluste auf den Märkten in Tokio und London registriert. Der Verkaufsdruck überfiel den Handel in New York wie eine Welle. Die Märkte gerieten in freien Fall.

Greenspan führte mittags eine Telefonkonferenz, an der die Gouverneure der Fed und die Vorsitzenden der regionalen Notenbanken teilnahmen. Eigentlich hätte er nach Dallas fliegen sollen, um eine Rede vor der Versammlung der American Bankers Association zu halten, sein erster öffentlicher Auftritt als Notenbankpräsident.

Greenspan war sich sicher, dass er trotz alledem fliegen müsse. Seine Kollegen waren der gleichen Meinung. Eine Absage der Rede hätte den Märkten ein beunruhigendes Signal gegeben. Greenspan wusste, dass es nichts Besseres gab, als angesichts einer anschwellenden Finanzkrise Ruhe zu bewahren.

Als die Panik von 1907 ausbrach, hatte J. P. Morgan an einer Bischofskonferenz in Richmond in Virginia teilgenommen. Er war dort so lange wie möglich geblieben, weil er genau wusste, dass die Presse seine schnelle Abreise registrieren würde. Ein Gutteil dessen, wie sich der Markt verhält, wird durch die menschliche Psychologie geregelt – zu frühe Reaktionen und die Drohung einer Krise können zur *self fulfilling prophecy* werden.

Als sich Greenspan um 13:45 Uhr auf die Reise nach Dallas machte, war der Dow Jones um 200 Punkte gefallen. Greenspan landete um 17:45 Uhr.

»Wie schloss der Markt?«, war Greenspans allererste Frage an den Angestellten der Fed, der ihn am Flughafen empfing.

»Fünf null acht runter.«

Greenspans Erleichterung währte allenfalls zwei Millisekunden. Dann war ihm klar, dass er den Mann missverstanden hatte. Der Markt hatte sich während seines Fluges nicht erholt, nicht mit 5,08, sondern mit 508 Punkten Verlust hatte er geschlossen.

Nun war die Krise voll ausgebrochen.

Obwohl sich beunruhigende Anzeichen über Wochen gehäuft hatten, war der Ausbruch der Krise ein Schock. Wie immer bekamen die Anzeichen auch diesmal nur in der Rückschau das Gewicht der Unvermeidlichkeit. »Crashs kommen immer überraschend«, sagt der ehemalige Chairman der Fed Robert Heller, »sonst wären es keine Crashs.« Als bitteren Beleg dafür veröffentlichte die Ausgabe von *Fortune*, die am 19. Oktober 1987 an den Kiosken auslag, eine Titelgeschichte über den neuen Chef der Fed: »Warum Greenspan optimistisch ist.«

Der Dow war um 22,6 Prozent gefallen, der tiefste Sturz an einem einzigen Tag, den es jemals gegeben hatte. Am Schwarzen Donnerstag, dem 29. Oktober 1929, hatte er gerade einmal 11,7 Prozent eingebüßt.

Der Crash von '87 – wie er später genannt werden sollte – war ein reines Blutbad. Die Zahl der stürzenden Aktien des Dow übertraf die der Gewinner um das Fünfzigfache. Der Amex fiel um 12,7 Prozent, der Nasdaq um 11,4 Prozent.

Das Blutbad verschlimmerte sich noch durch das, was als programmierter Computerhandel von Rentenfonds und anderen großen institutionellen Investoren betrieben wird. Als die Aktienkurse den ganzen Tag kontinuierlich fielen, wurden bestimmte Auslösewerte erreicht. Darauf reagieren die Computer mit automatisch ablaufenden, komplizierten Investitionsstrategien, die die institutionellen Investoren vor weiteren Verlusten schützen sollen. Welle auf Welle überschwemmten Verkäufe des programmierten Handels das System und steigerten die Hysterie auf dem Parkett zusätzlich.

Die Spannung stieg. Fahlgesichtige Händler schlichen sich in einem stetigen Strom auf die Toiletten, um sich zu übergeben. Wutanfälle brachen sich Bahn, und in den Ständen der Börsenhändler fanden ein paar Faustkämpfe statt. Ein Mann, mit glasigen Augen und fast katatonisch, wurde entdeckt, wie er auf dem Boden zusammengesackt eine Hand voll nutzlos gewordener Belege zerknüllte. Die Schwarzseher, die Verrückten und die nur Neugierigen versammelten sich mittlerweile auf der Galerie über dem Parkett der New Yorker Börse. Eine Stimme verkündete über Lautsprecher: »Bitte räumen Sie die Galerie. Sie werden nichts Besonderes zu sehen bekommen.«

Aber es war ein besonderer Tag. Als der Handel schloss, hatten die amerikanischen Investoren auf dem Papier 500 Milliarden Dollar verloren, ein Betrag, der ungefähr dem Bruttosozialprodukt von Frankreich entspricht. Warren Buffet verlor 347 Millionen Dollar, Bill Gates 255 Millionen. Die große Familie von Sam Walton, Gründer von Wal-Mart, büßte 1,75 Milliarden Dollar ein. Auch der Wert von Greenspans Treuhandportfolio soll um 200 000 Dollar gefallen sein.

Als er in seinem Hotelzimmer in Dallas ankam, telefonierte Greenspan sofort mit seinen Stellvertretern bei der Fed. Die Frage, die sich jeder stellte, war: Was nun? Um einem Markteinbruch zu begegnen, hatte die Fed überraschend wenig Möglichkeiten. Ihre

Instrumente können natürlich auch die Aktienmärkte beeinflussen, eine direktere Auswirkung haben sie jedoch auf die Finanzmärkte.

Aber Greenspan und seine Kollegen hatten viel größere Sorgen. Der Markt kann um 208, 508 oder 1008 Punkte fallen, ohne dass es eine Katastrophe geben muss. Die Menschen verlieren einfach nur eine Menge Geld, manche von ihnen auf dem Papier – aber der Markt kann immer umschlagen.

Das wahre Chaos beginnt erst, wenn die Finanzmärkte mitgerissen werden, wenn die Banken aus Angst, dass sie ihr Geld nicht zurückbekommen, keine Kredite mehr gewähren. Das kann eine wirkliche Panik auslösen. Die Kreditvergabe erfolgt immer unüberlegter, egal, wie hoch das Risiko ist, Kredite werden kaum noch gewährt. Immer mehr gescheiterte Unternehmen säumen den Straßenrand. Das ist der entscheidende Prozess, der die Wirtschaft abrutschen lässt – nicht der Zusammenbruch des Aktienmarkts per se.

Die Fed hat 1929 genau diesen Fehler gemacht. Der Crash war eine Katastrophe, keine Frage. Aber der bleibende Schaden entstand erst, als die Fed die Zinssätze erhöhte und damit den Kreditfluss stoppte. Fehlentscheidungen einer Reihe von Fed-Chefs, die alle nur kurze Zeit im Amt waren – Roy Young, Eugene Meyer und Eugene Black –, trugen dazu bei, dass aus einem Börsencrash die Große Depression wurde.

Greenspan und seine Leute hatten diesen Präzedenzfall vor Augen, als sie in der Nacht des 19. Oktober die Lage besprachen. Die Diskussion drehte sich darum, ob die Fed eine Erklärung herausgeben sollte, in der sie versprach, den Märkten die benötigte Liquidität zur Verfügung zu stellen. Manche waren dagegen, weil sie befürchteten, dies könnte die Krise verschlimmern. Andere waren dafür, sprachen sich aber für ein langes, fundiert ausgearbeitetes Dokument aus. Greenspan griff entschieden ein; er glaubte, dass eine Erklärung dringend notwendig sei. Anders als sonst war er diesmal für Kürze und bestand auch darauf, dass die Erklärung präzise auf den Punkt kommen solle.

Währenddessen trat im Washingtoner Büro des Vizepräsidenten der Fed, Manuel Johnson, ein Krisenstab zusammen. Die ganze

Nacht hindurch wurden die Überseemärkte beobachtet, und die Ergebnisse waren beunruhigend. Die Pariser Börse fiel um sechs Prozent; London um zwölf Prozent; Tokio büßte 15 Prozent ein, der tiefste Absturz seit 30 Jahren. Es sah aus, als ob der Dienstag den US-Märkten einen weiteren holprigen Ritt bescheren würde.

Greenspan ging gegen ein Uhr zu Bett und schlief fünf Stunden lang. Die Leute, die während dieser Krise mit ihm zu tun hatten, schauten mit Ehrfurcht, wenn nicht ein bisschen erschreckt auf die Ruhe, mit der dieser Mann, der erst wenige Wochen auf seinem Posten war, auf den Zusammenbruch des Aktienmarkts reagierte. Seine Reaktion mochte seltsam scheinen, war aber typisch für Greenspan. Ruhe und Geduld gehören zu seiner normalen Verfassung, dazu kamen sein Alter, seine Erfahrung und sein wirtschaftsgeschichtliches Wissen.

Ein altgedienter Mitarbeiter der Fed, der Greenspan während der Krise 1987 in Dallas traf, hat Folgendes beobachtet:

> Wenn du so viele Jahre herumgekommen bist wie Greenspan, stellt sich die Frage, wie du Informationen aufnimmst. Du tust das nicht unter Spannung. Ein Laie denkt: Was bedeutet das für mich? Muss ich meine Pensionierung um ein weiteres Jahr verschieben? Greenspan ließ sich in solchen Situationen nicht durcheinander bringen. Er verhielt sich abwartend. Er versuchte einfach, die Dynamik zu verstehen.

Der ehemalige Finanzminister James Baker bemerkt treffend: »Ich glaube einfach nicht, dass Alan jemals nervös wird.«

Konfrontiert mit einer wachsenden Krise entschied sich Greenspan nun doch dafür, seine Rede in Dallas abzusagen. Er flog am Dienstagmorgen mit einer Maschine der Luftwaffe zurück.

Ebenfalls am Dienstagmorgen, eine Stunde, bevor die Märkte öffneten, wurde die Erklärung von Greenspan und seinen Kollegen verbreitet: »Die Federal Reserve, die sich ihrer Verantwortung als Nationalbank bewusst ist, erklärte heute ihre Bereitschaft, als Liquiditätsquelle zu fungieren, um das Wirtschafts- und Finanzsystem zu stärken.«

Die Fed signalisierte den Banken, dass die Pipeline geöffnet und sie selbst bereit war, zusätzlich Geld in Umlauf zu bringen. Nach der Theorie würde dies die Menge der verfügbaren Kredite für Brokerfirmen und Geschäftsleute erhöhen, die vom großen 508-Punkte-Sturz am Montag schwer getroffen worden waren. Damit würden sie handlungsfähig bleiben, bis sich der Markt wieder erholt hatte.

Liquidität zu versprechen ist eine Sache, die Banken dazu zu bewegen, tatsächlich Kredite zu gewähren, eine andere. Diese Aufgabe fiel vor allem E. Gerald Corrigan zu, zum Zeitpunkt des Crashs Präsident der New Yorker Federal Reserve Bank. Unter den zwölf regionalen Notenbanken nimmt die in New York eine besondere Machtstellung ein. Wegen ihres Standortes kann sie die Stimmung an der Wall Street besonders gut einschätzen. Tatsächlich führt die New Yorker Fed von einem Händlertisch im neunten Stock ihres Gebäudes, Liberty Street Nr. 33, Offenmarktgeschäfte durch. Und weil so viele Banken in Manhattan Niederlassungen haben, ist die New Yorker Fed bestens in der Lage, die Stimmung der Bankgemeinschaft einzuschätzen.

Corrigan, ein Protegé von Volcker, war ein erfahrener Krisenmanager. Er hatte sich die ersten Sporen bei einer Reihe von ernsten Finanzschocks verdient: beim Beinahezusammenbruch der Continental Bank 1984 und 1980 bei einem Versuch der Hunt-Brüder aus Texas, den Silbermarkt zu monopolisieren. Corrigan versammelte einige seiner bewährten Mitarbeiter in seinem Büro, machte sich an die Arbeit und rief ein paar Leute aus seinem Netzwerk hochrangiger Bankmanager an. Bald glühten alle acht Leitungen seines Telefons. Er sprach mit einem Manager nach dem anderen und drängte sie dazu, die Kredite weiterlaufen zu lassen, aber er tat das mit großer Vorsicht und Zurückhaltung. Er sagt selbst dazu:

Das ist eine richtige Kunst. Natürlich würde einem niemals einfallen, einer Bank zu sagen: Sie sollten diesem oder jenem Wertpapierhaus Geld leihen. Das werden Sie niemals tun.

Statt dessen beginnen Sie mit: Das ist Ihre Kreditentscheidung. Darf ich Ihnen dennoch einen kleinen Hinweis geben, wie Sie über die Entscheidungen, die Sie fällen müssen, nachdenken könnten. Es ist alles kodiert. Alle Banker kennen die Codes.

Die Fed platzierte einen Doppelschlag. Zuerst gab sie die Ankündigung heraus, die Märkte mit Liquidität zu überschwemmen. Dann bearbeitete Corrigan die Banken, half geschickt ein wenig nach und stellte sicher, dass sie tatsächlich Kredite zur Verfügung stellten.

Inzwischen arbeitete Greenspan in Washington an einer dritten Front. Er saß mit Finanzminister Baker in dessen Büro. Das Thema ihres Gesprächs: Wie lässt sich Reagan zu einer entschiedeneren Führung bewegen? Nach dem Crash vom Montag hatte Reagan die Fragen der Journalisten mit den Worten: »Das Fundament der Wirtschaft bleibt stabil« abgefertigt. Kluge Beobachter konnten gar nicht anders, als die Parallelen zwischen dieser Äußerung und Kommentaren Herbert Hoovers nach dem Crash von 1929 zu bemerken.

Zum Treffen von Greenspan und Baker stießen weitere Regierungsbeamte hinzu, darunter der Stabschef Howard Baker und Beryl Sprinkel, damals Vorsitzender des Wirtschaftsbeirats. Alle Anwesenden waren sich einig, dass Reagan dazu beitragen könne, die Ruhe an den Märkten wieder herzustellen, wenn er mit dem Kongress über den aufgeblähten Staatshaushalt diskutierte.

Wenn sich der Staat große Defizite leistet, ist Inflation eine unvermeidliche Begleiterscheinung. Es war tatsächlich die Angst vor der Inflation, die die Renditen der 30-jährigen Bonds über die Zehn-Prozent-Marke getrieben hatten. Investoren – immer auf der Suche nach besseren Erträgen – wurden von den Aktienmärkten weg- und zu den Anleihen hingelockt. Das war zweifellos ein entscheidender Faktor für den Crash.

Am späten Dienstagabend trafen sich Greenspan, die beiden Baker, Sprinkel und die anderen mit Reagan im Salon des Westflügels des Weißen Hauses. Finanzminister Baker schlug vor, Reagan solle einen Haushaltsgipfel mit dem Kongress vereinbaren. Greenspan sekundierte und sprach mit dem Präsidenten in seinem entschlossensten und direktesten Beraterton. Ausgehend von einem Rückblick auf die Regierung Ford und noch weiter zurück sprach sich Greenspan für eine Kontrolle des Staatshaushaltes aus. Er war Defizitfalke gewesen, als Defizitfalken gerade nicht en vogue waren. Nun erzählte er Reagan, dass irgend etwas gegen die Haushaltsengpässe getan werden müsse, sonst könnten die Märkte weiter abrutschen.

Reagan stimmte einem Haushaltsgipfel zu. Auf einer im Anschluss an das dienstägliche Treffen einberufenen Pressekonferenz äußerte er sich schon sehr viel weniger im Hooverschen Stil. Er sei »bereit, jeden Vorschlag zu bedenken«, den führende Abgeordnete des Kongresses vorlegen würden. Er versprach auch, aggressiv nach Möglichkeiten der Haushaltskürzung zu suchen, »alles außer der Sozialversicherung auf den Tisch« zu legen. In der Folge kamen weder Reagan noch der Kongress in der Haushaltsfrage voran. Kurzfristig jedoch trugen Reagans Kommentare dazu bei, die Märkte zu beleben.

Am Mittwoch kletterte der Dow um 186 Punkte, dem bis dahin größten Kursgewinn an einem einzigen Tag. Am Donnerstag war er wieder um 77 Punkte gefallen. Rauf, runter, rauf, runter, der Markt bewegte sich auch in den nächsten Tagen wie ein Jo-Jo. Aber die Krise begann sich zu stabilisieren.

Die Fed sorgte weiter für Liquidität. Jeden Tag gegen 11:30 Uhr fordert der Händlertisch für Offenmarktgeschäfte der New Yorker Fed die Händler dazu auf, Effekten zu kaufen oder zu verkaufen. Dieser Zeitpunkt ist als »Fed time« bekannt. (Heute liegt die Fed time näher an 9:30 Uhr, weil sich der Anleihenmarkt verändert hat.) Ein früher Call der Fed bedeutet, dass etwas passiert ist – möglicherweise besteht die Absicht, mehr Papiere als gewöhnlich zu kaufen oder zu verkaufen. In den Tagen nach dem Crash gab es eine ganze Reihe früher Calls, manche bereits um 10 Uhr. Die erteilten Aufträge waren immens. Ende der achtziger Jahre kaufte die Fed häufig Effekten im Wert von zwei Milliarden Dollar. Nach dem Crash addierten sich ihre täglichen Käufe auf das Dreifache.

Alle diese vorsichtig bemessenen Aktionen zeigten Erfolge. Der Tagesgeldsatz fiel, und auch die Banken senkten ihre Vorzugszinsen. Am Ende der Woche hatte Citicorp beispielsweise den Vorzugszins von 9,25 auf neun Prozent gesenkt.

Die Märkte blieben nervös. Rund 50 kleinere Brokerfirmen gingen unter, aber die Wirtschaft insgesamt erlitt keinen bleibenden Schaden. Innerhalb von zwei Wochen nach dem Schwarzen Montag hatte sich die Lage fast wieder normalisiert.

Für sein Handling des Crashs erntete Greenspan eine Menge Anerkennung, gemischt mit ein wenig Kritik. Einige betrachteten die von ihm veranlasste Anhebung des Diskontsatzes Anfang September als einen der wichtigsten Faktoren, die die Märkte verunsichert hatten. In der Hauptsache aber wurde er für sein schnelles und entschiedenes Eingreifen gelobt. Mit ihrer Liquiditätserklärung und deren Untermauerung durch ihre Aufforderung an die Banken, Kredite zu vergeben, hatte die Fed sichergestellt, dass aus 1987 kein zweites 1929 wurde.

»Die Krise machte Greenspan zu einem würdigen Notenbankpräsidenten«, sagt Edward Boehne, Gouverneur der Notenbank von Philadelphia, »ich glaube, dass dies seine tatsächliche Vereidigung gewesen ist.«

Greenspans erste Tage auf dem neuen Posten waren nicht nur der Krisenbewältigung gewidmet. Trotz des Chaos auf den Märkten gelang es ihm, auch am gesellschaftlichen Leben in Washington teilzunehmen. Als er für die Ford-Administration gearbeitet hatte, hatten ihn weder die verdeckten Getreidekäufe noch die zweistellige Inflationsrate noch die Angst vor dem Untergang von New York City davon abhalten können, Barbara Walters durch die Stadt zu begleiten. Und auch während der hektischen Tage nach dem Crash ließ sich Greenspan in Begleitung einer wiederum selbstsicheren und attraktiven Journalistin sehen. Sie hieß Andrea Mitchell.

Als die beiden bei einem Staatsbankett im Weißen Haus erschienen, war dies ihr Debüt als Washingtoner Paar. Aber sie hatten sich schon seit mehreren Jahren gelegentlich getroffen. Beide waren sie mit ihren ersten Ehen gescheitert und hatten es nicht eilig, sich wieder ernsthaft zu binden. Greenspan hatte sogar eine andere Frau – Susan Mills von der *MacNeil-Lehrer Newshour* – zu seiner Vereidigungszeremonie eingeladen.

Andrea Mitchell war eine altgediente Reporterin bei NBC – talentiert, zäh und sehr respektiert. Sie hatte sich hochgearbeitet. Zuerst hatte sie in Philadelphia für Radio und Fernsehen über Lokalpolitik berichtet, war später Korrespondentin für Energiepolitik und hatte 1979 über das Atomdebakel von Three Mile Island berichtet. Zwanzig Jahre jünger als Greenspan hatte Andrea Mitchell 1967 ihren Abschluss an der University of Pennsylvania gemacht. Ihr Hauptfach war Englisch gewesen, sie hatte also nicht sehr viel zu tun mit jener hochfliegenden Mathematik, die Greenspan für seine Wirtschaftsanalysen verwendete.

Aber wie Greenspan ist Andrea Mitchell in New York City geboren – in der Bronx; aufgewachsen ist sie allerdings im vorstädtischen Westchester County. Ihr Vater besaß eine Möbelfabrik, ihre Mutter war Schulverwalterin.

Greenspan und Andrea Mitchell trafen sich zum ersten Mal 1983, als sie im Washingtoner Büro von NBC arbeitete und über die Haushalts- und Wirtschaftspolitik der Regierung berichtete. Eine ihrer Quellen, David Gergen, Berater im Weißen Haus, hatte ihr vorgeschlagen, mit einem der externen Wirtschaftsberater Reagans zu sprechen.

»Warum rufen Sie nicht Alan Greenspan an«, meinte er, »was Fragen der Wirtschaft angeht, ist er der klügste Mensch, den ich kenne.«

Damals lebte Greenspan in New York und führte sein Beratungsunternehmen. Andrea Mitchell begann, ihn regelmäßig am Telefon zu interviewen, und er wurde zu einer ihrer bewährtesten Quellen. Dann fragte er sie eines Tages aus heiterem Himmel, ob sie mit ihm ausgehen wolle. Mitchell war vollkommen überrascht. Die beiden hatten sich nie persönlich kennen gelernt, aber sie hatten Spaß gefunden an ihren Telefongesprächen. Im Dezember 1984, als sie in New York war, um einen Beitrag für die *Today Show* aufzuzeichnen, nahm Andrea Mitchell Greenspans Einladung an. Das war ihre erste Verabredung.

Sie aßen im Le Perigord zu Abend, einem französischen Restaurant in der Nähe des Sutton Place in Manhattan. Die beiden verstanden sich sofort. »Ich fand Alan von Anfang an außerordentlich klug und lustig und süß«, sagt Andrea Mitchell, »wir unterhielten uns über unsere Kindheit, über Musik und über Baseball.«

Es war eine schöne klare Winternacht. Nach dem Abendessen holte Greenspan seinen Wagen, und sie fuhren durch den Central Park.

Von Beginn an hatte Joan Mitchell Blumenthal eine dunkle Ahnung, dass Andrea Mitchell besser zu Greenspan passte als jede andere Frau, mit der er sich in den letzen Jahren getroffen hatte. Eines Abends im Jahr 1985 gingen die beiden Paare zusammen essen. Als Andrea Mitchell den Tisch kurz verließ, ergriff Greenspans alte Freundin die Gelegenheit, ihm mitzuteilen, was sie empfand: »Ich sollte das besser nicht sagen, es wird mir wahrscheinlich den Todesstoß versetzen, wenn ich es tue. Aber sie scheint genau die Richtige für dich zu sein.«

Erst als Greenspan nach Washington zog, um seinen Posten bei der Fed anzutreten, nahm die Beziehung der beiden ernstere Formen an.

Mit der Zeit entdeckten sie viele Gemeinsamkeiten. Beide liebten klassische Musik – Greenspan war an der Juilliard School gewesen, Mitchell hatte in ihrer Jugend Geigenunterricht gehabt. Beide mochten Mozart, Brahms und Vivaldi, aber sie waren sich uneinig über Rachmaninow, einen der Lieblingskomponisten Greenspans. Beide wurden regelmäßige Besucher des Kennedy Center und saßen oft auf Präsident Reagans Platz.

In Andrea Mitchell hatte Greenspan eine Frau gefunden, die genauso wild auf Baseball war wie er. In ihrer Jugend hatte sie die Yankees Mickey Mantles angefeuert. Nach ihrem Umzug nach Washington wurde sie treue Anhängerin der Orioles. Greenspan war als Dodgersfan aufgewachsen, aber wie so viele New Yorker fühlte er sich verlassen, als die Mannschaft 1958 nach Los Angeles zog, und so wurden die Mets sein Ersatzteam. Nach einigen Jahren in Washington und einigen Jahren mit Andrea Mitchell wurde auch Greenspan ein Oriolesfan.

Ihre größte gemeinsame Leidenschaft war die Politik, obwohl sie das Geschehen von verschiedenen Seiten der Kamera aus betrachteten. Sie berichtete. Er war Gegenstand des Berichts. Trotzdem vermittelte er Mitchell keine Knüller. Die Notenbankpräsidenten sind von Gesetzes wegen verpflichtet, mit niemandem außerhalb der Organisation über die sensiblen Aspekte der Wirtschaftspolitik zu sprechen. Beide liebten es jedoch, Beobachtungen über den politischen Prozess im Allgemeinen und über Washingtons Interna zu diskutieren.

Er mochte berühmt dafür sein, vor dem Kongress einschläfernde Erklärungen abzugeben, für Andrea Mitchell war er ein faszinierender Gesprächspartner. So haben ihn viele Frauen in jenen Jahren erlebt. »Er dachte nicht in vorhersagbaren Linien«, sagt sie, »er war stets offen für neue Ideen. Das machte ihn zu einem innovativen Wirtschaftsfachmann, aber auch zu einem charmanten Begleiter beim Abendessen. Er war der interessanteste Mann, den ich je getroffen habe.«

Durch das entschiedene Handeln der Fed war der Crash von '87 im Großen und Ganzen nicht viel mehr als eine Bodenschwelle. Kein bleibender Schaden war entstanden. Der Aktienmarkt erholte sich rasch, und die Lage normalisierte sich in erstaunlich kurzer Zeit. Kaum auf seinem Posten hatte Greenspan eine sehr große Herausforderung gemeistert. Hätte er die Lektionen aus der Geschichte der Federal Reserve nicht gelernt, hätte er klassische Fehler wiederholt und die Wirtschaft in eine tiefe Depression oder Schlimmeres gestürzt. »Greenspan hätte in der Situation wie Herbert Hoover als unglücklicher Mann untergehen können«, meint Paul Samuelson.

Statt dessen stand Greenspan nun vor der Aufgabe, seine Aufmerksamkeit der Angst vor einer überhitzten Konjunktur zuzuwenden. Als die Drohung einer Rezession schwand, sorgte sich Greenspan mehr um die Inflation. Die Fed muss stets eine feine Balance wahren – nicht anders als die Dame des Hauses, wenn es um den Punsch geht. Verlangsamt sich das Wachstum des Bruttosozialprodukts zu sehr oder wird sogar negativ, beginnt die Konjunktur abzuflachen und die Wirtschaft schlittert in eine Rezession.

Doch auch ein zu schnelles Wachstum ist riskant. Wenn die Wirtschaft heiß läuft, neigen die Unternehmen dazu, ihr Engagement zu forcieren. Die Menge verfügbarer Arbeitskräfte sinkt, und die Arbeitsmärkte werden eng. Die Konkurrenz um Arbeitskräfte wird heftiger, und die Unternehmen locken mit übermäßiger Bezahlung. Die Lohnerhöhungen werden weitergegeben, indem die Unternehmen die Preise für ihre Waren und Dienstleistungen erhöhen. Und schon ist die Inflation da.

Eine hohe Inflationsrate wiederum macht es schwer vorauszuplanen. Die Verbraucher halten sich vielleicht mit ihren Einkäufen zurück, weil sie unsicher sind, ob es sinnvoll ist, heute zu kaufen oder erst in einem Jahr. Unternehmen – besorgt um ihre Rentabilität – verzichten vielleicht auf die Eröffnung neuer Fabriken oder auf die Entwicklung neuer Produkte. Schließlich lässt die geschäftliche Aktivität nach und die Wirtschaft schrumpft. Und schon befindet man sich in einer Rezession.

Im Wesentlichen ist die Fed wie ein Schiff, das versucht, durch eine Enge zu steuern, die von beiden Seiten von einer Rezession gesäumt ist. Wenn die Geldpolitik zu streng ist, dann schlittert die Wirtschaft in eine Rezession. Aber wenn sie zu lax ist, führt das zum gleichen Ergebnis. Laxe Geldpolitik kann die Wirtschaft zu einem zu schnellen Wachstum anspornen, das wiederum in eine Inflation führen kann, der eine Rezession folgt.

Kurz nachdem der Crash überwunden war, glaubte Greenspan schon das erste ferne Grollen genau dieses Prozesses zu vernehmen. Weil es sich die Fed nicht leisten kann, auf die Veröffentlichung regierungsamtlicher Wirtschaftsstatistiken zu warten, legte er seiner Analyse vorwiegend anekdotische Informationen zugrunde. Zum Beispiel erhielt Greenspan von einigen Chefs der regionalen Banken der Federal Reserve Berichte darüber, dass Unternehmen in ihren Gebieten mit halsbrecherischer Geschwindigkeit expandierten. Das diente ihm als allererstes Zeichen dafür, dass sich die Konjunktur zu überhitzen begann.

Als schließlich die offiziellen Regierungsstatistiken veröffentlicht wurden, sah Greenspan seine Befürchtungen bestätigt. Das Bruttoinlandsprodukt war im vierten Quartal 1987 um 7,2 Prozent gewachsen. Während guter Zeiten hatte das Wachstum oft mehr als drei Prozent betragen. Unterdessen sank die Arbeitslosenquote, was eine mögliche Verschärfung der Konkurrenz auf den Arbeitsmärkten bedeutete. Ende des Jahres 1987 betrug die Arbeitslosenquote 5,7 Prozent, aber sie sollte in wenigen Monaten auf rund fünf Prozent sinken.

Greenspan fuhr eine Wende um 180 Grad. Zu Beginn des Jahres 1988 kehrte die Fed zu einem schärferen Kurs zurück. Das Ziel war eine weiche Landung, er wollte die Wirtschaft genau zwischen den Risiken eines zu großen oder eines zu geringen Wachstums hindurchsteuern. Eine weiche Landung ist der Heilige Gral der Fed. Sie zu erreichen, ist eine besonders delikate Angelegenheit, eine, die mit großer Vorsicht gehandhabt werden muss, um die Märkte nicht zu beunruhigen.

Schließlich war eine von Greenspans ersten Amtshandlungen die Erhöhung des Diskontsatzes gewesen, ein Signal an die Märkte, dass er Volcker, dem Inflationsbekämpfer, ebenbürtig war. Ein paar Wochen später, in Reaktion auf den Börsencrash, hatte er die Geldpolitik gelockert. Nun fuhr er wieder einen rigideren Kurs. »Anpassungsfähigkeit ist Greenspans Markenzeichen«, sagt David Jones, ein altgedienter Beobachter der Fed und Vice President bei Aubrey B. Lanston, einem Unternehmen mit Sitz an der Wall Street. »Als er realisierte, dass der Crash nur geringfügige oder gar keine Auswirkungen auf die Wirtschaft hatte, änderte er seine Politik sehr schnell. Er verfügt über eine bei einem Notenbankpräsidenten seltene Improvisationsgabe. Ich glaube, da gibt es eine Parallele zu seiner Zeit als Berufsmusiker.«

Greenspans Improvisationstalent brachte ihm keine Lobeshymnen von Seiten der Regierung Reagan ein. Eine restriktive Geldpolitik war genau das, was die Regierung Reagan seit dem Wahljahr

1988 hatte vermeiden wollen. Genau das hatte ja dazu beigetragen, den Wechsel von Volcker zu Greenspan zu beschleunigen. Aber nun bekamen sie eine harte Geldpolitik, und das ausgerechnet von einem Republikaner.

Michael Darby, ein Beamter des Finanzministeriums, drängte die Fed in einem Brief mit Datum vom 21. Januar 1988, die Wirtschaft weiter anzukurbeln. Der Brief landete nicht direkt auf Greenspans Schreibtisch, aber Briefkopien wurden auch an andere hohe Tiere der Fed weitergeleitet. Darby hatte seinem Brief Tabellen beigefügt, die zeigten, dass das Wachstum der Geldmenge zu einem Stillstand gekommen war. Innerhalb der Fed wurde dies als eine erstaunliche Verletzung der Etikette betrachtet. Die Fed soll unabhängig bleiben, abgeschirmt vom Druck der Regierung.

In seiner Erklärung vor dem Kongress am 24. Februar 1988 beklagte sich Greenspan über den Brief.

Als ich von Darbys Brief erfuhr, protestierte ich natürlich, und alles, was ich dazu sagen kann, und so weit ich das beurteilen kann, ist, dass er sich der Auswirkungen seines Tuns nicht bewusst war. Ich bin selbst nicht besonders besorgt, dass wir ungebührlich von der Regierung beeinflusst werden. … Das einzige, von dem ich hoffe, dass es nicht passiert, ist, dass die Sorge um unsere Reaktion auf den Druck der Regierung so außerordentlich groß wird, dass wir glauben, genau das Gegenteil tun zu müssen. Und wir könnten sehr wohl zu Maßnahmen greifen, die unserer besten Einschätzung widerspricht.

Mit anderen Worten, Greenspan wollte sich nicht beeinflussen lassen. Obwohl diplomatisch kodiert, und das ziemlich unverständlich, war Greenspans Aussage nichts weniger als eine versteckte Drohung.

Senator Proxmire antwortete sofort: »Es ist sowohl bedauerlich als auch kontraproduktiv, wenn die Reagan-Administration Sie derart stark unter Druck setzt, wie sie es in den vergangenen Monaten getan hat.«

Das war ebenfalls kodiert – Greenspans alter Gegenspieler wollte wohl kaum Mitgefühl ausdrücken. Vielmehr konnte für einen demokratischen Senator nichts beunruhigender sein, als einen republikanischen Chairman der Fed an der Seite eines republikanischen Präsidenten zu wissen. Indem er wiederholte, dass Greenspan dem Druck nicht nachgeben dürfe, wollte er ihn einfach nur auf die Probe stellen.

Willkommen in Washington! Als Notenbankpräsident war Greenspan nun Teil eines politischen Mechanismus, der byzantinischer war als alles, was er während seiner Zeit beim Wirtschaftsbeirat erlebt hatte.

Reagan seinerseits bestritt, irgendetwas von jenem inkriminierten Brief gewusst zu haben. »Ich werde herausfinden müssen, was hier geschehen ist«, erklärte er einem Journalisten während des Crashs, »weil mir nichts davon bekannt ist.«

Möglicherweise war Reagan aufrichtig, aber selbst wenn das stimmte, hatte er zweifellos einen Weg gefunden, still und leise Druck auf die Fed auszuüben. Präsidenten tun das immer. Sie schießen selten in der Öffentlichkeit auf die Notenbankpräsidenten, aber es gibt andere Wege, die Botschaft zu übermitteln.

Ein Weg verläuft über das traditionelle Frühstückstreffen des Fed-Chefs mit dem Finanzminister. Sie geben dem Finanzminister Gelegenheit, die Regierungssicht auf die Wirtschaftspolitik zu übermitteln. Das ist der althergebrachte Weg für den Präsidenten, seine Ansicht bekannt zu machen und dabei subtilen Druck auszuüben.

Im Großen und Ganzen kamen Greenspan und Reagan gut miteinander aus, aber ihr persönliches Verhältnis war bestenfalls lau zu nennen. Bevor Greenspan Chef der Fed wurde, war er ein externer Berater Reagans gewesen. Sogar in dieser Rolle war die Chemie zwischen ihm und Reagan eine völlig andere als die zwischen ihm und Ford. Ford war sehr an Details interessiert, er hatte jahrelang den Haushaltsausschuss geleitet. Greenspan verlor sich ebenfalls gerne in irgendeiner Angelegenheit, die er von allen Seiten analysierte. Reagan dachte lieber nicht über die Details nach, sondern konzentrierte sich stattdessen auf Angelegenheiten in größerem Rahmen. Der ehemalige Schauspieler hatte eine Schwäche dafür, große Ideen zu entwickeln – sagen wir: Erneuerung – und diese in zündenden Schlagworten auszudrücken wie: »Es ist Morgen in Amerika«.

Als Reagan Greenspan zum Notenbankpräsidenten ernannte, steckte er mitten in seiner zweiten Amtszeit und hatte nur noch eineinhalb Jahre vor sich. In dieser Zeit hatten beide wenig direkten Kontakt miteinander, nicht zuletzt, weil beide sehr unzugänglich waren. Aber im Grunde seines Herzens war Präsident Reagan auch überraschend zerstreut und abwesend. Niemand, der jemals mit ihm zusammenarbeitete, kam an seinen Kern heran. Er ist tatsächlich eine so schwer fassbare Figur, dass Edmund Morris, der offizielle Biograph des Präsidenten, eine fiktionale Figur schuf, die mit Reagan allenfalls Ähnlichkeiten hat, um im 1999 erschienenen Bestseller *Dutch* bestimmte Abschnitte seines Lebens überhaupt lebendig gestalten zu können. Wie zwei Magnete von gleicher Polarität waren Greenspan und Reagan nicht geneigt, einander näher zu kommen.

»Ich glaube nicht, dass sie einander sehr nahe standen«, meint denn auch Bill Seidman. »Ich verbrachte eine Menge Zeit mit Greenspan, und Sätze der Art: Wie ich dem Präsidenten gesagt habe, habe ich von ihm bestimmt nicht oft gehört. Mein Eindruck ist, dass Greenspan Clinton viel näher stand als Reagan.«

Jim Baker, Reagans Finanzminister, war wohl genau in der Position, um das Verhältnis beider richtig zu erfassen: »Er schätzte Greenspan sehr, aber es war alles andere als ein enges Verhältnis«.

Den Rest des Jahres 1988 über wuchs die Spannung zwischen beiden, und selbst Vizepräsident Bush wurde darin einbezogen. Bei einer Wahlveranstaltung in Maine im Mai ließ er eine »Warnung« in Richtung Greenspan und Fed hören: »Ich möchte nicht erleben, dass sie irgendwie (eine Linie) überschreiten, so dass das Wirtschaftswachstum gehemmt, erschwert wird. Und ich denke, dass es für die Wirtschaft mehr Raum gibt zu wachsen ohne inakzeptable Steigerung der Inflation.«

Unbeirrt von solchen Angriffen konzentrierte sich Greenspan auf die sanfte Landung. Am 9. August 1998 hob er die Zinssätze erneut an. Das wurde, nur wenige Tage vor dem nationalen Parteitag der Republikaner, als eine beinahe unverschämte Demonstration von Unabhängigkeit betrachtet. Diese Erhöhung trieb die Leitzinsen auf acht Prozent. In den kommenden Monaten hielt die Fed an dieser restriktiven Politik fest, bis der Zinssatz 9,75 Prozent erreichte, drei Prozent mehr als unmittelbar nach dem Crash.

Aber die Regierung musste sich nicht beunruhigen. Letztlich dämpften die Interventionen der Fed die Wahlaussichten der Republikaner nicht. Die Wirtschaft kam weiterhin voran, und die Mehrzahl der Wähler ging davon aus, dass Bush Reagans ökonomisches Gefährt auf Kurs halten würde.

Bei der kleinen Besprechung in New Orleans machte Bush Dan Quayle zu seinem Vizepräsidentschaftskandidaten. Andrea Mitchell war die erste, die darüber berichtete, und landete damit einen Knüller. Inzwischen hatten die Demokraten Michael Dukakis zu ihrem Kandidaten gewählt, den Gouverneur von Massachusetts und vormals Gastgeber der Talkshow, in der Greenspan zur Freiwilligenarmee befragt worden war. Bush schlug Dukakis bei der Wahl deutlich. Tatsächlich konnte er mehr Stimmen auf sich vereinigen als Reagan bei seinem entscheidenden Wahlsieg 1980.

13 | »It's the economy, stupid!«

Bushs Regierungszeit sollte sich in fast jeder Hinsicht von der Reagans unterscheiden: War dieser der Präsident des Wirtschaftsaufschwungs gewesen, so blieb Bush nichts anderes übrig, als den unvermeidlichen Kater auszukurieren, der aufs Erwachen aus der Euphorie folgt.

Geschäftswelt, Banken und Privatleute fingen an, unter der Last massiver Schulden zu ächzen, die sie sich in früheren, optimistischeren Zeiten angehäuft hatten. Außerdem hatte eine lange Reihe verschwenderischer Präsidenten Bush eine gigantische Staatsverschuldung hinterlassen; auch unter seinem direkten Amtsvorgänger, der Steuersenkungen mit enormen Verteidigungsausgaben verbunden hatte, hatte sich die Situation nicht gerade vorteilhaft entwickeln können.

Aber so war Reagan eben: Kühn genug, von einem Amerika zu träumen, das alles auf einmal haben konnte; Details scherten ihn dabei wenig. Er war in erster Linie eine Führernatur, und er besaß die Fähigkeit zur großen Geste. Bush hingegen fand sich – nach acht Jahren Lehrzeit – in einer Lage, in der er kaum mehr tun konnte, als die Reagan-Revolution in Schwung zu halten. Bushs erinnerungswürdigster Wahlkampfslogan ist sehr bezeichnend dafür: »Sie können es mir von den Lippen ablesen: Keine neuen Steuern!« Das war vielleicht ein Ausdruck von Entschlossenheit, aber wohl kaum die Art von Aussage, die die Öffentlichkeit zu Ergebenheit inspiriert.

Es kam, wie es kommen musste: Während Bushs Amtszeit ließ

die Stabilität der wirtschaftlichen Lage zunehmend nach. Zahllose Schwierigkeiten summierten sich: Das Außenhandelsdefizit wuchs, Fabriken suchten sich neue Standorte in Übersee, und mit dem Immobilienmarkt ging es bergab.

Für jeden Notenbankpräsidenten, gleichgültig in welcher Ära, hätte eine solche Lage eine ernste Herausforderung bedeutet. Und auch Greenspan hatte immense Schwierigkeiten, seine Geldpolitik zu formulieren, und erlebte alles andere als eine Sternstunde auf der öffentlichen Bühne.

Er versuchte, die Wirtschaft behutsam zu steuern, aber eine Reihe nachhaltiger Erschütterungen – Sparkassenkrise, um sich greifende Zusammenbrüche von Geschäftsbanken und die Feindseligkeiten am Persischen Golf – machten es ihm zunehmend schwerer, sein Ziel zu erreichen. Die Wirtschaft verlor Stück für Stück an Kraft, und in einigen entscheidenden Momenten verstand Greenspan die Zeichen der Zeit falsch. Schließlich schlitterte das Land in eine Rezession.

In den folgenden vier Jahren sollten sich die Spannungen zwischen Greenspan und Bush bis zur Unerträglichkeit steigern. Bereits unmittelbar nach der Präsidentschaftswahl, noch bevor Bush sein neues Amt angetreten hatte, sind die beiden in den Ring gestiegen.

Greenspan lud die Mannschaft, die den Übergang beim Regierungswechsel managen sollte, zu einer Lagebesprechung über das Haushaltsdefizit ein. Bush jedoch ließ sich in diesem Kreis nie blicken. Kurz darauf erklärte Greenspan vor dem Kongress, er werde sich in seiner Geldpolitik »lieber einmal zu viel für Restriktionen und einmal zu wenig für Marktanreize entscheiden«. Bush konterte in einem Interview: »Ich habe in letzter Zeit nicht mit Alan gesprochen, aber ich möchte nicht erleben, wie wir aus lauter Angst vor Inflation das Wirtschaftswachstum behindern.«

So ging es von Anfang an hin und her zwischen den beiden. Das Verhältnis zwischen Greenspan und Bush sollte sich im Laufe der Zeit zu einem der schlechtesten entwickeln, die es überhaupt je zwischen einem Präsidenten und einem Chairman der Fed gegeben hat.

Shakehands mit George Bush in besseren Zeiten; der 41. Präsident der USA und der Notenbankpräsident hatten ein notorisch schlechtes Verhältnis.

Die erste Erschütterung kam in Form der »Thrift-Krise«. Thrifts, auch bekannt als Savings and Loans, sind eine Art von Bausparkassen, Banken, die sich in den dreißiger Jahren entwickelt und darauf spezialisiert haben, die Amerikaner bei der Finanzierung ihrer Häuser zu unterstützen. Zu Beginn waren diese Banken ausgesprochen konservative Einrichtungen, die im Allgemeinen der so genannten »3-6-3-Formel« folgten: Die Chefs dieser Banken zahlten drei Prozent Zinsen auf Spareinlagen, kassierten sechs Prozent Zinsen auf Hypotheken und verließen um drei Uhr das Büro zum Golfspielen.

Bis in die siebziger und achtziger Jahre fuhr man sehr gut mit diesem Arrangement. Doch als die Inflationsspirale sich schneller zu drehen begann, waren Sparer mit mageren drei Prozent Zinsen auf ihre Einlagen nicht länger zufrieden zu stellen. Im März 1980 unterzeichnete Carter ein Gesetz, welches es den Thrifts gestattete, höhere Zinsen zu bezahlen. Es kam vor, dass sie bis zu 18 Prozent boten, um damit den Geldmärkten und konkurrierenden Banken die Sparer abspenstig zu machen.

Aber das Gesetz von 1980 war nur eine halbherzige Maßnahme. Die Thrifts sahen sich jetzt mit dem Problem der Fristeninkongruenz konfrontiert. Zwar stand es ihnen nun frei, Sparern höhere Zinsen zu zahlen, aber zur gleichen Zeit saßen sie auf großen Beständen langfristiger Hypothekendarlehen fest, aus denen ihnen lediglich sechs Prozent Ertrag zuflossen.

Die nahe liegendste Lösung bestand darin, den Thrifts zu ermöglichen, sich auch in gewinnträchtigeren Investitionen als der Hypothekenvergabe zu engagieren. 1982 unterzeichnete Reagan ein Gesetz, das die gesamte Branche im Wesentlichen deregulierte.

Sofort starteten die Thrifts durch, investierten in Junk Bonds, aber auch in Bullen-Spermabanken, sogar in Sumpfland in Florida. Solche Investitionen versprachen zwar höhere Renditen, brachten jedoch auch ein wesentlich erhöhtes Risiko mit sich. Das Sparkassengeschäft, einst eine stille Domäne konservativer Bankiers, wurde nach und nach zum Anziehungspunkt für clevere Spekulanten jeder Couleur. Zu den berüchtigtsten unter ihnen gehörten Charles Keating, Präsident der Lincoln Savings and Loan, und Don Dixon, Präsident der Vernon Savings and Loan Association.

Keatings Thrift hatte ihr Hauptquartier im kalifornischen Irvine und engagierte sich vor allen Dingen in Junk Bonds und in unsicheren Grundstücksspekulationen, etwa einem Einkaufszentrum mitten in der Wüste. In einem Memo, das er an seine Anlageberater schickte, heißt es: »Denken Sie daran, dass die Schwachen, die Schüchternen und Dummen immer ein lohnendes Ziel abgeben.«

Zur gleichen Zeit verwandelte Dixon eine verschlafene texanische Kleinstadt-Bank in einen Finanzgiganten mit Vermögenswerten in Höhe von 1,7 Milliarden Dollar. Nebenbei belohnte er sich selbst und andere Topmanager mit Bonusleistungen im Wert von 40 Millionen Dollar. Außerdem verwendete Dixon das Thrift-Kapital zur Anschaffung seines privaten Rolls Royce, eines zwei Millionen Dollar teuren Strandhauses und für frische Schnittblumen im Wert von 36 000 Dollar.

Der Spaß konnte natürlich nicht ewig gut gehen. Um die Zeit von Bushs Amtsantritt brachen Thrifts reihenweise zusammen. Ihre Rückversicherung, die Federal Savings and Loan Insurance Corporation (FSLIC), blutete finanziell aus.

Mit der Resolution Trust Corporation (RTC) rief der Kongress eine Treuhandstelle ins Leben, die Ordnung in diesen Schlamassel bringen sollte. Eine Aufgabe war der Verkauf der Wirtschaftsgüter auf der Strecke gebliebener Thrifts. Das konnte nur mit großer Behutsamkeit geschehen. Hatte ein Thrift eine riskante Investition getätigt, etwa in ein halbfertiges Hotel, dann konnte die RTC sie nicht einfach zum Dumpingpreis losschlagen, ohne einen Wertverfall auf den örtlichen Immobilienmärkten zu riskieren.

Stattdessen arbeitete die RTC allmählich die Vermögensbestände Hunderter insolventer Thrifts ab und stieß riskante Spekulationsobjekte zum jeweils besten Preis ab, der zu erzielen war. Die Erträge gingen an die Sparer, von denen jeder Einzelne ausbezahlt werden musste – immerhin waren sie ja versichert. Vordringlich war man bemüht, das Vertrauen in das amerikanische Finanzsystem zu erhalten. Für den Fall, dass die RTC nicht genug Geld aufbringen konnte, um alle Sparer auszuzahlen, sprach sich der Kongress sogar dafür aus, die Fehlbeträge durch Steuergelder auszugleichen. Zuletzt musste genau diese höchst unpopuläre Entscheidung tatsächlich durchgesetzt werden.

Als Notenbankpräsident saß Greenspan zusammen mit Finanzminister Nicholas Brady und mit Jack Kemp, damals Minister für Wohnungs- und Städtebau, im Beirat der RTC. Dieses Gremium hatte mit den alltäglichen Details des Großreinemachens in der Thrift-Branche eigentlich wenig zu tun. Vielmehr sollte es sicherstellen, dass Greenspan und andere finanzpolitische Schwergewichtler auf dem Laufenden blieben.

»Greenspan legte Wert auf unsere Ansichten«, sagt Bill Seidman, damals Vorsitzender des RTC. »Kein anderes Problem zog zu der Zeit so viel Aufmerksamkeit auf sich. Es lag ihm sehr am Herzen, insolvente Einrichtungen aus dem Verkehr zu ziehen. Aber er war nicht aktiv daran beteiligt.«

Die meiste Zeit über begnügte sich Greenspan mit der Haltung des wachsamen Beobachters. Im Gegensatz zu einem Teil der Geschäftsbanken reguliert die Fed Thrifts nicht direkt. Dennoch war im Gespräch, dass die Fed im äußersten Notfall als Refinanzierungsinstitut der letzten Instanz einspringen könne, falls die Lage entsprechend düster würde. Die Finanzkrise nahm nie so bedrohliche Züge an, dass sich die Fed zur Unterstützung genötigt sah. Gleichwohl wurde das Thrift-Desaster zu einem öffentlichen Skandal epischen Ausmaßes.

Diese Krise zog erstaunlich weite Kreise, die vom privaten bis in den öffentlichen Sektor reichten, jede Ebene der Regierung berührten – auf regionaler, auf Staats- und auf Bundesebene – und sich über Parteilinien hinweg und noch weiter erstreckten. Die ehemaligen Präsidenten Carter und Reagan tragen durch ihre Deregulierungsmaßnahmen beide einen Teil der Verantwortung. Neil Bush – der Sohn von George und der jüngere Bruder von George W. Bush – war Leiter von Silverado S&L in Denver, für die eine Sicherheitsleistung in Höhe von einer Milliarde Dollar aufzubringen war. Michael Milken von Drexel Burnham Lambert hatte Junk Bonds an Thrifts wie Lincoln und Silverado verkauft. David Stockman, unter Reagan Leiter der Haushaltsbehörde, strich die Gelder zusammen, die zur Aufsicht über die Thrifts zur Verfügung standen, und öffnete dem Hochrisiko-Investitionsrausch damit Tür und Tor. Diese Liste ließe sich beliebig fortsetzen.

Selbst ein William Proxmire war nicht über allen Tadel erhaben. 1974 hatte er mitgeholfen, einen Versuch der Thrift-Branche zu bremsen, in den Markt für zinsvariable Hypothekendarlehen einzusteigen. Als Populist war er durchaus der Meinung, die Amerikaner hätten ein Recht auf Hypothekendarlehen mit einem niedrigen Festzins nach der Formel »3-6-3«. Gemessen an dem, was später kommen sollte, hätten zinsvariable Hypothekendarlehen natürlich nur ein vergleichsweise geringes Zugeständnis bedeutet. Aber sie hätten den Thrifts gestattet, aus ihren Vermögenswerten ein wenig mehr Kapital herauszuschlagen.

Selbst Greenspan darf in dieser illustren Runde nicht unerwähnt bleiben. Auch er spielte seine Rolle bei der Beschleunigung der Thrift-Krise. Die geschilderten Ereignisse fallen noch in seine Zeit als Privatunternehmer, doch als er Chef der Fed war, fühlte er plötzlich ihren Schatten auf sich fallen, und die Angelegenheit bescherte ihm seine schlimmsten öffentlichen Augenblicke seit seinem berüchtigten »Prozent«-Kommentar unter Ford.

Greenspan war schon seit langem ein Verfechter der Deregulierung. Mitte der achtziger Jahre, in seiner Zeit als Wirtschaftsberater, übernahm er eine Beratertätigkeit für die New Yorker Kanzlei Paul Weiss, Rifkind, Wharton and Garrison. Er wurde im Auftrag der Lincoln Savings and Loan von Charles Keating hinzugezogen, um zu beurteilen, ob der finanzielle Zustand der Thrift Investitionen in Grundstücksentwicklungsprojekte gestattete, die in der Branche unter der Bezeichnung Direktinvestitionen bekannt sind.

In einem vierseitigen Brief vom 13. Februar 1985 übermittelte Greenspan den Thrift-Prüfern seine Beurteilung: »Lincolns neue Geschäftsleitung und auch die der Mutterfirma, der American Continental Corporation, besteht aus erfahrenen Experten auf dem Gebiet der Auswahl und Durchführung von Direktinvestitionen.« Weiter stellte er fest: »Das neue Management hat die Dynamik und Gesundheit des Unternehmens erfolgreich wieder hergestellt, es hat eine stabile Ausstattung mit Eigenkapital, und das zum großen Teil dank der fachmännischen Auswahl solider und profitabler Direktinvestitionen.« Dieser vollmundigen Schlussfolgerung zufolge sollte man der Thrift gestatten, weiterhin solche Investitionen zu tätigen.

Allerdings erwies sich Lincoln nicht gerade als »dynamisch und gesund«. Keating und seine Spießgesellen waren alles andere als »erfahrene Experten«. Greenspan war diese Episode zutiefst unangenehm, hatte er doch im Grunde genommen einer Räuberbande seinen Segen gegeben.

»Als ich die Leute von Lincoln zum ersten Mal traf, da machten sie auf mich den Eindruck von ausgesprochen vernünftigen Menschen, die wussten, was sie taten«, erklärte er der *New York Times*. »Natürlich beschämt es mich, dass ich die späteren Ereignisse nicht voraussehen konnte. Ich habe mich in Bezug auf Lincoln geirrt. Ich habe mich in Bezug darauf geirrt, was sie letzten Endes anrichten und welche Probleme sie heraufbeschwören würden.«

In seiner Funktion als Berater hat Greenspan damals einige wirklich schlechte Empfehlungen abgegeben – und kassierte dafür ein Honorar, dass sich gerüchteweise zwischen 30 000 und 40 000 Dollar bewegte. Im Gegensatz zu manchen anderen musste er sich aber nie einer gerichtlichen Untersuchung stellen.

Das Justizministerium leitete eine Untersuchung gegen fünf Senatoren ein, die angeblich ihre Verbindungen hatten spielen lassen, um Keating die Prüfer vom Leibe zu schaffen. Unter ihnen war auch John Glenn, ehemaliger und zukünftiger Astronaut und demokratischer Senator von Ohio, der von Keating Wahlkampfunterstützungen in Höhe von 234 000 Dollar erhielt. Im Gegenzug arrangierte er ein Treffen zwischen Keating und Jim Wright, dem Sprecher des Repräsentantenhauses.

Zu diesen so genannten »Keating Five« gehörten auch die Senatoren Alan Cranston (Demokrat aus Kalifornien), Donald Riegle (Demokrat aus Michigan), Dennis DeConcini (Demokrat aus Arizona) und John McCain (Republikaner aus Arizona). McCain erhielt für seinen Wahlkampf 112 000 Dollar von Keating. Dafür sang er regelmäßig Loblieder auf die Lincoln S&L und nutzte dabei häufig Greenspans Schreiben an die Prüfer als Beleg. Als sich die S&L-Krise zuspitzte, sagte ein McCain-Sprecher der *New York Times*: »Senator McCain hat wiederholt erklärt, welchen bedeutenden Einfluss Greenspans Studie auf seine Haltung in der Lincoln-Sache hatte.«

Bemerkenswerterweise kamen die Keating Five mit einem Klapps auf die Finger davon. Als man Keating fragte, ob seine Wahlkampfunterstützung die Senatoren beeinflusst hätte, erklärte er: »Das möchte ich doch hoffen.« Aber Sonderstaatsanwalt Robert Bennett konnte offenbar keine tragfähigen Beweise für diesen Punkt der Klage zusammenbringen. Die Senatoren wurden für ihr »schlechtes Urteilsvermögen« gerügt, und damit ließ man die Sache auf sich beruhen. Als sich McCain 2000 um die Nominierung zum Präsidentschaftskandidaten der Republikaner bemühte, hatte er es geschafft, im neuen Gewand eines Reformkandidaten aufzutreten, und Richtlinien der Wahlkampffinanzierung zu einem seiner großen politischen Anliegen erklärt.

Keating wurde 1991 wegen Betrugs und Bildung einer kriminellen Vereinigung verurteilt. Aber er verbrachte nur wenige Jahre im Gefängnis, vor allem weil im Nachhinein festgestellt wurde, dass Lance Ito, der für den Fall zuständige Richter, Fehler bei der Belehrung der Geschworenen gemacht hatte. Bis die Lincoln Savings and Loan-Angelegenheit endlich aus der Welt geschafft werden konnte, waren den Steuerzahlern Kosten von drei Milliarden Dollar entstanden.

Episch ist das Wort, das die Thrift-Krise vielleicht am besten beschreibt, sowohl was die Tragweite als auch die Kosten angeht. Bis zum heutigen Tag kann niemand genau sagen, wie hoch die entstandenen Gesamtkosten tatsächlich sind. Schätzungen bewegen sich zwischen 500 Milliarden und einer Billion Dollar. Kein Zweifel jedenfalls, dass der Preis enorm war: Inflationsbereinigt ist er höher als der des Vietnamkriegs, mindestens doppelt so hoch wie der des Koreakriegs. Obwohl die Krise längst aus den Schlagzeilen verschwunden ist, hat das Land noch immer die Kosten ihrer Beilegung zu tragen.

»Die Sache mit S&L war übel, die politische Belastungsprobe gewaltig«, so Gerald Corrigan. »Aber ich habe die Krise nie als wirklich lebensbedrohlich empfunden, etwa so, als seien zwei oder drei der großen, weltweit tätigen amerikanischen Kreditinstitute zu Boden gegangen – das hätte schon völlig anders ausgesehen.«

Aber genau dies sollte die nächste Herausforderung für Greenspan sein.

Denn der Thrift-Crisis direkt auf den Fersen folgten Probleme mit den Geschäftsbanken, einer Branche also, die Kredite an Privatpersonen und Unternehmen vergibt und die wegen ihrer Größe und Bedeutung für die US-Wirtschaft die Savings and Loans bei weitem in den Schatten stellt. Und da die Geschäftsbanken zu einem gewissen Teil von der Fed beaufsichtigt werden, musste diese nun das Feuer im eigenen Haus bekämpfen.

Wie schon das Debakel mit den Thrifts, so hatten auch die Schwierigkeiten der Banken ihren Ursprung in allzu spekulativen Kreditvergaben während vorausgegangener Boom-Zeiten. Die Krise überrollte buchstäblich eine Region nach der anderen. Sie nahm Mitte der achtziger Jahre ihren Ausgang von kleinen Landwirtschaftsbanken des Mittelwestens, erwischte dann den ölproduzierenden Südosten und ging von dort auf Neuengland, Florida und schließlich Kalifornien über.

Während Bushs erstem Amtsjahr gingen 206 Banken Bankrott, weitere 159 im Jahr 1990. Keine von ihnen hatte die Größe einer Citibank oder der Bank of America, so wie es Corrigans Befürchtungen entsprochen hätte, aber einige ziemlich große Namen waren doch dabei: die Bank of New England mit Vermögenswerten in Höhe von 21,9 Milliarden Dollar und MCorp mit Hauptquartier in Dallas und 15,7 Milliarden Dollar Bankvermögen. Zwischen 1988 und 1992 verschwanden alles in allem 882 Banken von der Bildfläche – das waren mehr Bankinstitute als zu irgendeinem anderen Zeitpunkt seit der Depressionszeit.

Im dem Maß, in dem die Branche ins Straucheln geriet, waren Banken nur noch sehr zögerlich bereit, Kredite zu vergeben: eine Möglichkeit, dem Ruin zu entgehen, besteht sicherlich darin, einfach kein Geld mehr zu verleihen, sondern die Spareinlagen der Kunden in sehr vorsichtige Kapitalanlagen fließen zu lassen, zum Beispiel in Schatzwechsel.

Greenspan und die Fed sahen sich in einer schwierigen Position. Traditionell wird die Federal Reserve als das strengste Aufsichtsorgan angesehen, sie gilt als wesentlich unnachsichtiger als die Bankenaufsichtsbehörde oder die Bundeseinlagenversicherung. Darüber hinaus waren der Bankbranche gerade erst neue Richtlinien für die Kreditvergabe verordnet worden. Doch jetzt waren die Prüfer der Fed gezwungen, die Zügel locker zu lassen: Sie wollten nicht, dass Banken Risikokredite vergaben – das war es ja gewesen, was am Anfang all ihrer Schwierigkeiten gestanden hatte; aber sie wollten genauso wenig, dass die Banken überhaupt keine Kredite mehr vergaben.

Das war, in mancherlei Hinsicht, natürlich verlorene Liebesmühe. Selbst wenn die Banken Kredite zur Verfügung stellten, waren Unternehmen wie Verbraucher nicht gerade in der Stimmung, Geld zu leihen. Sie waren vollauf damit beschäftigt, sich von ihren eigenen Verschuldungsorgien zu erholen. John LaWare, ein ehemaliger Gouverneur der Fed, erinnert an die besondere Herausforderung dieser Zeit: »Greenspan ist ein großer Anhänger eines Finanzsystems, das auf Vertrauen beruht, darauf, was J. P. Morgan ›Charakter‹ genannt hätte. Wo es kein Vertrauen und keine Zuversicht gibt, da wird man konservativer. Sowohl Kreditnehmer als auch Gläubiger waren wesentlich vorsichtiger geworden.«

Das Ergebnis war der so genannte »credit crunch«, die Kreditverknappung.

Im Juni 1989, als die Wirtschaft zu schwächeln begann, vertraute Greenspan wieder einmal der Improvisation und schwenkte von Drosselung der Geldversorgung auf Lockerung um. Bis zum Juni 1990 hatte eine Reihe von Vorstößen die Leitzinsen von zehn auf 8,25 Prozent gesenkt. Und während die Wirtschaft sich weiter abkämpfte, setzte Greenspan die Leitzinsen immer weiter herunter.

Aber die Banken reagierten nicht mit einer entsprechenden Senkung ihres Vorzugszinssatzes. Stattdessen steckten sie ihr Geld weiter in Schatzwechsel und andere vorsichtige Kapitalanlagen. Der niedrige Leitzins führte nur dazu, dass sie ihre Gewinnspanne vergrößern konnten.

In den folgenden Monaten sollte die Fed sogar auf ein sehr selten gebrauchtes Mittel zurückgreifen, nämlich auf eine Änderung ihrer Auflagen für Mindestreserven. Die Geldmenge, die Banken zur Absicherung bestimmter Formen von Spareinlagen in Reserve halten müssen, wurde 1990 um über 20 Prozent gesenkt. Dies stellte die erste Änderung der Mindestreserven seit sieben Jahren dar. Man hoffte, dass neues Geld – einer Schätzung zufolge um bis zu zwölf Milliarden Dollar – zur Kreditvergabe freigestellt werden würde. Aber der Plan ging nicht auf.

Kein Mittel schlug an. Die Banken vergaben keine Kredite, und Kunden und Konsumenten fragten auch keine nach. Natürlich verlangsamte sich daraufhin die Geschäftstätigkeit, und die Wirtschaft begann, negative Wachstumzahlen zu schreiben. Bald fanden sich die USA im Sumpf der Rezession gefangen.

Das Statistische Bundesamt – die Organisation, an deren Spitze einst Arthur Burns gestanden hatte – ist zuständig für die Beurteilung von Rezessionen, es erklärt Beginn und auch das Ende solcher Entwicklungen. Einer weit verbreiteten Definition zufolge befindet sich eine Volkswirtschaft in einer Rezession, wenn das Bruttoinlandsprodukt in zwei aufeinander folgenden Quartalen schrumpft. Das Statistische Bundesamt kann natürlich erst geraume Zeit nach dem tatsächlichen Ereignis zu einer Entscheidung kommen. Retrospektiv bestimmte es den Juli als Beginn der Rezession von 1990/91.

Greenspans Timing ließ in diesem Fall ausgesprochen zu wünschen übrig. Genau in dem Moment, in dem es mit der Wirtschaft bergab ging, bekam er plötzlich Bedenken gegen weitere Leitzinssenkungen. Wieder eine dieser plötzlichen Kehrtwendungen, die zu seinem Markenzeichen geworden sind. Seit sie die Kreditverknappung diagnostiziert hatte, hatte die Fed versucht, die Lage zu entspannen. Jetzt begann Greenspan, sich Sorgen zu machen, ob eine zu starke Herabsetzung der Leitzinsen nicht eine Inflation auslösen könnte: Die letzten von der Regierung veröffentlichten Wirtschaftsdaten – besonders ein Report, der ganz allmähliche Lohnsteigerungen zeigte – hatte Greenspan und seinen Kollegen zu denken gegeben.

Am 2. August 1990 marschierte der Irak in Kuwait ein. Im Laufe der folgenden Monate stiegen die Ölpreise um fast das Doppelte auf 40 Dollar pro Barrel. Dadurch erhielten die Inflationsängste der Fed neue Nahrung. Außerdem brachte der Sommer 1990 eine der typischen Runden von Haushaltsstreitigkeiten im Kongress. Greenspan hatte weiter die Hoffnung, dass etwas gegen das überhöhte Haushaltsdefizit unternommen werden könnte – und er stellte die Frage, ob es nicht aussichtsreich sei, die Leitzinsen weiter herunterzuschrauben, solange es in dieser Sache keinen Fortschritt gab.

In der Zwischenzeit beschleunigte sich die wirtschaftliche Talfahrt. Greenspan deutete die Zeichen falsch. Oder er wollte sie, wie

Greenspan im Oval Office am 24. April 1990. Rechts Finanzminister Nicholas Brady, links John Sununu, der Stabschef von Bush.

manche Beobachter vermuteten, schlicht nicht sehen. Während eines Treffens des Offenmarktausschusses am 21. August 1990 sagte er: »Ich denke, es gibt einige Dinge, die wir mit einem gewissen Grad an Sicherheit feststellen können, und dazu gehört, dass diejenigen, die uns bereits in einer Rezession sehen … mit einiger Wahrscheinlichkeit im Irrtum sind.«

Natürlich befand sich die Wirtschaft längst in einer Rezession, schon seit beinahe einem Monat. Und es sollte sich zeigen, dass sich diesmal Greenspan im Irrtum befand.

Während des gesamten Herbstes 1990 weigerte sich Greenspan, den Beginn einer Rezession anzuerkennen. Irgendwann einmal nannte er die wirtschaftliche Situation »mehr eine schlingernde Neuanpassung«, ein andermal sprach er von einem »sinnvollen Rückgang des Gesamtausstoßes der Wirtschaft«. Greenspan war wohl bereit zuzugestehen, dass die Wirtschaft in schlechter Verfassung war; aber das Wort mit »R« kam ihm nicht über die Lippen.

Doch welchen Namen man der Sache auch geben mochte, es war etwas faul. Das Vertrauen der Öffentlichkeit in die Wirtschaft war schwer erschüttert. Der vom Conference Board ermittelte Index des Verbrauchervertrauens war von 101 Punkten im Juli 1990 auf 85 Punkte im August (direkt nach dem irakischen Angriff auf Kuwait) gefallen. Im Januar 1991 stand er auf 54, dem tiefsten Stand seit zehn Jahren. Zur gleichen Zeit erreichte der »misery index« – ein Maß, das einen Mix aus Inflationsrate und Arbeitslosenquote bewertet – einen Spitzenwert von über zehn.

Kummer gab es wahrhaft genug. Die Arbeitslosenzahl näherte sich im Winter 1990/91 der Sieben-Prozent-Marke; 1989 hatte sie noch in der Nähe von fünf Prozent gelegen. Großunternehmen wie AT&T, Digital Equipment und General Motors begannen damit, scharenweise Mitarbeiter zu entlassen. Alles in allem sind im Lauf dieser Rezession knapp eine Viertelmillion Entlassungen angekündigt worden.

Von Seiten der Regierung geriet Greenspan bald erneut unter Beschuss. In seiner Rede zur Lage der Nation vom Januar 1991 ließ es Bush an Direktheit nicht mangeln: »Die Zinssätze sollten gesenkt werden – und zwar sofort.«

Tatsächlich waren die Leitzinsen als Reaktion auf die Verschlechterung des Wirtschaftsklimas schon gefallen. Die Fed verfolgte eine Politik, die man am besten als eine der »vorsichtigen Lockerung« bezeichnen könnte. Aber Bush war der Ansicht, die Leitzinsen seien von Anfang an zu hoch gewesen und müssten weiter und schneller sinken. Bei einem Präsidenten, der mit einer Rezession zu kämpfen hat, ist eine solche Haltung nicht überraschend. Doch nicht nur im Regierungslager, auch außerhalb war man mit Bush zunehmend einig, dass Greenspan den Ernst der Lage nicht erfasst hatte.

Ein Artikel über Greenspan, der um diese Zeit herum in *Business Week* veröffentlicht wurde, macht dies deutlich. Er trug die Überschrift: »Im Kampf gegen die Rezession wird mit einem Blasrohr auf Elefanten geschossen.«

Die Stimmung wandte sich zunehmend gegen Greenspan. So etwas kann in Windeseile geschehen, und für einen Chef der Fed

besteht eine entscheidende Fähigkeit darin, die öffentliche Wahrnehmung der Lage zu steuern. Und Greenspan hatte sich auch mit
seinen luftigen Wortschöpfungen à la »schlingernde Neuanpassung«
keinen Gefallen getan.

Man begann zu munkeln, Greenspan werde nach dem Ende
seiner Amtszeit im Juli 1991 nicht noch einmal nominiert. Wenn
nicht gerade Bush die Fed aufs Korn nahm, dann war es Finanzminister Nicholas Brady; er führte einen erbitterten Feldzug gegen
Greenspan und seine Kollegen.

Auch der Kongress wollte nicht zurückstehen. Während seiner
Stellungnahme vor dem Haushaltsausschuss des Repräsentantenhauses am 22. Januar 1991 wurde Greenspan vom New Yorker
Senator Alphonse D'Amato gemaßregelt. Dieser bezeichnete die
jüngste Zinssenkung der Fed als »zu gering und außerdem zu spät«.
Er fügte hinzu: »Niemand traut sich, Ihnen das sagen, weil Sie der
große Guru sind. ... Es wird so weit kommen, dass Leute da draußen
verhungern, und Sie machen sich Sorgen um die Inflation!«

Im Januar 1991 marschierten die USA im Irak ein. Scud-Raketen
flogen durch die Luft, Patriot-Raketen fingen sie ab, Stormin' Norman Schwarzkopf markierte den starken Mann, und Saddam Hussein gab klein bei. Innerhalb weniger Wochen war alles vorbei, und
Bushs Popularität bei den Wählern ging auf Höhenflug. Die rasche
Lösung des Konflikts gab der Wirtschaft den Anstoß, den sie gebraucht hatte.

Im März war die Rezession vorüber. Am Ende war sie eine der
kürzesten Rezessionen gewesen, seit es Aufzeichnungen darüber
gibt – sie hatte nur acht Monate gedauert. Das wurde natürlich nicht
sofort deutlich; zuerst musste das Statistische Bundesamt noch die
Zahlen studieren und sein offizielles Urteil abgeben.

Aber mit dem Frühjahr 1991 wurde klar, dass die Wirtschaft
wieder in Fahrt kam, wenn auch nur sehr allmählich. Die Rezession
von 1990/91 war zudem bemerkenswert schwach ausgefallen: Die
Inflationsrate hatte, anders als während der Rezession Mitte der
siebziger Jahre, keinen zweistelligen Wert erreicht und auch die
Arbeitslosigkeit war unter der Zehn-Prozent-Marke geblieben,

ebenfalls im Gegensatz zur Zeit der Flaute Anfang der achtziger Jahre.

Im Sommer 1991 nominierte Bush Greenspan erneut.

Mit dem amtierenden Chairman der Fed an seiner Seite erklärte der Präsident auf einer Pressekonferenz: »Ich würde hier nicht neben diesem Mann stehen, wenn ich nicht vollstes Vertrauen zu ihm hätte.«

Um der Wahrheit die Ehre zu geben – Bush konnte einfach keinen passenden Ersatz finden. Wie gesagt, es ist nicht leicht, einen Notenbankpräsidenten auszuwechseln. Finanzminister Brady hätte Gerald Corrigan vorgezogen, aber Corrigan war ein Volcker-Protegé und dazu noch Demokrat. Man sollte nicht übersehen, dass Bush mit seiner Ankündigung bis zum 10. Juli gewartet hatte, gerade einen Monat vor dem Ende von Greenspans erster vierjähriger Amtszeit. Er wurde zwar neu nominiert, aber nicht gerade mit stürmischen Vertrauensbezeigungen verwöhnt.

Die Wirtschaft humpelte voran. Eine schwache Rezession ging in einer schwache wirtschaftliche Erholung über. Während des vierten Quartals 1991 betrug das Wirtschaftswachstum 2,5 Prozent. Aber besser überhaupt ein positives Wirtschaftswachstum als ein negatives. Zur dieser Zeit machte sich Bush für das Rennen um die Präsidentschaft 1992 bereit, und er war in Sorge, weil die Wachstumsrate nur eine geringe Fehlertoleranz zuließ. Jedesmal wenn in einem Wahljahr das Wirtschaftswachstum unter zwei Prozent gelegen hatte, war die Partei des Amtsinhabers aus der Regierung katapultiert worden: das war 1960 nicht anders gewesen als 1980.

Für Bushs Mannschaft begann das Jahr 1992 in höchster Alarmbereitschaft. Finanzminister Brady pochte auf ein dreiprozentiges Wachstum des Bruttoinlandsprodukts als Mindestzielvorgabe. Das Verhältnis zwischen Greenspan und Brady war selbst in den besten Zeiten gespannt, jetzt brach es vollständig zusammen. Die beiden gaben ihr traditionelles wöchentliches Frühstückstreffen auf. »Das war ein Tiefpunkt im Verhältnis von Fed und Finanzministerium«, so David Jones, ein Beobachter der Fed. »Brady war sehr aggressiv in seiner Haltung gegenüber der Fed. Und die Leute bei der Fed hatten etwas gegen ihn. Er galt als Federgewicht und inkompetent.«

Gleichzeitig tat die Fed wirklich alles in ihrer Macht stehende, um ein rascheres Wachstum zu fördern. Greenspan hatte vielleicht spät reagiert, aber als er einmal realisiert hatte, dass die Wirtschaft strauchelte, drehte er alle Hähne auf.

»Das Besondere an Greenspan ist«, so Paul Samuelson, »dass er nie lange falsch liegt.«

Das gesamte Jahr 1992 über verfolgte die Fed eine lockere Geld- politik. Im September waren die Leitzinsen bei drei Prozent ange- langt, dem tiefsten Stand in dreißig Jahren. Beginnend bei 9,75 Prozent im Jahre 1989, hatte die Fed siebenundzwanzig Zinssenkun- gen vorgenommen. Dennoch blieb die Wirtschaft ungewöhnlich träge und schien gleichsam immun gegen die Medizin, die die Fed ihr verabreichte.

Die Regierung rührte weiter unermüdlich die Trommel für noch billigere Kredite – mehr, schneller, mit weniger Auflagen, zu niedri- geren Zinsen. Es war schließlich Wahljahr, und Bush und Clinton standen sich im Ring gegenüber. Clinton war klug genug, die sta- gnierende Wirtschaft zu seinem zentralen Wahlkampfthema zu ma- chen. Schließlich ging der Kalte Krieg zu Ende, und die Außenpolitik war demnach kein so dringliches Thema mehr. Außerdem war Bush verwundbar, wenn es um die Wirtschaft ging. Er war Präsident während einer Rezession gewesen, auf die eine nur laue Erholung gefolgt war, und zum weiteren Schaden seiner Aussichten auf eine Wiederwahl hatte er auch von seinem Versprechen abgehen müs- sen, die Steuern zu lassen, wie sie waren.

Reagan hatte verkündet: »Der Morgen ist angebrochen in Ame- rika.« Clinton machte die Warnung »It's the economy, stupid!« (»Es geht um die Wirtschaft, Dummkopf!«) zu seinem Wahlkampfslo- gan.

Und Clinton hatte Recht. Tatsächlich ging es der Mehrheit um die Wirtschaft – Abgang George Bush.

Bush gab Greenspan die volle Verantwortung für seine Wahlnie- derlage, und er sollte ihn auch später noch dafür verantwortlich machen. Während eines Interviews mit David Frost, das am 25. August 1998 von A&E ausgestrahlt wurde, kam Bush auf diesen immer noch wunden Punkt zu sprechen: »Ich denke, wenn die Leitzinsen dramatischer gesenkt worden wären, wäre ich wiedergewählt worden, weil der konjunkturelle Aufschwung, in dem wir uns befanden, dann deutlicher sichtbar geworden wäre. Ich habe ihn in seinem Amt bestätigt, und er hat mich enttäuscht.«

14 | Irrationaler Überschwang

Wenn sein Wahlkampfstil in irgendeiner Weise ein Indikator war, sah alles danach aus, als werde Clinton Wirtschaftsthemen völlig anders anpacken als sein Vorgänger. In einer bestimmten Phase des Wahlkampfes hatte er Jimmy Carter sogar vorgeworfen, die Inflation nicht ernst genug genommen zu haben. Zum Teil war das natürlich eine Pose, der Versuch, sich als so genannter Neuer Demokrat zu profilieren. Aber wenn es ein Thema gibt, bei dem es einem Zentralbanker unter Garantie warm ums Herz wird, dann ist es der Kampf gegen die Inflation. Carter hatte den Geist der Inflation aus der Flasche entweichen lassen; Volcker hatte sehen müssen, wie er ihn wieder hineinzwingen konnte.

Außerdem darf man Clintons Kommentare während der ersten Fernsehdebatte der Kandidaten am 11. Oktober 1992 nicht vergessen, in der er die Politik der Federal Reserve mit den Worten gelobt hatte: »Ich habe den Eindruck, dass deren Politik bisher ausgesprochen vernünftig ist.« Und das, während Bush sich in Klagen erging. Jederzeit bereit, seinen Charme spielen zu lassen, machte Clinton der Fed bereits den Hof, als er die Wahl noch längst nicht gewonnen hatte.

Kurz nach seinem Wahlsieg lud Clinton Greenspan zu einem Treffen in die Gouverneursvilla in Little Rock ein. Der neue Finanzminister Lloyd Bentsen – der Dan Quayle in einer berühmt gewordenen Invektive daran erinnert hatte, dass er kein Jack Kennedy sei – hielt das Treffen für eine erstklassige Idee. Clinton wollte, dass die

Begegnung unter vier Augen stattfand, und erklärte Al Gore, es gehe ihm darum, für die richtige Chemie zwischen sich und Greenspan zu sorgen.

Greenspan seinerseits hatte keine Bedenken, sich mit dem gerade gekürten Kandidaten unter vier Augen zu treffen. Verbesserte Beziehungen zur Regierung könnten, so dachte er, der Fed nur zugute kommen. Und was Befürchtungen hinsichtlich einer einseitigen Beeinflussung anging, so hatte er sich unter zwei republikanischen Regierungen als ein geradezu unausstehlich unabhängiger Notenbankpräsident erwiesen.

Am 3. Dezember 1992 flog Greenspan nach Arkansas, wo ein etwa einstündiges Treffen zwischen ihm und Clinton anberaumt war. Sie begannen ihre Sitzung mit Gesprächen über Wirtschaft und Politik – mit eben den Themen, die zwischen einem Chef der Fed und einem Präsidenten anstehen. Greenspan war von Clintons Verständnis für die Materie sofort eingenommen. So wandte sich das Gespräch rasch einer von Greenspans größten Sorgen zu, dem Haushaltsdefizit. Es war in den letzten Jahren steil angestiegen und hatte im Haushaltsjahr 1992 fast 300 Milliarden Dollar erreicht. Greenspan erklärte dem gewählten Präsidenten – wie Bob Woodward in seinem Buch *The Agenda* schreibt und was auch unabhängige Quellen bestätigen –, dass die Fed relativ machtlos sei, solange das Defizit sich in solchen Rekordhöhen bewege. Das Problem sei, dass Defizite andere Investitionen blockierten. In einer solchen Lage muss sich die Regierung buchstäblich Geld von ihren Bürgern leihen, Geld, welches diese sonst möglicherweise anderweitig anlegen würden – zum Beispiel im privaten Sektor.

Die Geldpolitik der Fed, so erklärte Greenspan, habe nicht länger den gewünschten Effekt, wenn das Defizit über einen bestimmten Punkt hinaus gestiegen sei. Der Grund: Die Zinsen für langfristige Kredite fallen dann nicht länger synchron mit den Zinsen für die kurzfristige Geldbeschaffung, und nur die kann die Fed beeinflussen. Und die Langfristzinsen – die von Hypothekendarlehnsnehmern und kreditnehmenden Unternehmen gezahlt werden – sind entscheidend für die Gesundheit der Wirtschaft.

Shakehands mit Bill Clinton; Al Gore schaut zu.

Darin sehe er, Greenspan, den Schlüssel für die aktuelle wirtschaftliche Misere. Der Tagesgeldsatz war auf drei Prozent gesunken; viel tiefer könne die Fed nicht gehen, wenn sie Geld nicht gleich verschenken wolle. Doch dank des aufgetürmten Haushaltsdefizits hätten die langfristigen Kredite eine Art eingebauter Inflations-Prämie. Sie hielten sich einige Prozentpunkte oberhalb ihres ursprünglichen Niveaus. Senken Sie das Defizit, drängte Greenspan, und die Zinsen für langfristige Gelder werden folgen. Dann und nur dann könne auch die Wirtschaft wieder in Schwung kommen.

Es war ein großartiger Auftritt. Greenspan hatte lange warten müssen, um diesen Vortrag an den Mann zu bringen. Bei Bushs Übergangsteam, mit dem er die Reduzierung des Defizits besprechen wollte, war er abgeblitzt; Clinton jedoch war ganz Ohr.

Aus einer Stunde wurden schließlich drei.

Greenspan und Clinton verstanden sich auf Anhieb ausgesprochen gut, obwohl sie ansonsten so verschieden waren, dass es schon fast ans Absurde grenzte. Zuerst einmal war Greenspan Republikaner, Clinton Demokrat. Greenspan war gebürtiger New Yorker, er war bedachtsam, reserviert, ein Mitglied der Schweigsamen Generation; Clinton dagegen ein umgänglicher, schulterklopfender Baby-Boomer aus dem Süden. Greenspan mochte Händel, Clinton hörte Elvis.

Als Greenspan seinen Traum aufgab, Berufsmusiker zu werden, hatte er auch das Klarinetten- und Saxophonspiel mehr oder weniger aufgegeben, nur zu Hause und im privaten Rahmen spielte er von Zeit zu Zeit. Clinton hatte nie professionell gespielt, aber als Präsident ließ er keine Gelegenheit aus, sich als Musiker zu präsentieren, er blies sein Saxophon bei Staatsanlässen, auf MTV und selbst Seite an Seite mit Kenny G.

In seiner Zeit im Weißen Haus ließ Clinton sogar diskret Erkundigungen einziehen, ob er nicht das Saxophon leihen könne, das dem verstorbenen Stan Getz gehört hatte, der Jazz-Legende, die seinerzeit auch Jamming-Partner Greenspans gewesen war. »Ausgeschlossen, dieser Mann wird das Saxophon meines Vaters auf keinen Fall zwischen die Lippen bekommen«, beschied Beverly McGovern, die Tochter von Getz und Verwalterin seines Nachlasses.

Greenspan legte Wert auf gesunde Ernährung; Clintons Liebe galt den Big Macs – und so ließe sich die Liste endlos fortsetzen.

Aber es gab auch einige bedeutsame Gemeinsamkeiten zwischen den beiden. Wenn Greenspan etwas zu schätzen wusste, dann war es Intelligenz. Das war der gemeinsame Nenner, der ihn mit Menschen von Ayn Rand bis Ted Kennedy verband; und in dieser Hinsicht passten Greenspan und Clinton besonders gut zusammen. Beide liebten sie Statistiken, Zahlen, Details. Sie waren Politik-Freaks erster Ordnung. Und beide waren sie Pragmatiker.

Nach Washington zurückgekehrt, unterrichtete Greenspan seine Kollegen während der regelmäßigen Montagmorgen-Sitzung von dem Treffen.

»Er sagte, er habe großartige Stunden mit Bill Clinton verbracht«, erinnert sich Susan Phillips, Dekanin der School of Business and Public Management an der George Washington University, damals Gouverneurin der Fed. »Es stellte sich heraus, dass die beiden intellektuell sehr gut miteinander konnten. Alan lässt sich gerne auf Wortgefechte ein, er liebt Debatten.«

Phillips fügt hinzu: »Im Großen und Ganzen brachte er den Eindruck mit, dass sich in seinem Gespräch mit Clinton dessen großer Respekt vor der Unabhängigkeit der Fed gezeigt habe. Die Fed wusste, wie sie mit der Regierung Bush zusammenarbeiten konnte. Schließlich weiß man nie, worauf man sich nach einem Regierungswechsel einstellen muss.«

Der vorteilhafte Eindruck, den Greenspan in Little Rock gewonnen hatte, bestätigte sich, als Clinton in Washington einzog. Von Anfang an signalisierte der neue Präsident, dass er das Defizit-Problem verstand und dass er vorhatte, etwas dagegen zu unternehmen. Greenspan und Bentsen nahmen das traditionelle wöchentliche Frühstückstreffen zwischen Fed und Finanzministerium wieder auf. Die beiden fingen sogar an, miteinander Tennis zu spielen. Bentsen beriet sich regelmäßig mit Greenspan über die Senkung des Defizits. Und er leitete Greenspans Ansichten an Clinton und an das Wirtschaftsteam der neuen Regierung weiter, in dem unter anderen der Leiter der Haushaltsbehörde, Leon Panetta, die Vorsitzende des Wirtschaftsbeirats, Laura D'Andrea Tyson, und Robert Rubin, der Leiter des Wirtschaftsausschusses des Präsidenten, mitarbeiteten.

Rubin hatte seinen Posten als Co-Chairman der Investment-Bank Goldman Sachs aufgegeben, um in die Regierungsmannschaft einzutreten. Er war ein treuer Demokrat und ein unermüdlicher Sammler von Sponsorengeldern; für Clinton, für Walter Mondale und andere hatte er Millionen aufgetrieben. Darüber hinaus war er ein cleverer Wall Street-Insider, der das Zusammenspiel von Geldpolitik, dem Anleihemarkt und der Wirtschaft insgesamt verstand. »Rubin war den Ansichten der Fed doch sehr zugänglich«, so William Griggs, ein Beobachter der Fed. »Ihm war bewusst, dass die Chancen der Regierung, die wirtschaftlichen Resultate zu erzielen, die sie sich gesetzt hatte, größer waren, wenn sie ein kooperatives und kein antagonistisches Verhältnis zur Fed aufbauen konnte.«

Greenspan ging sogar so weit, Clintons Wirtschaftsteam eine Formel für die Defizit-Senkung mitzugeben: Jede Verringerung des

Defizits um 100 Milliarden Dollar werde die Zinssätze für langfristige Kredite um etwa ein Prozent herabdrücken. Diese Formel erwies sich als nützliche Richtlinie, als Bentsen, Rubin und die anderen in Clintons Wirtschaftsteam die Details ausarbeiteten. Sie formulierten schließlich als Ziel, das Defizit im Haushaltsjahr 1997 um 145 Milliarden Dollar zu senken.

Greenspan gab diesem Plan seinen Segen und erklärte während einer Anhörung vor dem Haushaltsausschuss des Senats am 28. Januar 1993: »Ich finde die Zahl, von der Präsident Clinton gesprochen hat, keineswegs abwegig.« Auch in anderen öffentlichen Stellungnahmen zeigte er sich als Fürsprecher des Clinton-Plans und nannte ihn »glaubwürdig« und »seriös«.

Aber in Clintons Brust wohnten zuweilen zwei Seelen. Wie Greenspan konnte er sich voller Begeisterung bis zum Hals in Details vergraben. Andererseits hatte er auch einen Hang zu reaganesken Anfällen von absurdem Optimismus. Clinton verrannte sich in die Idee, die Senkung des Haushaltsdefizits mit einem altmodischen keynesianischen Paket von Anreizen zu verknüpfen, das der Wirtschaft Anschub geben sollte. Doch würde ein solches Paket die Staatsausgaben und damit notwendigerweise das Defizit erhöhen.

So kam es zu einem Tauziehen innerhalb der Regierung. Auf der einen Seite stand Clintons Wirtschaftsteam, das auf steuerliche Zurückhaltung und Defizitsenkung drängte. Auf der anderen Seite fand sich das Lager derjenigen, die ökonomische Anreize befürworteten, angeführt von Hillary Clinton und Robert Reich, dem Arbeitsminister. Clinton stand in der Mitte und wollte beiden Seiten Gehör schenken. Das war ausgesprochen typisch für ihn und sollte seinen Führungsstil für den Rest der Regierungszeit kennzeichnen.

Schließlich legte er dem Kongress einen zwitterhaften Entwurf vor, der zu einem Teil Defizitsenkung, zum anderen wirtschaftliche Anreize vorsah. Bei den Wahlen von 1992 waren 92 Sitze im Repräsentantenhaus neu vergeben worden, und viele dieser Abgeordneten waren entschlossen, etwas gegen die Haushaltsprobleme der Regierung zu unternehmen. Sie hielten die Verabschiedung des Anreizpa-

Greenspan war bestürzt, als ihm bei der Regierungserklärung von Clinton ein Platz zwischen den Gattinnen des Präsidenten und des Vizepräsidenten angewiesen wurde.

ketes auf, und was übrig blieb, war tatsächlich eine glaubwürdige, seriöse Haushaltsvorlage.

In dieser Gesetzesvorlage wurde kaum der Versuch unternommen, die exorbitanten Staatsausgaben in den Griff zu bekommen; stattdessen wurde die Senkung des Defizits mit Steuererhöhungen verknüpft, die mit 241 Milliarden Dollar alle Rekorde sprengten. Die Vorlage fasste eine Defizitsenkung in Höhe von 496 Milliarden Dollar im Lauf von fünf Jahren ins Auge, also etwa 100 Milliarden pro Jahr, und sie wurde angenommen, nachdem die Stimme von Vizepräsident Gore bei einem Unentschieden im Senat den Ausschlag gegeben hatte. Damit war dem Defizit der erste ernsthafte Schlag versetzt worden.

Am 15. Februar 1993 erhielt Greenspan erneut eine Einladung von Clinton, diesmal aus Anlass der Regierungserklärung, die der frischgebackene Präsident zwei Tage später zu halten hatte.

Als Greenspan für das große Ereignis im Kapitol eintraf, führte ihn einer der Saaldiener auf den Balkon. Er landete in Abschnitt A6, direkt zwischen Hillary Clinton und Tipper Gore. Greenspan war wie vom Donner gerührt. Er hatte erwartet, irgendwo in die Riege der eisernen Sparer abgeschoben zu werden. Stattdessen fand er sich zwischen der First und der Second Lady des Landes wieder, quasi auf dem Präsentierteller. Den ganzen Abend über saß er im Fadenkreuz der Fernsehkameras aller großen Sender. Jedes Mal wenn Clinton zu einem der entscheidenden Punkte seiner Rede kam und eine Aufnahme von den Publikumsreaktionen gebraucht wurde, zeigte die Kamera Hillary, Greenspan und Tipper. Im Verlauf der Rede sah sich Greenspan auf diese Weise etwa zwei Dutzend Mal genötigt, verschiedene Pläne und Vorschläge Clintons mit stehenden Ovationen zu quittieren.

Am folgenden Tag sah Greenspan eine wahre Lawine der Kritik auf sich zurollen. Man hatte vielerorts das Gefühl, Greenspan habe, was die Unabhängigkeit oder besser den Mangel an Unabhängigkeit der Fed anging, eine beunruhigende Botschaft ausgesandt. Viele Kritiker waren der Ansicht, Greenspan habe einen ungebührlichen Durst nach Publicity zur Schau gestellt; andere hielten den Notenbankpräsidenten schlicht für naiv.

Oberste Bundesrichter gehen derlei Anlässen gerade aus diesem Grund gerne aus dem Weg; und die Chefs der Fed halten es für gewöhnlich nicht anders. Volcker hatte sich einmal sogar geweigert, Reagan im Weißen Haus zu treffen, weil er fürchtete, es könnten Kameras anwesend sein.

»Das war eine peinliche Situation für Alan«, erinnert sich John LaWare, damals Gouverneur der Fed. »Ich glaube, er war ein wenig blind für die tatsächliche Situation. Er dachte: Lieber Himmel, das ist ein historischer Augenblick, bei dem ich zu gerne dabei wäre. Und als er eintraf und zu seinem Platz geführt wurde, war er wirklich bestürzt. ... Es war, als habe Clinton demonstrieren wollen: Und das hier ist mein Kumpel Alan. Clinton ließ alle wissen: Greenspan ist mein Mann.«

Der Eindruck, der in der Öffentlichkeit entstanden war, nämlich dass er zu Clintons Gefolgschaft gehöre, bereitete Greenspan großes Unbehagen. Folglich waren die »Flitterwochen« der beiden nur von kurzer Dauer. Am 21. Januar 1994, als die neue Regierung ein Jahr im Amt war, deutete Greenspan bei einem Treffen hinter verschlossenen Türen mit Clinton und seinen Spitzen-Wirtschaftsberatern an, dass die Fed die Zinsen anheben wolle. Clinton war zutiefst erbost und betrachtete diese Initiative als Verrat. Es hatte den Anschein, als wolle Greenspan sein Wort zurücknehmen.

Schließlich hatte er dem Präsidenten bei ihrem ersten Treffen in Little Rock erläutert, dass der Rückgang des Haushaltsdefizits auch niedrigere Zinsen zum Resultat haben werde. Clinton war bewusst, dass diese Vorhersage keinen ausdrücklichen Handel zwischen ihm und Greenspan begründete. Kein Chairman der Fed würde sich in politischer Hinsicht selbst derartig in die Ecke manövrieren.

Dennoch hatte Clinton das Gefühl, er habe seinen Beitrag geleistet: Ein Haushaltsgesetz war verabschiedet worden, von dem man sich eine radikale Beschneidung des Defizits versprechen konnte und das Greenspans Formel zufolge die Langfristzinsen herabdrücken würde. Nun aber hatte die Fed nichts anderes zu tun, als eine Anhebung des Tagesgeldsatzes vorzubereiten. Und das zu einem Zeitpunkt, an dem die Inflation so ziemlich unter Kontrolle zu sein schien. 1993 war der Index der Verbraucherpreise um nur 3,3 Prozent gestiegen.

Doch Greenspan und seine Kollegen hatten ihre Gründe. Im Januar 1994 waren es genau 18 Monate, dass die Fed ihre Leitzinsen unverändert bei drei Prozent belassen hatte – das war der längste Zeitraum in ihrer Geschichte. Weil die Erholung nach der Rezession langsam und flach verlief, hielt die Fed die Zinsen niedrig. Und ein Tagesgeldsatz von drei Prozent versorgte die Banken mit nach historischem Maßstab ungewöhnlich billigem Geld.

Greenspan befürchtete allmählich, dass eine derart großzügige Geldpolitik den Auftakt zu einem neuen Aufleben der Inflation geben könne. Bestimmte Indikatoren, von deren Frühwarnfunktion man in der Fed überzeugt war, hatte man bereits wahrgenommen: Arbeitnehmer legten Überstunden ein, Verzögerungen bei den Lieferzeiten von Industrieanlagen nahmen zu, die Logistikbranche meldete Kapazitätsengpässe. All dies deutete darauf hin, dass die Konjunktur womöglich schneller in Fahrt kam als allgemein angenommen. Die überwiegende Mehrheit der Beobachter sah sie in einer trägen Erholungsphase stecken, aber Greenspan machte sich Gedanken darüber, ob sie tatsächlich nicht längst die ersten schwachen Anzeichen einer Überhitzung zeigte.

Geldpolitik hat, was ihre Wirkung betrifft, immer mit einer Zeitverzögerung zwischen drei Monaten und zwei Jahren zu rechnen. Greenspan war klar, dass er gut daran täte, sich einen Vorsprung zu verschaffen, wenn er die Inflation im Keim ersticken wollte. »Wenn man wartet, bis man das Weiße im Auge der Inflation sehen kann, ist es zu spät«, hat er dazu einmal gesagt.

Und so nahm Greenspans Präventivschlag gegen die Inflation seinen Anfang, eine der umstrittensten seiner vielen finanzpolitischen Vorgaben. Zwischen Februar 1994 und Februar 1995 zog die Fed insgesamt siebenmal die Zinsschraube an und setzte den Tagesgeldsatz damit von drei auf sechs Prozent herauf.

Man stößt allenthalben auf die zwar weit verbreitete, dennoch unzutreffende Ansicht, Clinton habe einfach die Hände in den Schoß gelegt und diesen Richtungswechsel Greenspans und der Fed hingenommen. Dies war durchaus nicht der Fall. Der Präsident war erbost. Er hätte nichts lieber getan, als die Fed öffentlich anzugreifen, nicht anders als Bush. Doch sein Wirtschaftsteam drängte auf Zurückhaltung. »Wir mussten ihn wirklich zügeln«, berichtet Alice Rivlin, damals Leiterin der Haushaltsbehörde und heute Senior Fellow der Brookings Institution. »Es waren seine Wirtschaftsfachleute, die ihm rieten: Mr. President, tun Sie das nicht. Wir wiesen jedenfalls darauf hin, wie unpassend jegliche öffentliche Diskussion über Zinssätze und Politik der Fed wäre.«

Das erwies sich als weiser Rat. Allerdings musste sich Clinton gar nicht öffentlich äußern – die öffentliche Meinung schlug ohnehin ganz zu seinen Gunsten aus. Greenspan war in Bezug auf die Inflation immer als Falke betrachtet worden, aber jetzt begann man sich allgemein zu fragen, ob er nicht einfach nur ein etwas komischer Kauz sei. Dass er sich bemühte, etwas abzuwehren, was es noch gar nicht gab, machte seine Politik nicht unbedingt populär. Radio-Talkmaster Rush Limbaugh, zu jener Zeit auf dem Höhepunkt seiner Beliebtheit und seines Einflusses, sprach von Greenspans »Inflations-Paranoia«. Unterdessen musste er sich auch in unzähligen Zeitungs- und Zeitschriftenartikeln vorwerfen lassen, gegen Windmühlen zu kämpfen. Ein Beitrag in der *Time* warf unter der Überschrift »Wird der Kampf mit dem richtigen Gegner geführt?« die Frage auf, ob Greenspans übergroße Furcht vor einer möglichen Inflation nicht vielleicht den Aufschwung ersticke. Der Artikel zitierte zum Schluss den berühmt gewordenen Ausspruch von General Omar Bradley, der seinerzeit geäußert hatte, wenn der Korea-Krieg nach China hineingetragen würde, würden die USA »den falschen Krieg, am falschen Ort, zur falschen Zeit und mit dem falschen Gegner« führen.

Genau so sah man den Präventivschlag der Fed gegen die Inflation: als falschen Krieg zur falschen Zeit und so weiter …

Auch der Aufschrei, der sich im demokratischen Lager des Kongresses erhob, konnte Clinton nur recht sein. Wieder einmal konnte sich der Präsident zurücklehnen und es anderen überlassen, der Fed die Leviten zu lesen: Die Kongressabgeordneten waren nur zu gerne bereit, den Kampf für ihn zu führen.

Als die Fed 1913 gegründet wurde, geschah das auf Beschluss des Kongresses, und dieser hatte stets Sorge getragen, dass dieser Umstand bei der Federal Reserve nicht in Vergessenheit geriet. Senator Paul Douglas hat dem Chairman der Fed William McChesney Martin einmal einen Zettel überreicht, auf dem stand: »Das Federal Reserve Board ist eine Einrichtung des Kongresses.« Dazu bekam der Chairman ein Stück Klebeband, damit er sich diesen Zettel zur ständigen Erinnerung an den Badezimmerspiegel hängen konnte.

Der vielleicht entschiedenste Kritiker, den die Fed je im Kongress gehabt hatte, war Wright Patman. 1894 in einer Blockhütte geboren, war der Populist aus Texas 1928 ins Repräsentantenhaus gewählt worden und hatte dort bis zu seinem Tod im Jahre 1976, im Alter von 82, seinem Land gedient. Im Laufe seiner langen Karriere hatte er häufig, laut und unverblümt darüber geklagt, dass die Fed in eine Verschwörung verstrickt sei, um den kleinen Geschäftsleuten und Farmern die Luft abzuschnüren. Bei jeder Gelegenheit legte er neue Gesetzesinitiativen vor – die meisten davon allerdings ohne Erfolg –, mit deren Hilfe er die Institution reorganisiert sehen wollte.

Der altehrwürdige Konflikt zwischen Kongress und Fed dreht sich im Grunde stets um die Frage, wem die Notenbank verantwortlich ist. Einen geldpolitischen Kurs zu bestimmen, ist eine Angelegenheit von aufreibender Komplexität. Traditionell hat die Fed immer die Haltung vertreten, je weniger über die Mechanismen bekannt würde, die in ihrem Inneren wirksam sind, desto besser. Nur so ist es möglich, die Märkte zu überraschen. Als Volcker zu seinem großen, entschlossenen Schlag gegen die Inflation ausholte, verkündete er diese Entscheidung zum Beispiel in einer an einem Samstag improvisierten Pressekonferenz.

Die Fed hat die Heimlichtuerei seit langem zur hohen Kunst erhoben. Bis 1994 wurden die Zinsentscheidungen, die auf den Sitzungen des Offenmarktausschusses getroffen wurden, erst sechs Wochen später – manchmal noch später – bekannt gegeben. Besonders auf die Fed getrimmte Experten der Wall Street – die so genannten Fed Watchers – studieren die verschiedenen Grade der Geldversorgung ganz genau, um festzustellen, ob eine Lockerung oder eine Drosselung stattgefunden hat.

Beobachter der Fed ersannen auch eine ganze Reihe von Kniffen, um die Zinsbewegungen womöglich voraussehen zu können. Mit am weitesten verbreitet war die Tiefenanalyse von Stellungnahmen offizieller Fed-Sprecher, um darin Hinweise zu entdecken – ähnlich wie ein Baseball-Trainer versucht, die geheimen Signale der gegnerischen Mannschaft zu entschlüsseln. Ein »würde« (»would«) galt zum Beispiel als starke Willensbekundung, ein »mag« (»might«) als schwache. Im Lauf der Jahre entwickelte sich die Beobachtung der Fed zu einer hochgradig spezialisierten Disziplin.

Selbst das Eccles Building in Washington – also das Gebäude selbst – hat seine Tradition der Geheimhaltung. Während des Zweiten Weltkriegs versammelten sich die Stabschefs des US- und des britischen Militärs in dem Sitzungssaal, in dem der Offenmarktausschuss seine Sitzungen abhält. Zwischen dem 24. Dezember 1941 und dem 14. Januar 1942 kam man dort dreizehnmal zusammen. Der Grund, aus dem man diesen Raum gewählt hatte, ist einfach: Wenn es in Amerika einen Ort gibt, an dem man sich vor Abhörversuchen, Eindringlingen und Spionen sicher fühlen kann, dann dort, wo die Geldpolitik gemacht wird.

Als William Greider, damals stellvertretender Chef vom Dienst bei der *Washington Post*, 1987 eine Geschichte der Fed veröffentlichte, wählte er als Titel »Secrets of the Temple« – »Die Geheimnisse des Tempels«.

Gleichwohl war es der Kongress gewesen, der die Fed ins Leben gerufen hatte: Er hatte ihr die Macht über die Geldpolitik übertragen. Und deshalb haben die Kongressabgeordneten stets Sorge getragen, sie genau im Auge zu behalten.

Offizielle Vertreter der Fed werden regelmäßig vor die unterschiedlichsten Kommissionen und Ausschüsse geladen. Das *Humphrey-Hawkins Testimony* etwa – eine halbjährliche Erklärung des Chairman der Federal Reserve – folgt einem Gesetz, das 1978 in Kraft gesetzt wurde, um für größere Transparenz bei den Regierungsstellen zu sorgen, von denen der finanzpolitische Kurs bestimmt wird – insbesondere bei der Federal Reserve. Aber deren Präsidenten haben stets Wege gefunden, die Geheimnisse des Tempels erfolgreich zu wahren. Die beliebteste Methode ist natürlich, verbale Nebelwerfer in Stellung zu bringen. Fast buchstäblich ist dies Arthur Burns immer wieder gelungen, wenn er sich in großzügigen Abschweifungen erging und dabei seine Pfeife schmauchte, bis sein ganzer Kopf von einer Rauchglocke eingehüllt war. Volckers Methode funktionierte ganz ähnlich, nur, dass er kurze Zigarrenstumpen bevorzugte.

Während seiner Zeit beim Wirtschaftsbeirat hatte Greenspan reichlich Gelegenheit zum Training. Doch als Notenbankpräsident hatte er nun in einer anderen Liga zu spielen; und da er Zeit seines Lebens Nichtraucher gewesen war, musste er um so härter an der Verfeinerung seiner verbalen Pyrotechnik arbeiten.

Seither hat Greenspan wohl bewiesen, dass er unter allen Nebelwerfern der sinnverwirrendste sein kann; und zwar in der Weise, wie er es dem Kongress einmal auseinander setzte: »Ich weiß, dass Sie glauben, Sie verstehen das, was Sie denken, dass ich gesagt habe, aber ich bin nicht sicher, ob Ihnen dabei klar ist, dass das, was Sie da gehört haben, nicht das ist, was ich meinte.«

Es war unvermeidlich, dass Greenspan in seiner Eigenschaft als Chef der Fed sich das eine oder andere Scharmützel mit dem Kongress liefern musste. Das gehört einfach zu dieser Position. Doch seine Vorwärtsverteidigung gegen die Inflation hob das Ganze auf eine völlig neue Ebene. Wenn eine Regierungsstelle, die ihre Geheimnisse höchst ungern preiszugeben pflegt, den eher stotternden Aufschwung aufs Spiel setzt, um eine Inflation zu bekämpfen, die bisher in den Statistiken noch nicht einmal Spuren hinterlassen hat, dann ist der Konflikt vorprogrammiert. Der Kongress rückte Greenspan und der Fed mit Entschlossenheit zu Leibe.

In der ersten Reihe der unnachsichtigen Kritiker stand Henry Gonzalez. Demokrat und Populist, machte Gonzalez dort weiter, wo Wright Patman – wie Gonzalez aus Texas – aufgehört hatte. Gonzalez war Vorsitzender des Bankenausschusses, und bald stellte er sogar Proxmire in den Schatten. Dieser gewaltigste und lautstärkste Kritiker, dem sich Greenspan bis dahin im Kongress gegenüber gesehen hatte, zog sich 1988 aus der aktiven Politik zurück.

Gonzalez war 1916 in San Antonio als Nachfahre von Basken geboren worden, die sich im sechzehnten Jahrhundert in Mexiko angesiedelt hatten. In seiner Jugend rezitierte er griechische Klassiker mit einem Mund voller Steine, um seine Sprechtechnik zu verbessern. Er arbeitete für kurze Zeit im Stadtrat von San Antonio und in der Staatsregierung von Texas; 1961 wurde er ins Repräsentantenhaus gewählt.

Alles an Gonzalez Gesicht schien groß und der Schwerkraft besonders unterworfen, das gab ihm den Ausdruck eines trübsinnigen Bernhardiners. Als Kongressabgeordneter war er berühmt für seine »Sondervorstellungen« – Tiraden, die er zu später Stunde vom Rednerpult des Repräsentantenhauses vom Stapel ließ; von *C-Span* übertragen zielten sie speziell auf den Beifall seines Wahlvolks zu Hause. Er hatte ein durchaus stürmisches Temperament. In einem Restaurant in seiner Heimatstadt schlug er einmal einen Mann nieder, der unterstellt hatte, aus Gonzalez' Abstimmungsverhalten im Kongress ließen sich kommunistische Tendenzen ablesen.

Bei verschiedenen Gelegenheiten verlangte Gonzalez sowohl für Reagan als auch für Bush Amtsenthebungsverfahren. Nachdem mit Clinton ein Demokrat ins Weiße Haus gewählt worden war, wandte er seine Aufmerksamkeit Greenspan und der Fed zu.

In kurzer Zeit entwarf er einen ganzen Katalog von Maßnahmen, welche die öffentliche Kontrolle der Fed sicherstellen sollten, manche von ihnen in Form von Gesetzesvorschlägen, andere einfach als Empfehlungen in die Diskussion geworfen. Er forderte den Offenmarktausschuss auf, statt vager Zusammenfassungen, die erst sechs Wochen später erschienen, innerhalb einer Woche nach den Sitzungen detaillierte Protokolle zu veröffentlichen, außerdem sollten Sitzungen des Offenmarktausschusses auf Video aufgezeichnet werden.

Bei der Begründung eines Gesetzentwurfs, der für größere Vielfalt bei der Fed sorgen sollte, nannte Gonzalez die Fed spöttisch einen »Altherrenclub«. Er fügte hinzu: »… Frauen und Minderheiten haben bei der Geldpolitik unseres Landes und bei der Bankenaufsicht wenig oder gar nicht mitzureden.« Er beklagte auch die Gehaltserhöhungen, die die Mitarbeiter der Fed 1992 erhalten hatten. Bei einer Inflationsrate von 2,9 Prozent hatten einige der leitenden Angestellten Zulagen von über vier Prozent erhalten. »Es liegt eine gewisse Ironie darin, wenn des Landes größte Streiter im Kampf gegen die Inflation sich selbst Lohnerhöhungen zugestehen, die die Inflationsrate übertreffen«, schrieb er im April 1993 in einem Brief an Präsident Clinton.

Natürlich hörte Gonzalez auch nicht auf, die Fed unter Beschuss zu nehmen, als diese ihren Präventivschlag gegen die Inflation führte; darin wurde er von einer Reihe weiterer Kongressabgeordneter unterstützt, darunter seine demokratischen Parteigenossen Paul Sarbanes aus Maryland und Lee Hamilton aus Indiana. Wann immer möglich wurden Greenspan und die Gouverneure zu Anhörungen und Stellungnahmen vor den Kongress zitiert.

»Bei jeder Bewegung, die wir machten, schien jemand mit irgendwelchen Fragen nachbohren zu müssen«, erinnert sich Robert Parry, Präsident der Bundesbank von San Francisco. »Das war ausgesprochen lästig und zeitraubend.« Greenspan allerdings sei in dieser Zeit überraschend ungerührt geblieben. »Er ist ein sehr ausgeglichener, stetiger Mensch. Plötzliche Stimmungswechsel liegen nicht in seinem Wesen. Er lässt sich nur schwer aus der Ruhe bringen. Nach meiner Erinnerung stellte er sich diesen Dingen ganz leidenschaftslos, so als habe er gedacht, es sei einfach der effizienteste Weg, die Fragen des Kongresses zu beantworten.«

Clinton hielt sich nicht völlig zurück. Als Präsident hatte er eine besonders effiziente Möglichkeit der Einflussnahme auf die Fed – es steht in seiner Macht, dort Posten zu besetzen. Der Präsident ist für die Ernennung und Wiederernennung des Chairman zuständig, und er bestimmt auch über die Besetzung frei gewordener Plätze im Notenbankvorstand. 1994 bot sich Clinton die Möglichkeit, den Vizepräsidenten der Fed zu ernennen, den zweiten Mann nach Greenspan; es war die erste Ernennung durch einen demokratischen Präsidenten seit vierzehn Jahren. Clinton ergriff die Gelegenheit nur allzu gerne, einen Mann zu bestimmen, der ideologisch mehr mit der Regierung auf einer Wellenlänge war.

Seine Wahl fiel auf Alan Blinder, einen brillanten Wirtschaftsprofessor der Princeton University, ein unerschrockener Liberaler, der kein Blatt vor den Mund zu nehmen pflegte. Eines seiner Bücher trägt den sprechenden Titel *Hard Heads, Soft Hearts. Tough-Minded Economics for a Just Society* (*Harte Herzen, weiche Herzen. Konsequente Wirtschaftspolitik für eine gerechte Gesellschaft*). Zur Zeit der Regierung Clinton war er für kurze Zeit Mitglied des Wirtschaftsbeirats und soll damals dem präsidialen Ruf auch gefolgt sein, wenn es darum ging, Chelsea Clinton bei ihren Mathematik-Hausaufgaben zu helfen.

Von seinem ersten Schritt in die verkrustete Unternehmenskultur der Fed an hatte Blinder zu kämpfen. Den ersten Fehltritt leistete er sich in Jackson Hole, Wyoming, während einer Klausurtagung, die die Bundesbank von Kansas City jedes Jahr im August ausrichtet. In verschiedenen Gruppen wird dabei über die wirtschaftliche Lage und mögliche politische Reaktionen beraten. Ihre freie Zeit verbringen die Präsidenten und Gouverneure dabei mit Reiten und Grillen.

Während der Klausurtagung des Jahres 1994 saß Blinder in einer Podiumsdiskussion neben so prominenten internationalen Bankiers wie dem deutschen Bundesbankpräsidenten Hans Tietmeyer. Er sprach sich dafür aus, dass die Fed neben der Inflation auch der Senkung der Arbeitslosigkeit Priorität geben müsse: »In meinen Augen spielen Zentralbanken – oder, allgemeiner gesprochen, makroökonomische Maßnahmen – bei der Verringerung der Arbeitslosigkeit in der Tat ebenso eine Rolle wie bei der Inflation.«

Blinders Bemerkungen wurden von seinen Kollegen mit gelindem Entsetzen aufgenommen. Es spielte dabei keine Rolle, dass die Sitzung tatsächlich die »Senkung der Arbeitslosigkeit« zum Thema hatte; und natürlich wussten alle, dass der Humphrey Hawkins Act von 1978 der Federal Reserve das Mandat erteilt, »auf eine möglichst hohe Beschäftigungsrate, Preisstabilität und moderate Langfristzinsen hinzuwirken«. Was die Kollegen an Blinders Bemerkungen beunruhigte, waren Nuancen, die so fein waren, dass man sie säuberlich auf einem Stecknadelkopf hätte stapeln können. Die alte Garde der Fed entdeckte einen weichen Kern in ihm. Als Liberaler, als Akademiker und vor allem, weil ihn Clinton auf seinen Posten bestellt hatte, war er Außenseiter par excellence. Er wollte in Greenspans Fed einfach nicht hineinpassen.

Dabei ist zu betonen, dass Greenspan im Laufe seiner Karriere stets versucht hat, eine kollegiale Atmosphäre zu schaffen – es musste nur klar sein, dass er der Boss war. Während seiner Zeit beim Wirtschaftsbeirat kündigten zwei seiner Kollegen aus Enttäuschung darüber, dass Greenspan alle glanzvollen Aufgaben an sich riss und außerdem ein Monopol auf die Kontakte zu Präsident Ford zu beanspruchen schien. Zu Beginn seiner ersten Amtsperiode bei der Fed war es zu beträchtlichen Spannungen zwischen Greenspan und dem Vizepräsidenten Manuel Johnson gekommen. Ganz ähnlich ging es nun mit Blinder. Der Mann war talentiert, ehrgeizig und stellte eine Bedrohung dar, weil er womöglich Greenspans Platz einnehmen mochte, wenn dessen Amtszeit 1996 auslief.

Clinton hatte untrügliche Instinkte dafür, wie man Wählerstimmen gewinnt; Greenspan stand dem nicht nach, wo es darum ging, seinen eigenen, nicht von Wahlen abhängigen Bereich unter Kontrolle zu halten. Wegen seines ruhigen Auftretens hält man Greenspan häufig für einen unpolitischen Kopf. Tatsächlich aber kann man sich kaum an der Spitze einer so sensiblen Organisation wie der Fed halten, ohne sich auf den einen oder anderen Machtkampf einzulassen. Auf die ihm eigene, stille und vorsichtige Weise hat es Greenspan stets verstanden, durchzusetzen, was er wollte. »Greenspan ist ein wirklich superber Politiker«, so Bill Seidman.

So wusste er auch genau, wie er mit Blinder umzugehen hatte. Er ließ die Zügel locker. Und der unbezähmbare Blinder tat Greenspan den Gefallen, prompt zu stolpern. Mit seinen penetrant wiederholten Bemerkungen war er den Kollegen bald ein Dorn im Auge. Er wagte sich sogar an das Tabuthema Transparenz bei der Fed: »Unsere Maßnahmen können durch keine andere Regierungsstelle revidiert werden, und ich denke, daraus erwächst uns eine enorme Verantwortung: Wir müssen das Wie und das Warum unserer Vorhaben erklären und auch, weshalb wir der Ansicht sind, dass wir das jeweils Richtige tun.« Ein andermal ließ er die *New York Times* wissen: »Nirgendwo sonst geht meine Meinung und die meiner Kollegen bei der Fed so weit auseinander wie bei der Frage der Transparenz. Ich glaube, wir sollten der Gesellschaft in höherem Maße Rede und Antwort stehen, wir sollten sagen, was wir tun und warum wir es für richtig halten. Aber die Haltung dieser Einrichtung ist stets gewesen, so wenig wie möglich zu sagen.«

So hatte sich Blinder in eine sehr isolierte Position manövriert.

Sein Büro lag direkt neben dem von Greenspan, aber es konnten Wochen vergehen, ohne dass die beiden Männer auch nur miteinander sprachen. Ende 1995 war Blinder zurück in Princeton.

»Blinder war ein bisschen naiv, als er den Posten des Vizepräsidenten annahm«, so Mickey Levy, der Chefökonom der Bank of America, der auch bei jener kontroversen Klausurtagung in Jackson Hole anwesend war, über den neuen Mann. »Die Fed ist eine ziemlich konservative Einrichtung. Ich weiß nicht, ob Blinder sich über die herrschenden Strukturen im Klaren war.«

Andere gehen davon aus, dass Blinder einfach feststellen musste, dass seine ausgesprochen reformerischen Instinkte in einem akademischen Zusammenhang besser aufgehoben waren.

»Ich kann verstehen, wie man zu der Ansicht kommt, dass ein guter Posten in Princeton im Vergleich zum besten Posten bei der Federal Reserve gar nicht mal schlecht abschneidet«, so etwa Paul Samuelson.

Trotz des sich verschlechternden Verhältnisses zu Clinton wurde Greenspan Anfang 1996 schließlich doch auf seinem Posten bestätigt. Clinton fügte sich in die lange Reihe von Präsidenten ein, die einfach keinen überzeugenden Kandidaten für dieses Amt präsentieren konnten. Blinder hatte sich nicht bewährt, und Clinton war klar, dass er es schwer haben würde, einen weiteren externen Kandidaten durchzusetzen. Immerhin stand 1996 eine neue Wahl bevor, und die Republikaner, die jetzt die Mehrheit im Kongress stellten, wären nicht bereit gewesen, dem Präsidenten die Nominierung eines neuen Chefs der Fed kampflos zu überlassen.

»Wenn die uns irgendeinen anderen Namen als Greenspan nennen«, so Senator Robert Bennett aus Utah, »dann werden wir das vielleicht überhaupt nicht zur Kenntnis nehmen.«

Als Antwort schlug Clinton einen Handel vor. Er band Greenspans erneute Ernennung an die Bestellung eines neuen Vizepräsidenten. So konnte Clinton zumindest Blinder durch einen Mann ersetzen, der ihm zusagte. Seine Wahl fiel auf Felix Rohatyn, einen der Seniorpartner bei Lazard Frères. Rohatyn hatte eine bedeutende

Rolle dabei gespielt, als es in den siebziger Jahren darum ging, New York City aus seiner Finanzkrise herauszuhelfen. Dass er seit langem die Ansicht vertrat, die Regierung solle im Falle wirtschaftlicher Probleme eine aktivere Rolle übernehmen, war allgemein bekannt.

Clinton dachte, eine solche Doppelnominierung könne einen gewissen Ausgleich schaffen. Greenspan war ein Inflationsfalke erster Ordnung. Als Vizepräsident würde Rohatyn dagegen eine Politik verfolgen können, die auf Wachstum und die Schaffung von Arbeitsplätzen abzielt. Schließlich stand die Wahl bevor, und Clinton wollte zumindest einen gewissen Einfluss auf die Federal Reserve gewinnen.

Von Anfang an standen der Verwirklichung von Clintons Doppelvorschlag unüberwindliche Schwierigkeiten im Weg. Im Kabinett, wenn auch nicht öffentlich, äußerte Rubin seine Zweifel an der Doppelnominierung; und außerhalb des Regierungslagers startete Connie Mack, eine Republikanerin aus Florida und Mitglied der Bankenkommission, eine entschlossene Attacke gegen Rohatyn. Dieser erkannte, dass er um jeden Zentimeter Boden würde kämpfen müssen und bat darum, ihn nicht zu nominieren. Zuletzt musste sich Clinton zu einer weniger kontroversen Doppelnominierung bequemen: Seine neue Wahl fiel auf Alice Rivlin, damals Leiterin der Haushaltsbehörde.

Nun waren es die Demokraten, die nörgelten. Der Senat gibt seinen Mitgliedern allerhand Möglichkeiten, um Entscheidungen zu verzögern. Und Tom Harkin war entschlossen, Greenspans und Rivlins Nominierung so lange zu blockieren, bis er bekam, was er wollte: eine dreitägige Debatte über die Geldpolitik.

Harkin stammt aus Iowa, einem Staat, der stark von den Interessen der Landwirtschaft geprägt ist. Und seit der Zeit der ersten Bank of the United States waren die Farmer voller Misstrauen gegen Zentralbanken. Harkin gelang es, den Präventivschlag der Fed in die Tradition dieses jahrhundertealten Konflikts zu rücken.

»Der Fed geht es derzeit gar nicht um eine drohende Inflation«, stellte er fest, »und auch nicht um den Schatten einer Bedrohung, sondern um den schwachen Abglanz des Schattens einer Bedrohung. Unsere Wirtschaft an die kurze Leine zu nehmen, wo es ein derartiges Wachstumspotenzial gibt, bedeutet, uns allen einen schlechten Dienst erweisen.«

Es gelang Harkin, beide Nominierungen einige Monate lang hinauszuzögern. Schließlich folgte der Senat seiner Forderung nach einer dreitägigen Debatte über die Geldpolitik, aber letztendlich blieben diese Beratungen ohne Folgen.

Am 20. Juni 1996 wurde Greenspan im Senat mit 91 zu 7 Stimmen für eine weitere Amtszeit als Notenbankpräsident bestätigt. Im November konnte Clinton seinen Gegner Bob Dole in der Präsidentschaftswahl schlagen. Und so fand ein weiteres konfliktreiches Kapitel in der langen Geschichte der Auseinandersetzungen zwischen den Chefs von Regierung und Federal Reserve ein Ende.

Über diesem ganzen Zank, über allem Imponiergehabe und der öffentlichen Erregung war etwas ganz Wesentliches in Vergessenheit geraten, nämlich dass der Präventivschlag gegen die Inflation sein Ziel tatsächlich erreicht hatte. Es war eine viel geschmähte und beklagenswert unpopuläre Initiative, doch Greenspans bittere Medizin tat ihre Wirkung.

1996 sank die Inflationsrate auf 2,7 Prozent und sollte für den Rest des Jahrzehnts nicht mehr über die Drei-Prozent-Marke klettern. Dem steht, für die Zeit von 1990 bis 1995, eine durchschnittliche jährliche Inflationsrate von 3,8 Prozent gegenüber. Inzwischen hatte die Wirtschaft zu einem soliden Wachstum gefunden. Das war eine Kombination, wie sie sich die Fed erträumt hatte: niedrige Inflation und stetiges, nachhaltiges Wachstum. Rückt man das Ganze in einen weiteren historischen Kontext, dann hat der Präventivschlag geholfen, das Feld für den explosivsten Boom zu bereiten, den die Vereinigten Staaten je erlebt haben.

Greenspan und seine Kollegen konnten sich am Ende bestätigt fühlen. »Meinem persönlichen Gefühl nach handelte es sich bei dem Präventivschlag um einen der erfolgreichsten geldpolitischen Coups in der jüngeren Geschichte der Fed«, sagt J. Alfred Broaddus Jr.,

Präsident der Bundesbank von Richmond. »Dadurch wurden Inflationserwartungen gebremst und die Fundamente für großartige Wirtschaftsleistungen gelegt.«

Die Gefechte, die man sich Mitte der neunziger Jahre geliefert hatte, hatten noch weitere Folgen. Auf Druck von Gonzalez und anderen machte die Fed den bedeutsamsten Schritt in Richtung Transparenz, den sie in ihrer langen eigensinnigen Geschichte unternommen hat. 1993 erklärte sich Greenspan bereit, detaillierte Mitschriften von Sitzungen des Offenmarktausschusses mit einem zeitlichen Abstand von fünf Jahren zu veröffentlichen. 1994 stimmte die Fed zu, die Ergebnisse dieser Sitzungen noch am selben Tag bekannt zu machen, und zwar um 2 Uhr 15 nachmittags. Von nun an mussten die Fed-Beobachter nie wieder sechs Wochen mit Rätselraten darüber zubringen, ob die Fed ihre Leitzinsen nun erhöht hatte oder nicht. Zwischen 1993 und 1994 verdoppelte die Fed auch den Anteil von Frauen und von Nicht-Weißen in ihren Führungsetagen.

Mitte der neunziger Jahre wurde Greenspan privat von einem traurigen Ereignis getroffen. Im Sommer 1995 starb seine Mutter Rose im Alter von 94 Jahren.

Noch weit in ihre Achtziger hinein war Rose eine lebenssprühende Frau gewesen. Jeden Morgen war sie auf dem Tennisplatz, täglich absolvierte sie ihre Yogaübungen. Noch immer spielte sie gerne Klavier, und sie war regelmäßig zu Gast im DeWitt-Pflegeheim, Ecke 79th Street / Third Avenue in Manhattan, dessen Bewohner sie mit ihrem Klavierspiel unterhielt. 1987 jedoch starb Mary Halpert, die Schwester von Rose und Mutter von Wesley. Die beiden Schwestern hatten sich immer sehr nahe gestanden, und nach Marys Tod verlor Rose offenbar die Lust am Leben.

Zu dieser Zeit war Greenspan schon in Washington, aber er telefonierte jeden Morgen um sieben Uhr mit seiner Mutter. Samstags nahm er oft den Frühflug nach New York und besuchte sie in ihrer Wohnung Ecke 68th Street / Broadway, in der Nähe des Lincoln Center. Anschließend schaute er in seiner eigenen Wohnung vorbei, die er unter der Adresse 860 UN Plaza noch immer unterhielt, goss seine Pflanzen und nahm dann den Rückflug nach Washington, rechtzeitig zum jeweiligen Gala-Ereignis, das er für Samstagabend im Kalender stehen hatte.

Greenspan – der zweitmächtigste Mann Amerikas – blieb seiner Mutter zeitlebens in liebevoller Treue verbunden. »Er liebte sie, und ich glaube, es fiel ihm sehr leicht, ihr das zu zeigen«, sagt Joan Mitchell Blumenthal dazu. »Möglicherweise fiel ihm das bei ihr sogar leichter als bei allen anderen Menschen. Er umarmte sie oft. Ich glaube, niemandem gegenüber erlaubte er sich, so viel von seinen Gefühlen zu zeigen wie ihr. Er war ihr sehr dankbar für die Erziehung, die sie ihm gegeben hatte.«

Rose war die Jüngste von sieben Geschwistern gewesen. Ihr Tod war so etwas wie das Ende einer Ära. Es fand nur eine kleine Trauerfeier am Grab statt, im Norden New Jerseys, die meisten Trauergäste gehörten zur Familie, aber auch Joan Blumenthal und Andrea Mitchell sowie einige andere von Greenspans engen Freunden waren gekommen. Greenspan hielt die Trauerrede, und die Erschütterung war ihm anzumerken.

Auch Greenspans Vater lebte nicht mehr; er war vor Jahren schon gestorben. Zwischen den beiden Männern war es nie zu einer Annäherung gekommen. In seinen späteren Lebensjahren war Greenspan senior sogar einmal bei Townsend-Greenspan erschienen, um seinen Sohn um Geld zu bitten.

»Alans Vater hat immerhin einmal das Zeug dazu gehabt, ein Buch zu schreiben«, so Wesley Halpert. »Irgendwas muss also schon an ihm gewesen sein. Aber ich hatte immer den Eindruck, dass er im Grunde ein Träumer war, jemand, der es nie so richtig zu etwas bringt, und die Tatsachen scheinen das offenbar zu bestätigen.«

Mitte der neunziger Jahre hatte die US-Wirtschaft wieder ruhige Wasser erreicht. Wenn die Fed unermüdlich bemüht sein muss, einen Kurs zwischen gefährlichen Klippen hindurch zu finden, dann hatte die Wirtschaft, um im nautischen Bild zu bleiben, 1996 offenes Meer gewonnen, und die Segel begannen, sich mächtig im Wind zu blähen. Das Realwachstum des Bruttoinlandsprodukts hatte mit ermutigenden 3,7 Prozent ein munteres Tempo vorgelegt. Inflationsrate und Arbeitslosenrate waren niedrig, und der Dow Jones war auf Rekordmarken geklettert, auf über 6000 Zähler. Kurz, die Welt war in Ordnung.

Aber Wachsamkeit ist Greenspans Markenzeichen. Von den Tête-à-têtes mit Präsidenten und seinen Verabredungen mit Medien-Divas einmal abgesehen, blieb Greenspan im Grunde seines Herzens doch bedachtsam und vorsichtig. Er ist der geborene Zentralbanker. In keiner Situation hat er die Hände entspannt in den Schoß gelegt. Jemand witzelte einmal, dass auf Greenspans Grabstein stehen müsse: »In Bezug auf das Jenseits bin ich vorsichtig optimistisch, bleibe mir jedoch der Möglichkeit einer Abwärtsentwicklung bewusst.«

Während dieser Zeit der Hochstimmung hat Greenspan dann jenen Ausdruck geprägt, der zweifellos als sein berühmtester in Erinnerung bleiben wird. Nur zwei Worte, vergraben in einer Lawine aus hochtechnischen und anderswie sinnverwirrenden Bemerkungen – aber sie genügten, um die Phantasie der Leute zu beschäftigen. Wie immer sie aufgefasst wurden, diese zwei Worte waren eine Zeitlang Greenspans Schlagwort, sein Aushängeschild und Slogan. Am 5. Dezember 1996, einem Donnerstagabend, äußerte Greenspan die Vermutung, die Anleger litten vielleicht unter »irrationalem Überschwang«.

Der Anlass war ein Empfang, den das American Enterprise Institute for Public Policy Research (AEI), ein in Washington beheimateter *think tank*, zu Greenspans Ehren gab. Er war gekommen, um den Francis Boyer Award entgegenzunehmen, eine jährlich vergebene Auszeichnung für besondere Verdienste um die amerikanische Gesellschaft. Unter den früheren Preisträgern waren Männer wie Arthur Burns, Gerald Ford, Henry Kissinger, Ronald Reagan und Paul Volcker. Greenspans Rede trug den Titel »Die Herausforderung des Zentralbankwesens in einer demokratischen Gesellschaft«, sie war achtzehn Seiten lang und umfasste beinahe 4500 Worte.

Sein Publikum spürte rasch die einschläfernde Wirkung der Martinis, sehnte ungeduldig das Abendessen herbei oder rutschte sonstwie unruhig auf den Stühlen herum. »Offen gesagt, es war eine lange und eine langweilige Rede über die Geschichte der Fed«, so James Glassman, ein Mitglied des AEI und Co-Autor des Buchs *Dow Jones 36 000*.

Doch mitten in seiner Rede wagte sich Greenspan auf ein Gebiet, das die Leute die Ohren spitzen ließ. Er sprach über Japans so genannte Seifenblasen-Wirtschaft mit ihrem aufgeblähten Aktienmarkt, den in den Himmel wachsenden Immobilienpreisen und den Banken mit ihren zu hohen Kreditengagements. Als die Seifenblase 1989 zerplatzte, sei Japan in eine tiefe und hartnäckige Wirtschaftskrise gestürzt. Greenspan stellte die Frage: »Aber wie wissen wir, wann irrationaler Überschwang unsere Anlagewerte in unangemessene Höhen hochschaukelt, bevor sie dann unerwarteten und langanhaltenden Schrumpfungen unterworfen werden, wie man es in Japan im vergangenen Jahrzehnt erlebt hat?«

Schon dass er sich zum Aktienmarkt geäußert hatte, war mehr als ungewöhnlich für einen Notenbankpräsidenten. Die Federal Reserve hat keinen direkten Einfluss auf die Aktienkurse – oder die »Anlagewerte«, wie Greenspan sich ausdrückte. Die Grundsorge der Fed galt und gilt stets dem Wachstum des Bruttoinlandsprodukts – wächst die Wirtschaft zu langsam oder wächst sie zu schnell? Es liegt auf der Hand, dass eine Verbindung zwischen dem Aktienmarkt und dem allgemeinen Wirtschaftsgeschehen besteht. Aber der Aktienmarkt spiegelt nur den jeweiligen Gesundheitszustand der Wirtschaft insgesamt wider – eine feine, aber wichtige Unterscheidung. Historisch gesehen, neigte die Fed eher dazu, die relativen Niveaus von Dow Jones, Nasdaq und anderen Indices lediglich als Komponenten ihres Bündels von Inflations-Indikatoren zu betrachten.

Vor Greenspans Rede von 1996 haben Notenbankpräsidenten nur bei zwei Gelegenheiten den Aktienmarkt öffentlich kommentiert. Im März 1929 machte Roy Young einige vergleichsweise zurückhaltende Bemerkungen über die Zunahme der Aktienspekulation. Und am 1. Juni 1965 sprach William McChesney Martin von »beunruhigenden Ähnlichkeiten zwischen unserem gegenwärtigen

Wohlstand und den fabelhaften Zwanzigern«. Zu jener Zeit hofierte der Dow die 1000-Zähler-Marke.

Greenspans Kommentar war buchstäblich ohne Beispiel. Er erregte plötzlich Aufmerksamkeit bei einem hochkarätigen und in ökonomischen Fragen höchst versierten Publikum. Auch Glassman wurde auf einmal hellwach und schrieb sich die Passage über den »irrationalen Überschwang« sogar ins Notizbuch. »Das tat ich, weil ich es außerordentlich interessant fand«, erinnert er sich.

Auch Herb Stein, ein Kollege Glassmans im AEI und Greenspans Vorgänger als Vorsitzender des Wirtschaftsbeirats merkte auf. Sein Kommentar: »Nur gut, dass die Börse schon geschlossen hat.«

Es ging ein Summen durch die Reihen der über tausend Gäste, die ins Washington Hilton geladen waren. Offenbar hatte Greenspan sagen wollen, der Aktienmarkt sei überbewertet. Hatte er nicht eine Analogie zwischen der japanischen Seifenblasen-Wirtschaft und dem im Aufwind befindlichen US-Aktienmarkt hergestellt? »Irrationaler Überschwang«, an diesem Ausdruck biss man sich fest. Anwesende Presseleute beeilten sich, ihre Stories zu komplettieren und sie an ihre Redaktionen durchzugeben.

Die beiden Worte zeigten sofort ihre Wirkung. Die amerikanischen Aktienmärkte mochten geschlossen sein, doch Greenspans warnende Bemerkung schlug in den Börsen auf der anderen Seite des Erdballs auf wie ein Blitz aus heiterem Himmel. Die Märkte in Australien und Neuseeland – für das Freitagsgeschäft geöffnet – stürzten augenblicklich ab. Der Nikkei 225, Japans Gegenstück zum Dow Jones Index, erlebte seinen höchsten Tagesverlust in diesem Jahr und fiel um drei Prozent. Wie beim Crash von 1987 rollte die Welle der Glattstellungsverkäufe gen Westen, so dass auch die Börsenkurse in Deutschland, Frankreich und England fielen. Bald erreichte die Welle auch die USA. Kurz nach Börseneröffnung am Freitag war der Dow um 145 Punkte gefallen. Er erholte sich zwar kräftig, beendete den Tag aber bei 6382, also um 55 Punkte niedriger als bei Handelsbeginn.

Alles in allem hatten Greenspans Worte keine tiefgreifenden Auswirkungen auf die Aktienvermögen weltweit. Nirgendwo auf der Welt geriet der Aktienmarkt in eine anhaltende Talfahrt. Aber dass ein einzelner Mann auch nur so etwas wie einen kleinen weltweiten Schauer verursachen kann, ist Zeugnis für dessen atemberaubende Macht. Auf Greenspan und auf das Bild, das die Welt von ihm hatte, sollte dieses Ereignis bleibende Wirkung haben. Greenspan avancierte rasch von einem normalen Sterblichen zu einem Mythos – er war der Mann, der buchstäblich Märkte bewegen kann.

Dabei spielte es gar keine Rolle, dass seine Bemerkung über »irrationalen Überschwang« eigentlich in die Form einer Frage gefasst war. Es war keineswegs eindeutig, ob Greenspan überhaupt der Meinung war, dass der Aktienmarkt überbewertet sei. Seine einstige Kollegin Susan Phillips sagt: »Alan lässt sich gerne auf Wortgefechte ein, auf Debatten.« Als Meister im Nebelwerfen hatte Greenspan es längst zu seiner Maxime gemacht, entschiedene Aussagen zu vermeiden. »Irrationaler Überschwang« – der schlichten Eleganz dieser Wortfügung konnten sich weder Presse noch Öffentlichkeit entziehen.

Von da an musste Greenspan noch wachsamer sein mit seinen Bemerkungen als zuvor. Es hatte einmal eine Zeit gegeben, da waren die Beobachter der Fed damit zufrieden gewesen, entschiedene »würde's« und vorsichtige »mag's« auseinander zu sortieren. In Zukunft sollte jeder Satz, den Greenspan äußerte, in allen Nuancen endlos hin und her gewendet werden. Die Medien haben inzwischen ein Spiegelkabinett aufgebaut, das dem Spiegelsaal von Versailles Konkurrenz machen könnte. »Wenn Greenspan gesagt hat, was wir denken, dass er gesagt hat, meint er dann, was wir denken, dass er meint?«

Noch eine Fußnote zu jenem berühmten »irrationalen Überschwang«. Wenn Greenspan wirklich meinte, was die Leute dachten, dass er meinte – nämlich dass der Aktienmarkt überbewertet sei –, dann wäre dies ein weiterer dunkler Fleck auf der ziemlich fleckigen Latte seiner Prognosen.

In einem *Fortune*-Artikel von 1959 benutzte Greenspan bemerkenswert ähnliche Worte, als er vor »zu großem Überschwang« im Rating des Standard & Poor's-500-Index warnte. Im Jahr darauf stieg der S&P's-Index um 43 Prozent. Die Geschichte hat auch seine Bemerkung von 1996 nicht bestätigt. Der Dow stand bei 6000, und es sollte noch lange Zeit mit ihm bergauf gehen.

Auf den Märkten mochte Greenspan irrationalen Überschwang fürchten, für sein Privatleben musste er diesem nicht derart heftig entgegentreten.

Am 6. April 1997 heiratete Greenspan Andrea Mitchell. Die beiden lebten bereits seit einigen Jahren zusammen und waren seit mehr als einem Jahrzehnt ein Paar. Am Weihnachtstag 1996 hatte Greenspan Andrea einen Heiratsantrag gemacht, kurz nach einem Besuch bei *Wall Street Journal*-Redakteur Al Hunt, dessen Frau Judy Woodruff und deren Kindern. Dieser Besuch war ein alljährliches Ritual für Greenspan und Mitchell.

»Nachdem wir bei dieser wundervollen Familie gewesen waren, kamen wir nach Hause zurück und packten ein paar Geschenke aus«, erinnert sich Mitchell. »Dann fragte er mich, ob ich lieber eine große oder eine kleine Hochzeitsfeier haben wolle.«

Die Hochzeit fand im Inn at Little Washington statt, mitten in Virginias Horse Country. Die Zeremonie wurde im Garten abgehalten, und siebenundneunzig Gäste waren anwesend – eine Mischung aus Familie und Prominenz. Auf der Gästeliste standen Henry und Nancy Kissinger, Colin und Alma Powell, Senator Daniel Patrick Moynihan, Tim Russert von *NBC* und David Brinkley von *ABC*. Und Barbara Walters war da, begleitet von Senator John Warner.

Auch Wesley Halpert und Mitchells Schwester Susan Greenstein waren gekommen. Die Oberste Bundesrichterin Ruth Bader Ginsberg leitete die Zeremonie. »Es bedeutete uns sehr viel, dass sie uns getraut hat«, erzählt Mitchell, »sie ist jemand, den wir beide enorm bewundern. Wir wollten keine religiöse Zeremonie und haben uns jemanden gewünscht, der unserer Heirat auf unsere Weise seinen Segen geben und ihr Weihe verleihen konnte.«

Mitchells Seidenkleid hatte Oscar de la Renta entworfen, Greenspan hingegen trug einen alten blauen Anzug, dessen Herkunft im Dunkeln lag. Die Flitterwochen des Paares waren im Grunde genommen lediglich die Verlängerung einer Dienstreise, die Green-

Andrea Mitchell und Alan Greenspan bei ihrer Hochzeit am 6. April 1997

span schon geplant hatte. Er musste in Basel an einem Treffen von Zentralbankiers aus verschiedenen Ländern teilnehmen, und von dort machten die beiden einen Abstecher nach Venedig, wo die Frischvermählten als Höhepunkt ihrer Reise ein Vivaldi-Konzert erwartete.

Danach richteten sie sich in Palisades, einem Viertel im Nordwesten Washingtons ein. Andrea Mitchell hatte das Haus im viktorianischen Stil 1976 gekauft, als sie in die Stadt gezogen war. Sie ließen das Haus nun renovieren und legten dabei besonderen Wert auf maßgearbeitete Regale, um ihre vielen Bücher unterzubringen.

Als Hochzeitsgeschenk hatte das Paar von Andreas Eltern einen Steinway-Flügel bekommen. »Manchmal spielte er darauf, zu meiner oder seiner eigenen Freude«, erzählt Andrea Mitchell.

Doch die meiste Zeit arbeitete Greenspan, von morgens bis Mitternacht, sieben Tage in der Woche. Während seines ersten Ehejahres war Greenspan wesentlich beschäftigter als die meisten frisch gebackenen Ehemänner. Er wurde hinzu gezogen, um eine weltweite Finanzkrise abzuwehren.

Am 2. Juli 1997 brach die thailändische Währung, der Baht, zusammen, und das war der Auslöser für eine internationale Krise. Innerhalb von Wochen hatte sich die ansteckende Krankheit über Asien ausgebreitet und Malaysia, Indonesien und die Philippinen erschüttert. Bald gerieten auch einige der wichtigsten Handelspartner der USA – Japan und Süd-Korea – in Bedrängnis. Dann schlich sich die heimtückische Seuche auch in Russland ein. Am 17. August 1998 konnte die russische Regierung völlig unerwartet einem Teil ihrer Zahlungsverpflichtungen nicht mehr nachkommen. Überall in der Welt befanden sich die Märkte im freien Fall.

Währenddessen verkalkulierten sich in Connecticut der ehemalige Leiter der Pfandbriefabteilung bei Salomon und ein paar Nobelpreisträger bei ihren Wetten in Bezug auf internationale Geldbewegungen. In einem einzigen Augenblick war ihr Hedge-Fonds um vier Milliarden Dollar in die roten Zahlen gerutscht. Die Krise war also auch an Amerikas Küsten gespült worden.

Die Fed half, ein Konsortium von Investoren zusammenzubringen, das den angeschlagenen Fonds durch Anteilskäufe über Wasser hielt. Außerdem senkte die Fed mehrfach und in schneller Folge ihre Leitzinsen und trug dazu bei, die Asienkrise im Zaum zu halten. Es gab einige ungemütliche Situationen, in denen es schien, als werde die Krise die Märkte in anhaltendes Chaos stürzen. Es war eine Zeit großer Anspannung, aber das amerikanische Finanzsystem zeigte keine weiteren Risse, und das Vertrauen war bald wieder hergestellt. Die Krise war erfolgreich abgewendet worden.

In Greenspans umsichtigen Management der Asienkrise trat die Summe seiner Fähigkeiten zu Tage, die er sich während eines halben Jahrhunderts als Ökonom und während seiner dreißig Jahre in der öffentlichen Arena angeeignet hatte. Während dieser trüben Tage des Jahres 1998 schien es oft, als werde die Krise unvermeidlich auch die Vereinigten Staaten überrollen. Aber sie tat es nicht: Stattdessen boomte der Boom einfach weiter, und dafür sollte Greenspan beachtliche Anerkennung ernten.

15 | KULT UM GREENSPAN

Frage: Wie viele Zentralbanker sind nötig, um eine Glühbirne einzuschrauben? – Antwort: Einer. Greenspan hält die Glühbirne, und die Welt dreht sich um Greenspan.

Greenspans geschicktes Management der Asienkrise machte ihn zu einer wahrhaftigen *Celebrity*. In künftigen Jahren werden Sozialgeschichtsschreiber auf die süßen Jahre wirtschaftlichen Wohlstands zurückblicken, die unmittelbar auf die Krise folgten, und sie als die Momente wahrnehmen, die Greenspans Ruf festigten. Der Chairman der Fed wurde in den Status einer Ikone erhoben und trat so in eine Reihe mit Harry Houdini, General Douglas MacArthur und Madonna.

Und irgendwie passt das auch zu ihm, wenn man bedenkt, mit wie vielen Berühmtheiten er im Laufe seines Lebens zusammen gekommen war. Ayn Rand hatte ein erstaunliches Gespür dafür gehabt, wie man den jeweiligen Zeitgeist ausnützt; sie hat es stets verstanden, ein großes Massenpublikum mit ihren Werken zu erreichen. Kissinger war während der siebziger Jahre ein Star, als komplizierte geopolitische Themen das Denken der Amerikaner beschäftigten.

Zur Zeit der Jahrtausendwende standen wirtschaftliche Themen im Vordergrund. Eine technische Revolution war über das Land hinweg gerollt, Millionen von Amerikanern hatten sich auf den Aktienmarkt gestürzt, um sich einen Teil des Kuchens abzuschneiden, und einer der Prüfsteine dabei war Greenspan. Selbst wenn unklar blieb, was genau die Federal Reserve eigentlich tut – oder vielleicht gerade deshalb –, beschäftigte Greenspan die Phantasie der Öffentlichkeit: dieser geheimnisumwitterte Mann, der das wirtschaftliche Schicksal des Landes in seiner Hand zu halten schien. Infolgedessen erreichte Greenspan einen Grad an Anerkennung, der keinem Notenbankpräsidenten vor ihm – und wahrscheinlich auch keinem mehr nach ihm – entgegengebracht worden ist. Man kann durchaus von einem Greenspan-Kult sprechen.

Nach jenem berühmten Kommentar zum »irrationalen Überschwang« wurde seine Macht, Märkte zu bewegen, zur Legende. Unabhängig davon, was er wirklich beabsichtigt hatte – Tatsache war, dass Aktienkurse auf ein Wort von ihm schaukelten und schwankten.

Bemerkungen Greenspans, die positiv ausgelegt wurden, trugen am 11. Februar 1999 dazu bei, den Nasdaq um 96 Punkte auf 2406 Zähler nach oben schnellen zu lassen – der bis dahin größte je verzeichnete Zugewinn innerhalb eines Tages. Doch was Greenspan gibt, das nimmt er auch wieder: Zwei Wochen später vertrat er die Ansicht, die Wirtschaft habe sich »in verschiedene Richtungen überdehnt« und irgendwo werde »es zu einem Einbruch kommen müssen«. Und prompt fiel der Dow Jones um 145 Punkte auf 9400, der Nasdaq um 37 auf 2339.

Manchmal reichte es schon aus, dass Greenspan diesmal nichts Wesentliches zu sagen hatte, um Optimismus zu verbreiten. Als er etwa in einer Erklärung vor dem Kongress am 27. Juli 1999 zur allgemeinen Freude auf jegliche markigen Kommentare, Warnungen oder Überraschungen verzichtete, sprang der Nasdaq auf diese Neuigkeit – oder auf diesen Mangel an Neuigkeiten – hin um ein Prozent nach oben.

Mindestens einmal hat Greenspan einen Assistenten beauftragt, die Märkte während seines Auftritts vor den Kongressabgeordneten in Echtzeit zu beobachten. Auf diese Weise wollte Greenspan noch auf halbem Wege seinen Kurs ändern können, sollte ein bestimmter Punkt seines Vortrags einen schädlichen Effekt auf die Aktienkurse haben.

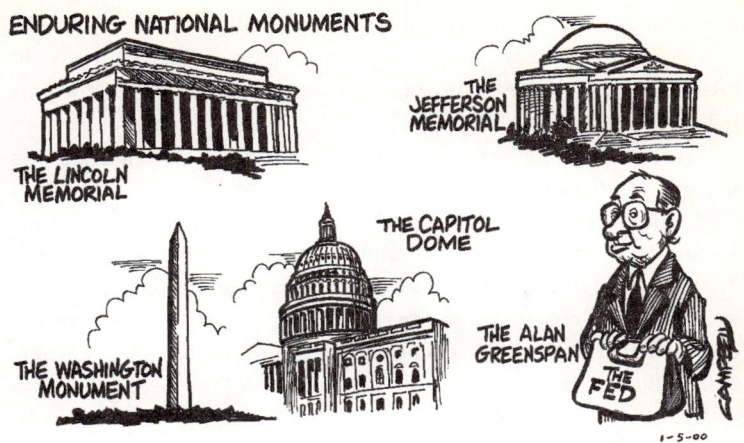

Bleibende Denkmäler der USA

Greenspans meisterlicher Umgang mit Doppeldeutigkeiten ist noch immer atemberaubend. »Er ist ein Genie darin, das eigentliche Thema im Ungewissen zu lassen«, so Milton Friedman. »Ich habe seine Erklärung vor dem Kongress gehört, und ich habe die größte Bewunderung für seine Fähigkeit, sich all diesen Mist anzuhören und dann ohne zu zögern eine Aussage zu machen, die klingt, als würde er tatsächlich etwas sagen, obwohl er in Wirklichkeit überhaupt nichts sagt.«

Burns, Greenspans Mentor, war schon ein beachtlicher Nebelwerfer gewesen, aber sein Schüler Greenspan entwickelte sich zum absoluten Meister. Burns hatte die Neigung, seine Vorträge in einem monotonen Ton, getragen von heiligstem Ernst, abrollen zu lassen. Im Gegensatz dazu hat Greenspans augenzwinkernder, ironischer Stil ihm Sympathien beim Kongress und in der Öffentlichkeit eingebracht. Und er lässt durchblicken, dass er das Komische an seinem Verfahren durchaus erfasst hat. So sagte er einmal: »Ich verbringe einen beachtlichen Teil meiner Zeit mit der Bemühung, Fragen abzuwehren und mir schreckliche Sorgen zu machen, ob ich am Schluss nicht vielleicht doch zu deutlich gewesen bin.« Ein andermal beantwortete er die Anfrage eines Kongressabgeordneten mit den Worten: »Ich suche nach einer Möglichkeit, bei der Antwort auf diese Frage mehr Worte in weniger Ideen zu zwängen als gewöhnlich.«

Greenspan erntete großes Gelächter. So etwas wollen die Leute hören.

CNBC wurde zu »GNBC« und lieferte die komplette Greenspan-Hofberichterstattung. Der Kabelsender ging dazu über, selbst unbedeutendere Stellungnahmen des großen Vorsitzenden unter der Ankündigung »Greenspan spricht« live auszustrahlen. Außerdem hat dieser Sender das enorm beliebte und oft imitierte Spiel »The Briefcase Indicator« entwickelt.

Die Idee hinter diesem »Aktentaschen-Indikator« war folgende: An den Sitzungstagen des Offenmarktausschusses erlaubt der Grad der Ausbeulung von Greenspans Aktentasche Rückschlüsse auf die Richtung, die die Zinssätze einschlagen würden. Eine dicke Aktentasche bedeutet: Er hat umfangreiche Lektüre betrieben und eine Menge gegrübelt – eine Änderung des Zinssatzes ist daher wahrscheinlich. Ein dünner Aktenkoffer hingegen deutet auf einen freien, von keiner ernsten Sorge umwölkten Geist des Chairman: Damit sinkt die Wahrscheinlichkeit einer Änderung. Dem Sender CNBC zufolge hat sich der Indikator in neunzehn der ersten zwanzig Testfälle bewährt. Natürlich liefen die meisten dieser »Entscheidungen« darauf hinaus, die Zinssätze einfach unberührt zu lassen.

An den Sitzungstagen des Offenmarktausschusses lauerten die CNBC-Kameraleute Greenspan schon auf dem Fußweg auf, den er zum Eccles Building einschlug. Man unterlegte die jeweils passende Musik. Machte er einen zugeknöpften Eindruck, dann blendeten die Produzenten der Sendung vielleicht die Titelmusik von *Mission Impossible* ein. Erschien er jedoch zuversichtlich, spielten sie »Mr. Big Stuff«. Im Studio fällten inzwischen die Nachrichtenmoderatoren, häufig Maria Bartiromo, das offizielle Urteil: dicke oder dünne Aktentasche, die Zinssätze werden geändert oder verschont.

Obwohl es hier offensichtlich mit einem Augenzwinkern zuging, besetzte der Indikator doch eine eigene kleine Nische im Ratespiel um die Geldpolitik. Wusste Greenspan über den Indikator Bescheid? Benutzte er CNBC vielleicht sogar, um den Märkten Signale zu senden? »Oft kommt er, voll im Blick der Kameras, die Straße herunter«, sagt Matt Quayle, Produzent bei CNBC. »Er ist einer der mächtigsten Männer der Welt – warum lässt er sich nicht einfach vor der Tür absetzen?«

Auch das Internet entwickelte sich allmählich zu einer Schatzgrube für Greenspaniana. Websites wie *GetExuberant.com* wurden ins Netz gestellt, auf denen der Offizielle Alan Greenspan Fanclub seine Heimat gefunden hat. Besucher können Nachrichten hinterlassen, einen kurzen Vortrag über Geldpolitik lesen oder über Links aktuelle Nachrichten über Greenspan finden.

Im Lauf des Jahres 1999 stellte ein Journalist bei *TheStreet.com* eine Website unter dem Titel »Greenspan Game« ins Netz. Ein Feature dieser Seite war der »Fedspeak generator«, der noch schwerer durchschaubare Aussagen kreieren konnte als der Chairman selbst. Den Rahmen bildete Greenspans reale Humphrey-Hawkins-Erklärung vom Juli 1999, in die das Programm ausgesucht unsinnige Sätze einfügte. Es schnippelte und stückelte an Greenspans Rede herum, bis vierzig verschiedene, absurde Varianten davon entstanden waren. Das Folgende etwa ist die mutierte Computer-Version von Greenspans Eröffnungsbemerkung: »Ich danke Ihnen für diese Gelegenheit, meinen Kritikern entgegenzutreten, welche behaupten, ich hätte jedes Wort erfunden, das im Halbjahresbericht der Fed darüber steht, wie ich früher beim *Tetherball* Bob Rubin immer in die Pfanne gehauen habe.«

Phillip A. Boyd II., ein Künstler, versuchte währenddessen, in begrenzter Auflage hergestellte Greenspan-Porträts zum Preis von 75 Dollar das Stück über das Internet zu verkaufen. Auf dem Porträt prangte die Inschrift »Rationaler Überschwang«. Boyd, der auch Porträts von Abraham Lincoln, Malcolm X und Babe Ruth geschaffen hat, sah, dass der Chairman nun einfach an der Reihe war.

Auch in den Chatrooms schwirrte das Gerede über Greenspan. Ganz gleich an welchem Tag, eine Suche bei *Deja News* wird mit großer Wahrscheinlichkeit Hunderttausende von Hits ergeben, besonders in den Finanz-Chatrooms. Hier eine Nachricht, die am 10. August 1999 hinterlassen wurde:

DIMENTICAVO. ... Greenspan farà di sicuro la COSA GIUSTA. ... onde ragion x cui ... mettiamoci il cuore in pace!!! p.s.: domani esce il Q. report di CISCO SYSTEM (se a qualcuno può interessare ...).«

(Aus dem Italienischen grob übersetzt heißt das: »VERGESSEN WIR ES EINFACH. ... Greenspan wird das RICHTIGE TUN. ... Wir müssen Frieden in unsere Herzen bringen!!! P.S.: Morgen veröffentlicht CISCO SYSTEMS seinen Bericht fürs erste Quartal (falls es jemanden interessiert ...).«

Das Greenspan-Fieber nahm schnell durchaus groteske Züge an.

Über zwei Jahrzehnte lang hat Lenny Gilleo einen Friseursalon im Keller des Eccles Building betrieben und dort im Lauf der Jahre die üppigen Locken von Burns ebenso gestutzt wie die spärlichen Löckchen von Volcker. Er machte sich einen Spaß daraus, seine speziellen Geschäftskarten zu verteilen, auf denen stand: »Hairman of the Board (Vorstandsvorstutzender). Meine Geldpolitik wird ganz beträchtlich von Ihrer Wachstumsrate bestimmt.«

Sonst war nicht viel zu berichten; er war eben der Friseur der Chairmen der Fed, kein schlechtes Geschäft. Als jedoch Greenspan der Tradition von Burns und Volcker folgte und sich ebenfalls bei Gilleo die Haare schneiden ließ, hat die *Washington Post* Gilleo plötzlich ein Porträt gewidmet.

Oder die Sache mit der Sitzordnung. Seit 1977 tagt der Offenmarktausschuss an einem neun Meter langen Tisch aus Honduras-Mahagoni und schwarzem Granit für das Mittelstück der Platte. Das Ganze wiegt zwei Tonnen. Seit seiner Amtseinführung hatte Greenspan stets am Kopfende dieses Tisches gesessen. Aber im November 1998, bei einer der periodisch stattfindenden öffentlichen Sitzungen der Fed, bemerkten Besucher, dass er auf einen Platz in der Mitte umgezogen war.

Sofort ging das Rätselraten los. Was hatte das zu bedeuten? Wollte Greenspan damit vielleicht signalisieren, dass er sich für mehr »Kollegialität« in der Fed einsetzen wollte? Zuletzt kam heraus, dass der Umzug lediglich akustisch motiviert war. »Aufgrund

Alan Greenspan – Zen-Meister der Geldpolitik
»Wir verstehen nicht genau, was er macht, aber er ist extrem gut darin.«

der Schallgeschwindigkeit kam guter Rat zu spät an, und wir sind ohne es zu wollen hinter die Kurve zurückgefallen«, scherzte Greenspan während einer Sitzung des Notenbankvorstands.

A&E Biography erkor Greenspan zur »faszinierendsten Person des Jahres 1999«. Unter den Top Ten hinter ihm fanden sich unter anderem Cher, Tiger Woods, Ricky Martin und Slobodan Milosovic.

Greenspan – oder zumindest eine angemessen mürrische Zeichentrickversion des Chairman – hatte auch eine Gastrolle bei *The Simpsons*. Die Handlung: Lisa ist zur Präsidentin gewählt worden. Bart versucht mit einem *high five* sein Glück beim Chairman der Fed, wird jedoch von Greenspan ignoriert.

Greenspan, wohin man schaut – im Fernsehen, im Internet, in allen Köpfen.

Gegen Ende 1999 bekamen die Amerikaner ein besonderes Schauspiel geboten: Die Präsidentschaftskandidaten für das Jahr 2000 versuchten einander darin auszustechen, wer die höchsten Lobestöne für Greenspan finden konnte.

»Ich bin sein größter Fan«, so Al Gore in einem CNBC-Interview.

»Er macht seinen Job großartig. Mir würde niemand einfallen, der dafür besser in Frage käme.«

»So wie er die monetären Angelegenheiten unserer Wirtschaft managt macht er einen großartigen Job«, hörte man von George W. Bush jr. »Die Inflation bremst man am besten, indem man jemanden damit betraut, der in der Vergangenheit gezeigt hat, dass er es kann.«

Den Vogel hat John McCain abgeschossen. Während einer Debatte im Vorwahlkampf schwärmte er: »Übrigens würde ich Alan Greenspan nicht nur wieder ernennen; sollte er sterben, was Gott verhüten möge, dann würde ich es so machen wie die Jungs in *Immer Ärger mit Bernie*: Ich würde ihn irgendwo anlehnen und ihm eine dunkle Sonnenbrille aufsetzen.«

Clinton kam McCain allerdings zuvor: Am 4. Januar 2000 berief er Greenspan für eine vierte Amtszeit auf den Posten des Chairman der Federal Reserve. Es ist den beiden nie wieder gelungen, den Funken zum Glühen zu bringen, der bei ihrem ersten Treffen in Little Rock zwischen ihnen übergesprungen war, doch ihr Verhältnis hatte sich inzwischen wieder entspannt. Zwar sind ihre Unterredungen im Lauf der Jahre immer seltener geworden, doch was gab es auch groß zu besprechen? Die Wirtschaft befand sich im Höhenflug.

Das Hearing vor dem Senat, das Greenspan vor seiner erneuten Bestätigung über sich ergehen lassen musste und das bei früheren Gelegenheiten jedes Mal spannungsreich war, glich diesmal eher einer Krönungszeremonie. Phil Gramm, ein republikanischer Senator aus Texas, machte folgende Liebeserklärung: »Wäre man gezwungen, sich festzulegen, wem wir das goldene Zeitalter verdanken, in dem wir uns befinden, dann gäbe es meiner Meinung nach eine ganze Reihe von Menschen, denen dieses Verdienst anzurechnen wäre, und noch mehr, die es sich selber anrechnen würden. Aber auf der Liste all derer, die tatsächlich Macht haben, müsste Ihr Name sicherlich ganz oben stehen.«

Gramm war langjähriger Greenspan-Fan, und er hatte einige Jahre zuvor eine Ergänzung zu einem Gesetz durchgebracht, die das Gehalt des Notenbankpräsidenten auf 133 800 Dollar erhöhte. Bei

Amtsbeginn 1987 waren es 89 500 Dollar gewesen. Zu Beginn seiner vierten Amtszeit wurde es auf 141 300 Dollar festgesetzt.

An der Schwelle des neuen Jahrtausends war es fast unmöglich, in Amerika jemanden zu finden, der nicht verrückt nach Greenspan war. Demokraten und Republikaner, die Wall Street ebenso wie der Mann auf der Straße, Hunde, Katzen – alle fuhren auf den großen Vorsitzenden ab.

Tatsächlich gab es, wenn man die gesamte politische Szene betrachtet, nur zwei abweichlerische Lager, die nicht in den allgemeinen Jubelchor einstimmen mochten.

Im einen stand Steve Forbes. Während einer Vorwahlkampf-Debatte gab er folgende Erklärung ab:

> Wir haben eine Fed, die anfängt, der Wirtschaft Zügel anzulegen [und] die Zinssätze anzuheben, und zwar aufgrund einer verqueren Wirtschaftstheorie, welche besagt, Wohlstand verursache Inflation. Im Unterschied zu George [W.] Bush bin ich deshalb nicht so sicher, ob ich Alan Greenspan wieder ernennen werde, sollte er auf dieser Theorie beharren. Sie ist nämlich destruktiv. Sie hat der amerikanischen Landwirtschaft schon enormen Schaden zugefügt. Und wenn er auf diese Art weitermacht, dann wird sie auch der Wirtschaft echten Schaden zufügen.

Forbes schlachtete dieses Thema auf seiner Wahlkampftour durch Iowa weiter aus – ein deutlicher Nachklang der populistischen Rhetorik, die William Jennings Bryan mehr als hundert Jahre zuvor schon gebraucht hatte.

Das andere Lager, das Schmähungen gegen Greenspan richtete, ist schwerer greifbar und liegt weit abseits vom politischen Mainstream: Es handelt sich um die Unentwegten unter den Objektivisten. Ayn Rands leidenschaftlichste Anhänger konnten Greenspan den Frevel nie vergeben, dass er einer Zentralbank vorstand. Zentralbanken sind schließlich Einrichtungen, die für eine starke Regierung stehen und sich in das Wirtschaftsgeschehen einmischen.

Natürlich hat Rand nicht mehr erlebt, dass Greenspan zum Zentralbanker wurde. Mit seinem ersten Vorstoß in die politische Arena unter der Regierung Ford schien sie jedoch durchaus einverstanden gewesen zu sein. Zum Zeitpunkt ihres Todes gehörte er zu den wenigen Menschen, die sie nicht aus ihrer Bewegung verstoßen und »exkommuniziert« hatte.

Dafür sorgte Leonard Peikoff. Der Mann, der während der fünfziger Jahre mit Greenspan um Rands Aufmerksamkeit konkurriert hatte, stellte Greenspan in seiner Talkshow, welche über zehn Sender im ganzen Land verbreitet wurde, auch über KIEV in Los Angeles, gnadenlos an den Pranger.

Auch andere Objektivisten halten sich mit ihrem Urteil nicht zurück.

»Ayn Rand würde sich im Grab umdrehen, wenn sie wüsste, was aus Greenspan geworden ist«, sagt etwa Bert Ely, ein prominenter Bankenberater und Rand-Anhänger. »Für mich ist der Typ ein Heuchler. Zentralbankwesen ist zentrale Planwirtschaft. Und da haben wir den großen Objektivisten, an der Spitze dieser Organisation. Alan Greenspan hat sich wirklich für die Politik prostituiert.«

Ely ließ sogar eine Kollektion Anstecker drucken, die Slogans wie »Wer braucht die Fed?« oder, sarkastischer, »Alles Gute zum Humphrey-Hawkins-Day« trugen. Wie die alten WIN-Buttons sind sie in nicht-inflationärem Zweifarbdruck gestaltet, nämlich gelb und schwarz.

»Greenspans Geschichte handelt von der schrittweisen Preisgabe von Prinzipien«, sagt Richard Salsman, Wirtschaftsberater und Objektivist. »Alle denken, er hat sich verkauft. Einige Leute denken, dass er tut, was er als Teil eines ziemlich lächerlichen Regimes tun kann, um unserer Sache damit Zeit zu gewinnen. Ich denke, er hat einen sehr ausgeprägten politischen Instinkt entwickelt. Irgendwo auf seinem Weg muss er sich entschieden haben, dass es ihm wichtiger ist, berühmt zu sein als Recht zu haben. Er wollte offenbar lieber einflussreich sein.«

Aber solange Greenspan sich von Steve Forbes und versprengten Objektivisten fernhielt, konnte er nichts falsch machen. In Washingtoner Gesellschaftskreisen ist Greenspan unbesiegbar. Die Popularität des Mannes, der zur Zeit der Regierung Ford an der Seite von Barbara Walters Furore gemacht hatte, erreichte ihren Höhepunkt.

»Gesellschaftlich ist Greenspan ganz an der Spitze angelangt«, sagt Lloyd Grove, Klatschkolumnist der *Washington Post*. »Wenn man sich in Dinnerparty-Zirkeln umschaut: Jeder in Washington will ihn am Tisch haben.«

»Er steht definitiv auf der A-Liste«, pflichtet Kevin Chaffee bei, Gesellschaftsredakteur beim Konkurrenzblatt, der *Washington Times*. »Auf Platz eins steht natürlich immer der Präsident. Aber Greenspans gesellschaftlicher Rang ist in die Stratosphäre geschossen, höher als der von irgendeinem Chef der Fed vor ihm.«

Greenspan hat alles, was man in Washington braucht: mächtige Freunde und Einladungen zu allen Parties, auf die es ankommt.

Im Lauf der Jahre waren er und Andrea Mitchell Größen des öffentlichen Lebens näher gekommen, etwa dem PBS-Moderator Jim Lehrer und seiner Frau Kate, dem Weltbankpräsidenten Jim Wolfensohn und dessen Frau Elaine oder Katherine Graham, der ehemaligen Chefin der Washington Post Company, die sich ins Privatleben zurückgezogen hat und eine der Doyennes der Washingtoner Gesellschaft ist.

Zu einer jährlichen Tradition hatte Greenspan seinen Geburtstags-Lunch gemacht, den er mit drei anderen Männern veranstaltet, die wie er am 6. März geboren sind: dem ehemaligen CIA-Direktor William Webster, dem ehemaligen Sprecher des Repräsentantenhauses Tom Foley und Kit Bond, einem Senator aus Missouri.

Eine weitere alljährliche Traditionsveranstaltung ist das White House Correspondents' Dinner. Es findet jedes Frühjahr statt und ist eines der gesellschaftlichen Ereignisse Washingtons. Dabei bitten eine Hand voll Nachrichtenagenturen Prominente wie Barbra Streisand, Warren Beatty oder Sharon Stone zu Gast, und man kann stets damit rechnen, dass auch der Präsident die Anwesenden mit seinem Auftritt beehrt.

In den Reigen gesellschaftlicher Veranstaltungen, in dem sich

Greenspan und Mitchell bewegen, gehört auch die Silvesterparty von Ben Bradlee und Sally Quinn. Bradlee ist der ehemalige Chefredakteur der *Washington Post*, Quinn ist seine Ehefrau und gehört zum festen Inventar der High Society von D.C. Die Party findet im eleganten Heim des Paares in Georgetown statt. Die Gästeliste ist mit nur etwa hundert Leuten relativ klein, und seit vielen Jahren ist keine Einladung für den 31. Dezember in der Stadt heißer begehrt als diese.

Auch die Federal Reserve veranstaltet ein regelmäßiges Fest, eine Party zum 4. Juli. Diese Tradition hat Volcker ins Leben gerufen. Auch Greenspan und seine leitenden Mitarbeiter mischen sich dann unter das Volk aus Regierung und Medien. Das Eccles Building kann mit einem großartigen Blick auf das Feuerwerk über der Washington Mall aufwarten.

Die US-Wirtschaft erreichte im Februar 2000 einen historischen Stand. 107 Monate in Folge dauerte die Wachstumsphase an, damit ist sie die längste in der Geschichte. Das Bruttoinlandsprodukt ist seit März 1991 stetig gewachsen, um durchschnittlich 3,6 Prozent pro Jahr. Der alte Rekord von 106 Monaten war in der Zeit vom Februar 1961 bis zum Dezember 1969 aufgestellt worden.

Das Wachstum war in jeder nur messbaren Hinsicht außergewöhnlich. Der Dow Jones kletterte von 3000 Punkten im März 1991 auf über 10 000 im Februar 2000; der Nasdaq in der gleichen Zeit von 500 auf knapp 5000 Zähler.

Während dieser 107 Monate gingen 5000 Unternehmen an die Börse und spielten summa summarum über 300 Milliarden Dollar ein. Mehr als 100 000 Amerikaner wurden Mitglieder einer exklusiven Gruppe – sie alle hatten ein Jahreseinkommen von über einer Million Dollar.

Im Januar 2000 erreichte der vom Conference Board ermittelte Index des Verbrauchervertrauens einen Rekordstand von 144,7 Zählern. Der vorherige Rekord von 142,3 Punkten stammte vom Oktober 1968. Der *misery index* war auf etwa sechs Punkte gesunken, im Gegensatz zu elf während der Rezession von 1991.

Die vielleicht erstaunlichste Entwicklung war, dass der US-Haushalt im September 1999 zum erstenmal in dreißig Jahren in den Überschussbereich schwenkte. Das Defizit hatte im Haushaltsjahr 1992 eine Rekordhöhe von 290 Milliarden Dollar erreicht. Bei der Erzielung des Überschusses spielten Initiativen zum Verlustabbau eine Rolle, die während der Clinton-Jahre ergriffen worden waren, aber das größte Verdienst daran trugen die blühenden neuen Unternehmen und die frischgebackenen Millionäre: Ihre Steuerdollars ließen die Geldtruhen der Regierung anschwellen und schlugen eine echte Bresche ins Defizit.

Eine ganze Reihe von Faktoren trugen zu dem Rekord-Wachstum bei. Das Ende des Kalten Krieges gestattete den USA, ihre Aufmerksamkeit von der nationalen Sicherheit auf das Wirtschaftswachstum zu lenken. Deregulierung – unter Carter begonnen und von Reagan im großen Stil fortgesetzt – sorgte für ein von stärkerem Wettbeweb geprägtes sozioökonomisches Umfeld. Das Nordamerikanische Freihandelsabkommen (North American Free Trade Agreement oder kurz NAFTA), das unter der Ägide von Bush sen. das Licht der Welt erblickt hatte und von Clinton in seinen Bahnen gehalten wurde, erfüllte seinen Zweck und ließ den freien Handel anwachsen.

Deregulierung, NAFTA, das Ende des Kalten Krieges – alles zusammen trug dazu bei, ein günstiges wirtschaftliches Klima entstehen zu lassen. So waren die richtigen Bedingungen geschaffen worden, und als sich das Internet und eine große Zahl von Innovationen im Bereich der Informationstechnologie Bahn brachen, fanden sich Akteure genug, die neue Geschäftsideen entwickelten. Die kluge Geldpolitik Greenspans und der Fed krönte diese Entwicklung, das Ergebnis war ein unvergleichlicher Boom. Es kam einfach alles zusammen.

Greenspan äußerte sich zu dieser wirtschaftlichen Gnadenzeit in einer Rede, die er unter anderem mit der Unterstützung des Gerald Ford Museums am 8. September 1999 in Grand Rapids, Michigan, hielt: »Man kann sicherlich sagen, dass uns die Geschichte in diesem Jahrzehnt in den Vereinigten Staaten ihre überzeugendste Demonstration dessen geboten hat, was freie Völker mit freien Märkten erreichen können.«

In diesem Kommentar ist das Echo von Burns und Ayn Rand zu vernehmen, und nichts von all dem, was Alan Greenspan je gesagt hat, kommt einer Siegeserklärung so nahe.

Bald jedoch fand der Chef der Fed zu der für ihn typischen Wachsamkeit zurück.

Einem langen Boom vorzustehen, ist eine Herausforderung, in gewisser Hinsicht schwieriger, als eine Krise bewältigen zu müssen. Die Menschen gewöhnen sich an den Wohlstand und betrachten ihn zuletzt als selbstverständlichen und allgegenwärtigen Hintergrund, vor dem sich ihr Leben entfaltet. Wehe dem Notenbankpräsidenten, der eine solche Situation vermasselt.

Im Winter 2000 hat Greenspan seine vierte Amtszeit als Chairman angetreten. Er tat dies alles andere als selbstzufrieden. »Ich glaube nicht, dass den Leuten klar ist, wie hart Alan arbeitet«, sagte Andrea Mitchell während eines Interviews im Februar 2000. »Jeden Morgen ist er um halb sechs, sechs schon auf den Beinen und an der Arbeit, auch am Wochenende. Leute in der Regierung werden immer an ihrer letzten Entscheidung gemessen. Und in diese Entscheidungen fließt eine erstaunliche Menge von Daten ein. Es steht so viel auf dem Spiel, da muss Alan wirklich seine Hausaufgaben machen.«

Auf dem Weg in die Zukunft sehen sich Greenspan und die Fed einigen mächtigen Herausforderungen gegenüber.

Die bedeutendste wird in der Entscheidung bestehen, welche Priorität man dem Aktienmarkt bei der Festsetzung der Geldpolitik zugestehen soll. Seit seinem berühmten Satz über den »irrationalen Überschwang« hat sich Greenspan mit dieser Frage beschäftigt; vor allem konzentrierte er sich auf die Frage nach dem Potenzial zur Auslösung einer Inflation, das im Aktienmarkt steckt.

Die Wachstumsphase, die 1991 ihren Anfang genommen hatte, ist anders verlaufen als ihre Vorgängerinnen. Die »Roaring Twenties« waren zum Beispiel ein so genannter Reiche-Leute-Boom. Im Jahr 2000 jedoch besaßen über die Hälfte aller amerikanischen Haus-

THE TEMPTATION OF ALAN GREENSPAN

Die Versuchungen des Alan Greenspan

halte Aktien, entweder direkt oder im Rahmen von betrieblicher Altersvorsorge oder Pensionskassen.

Viele Amerikaner sahen ihre Geldanlagen in schwindelerregende Höhen klettern. Selbst wenn ihre Gewinne zum größten Teil nur auf dem Papier bestanden – mochte es sich dabei um ein aufgeblähtes persönliches Pensionsguthaben oder um die galoppierende Kursentwicklung von Microsoft-Optionen handeln –, so gaben sie den Leuten doch ein Gefühl der Zuversicht und Sicherheit. Und weil sie sich gut bei Kasse fühlten, haben die Menschen natürlich auch mehr ausgegeben. Greenspan ging der Frage nach, ob dadurch nicht die Produktionskapazitäten der Wirtschaft zunehmend starkem Druck ausgesetzt seien, ein Phänomen, das unter dem Namen »Wohlstandseffekt« bekannt ist.

Dies funktioniert folgendermaßen: Ein fünfunddreißigjähriger Computerprogrammierer wirft eines Morgens einen Blick auf seinen Pensionsfonds und stellt fest, dass er 86 000 Dollar besitzt. Technisch gesehen ist dieses Geld für seinen Ruhestand reserviert, und für den Fall, dass er es vorzeitig abhebt, hat er steuerliche Nachteile in Kauf zu nehmen. Er beschließt also, es nicht anzurühren, doch allein das Wissen, dass er so viel Geld hat, lässt ihn sich gleich rundum reicher fühlen. Und federnden Schrittes geht er sich ein neues Auto kaufen.

Entlang der gesamten Fertigungskette der Automobilbranche ist ein bisschen Extra-Arbeit notwendig, um diese Anschaffung zu ermöglichen – Extra-Arbeit für den Kontermuttern-Produzenten, für den Hersteller von Sicherheitsgurten, für die Aushilfe im Autosalon.

Multipliziert man die Entscheidung des Computer-Programmierers mit ein paar Millionen, erhält man den Wohlstandseffekt. Der Statistik zufolge wird ein Verbraucher mit einiger Wahrscheinlichkeit zwischen drei und fünf Prozent seines neu gewonnenen Reichtums ausgeben. Das Ergebnis: Die Unternehmen werden mit Bestellungen überschwemmt und müssen Personal einstellen. Auf einem angespannten Arbeitsmarkt kann das zu Problemen führen. Damit sind die Zutaten für eine Inflation bereits beisammen.

Wie also lässt sich dieser Prozess stoppen? Eine Möglichkeit liegt darin, den Aktienmarkt abzukühlen und damit den Wohlstandseffekt zu dämpfen.

Während des Jahres 2000 durchlief der Nasdaq einige schwindelerregende Höhen und Tiefen, und Greenspan musste zum ersten Mal seit längerer Zeit wieder herbe Kritik einstecken.

An der Wall Street herrschte die Meinung, dass wiederholte Eingriffe der Fed und auch einige der Kommentare, die man in jüngerer Zeit von Greenspan zu hören bekam, direkt auf den Aktienmarkt zielten. Greenspan konterte, derartige Maßnahmen richteten sich lediglich gegen die Effekte, die der Boom der Finanzmärkte auf die ökonomische Grundstruktur habe. Vielerorts erschien diese Differenzierung als Haarspalterei.

Letztendlich ist der Einfluss, den die Fed auf den Aktienmarkt hat, ohnehin begrenzt. Sicher kühlt das Anheben der Zinssätze den Markt ab, aber die Wirkung ist keineswegs präzise: Man kann keine Regel dafür aufstellen, dass etwa eine Erhöhung der Leitzinsen um

einen Viertelpunkt ein fünfprozentiges Nachgeben des Nasdaq aus-
lösen wird. Und so bleibt das Wort so ziemlich das einzige weitere
Werkzeug, das der Fed zur Verfügung steht. Viele von Greenspans
öffentlichen Statements wurden als Mäßigungsappelle begriffen, als
Versuch, den Aktienmarkt mit beschwörenden Worten zu einem
Abstieg in verträglichere Höhenlagen zu bewegen.

Aber den Anlegern und Investoren steht es frei, den Chairman
der Fed vollständig zu ignorieren. Und genau das haben sie in der
Zeit, in der sich Greenspan in seine vierte Amtszeit stürzte, häufig
genug auch getan. Sollte sich der Boom in eine Seifenblase verwandeln, dann würde man die Schuld dafür natürlich niemand anderem
als der Fed aufladen – ein nicht unbeträchtliches Dilemma.

Eine weitere Herausforderung für die Fed besteht darin, neue
Bewertungsgrößen für Unternehmen der »New Economy« zu finden. Die Fed wertet mehr als 20 000 verschiedene Indikatoren aus.
Ständig kommen neue Größen in Mode oder aus der Mode. Während der Kreditverknappung, die der Rezession von 1990/91 voraus-
ging, richtete die Fed ihr Augenmerk auf eine Palette von Daten, die
sich auf das Darlehnsgeschäft bezogen. Mitte der neunziger Jahre
war eine Messgröße mit der Bezeichnung P* (»P star« gelesen) der
letzte Schrei. Mit ihrer Hilfe sollte sich feststellen lassen, ob die zur
Verfügung stehende Geldmenge synchron zum Potenzial des Bruttosozialprodukts wächst.

Aber einige der älteren Richtwerte haben endgültig ausgedient.
Man hat es stets als Glaubenssatz betrachtet, dass der Arbeitsmarkt
zu angespannt wird, wenn die Arbeitslosigkeit unter sechs Prozent
sinkt, und dass dies der Inflation Auftrieb gibt. Unter Wirtschaftswissenschaftlern wurde diese Größe als NAIRU bezeichnet, als »no-
naccelerating inflation rate of unemployment« (nicht-inflationsbe-
schleunigende Arbeitslosenquote). Doch Ende der neunziger Jahre
hatte die Arbeitslosenquote diese Schwelle durchbrochen und war in
den Vier-Prozent-Bereich gefallen.

Eine weitere Faustregel besagt: Liegt das Wachstum des Bruttoinlandsprodukts über drei Prozent, dann ist dies zu schnell und
daraus folgt Inflation. Aber während drei aufeinanderfolgender Jah-

re in den späten Neunzigern überwand das Wachstum des Bruttoinlandsprodukts die Vier-Prozent-Hürde.

Trotz des – nach historischen Standards – zu schnellen BIP-Wachstums und zu geringer Arbeitslosigkeit hielt sich die Inflation im gleichen Zeitraum zwischen zwei und 2,5 Prozent und damit im Rahmen. Die Erklärung liegt darin, dass der Produktivitätszuwachs der Arbeitskraft der informationstechnologischen Revolution zu verdanken ist, die es ermöglicht, höhere Löhne zu zahlen, ohne deshalb die Preise zu erhöhen.

Während Greenspans Amtszeit hat sich die Fed darin ungewöhnlich flexibel gezeigt; sie war bereit, alte Referenzpunkte zu ignorieren und der Wirtschaft freien Lauf zu lassen. Aber trotzdem weist Greenspan stets gerne darauf hin, dass die alten Regeln ihre Gültigkeit nicht verloren haben: »Die Gesetze von Angebot und Nachfrage sind nicht aufgehoben worden«, ließ er bei verschiedenen Gelegenheiten verlauten.

Obwohl der Februar 2000 die längste Expansionsphase aller Zeiten markierte, gehört diese doch in einen übergreifenden Konjunkturzyklus. Das heißt, dem Aufschwung folgt irgendwann auch die Talfahrt. Alles, was nach oben fliegt, muss auch wieder herabfallen, es sei denn, dieses unerbittliche Gesetz wäre irgendwie außer Kraft gesetzt worden.

Erst wenn dieser Zyklus sich vollendet hat, wird man dies besser verstehen. »Wenn wir, sagen wir mal, aus dem Jahre 2010 auf die neunziger Jahre zurückblicken, dann wird die Natur der Kräfte, die gegenwärtig am Werk sind, wahrscheinlich klarer erkennbar sein«, sagte Greenspan am 13. Januar 2000 in einer Rede vor dem New Yorker Industrieclub.

Irgendwann nach dem Ende dieses Konjunkturzyklus wird der Moment kommen, wo man zu seiner Obduktion schreiten kann. Dann wird die Fed auch neue Richtwerte für die »New Economy« zur Verfügung haben, und es wird möglich sein, dem BIP des postindustriellen Informationszeitalters eine zulässige Höchstgeschwindigkeit zuzuordnen. Und wahrscheinlich wird die Fed auch eine neue Mindestgröße für die Arbeitslosigkeit finden, die einer fließenden und von der Technologie getriebenen dynamischen Wirtschaft angemessen ist.

Doch bis dahin wird es mit Sicherheit noch genügend Probleme geben, mit denen Greenspan zu kämpfen hat. Er mag vielleicht der Baumeister der längsten wirtschaftlichen Wachstumsphase in der Geschichte der Vereinigten Staaten sein, aber wenn es schließlich zum Crash kommt, dann werden sich die Leute im Jahre 2010 vor allem daran erinnern.

Greenspans Erbe ist gegenwärtig noch ein »work in progress«. Wirtschaftliche Bedingungen können sich von einem Moment auf den anderen ändern. Das einzige, was Bestand hat, ist beständiger Wandel.

Dank

Ausgesprochen dankbar bin ich meiner Lektorin Jacqueline Murphy für ihre Sorgfalt und all die Überlegungen, die sie diesem Buch gewidmet hat. Das Arbeiten mit ihr war eine wirkliche Kooperation und – von der ersten Idee bis zur fertigen Biografie – eine äußerst befriedigende dazu. Auch Marco Pavia, Arlinda Shtuni, Lissa Warren, Michelle Wynn und allen anderen im begabten Team bei Perseus Publishing, die sich hinter dieses Projekt gestellt haben, bin ich zu Dank verpflichtet.

Danken möchte ich auch meiner Agentin Lisay Swayne von der Swayne Agency. Bevor die eigentliche Arbeit begann, hat sie mir geholfen, ein Exposé zu erstellen. Und während der Arbeit konnte ich mich stets auf ihren klugen Rat verlassen. Dank gebührt auch meinem Freund Richard Laemer, der mich überhaupt erst dazu gedrängt hat, dies Buch zu schreiben.

Rechercheassistent für dieses Projekt war Stephen Norton, Reporter beim *Congress Daily* des *National Journal.* »Gott«, so hat Frank Lloyd Wright in einem berühmt gewordenen Satz gesagt, »Gott steckt im Detail.« Und es waren Unmengen dieser Einzelheiten auszugraben. Dabei hat mir Stephen geholfen.

Während der Arbeit konnte ich, dank eines Stipendiums der Gerald Ford Stiftung, eine sehr angenehme Woche in Ann Arbor, Michigan, verbringen. Ich möchte den kompetenten Mitarbeitern und Mitarbeiterinnen der dortigen Gerald R. Ford Bibliothek danken, darunter Geir Gundersen, Donna Lehman und Kenneth Hafeli.

Sehr hilfsbereit zeigte sich auch das Juilliard Archive; dort habe ich Jane Gottlieb und Jeni Dahmus zu danken. Und die New York Public Library ist schlicht ein nationaler Schatz.

Des Weiteren bin ich dem Conference Board zu Dank verpflichtet; diese Institution war nicht nur mein, sondern auch der Arbeitgeber von Alan Greenspan. Ich danke Ken Goldstein, der das Buch vor allem im Hinblick auf die Stimmigkeit ökonomischer Details kritisch durchgesehen hat. Ich danke Randy Poe – einst mein Chef und seit langem mein Freund. Er, der stets Musikliebhaber war und es immer bleiben wird, hat sich den Passagen über den Jazz gewidmet. Darüber hinaus weiß ich die wertvolle Hilfe zu schätzen, die mir Lucie Blau, Delos Smith und Frank Tortorici zuteil werden ließen.

Chris Wolski und der Archivar Jeff Britting im Ayn Rand Institute und das Objectivist Center haben mir geholfen, Greenspans Zeit im engeren Kreis um die Schriftstellerin Ayn Rand zu begreifen, darum gilt auch ihnen mein Dank. Fred Cookinham, der mich auf den Spuren dieser Schriftstellerin durch New York City führte, hat mir unschätzbare Einblicke in ihr Leben vermittelt.

Informationen über alle möglichen Aspekte von New York City hat mir Alan Wolk, ein alter Freund und »New Yawker«, geliefert; das Gleiche gilt für den Lokalhistoriker James Renner, einen Fachmann für die Geschichte von Washington Heights. Auch Kathleen Hulser von der New York Historical Society hat mir in dieser Hinsicht sehr geholfen.

Der Historiker und einfühlsame Biograf und Kollege Robert Hessen hat mir auch all jene Artikel über Alan Greenspan nachgewiesen, die mir, weil sie an entlegenen Stellen erschienen sind, entgangen wären.

Buchstäblich Hunderte von Menschen haben mich mit Hinweisen und Quellen versorgt, haben mir großzügig ihre Zeit zur Verfügung gestellt und mir mitgeteilt, was sie über Alan Greenspan wissen. Jedem von ihnen gilt mein Dank, wenigstens einige von ihnen möchte ich hier stellvertretend namentlich nennen: Martin und Annelise Anderson, James Baker, Anirvan Banerji, George Bentson, Bill Callejo, Joan Mitchell Blumenthal, Barbara Branden, Nathaniel Branden, Kathryn Eickhoff, Bert Ely, Gerald Ford, Milton Friedman, Leonard Garment, Carolyn und Wesley Halpert, Lee Hilton, Henry Jerome, Martin Johnson, Robert Kavesh, Don Kennedy, Donald Kettl, Henry Kissinger, Ernest Kurnow, Allen Matusow, Paul McCracken, David Munro, Donald Rumsfield, Paul Samuelson, Standorf Sanoff, Sylvester Schieber, L. William Seidman, Bernard Shull, Richard Sylla, Murray Weidenbaum und Wyatt Wells.

Auch drei Instituten habe ich zu danken: American Enterprise, Cato und Hoover; ebenso einigen Mitarbeitern der Harvard University: James Aisner, Samuel Hayes, Hendrick Houthhakker und Roger Porter.

Ein *grazie* geht an Aldo Moreno von der Pizzeria V&T für seine Übersetzungshilfe.

Ich danke meinem Bruder Andrew Martin für sein Sprachgefühl und meiner Tante Diane Caldwell, die mich auf eine Greenspan-Karikatur aufmerksam gemacht hat, die ich sonst nie entdeckt hätte. Dank auch an Rex Martin, meinen Vater, der meine Liebe zur Geschichte angeregt, geleitet und gefördert hat.

Anderson, Martin, *Revolution*, Harcourt Brace Jovanovich: San Diego 1988

Beckner, Steven, *Back From the Brink: the Greenspan Years*, John Wiley & Sons: New York 1996

Binswanger, Harry, *The Ayn Rand Lexicon*, Penguin: New York 1986

Branden, Barbara, *The Passion of Ayn Rand*, Doubleday: New York 1986

Branden, Nathaniel, *My Years with Ayn Rand*, Jossey-Bass Publishers: San Francisco 1999

Elsner, Harry, *The Technocrats*, Syracuse University Press: Syracuse, New York 1967

Fredland, J. Eric, Curtis Gilroy, Roger Little und W.S. Sellman, *Professionals on the Front Line: Two Decades of the All-Volunteer Force*, Brassey's: Washington DC 1996

Friedman, Milton and Rose, *Two Lucky People*, University of Chicago Press: Chicago 1998

Garment, Leonard, *Crazy Rhythm*, Times Books: New York 1997

George Washington High School Yearbook 1943

Gitler, Ira, *Swing to Bop*, Oxford University Press: New York 1985

Glassman, James & Kevin Hassett, *Dow 36,000*, Times Business: New York 1999. Dt: *Dow Jones 36 000 – warum die Aktien weiter steigen: Profitieren Sie vom Börsen-Boom der nächsten Jahre*, Landsberg/Lech: Verl. Moderne Industrie 2000.

Greenspan, Herbert, *Recovery Ahead!*, H.R. Regan & Co: New York 1935

Greider, William, *Secrets of the Temple*, Touchstone: New York 1987

Hargrove, Erwin & Samuel Morley, *The President and the Council of Economic Advisers: Interviews with CEA Chairmen*, Westview Press 1984

Jackson, Kenneth, *The Encyclopedia of New York*, Yale University Press: New Haven, Connecticut 1995

Jones, David, *The Politics of Money: The Fed Under Alan Greenspan*, New York Institute of Finance: New York 1991

Kalb, Marvin and Bernard, *Kissinger*, Little Brown and Company: Boston 1974. Dt.: *Kissinger*, Frankfurt/Main, Berlin, Wien: Ullstein 1974.

Katznelson, Ira, *City Trenches*, University of Chicago Press: Chicago 1982

Levy, Peter: *Encyclopedia of the Reagan-Bush Years*, Greenwood Press: Westport, Connecticut 1996

Lewis, Michael, *Liar's Poker*, Penguin Books: New York 1989. Dt.: *Wall-Street-Poker: Die authentische Story eines Salomon-Brokers*, Düsseldorf, Wien: ECON 1992.

Lowenstein, Steven, *Frankfurt on the Hudson*, Wayne State University Press: Detroit 1989

Matusow, Allen, *Nixoll's Economy*, University Press of Kansas: Lawrence, Kansas 1998

Nominations of Philip A. Loomis, Jr. and Alan Greenspan, Hearing Before the Comittee on Banking, Housing and Urban Affairs, United States Senate, U.S. Government Printing Office: Washington 1974

Nomination of Alan Greenspan: Hearing Before the Committee on Banking, Housing and Urban Affairs, United States Senate, U.S. Government Printing Office: Washington 1987

Porter, Roger: *Presidential Decision Making*, Cambridge University Press: New York 1980

Rand, Ayn, *The Fountainhead*, Bobbs-Merrill: Indianapolis 1943. Dt.: *Der Ursprung*, Hamburg: GEWIS 2000.

Rand, Ayn, *Atlas Shrugged*, Random House: New York 1957 Dt.: *Wer ist John Galt?*, Hamburg: GEWIS 1997.

Rand, Ayn, *Capitalism: the Unknown Ideal*, Signet: New York 1967. Dt.: *Kapitalismus: das unbekannte Ideal*, Berlin: Kopp o.J.

Schieber, Sylvester & John Shoven, *The Real Deal: the History and Future of Social Security*, Tale University Press: New Haven, Connecticut 1999

Schoenebaum, Eleanora, Political Profiles: *The Nixon/Ford Years*, Facts on File: New York 1979

Sciabarra, Chris Matthew, *Ayn Rand: Her Life and Thought*, The Atlas Society

Sicilia, David & Jeffrey Cruikshank, *The Greenspan Effect*, McGraw-Hill: New York 2000. Dt.: *Alan Greenspan: die Macht der Worte*, Rosenheim: TM-Börsenverl., Frankfurt/Main: Frankfurter Allgemeine Zeitung Verl.-Bereich Buch 2000.

Simon, George, *The Big Bands*, Macmillan: New York 1967

Wells, Wyatt, *Economist in an Uncertain World: Arthur F. Burns and the Federal Reserve, 1970-1978*, Columbia University Press: New York 1994

Woodward, Bob, *The Agenda*, Simon & Schuster: New York 1994

NACHWEISE
(nach Seitenzahl)

13 »Mit solchen Mätzchen …« Michael Lewis, *Wall-Street-Poker: Die au-*
thentische Story eines Salomon-Brokers, Düsseldorf, Wien: Econ 1992

14 »Im Handumdrehen …« *Los Angeles Times,* 17. Dezember 1998

14 »Meriwether und Mullins …« Peter Bakstansky, New York Fed, im Gespräch mit dem Autor, 21. April 2000

14 »Am 23. September 1998 …« Ebd.

15 »Die Fed ergriff am 29. September …« *Washington Post,* 22. Dezember
1998

15 »Die Zinssenkung wurde …« *New York Times,* 16. Oktober 1998

15 »Die Fed veröffentlichte …« *Washington Post,* 18. November 1998

15 »Inzwischen verabschiedete …« *Wall Street Journal,* 26. April 1999

16 »›Greenspan hat uns …‹« William Griggs im Gespräch mit dem
Autor, 23. Februar 2000

Kapitel 1 – Washington Heights

19 »Diese Gegend heißt so…« *Metropolis,* April 1991

19 »Die eigentliche Bebauung …« Ira Katznelson, *City Trenches,* S.76

19 »Das Viertel wurde rasch …« Steven Lowenstein, *Frankfurt on the*
Hudson

19 »In diese aufblühende …« *Who's Who 1999,* S.1737

20 »Sein Vater, Herbert …« Wesley Halpert im Gespräch mit dem Autor,
10. Mai 2000

20 »Alans Mutter Rose …« Wesley Halpert im Gespräch mit dem Autor,
14. Dezember 1999

20 »Die geborene Rose …« Wesley Halpert im Gespräch mit dem Autor,
16. Februar 2000

20 »Als Alan fünf Jahre …« *New York Times Magazine,* 25. April 1976

20 »Rose zog zusammen …« Wesley Halpert im Gespräch mit dem Autor,
14. Dezember 1999

21 »Der kleine Alan …« *New York Times Magazine,* 25. April 1976

21 »Seine Intelligenz diente …« Bill Callejo im Gespräch mit dem Autor,
12. November 1999

22 »›Was immer Alan …‹« Stanford Sanoff im Gespräch mit dem Autor,
10. November 1999

22 »Einer von Greenspans …« Bill Callejo im Gespräch mit dem Autor,
4. Mai 2000

22 »Im Sommer spielten …« Stanford Sanoff im Gespräch mit dem Autor,
10. November 1999

22 »Greenspan entwickelte ein…« *Business Week,* 31. Juli 1989

22 »Im Sommer verbrachte …« Wesley Halpert im Gespräch mit dem Autor,
14. Dezember 1999

23 »Als Alan neun war …« Herbert Greenspan, *Recovery Ahead!*

23 »›Möge diese meine …‹« *New York Times Magazine,* 15. Januar 1989

24 »Die Goldsmiths wie …« Wesley Halpert im Gespräch mit dem Autor,
14. Dezember 1999

24 »›Rose war überaus …‹« Claire Rosen im Gespräch mit dem Autor,
14. Februar 2000

24 »Und dann gab es …« Wesley Halpert im Gespräch mit dem Autor,
16. Februar 2000

24 »Mitte der dreißiger …« Bill Callejo im Gespräch mit dem Autor, 12. November 1999

25 »Man steckte ihn …« Leila Kollmar im Gespräch mit dem Autor, 1. Mai 2000

25 »Im Klassenzimmer saß …« Bill Callejo im Gespräch mit dem Autor, 12. November 1999

26 »Während seiner Jahre …« Leila Kollmar im Gespräch mit dem Autor, 1. Mai 2000

26 »›Alle in der Klasse …‹« Bill Callejo im Gespräch mit dem Autor, 12. November 1999

26 »›…schon in diesem Alter …‹« Stanford Sanoff im Gespräch mit dem Autor, 10. November 1999

26 »Eine Möglichkeit …« Wesley Halpert im Gespräch mit dem Autor, 14. Dezember 1999

27 »Von Herbst 1940 …« Nomination of Alan Greenspan: Hearing Before the Committee on Banking, Housing, and Urban Affairs, United States Senate, 21. Juli 1987, S.69

27 »Angehörige der Kriegsmarine …« Bill Gononsky, Lehrer für Naturwissenschaften an der George Washington High School, im Gespräch mit dem Autor, 22. Februar 2000

28 »Zwischen 1933 und …« Northern California Jewish Bulletin, 13. Januar 1988

28 »1938 war unter ihnen …« Marvin Kalb/ Bernhard Kalb, Kissinger, Frankfurt/Main, Berlin, Wien: Ullstein 1974

28 »Tagsüber arbeitete er …« New York Times, 19. Oktober 1999

28 »Trotz eines mörderischen …« Marvin Kalb/ Bernhard Kalb, Kissinger, Frankfurt/Main, Berlin, Wien: Ullstein 1974

28 »Zu seinen Lieblingsfächern …« Lee Hilton im Gespräch mit dem Autor, 1. Mai 2000

28 »Er war Klassensprecher …« Jahrbuch der George Washington High School, 1943

28 »Die George Washington High …« Warner Soelling, George Washington High School-Abschlußklasse von 1943, im Gespräch mit dem Autor, 22. Februar 2000

28 »Greenspan spielte Klarinette …« Lee Hilton im Gespräch mit dem Autor, 1. Mai 2000

29 »Wie zu erwarten …« Stanford Sanoff im Gespräch mit dem Autor, 28. April 2000

29 »Der Teenager Greenspan …« Wesley Halpert im Gespräch mit dem Autor, 14. Dezember 1999

30 »Sheiner spielte mehrere …« Ron Naroff im Gespräch mit dem Autor, 27. März 2000

31 »Bei Sheiner lernten sich …« Bob Getz im Gespräch mit dem Autor, 18. April 2000

31 »Er schloss die George …« Walter Scally, George Washington High School-Abschlußklasse von 1943, im Gespräch mit dem Autor, 1. Mai 2000

33 »Man stellte ihm …« *Institute of Musical Art*, Katalog 1942-43, mit freundlicher Genehmigung des Juilliard-Archivs

34 »Es gelang Greenspan …« Öffentlich einsehbarer Teil der Schulunterlagen, mit freundlicher Genehmigung des Juilliard-Archivs

34 »Klavier, Chor, Musiktheorie …« Ebd.

34 »Christmann, ein penibler …« Siehe Christmanns Lebenslauf, mit freundlicher Genehmigung des Juilliard-Archivs

34 »Die Schulzeitung jener …« *IMA News*-Ausgaben aus Greenspans Zeit an der Schule, 1943-44, mit freundlicher Genehmigung des Juilliard-Archivs

34 »Jahre später stellte …« Mit freundlicher Genehmigung des Juilliard-Archivs

35 »Dem Kursverzeichnis zufolge …« *Institute of Musical Art*, Katalog 1942-43, mit freundlicher Genehmigung des Juilliard-Archivs

35 »Als Greenspan in Nola's …« Leonard Garment im Gespräch mit dem Autor, 25. September 1999

35 »Jerome bot ihm …« *A&E Biography* »Alan Greenspan«, gesendet am 13. Dezember 1999

35 »…Greenspan akzeptierte …« Öffentlich einsehbarer Teil der Schulunterlagen, mit freundlicher Genehmigung des Juilliard-Archivs

35 »›Alan war gut …‹« Henry Jerome im Gespräch mit dem Autor, 29. September 1999

36 »›Er war als Musiker …‹« Leonard Garment im Gespräch mit dem Autor, 25. September 1999

36 »Jerome hatte seine …« Ira Gitler, *Swing to Bop*, S.202

36 »Auch er hat …« Henry Jerome im Gespräch mit dem Autor, 29. September 1999

36 »Geborener New Yorker …« Leonard Garment, *Crazy Rhythm*, S.4

36 »Greenspan und Garment …« Ebd., S.10

36 »Nach ihrer Ankunft …« Ebd., S.20

37 »Henry Jeromes umherreisendes …« Leonard Garment im Gespräch mit dem Autor, 25. September 1999

37 »Seine Band war gut …« George Simon, *The Big Bands*, S.471

37 »Ihm gefiel die Musik …« Henry Jerome im Gespräch mit dem Autor, 28. April 2000

38 »Unter den Swingbands …« George Simon im Gespräch mit dem Autor, 21. September 1999

38 »Paare mittleren Alters…« Leonard Garment im Gespräch mit dem Autor, 25. September 1999

38 »Auch Henry Jerome …« Ira Gitler, *Swing to Bop*, S.204

38 »*Nice people, hello* …« Text entnommen dem Album *Hello Nice People* von Henry Jerome & His Orchestra, erschienen auf dem Roulette-Label, Katalog-Nr. 25056

38 »Greenspan bereiste …« Henry Jerome im Gespräch mit dem Autor, 29. September 1999

38 »Lieber als nur …« Henry Jerome im Gespräch mit dem Autor; Leonard Garment, *Crazy Rhythm*, S.27

39 »Sie genossen das …« Leonard Garment im Gespräch mit dem Autor, 28. April 2000

39 »Besonders gefiel es …« Henry Jerome im Gespräch mit dem Autor,
    28. April 2000
39 »›Es ist ein altes …‹« Henry Jerome im Gespräch mit dem Autor,
    29. September 1999
39 »Wie den Swing …« Ira Gitler, *Swing to Bop*, S.3
39 »Der Bebop erhöhte …« Martin Johnson, Musikkritiker, im Gespräch mit
    dem Autor, 21. September 1999
40 »Wirklich schwierig …« Leonard Garment im Gespräch mit dem Autor,
    28. April 2000
40 »Es war vor allem …« Leonard Garment im Gespräch mit dem Autor,
    25. September 1999
40 »›Schau, was da passiert …‹« Henry Jerome im Gespräch mit dem Autor,
    29. September 1999
41 »Greenspan hatte bei …« Leonard Garment im Gespräch mit dem Autor,
    25. September 1999
41 »Jerome verzichtete künftig …« Ira Gitler, *Swing to Bop*, S.204
41 »Die neue Band …« Leonard Garment, *Crazy Rhythm*, S.37
41 »Ein weiterer Neuzugang …« Johnny Mandel im Gespräch mit dem Autor,
    1. Oktober 1999
41 »Einigermaßen schwierig …« Henry Jerome im Gespräch mit dem Autor,
    29. September 1999
41 »Der einzige Gig …« Leonard Garment, *Crazy Rhythm*, S.36
42 »Die Auftritte im Child's …« Henry Jerome im Gespräch mit dem Autor,
    29. September 1999
42 »›Alle kamen, um …‹« Johnny Mandel im Gespräch mit dem Autor,
    1. Oktober 1999
42 »So sei eines Abends …« Ebd.
42 »›Wir mussten sie …‹« Leonard Garment im Gespräch mit dem Autor,
    25. September 1999
43 »Während der Pausen …« Leonard Garment, *Crazy Rhythm*, S.37
43 »›Alan war nur noch …‹« Johnny Mandel im Gespräch mit dem Autor,
    1. Oktober 1999
43 »Von Garment, mit …« Leonard Garment im Gespräch mit dem Autor,
    25. September 1999
44 »Technocracy war der …« Harry Elsner, *The Technocrats* und *American
    History Illustrated*, März 1983
44 »›Er und Greenspan …‹« Jackie Eagle im Gespräch mit dem Autor,
    28. April 2000
44 »Im Jahr 1945 …« Bill Callejo im Gespräch mit dem Autor, 12. November
    1999
45 »Der Streik hatte …« Don Kennedy, Swing-Musik-Experte und landesweit
    ausgestrahlter Radiomoderator, im Gespräch mit dem Autor, 24. Septem-
    ber 1999
46 »Henry Jerome and His …« E. P. DiGiannantonio, Experte für V-Disks, im
    Interview mit dem Autor, 24. September 1999
46 »Greenspan ist auch …« Henry Jerome im Gespräch mit dem Autor,
    29. September 1999
46 »Jahre später, als …« Mit freundlicher Genehmigung des Institute of Jazz
    Studies an der Rutgers University

46 »1945 beendete Jerome ...« Henry Jerome im Gespräch mit dem Autor,
    29. September 1999
46 »Dennoch, die Band ...« Loren Schoenberg im Gespräch mit dem Autor,
    21. September 1999
47 »Jerome selbst wandte...« Henry Jerome im Gespräch mit dem Autor,
    29. September 1999
47 »Greenspan blieb nicht ...« Jackie Eagle im Gespräch mit dem Autor,
    28. April 2000
47 »Das Spielen in ...« Leonard Garment im Gespräch mit dem Autor,
    25. September 1999
47 »›Ich war ein ziemlich ...‹« Steven Beckner, *Back from the Brink*, S.11

Kapitel 3 – Zu neuen Horizonten
49 »...dann war die NYU ...« *NYU.edu*
49 »Als Greenspan an der ...« Kenneth Cohen, NYU-Abschlußklasse von ›48,
    im Gespräch mit dem Autor, 22. September 1999
49 »...ihre Absolventen spezialisierten ...« Commerce Violet-Jahrbuch, 1948
50 »Der Unterricht fand ...« Robert Kavesh im Gespräch mit dem Autor,
    30. September 1999
50 »Da war zum Beispiel Walter Spahr...« Ebd.
50 »Also las er auch Bücher...« Ebd.
50 »Keynes war damals ...« *Bizednet.com*, Keynes-Biographie
51 »›Ich erinnere mich ...‹« Robert Kavesh im Gespräch mit dem Autor,
    30. September 1999
52 »›Greenspan war wirklich ...‹« Betty Schwimer im Gespräch mit dem
    Autor, 24. September 1999
52 »Ein weiterer Lehrer ...« Ernest Kurnow im Gespräch mit dem Autor,
    11. Oktober 1999
52 »...als berüchtigt schlechter Dozent ...« Aus dem Gespräch mit einer
    Quelle
53 »Moores ›Future Inflation ...‹« Geoffrey Moore in Erwiderung auf eine
    schriftliche Anfrage des Autors, mit freundlicher Genehmigung seines
    Mitarbeiters Anirvan Banerji
53 »Eines der Lehrbücher ...« Ebd.
53 »Mitchell war einer ...« Wyatt Wells, *Economist in an Uncertain World*,
    S.2
53 »›Er verfügte über ...‹« Ernest Kurnow im Gespräch mit dem Autor,
    11. Oktober 1999
53 »Wie damals an ...« Commerce Violet-Jahrbuch, 1948
54 »Daneben war Greenspan ...« Commerce Violet-Jahrbuch, 1947
54 »Er wurde sogar ...« *The International Economy*, Januar/Februar 2000
54 »Mit Ausnahme von ...« *New York Times Magazine*, 15. Januar 1989
54 »Nicht zuletzt Wesley ...« Milton Friedman im Gespräch mit dem Autor,
    11. Oktober 1999
54 »Sein Buch *Business Cycles* ...« Milton und Rose Friedman, *Two Lucky
    People*, S.68
55 »So wurde Mitchell 1920 ...« Wyatt Wells, *Economist in an Uncertain
    World*, S.2

55 »Zu diesem Zeitpunkt ...« Ebd., S.4
55 »Nach seiner Promotion ...« Ebd., S.6
55 »Später kehrte Burns ...« Ebd., S.5
55 »Burns und sein Mentor ...« Ebd., S.7
56 »Burns war einer ...« Wyatt Wells im Gespräch mit dem Autor, 20. Oktober 1999
56 »Die Art, in der ...« Milton und Rose Friedman, *Two Lucky People*, S.233
56 »Dass Burns und Keynes ...« Wyatt Wells im Gespräch mit dem Autor, 20. Oktober 1999
56 »Greenspan besuchte ...« Judith Mackey im Gespräch mit dem Autor, 28. Januar 2000
58 »Größtmögliche Präzision ...« Milton Friedman im Gespräch mit dem Autor, 11. Oktober 1999
58 »Er hatte den Ruf ...« Robert Lipsey, National Bureau of Economic Research, im Gespräch mit dem Autor, 25. Oktober 1999
58 »Zu den wenigen Studenten ...« Milton Friedman im Gespräch mit dem Autor, 11. Oktober 1999
58 »›Burns hatte eindeutig ...‹« Judith Mackey im Gespräch mit dem Autor, 28. Januar 2000
58 »1952 traf er ...« Joan Mitchell Blumenthal im Gespräch mit dem Autor, 8. November 1999
60 »Mitchell war mit einem ...« Joan Mitchell Blumenthal im Gespräch mit dem Autor, 15. Mai 2000
60 »›Es war interessant ...‹« Joan Mitchell Blumenthal im Gespräch mit dem Autor, 8. November 1999
60 »Im Vorfeld gab es ...« Wesley Halpert im Gespräch mit dem Autor, 14. Dezember 1999
60 »Schließlich wurde auch er ...« Joan Mitchell Blumenthal im Gespräch mit dem Autor, 15. Mai 2000
60 »Das junge Paar ...« Joan Mitchell Blumenthal im Gespräch mit dem Autor, 8. November 1999
61 »Greenspan hatte einen Job...« Nominations of Philip A. Loomis, Jr. and Alan Greenspan, Hearing Before the Committee on Banking, Housing and Urban Affairs, United States Senate, 8. August 1974, S.54
61 »Greenspan verdiente nicht ...« *Worth*, Mai 1995
61 »Das Conference Board ...« Veröffentlichung des Conference Board mit dem Titel *In the Beginning...*
62 »Greenspan arbeitete gerne ...« Joan Mitchell Blumenthal im Gespräch mit dem Autor, 8. November 1999
62 »Zu seinen Aufgaben ...« M. Kathryn Eickhoff im Gespräch mit dem Autor, 28. Dezember 1999
62 »Er lieh sich ...« Randy Poe, Kommunikations-Direktor des Conference Board, im Gespräch mit dem Autor, 29. September 1999
62 »...besonders Al Sommers ...« Lucie Blau, Conference Board-Mitglied, im Gespräch mit dem Autor, 29. September 1999
62 »Sommers hatte liberale ...« *Across the Board*, April 1994
62 »...mit dem legendären Sandy Parker ...« M. Kathryn Eickhoff im Gespräch mit dem Autor, 28. Dezember 1999
62 »Er machte Wirtschaftsprognosen ...« *Fortune*, 7. April 1980
62 »Parker gewöhnte sich ...« *Fortune*, 9. Februar 1981

62 »»Parker hatte ein voll …‹« M. Kathryn Eickhoff im Gespräch mit dem Autor, 28. Dezember 1999

63 »Greenspan vergrub sich …« Joan Mitchell Blumenthal im Gespräch mit dem Autor, 8. November 1999

63 »Während dieser Zeit …« Ebd.

Kapitel 4 – Ayn Rand und das Kollektiv

66 »…Alisa Zinowiewna Rosenbaum …« Mit freundlicher Genehmigung von Jeff Britting, Archivar am Ayn Rand Institute

66 »Als kleines Kind …« Barbara Branden, *The Passion of Ayn Rand*, S.6

66 »In der Schule …« Chris Matthew Sciabarra, *Ayn Rand: Her Life and Thought*, S.6

66 »Ihre Mutter machte ihr …« Ebd., S.7

66 »Ein Eintrag lautet …« Barbara Branden, *The Passion of Ayn Rand*, S.35

66 »Zinowy Rosenbaums Apotheke …« Chris Matthew Sciabarra, *Ayn Rand: Her Life and Thought*, S.8

67 »Einmal war Alisa …« Barbara Branden, *The Passion of Ayn Rand*, S.44

67 »Wann immer sie …« Ebd., S.50

67 »1921 schrieb sich …« Mit freundlicher Genehmigung von Jeff Britting, Archivar am Ayn Rand Institute

67 »Zwei Jahre später …« Barbara Branden, *The Passion of Ayn Rand*, S.50

67 »›Ich wusste, dass …‹« *Saturday Evening Post*, 11. November 1961

67 »Im Jahr 1925 …« Barbara Branden, *The Passion of Ayn Rand*, S.59

68 »Kurz nach ihrer …« Mit freundlicher Genehmigung von Jeff Britting, Archivar am Ayn Rand Institute

68 »›Rand‹ war einfach …« Nathaniel Branden im Gespräch mit dem Autor, 19. Mai 2000

68 »Sie trieb ihre …« Barbara Branden, *The Passion of Ayn Rand*, S.70

68 »Rands Cousine Sarah …« Mit freundlicher Genehmigung von Jeff Britting, Archivar am Ayn Rand Institute

68 »Sie wohnte im …« Barbara Branden, *The Passion of Ayn Rand*, S.74

68 »Sie fand eine Stelle …« Mit freundlicher Genehmigung von Jeff Britting, Archivar am Ayn Rand Institute

68 »… eines davon, *RedPawn* …« Barbara Branden, *The Passion of Ayn Rand*, S.105

68 »Universal interessierte sich …« Ebd., S.107

68 »In dieser Zeit …« Chris Matthew Sciabarra, *Ayn Rand: Her Life and Thought*, S.9

69 »…aber Al Woods …« Barbara Branden, *The Passion of Ayn Rand*, S.121

69 »Es wurde ein …« Ebd., S.124

69 »In den dreißiger Jahren…« Ebd., S.127

69 »…auf dem Höhepunkt …« Ebd., S.125

69 »Rand reichte das Buch …« *AynRand.com*

69 »…bis schließlich Bobbs-Merrill …« Barbara Branden, *The Passion of Ayn Rand*, S.170-171

69 »Zu den leidenschaftlichsten …« *Life*, 7. April 1967

69 »Blumenthal hatte *Der* …« *Saturday Evening Post*, 11. November 1961

70 »»Nathan war das …‹« Ebd.

70 »Bald schon begannen ...« Barbara Branden im Gespräch mit dem Autor, 12. Oktober 1999

70 »Ein weiterer Namenswechsel ...« Nathaniel Branden im Gespräch mit dem Autor, 19. Mai 2000

70 »Er umfasste nun ...« Barbara Branden, *The Passion of Ayn Rand*, S.254

70 »Er hatte *Der ewige Quell* gerne ...« Joan Mitchell Blumenthal im Gespräch mit dem Autor, 8. November 1999

71 »Sie sah in ihm ...« Nathaniel Branden, *My Years with Ayn Rand*, S.113

71 »Durch sie lernte ...« Joan Mitchell Blumenthal im Gespräch mit dem Autor, 8. November 1999

71 »Über einige Monate ...« Nathaniel Branden im Gespräch mit dem Autor, 18. Oktober 1999

71 »Er hatte bereits ...« Ebd.

71 »›Ich glaube, dass ...‹« Ebd.

72 »Ayn Rand erkundigte ...« Nathaniel Branden, *My Years with Ayn Rand*, S.113

72 »›Ich hielt Greenspan ...‹« Nathaniel Branden im Gespräch mit dem Autor, 18. Oktober 1999

72 »Ein paar Jahre später ...« Barbara Branden, *The Passion of Ayn Rand*, S.255

72 »Das Kollektiv traf sich ...« Fred Cookinham, Ayn Rand Walking Tour-Guide, im Gespräch mit dem Autor, 22. Oktober 1999

72 »Es war eine Vierzimmerwohnung ...« Robert Hessen im Gespräch mit dem Autor, 29. Oktober 1999

74 »...die sich selbst als ...« Ayn Rand, *Kapitalismus: das unbekannte Ideal*, Berlin: Kopp.

74 »Es birgt einige Ironie ...« Nathaniel Branden, *My Years with Ayn Rand*, S.160

75 »Sie geben jegliche ...« Harry Binwanger, *The Ayn Rand Lexicon*, S.531

75 »Oder sie bedachte ...« *Saturday Evening Post*, 11. November 1961

75 »›Alan war vollkommen ...‹« Nathaniel Branden im Gespräch mit dem Autor, 18. Oktober 1999

76 »Besonders beeindruckt ...« Barbara Branden im Gespräch mit dem Autor, 12. Oktober 1999

76 »Noch als über Siebzigjährige ...« Mit freundlicher Genehmigung von Jeff Britting, Archivar am Ayn Rand Institute

76 »Rand hatte einen ausgesprochen idiosynkratischen ...« Ebd.

76 »›Alan liebt Mozart ...‹« Barbara Branden im Gespräch mit dem Autor, 12. Oktober 1999

77 »Sie war auch angetan ...« Jeff Walker, *The Ayn Rand Cult*, S.204

77 »Tatsächlich wandte sie ...« Kathryn Eickhoff im Gespräch mit dem Autor, 29. Dezember 1999

77 »Am Ende sollte Greenspan ...« Nathaniel Branden, *My Years with Ayn Rand*, S.159

78 »Was Ayn Rands Ehemann ...« *The Passion of Ayn Rand* (Showtime-Film)

78 »Eines ist sicher ...« Robert Hessen im Gespräch mit dem Autor, 29. Oktober 1999

78 »Die Erfahrung mit ...« Robert Kavesh im Gespräch mit dem Autor, 30. September 1999

78 »*Wer ist John Galt* wurde …« Barbara Branden, *The Passion of Ayn Rand*, S.218

79 »›Alan war begeistert …‹« Barbara Branden im Gespräch mit dem Autor, 12. Oktober 1999

80 »Rands Lektor bei …« Barbara Branden, *The Passion of Ayn Rand*, S.292

80 »Also wurde *Wer ist* …« *Saturday Evening Post*, 11. November 1961

80 »Die Kritiken waren …« Ebd.

80 »Das Buch ist in keiner Hinsicht…« *New York Times*, 13. Oktober 1957

80 »Das Kollektiv sammelte …« Barbara Branden im Gespräch mit dem Autor, 12. Oktober 1999

80 »An den Herausgeber: …« *New York Times*, 3. November 1957

81 »1958 rief er das …« Nathaniel Branden, *My Years with Ayn Rand*, S.205

81 »Branden startete mit …« Barbara Branden, *The Passion of Ayn Rand*, S.306

81 »Die Reihe wurde …« Jerome Tuccille, *It Usually Begins with Ayn Rand*, S.10-11

81 »›Wie zerstörerisch ist …‹« *Saturday Evening Post*, 11. November 1961

81 »›Warum Menschen nicht …‹« Nathaniel Branden, *My Years with Ayn Rand*, S.253

81 »Dieser hielt einen …« R. W. Bradford, Herausgeber der Zeitschrift *Liberty*, im Gespräch mit dem Autor, 20. Oktober 1999

82 »›Ich erinnere mich …‹« Barbara Branden im Gespräch mit dem Autor, 12. Oktober 1999

82 »Auch John Hospers …« John Hospers im Gespräch mit dem Autor, 12. Oktober 1999

82 »Als die Reihe beliebter …« Chris Matthew Sciabarra, *Ayn Rand: Her Life and Thought*, S.18

82 »1965 wurden solche …« Barbara Branden, *The Passion of Ayn Rand*, S.313

82 »1967 zog es …« *Lingua Franca*, September 1999

82 »Als nächstes versuchten …« Nathaniel Branden, *My Years with Ayn Rand*, S.255

83 »In einem davon …« Ayn Rand, *Kapitalismus: das unbekannte Ideal*; Berlin: Kopp.

83 »…in einem anderen …« Ebd.

83 »Sein vielleicht aufwieglerischster …« Ebd.

83 »Der *Playboy* machte …« Barbara Branden, *The Passion of Ayn Rand*, S.319

84 »Und darüber hinaus …« Ebd., S.325

84 »Für gewöhnlich trug sie…« *Time*, 29. Februar 1960

84 »Diese Räume liebte Greenspan …« Kathryn Eickhoff im Gespräch mit dem Autor, 29. Dezember 1999

84 »Es gab auch zwei …« Ebd.

84 »Eugene Schwartz, ebenfalls …« Das Zitat wurde einem Brief von Eugene Schwartz an den Autor entnommen (vom 3. Mai 2000)

84 »Rand erschien zunehmend …« Barbara Branden im Gespräch mit dem Autor, 12. Oktober 1999

85 »Neue Begriffe wurden …« Barbara Branden, *The Passion of Ayn Rand*, S.269 und S.275

85 »Es gelang Greenspan ...« Nathaniel Branden im Gespräch mit dem Autor, 18. Oktober 1999

85 »›Alan distanzierte sich ...‹« Barbara Branden im Gespräch mit dem Autor, 12. Oktober 1999

85 »Das erklärte sie ...« *The Objectivist*, Mai 1968

86 »Die Unterzeichner ...« Ebd.

86 »In späteren Jahren ...« Barbara Branden im Gespräch mit dem Autor, 12. Oktober 1999

86 »Hunderte besorgter und ...« Barbara Branden, *The Passion of Ayn Rand*, S.350

86 »Und so gut wie ...« Barbara Branden im Gespräch mit dem Autor, 12. Oktober 1999

86 »Peikoff stellte sich ...« Barbara Branden, *The Passion of Ayn Rand*, S.352

86 »Nathaniel Branden und sein ...« Joan Mitchell Blumenthal im Gespräch mit dem Autor, 15. Mai 2000

87 »Rands beißende Angriffe ...« Barbara Branden, *The Passion of Ayn Rand*, S.385

87 »Frank O'Connor, Rands ...« *The Passion of Ayn Rand* (Showtime-Film)

87 »Auch Leonard Peikoff ...« R. W. Bradford im Gespräch mit dem Autor, 20. Oktober 1999

87 »Auch Greenspan ließ ...« Barbara Branden im Gespräch mit dem Autor, 12. Oktober 1999

Kapitel 5 – Townsend-Greenspan

91 »Damit hatte er 1953 ...« Judith Mackey im Gespräch mit dem Autor, 28. Januar 2000

91 »Dort hatte sich Greenspan ...« Bess Kaplan im Gespräch mit dem Autor, 15. Februar 2000

91 »Er lieferte ihnen ...« Judith Mackey im Gespräch mit dem Autor, 28. Januar 2000

91 »Greenspan wollte unbedingt ...« Nathaniel Branden im Gespräch mit dem Autor, 18. Oktober 1999

92 »In der damals ...« Kathryn Eickhoff im Gespräch mit dem Autor, 29. Dezember 1999

92 »Unter ihnen befand ...« *New York Times Magazine*, 15. Januar 1989

92 »Greenspan tadelte sich ...« Nathaniel Branden im Gespräch mit dem Autor, 18. Oktober 1999

92 »Darüber hinaus hatte ...« *New York Times Magazine*, 15. Januar 1989

92 »Durch einen Glücksfall ...« Judith Mackey im Gespräch mit dem Autor, 28. Januar 2000

93 »Townsend sollte bei ...« Ebd.

93 »Townsend war fünfundsechzig ...« *New York Times*, 25. März 1958

93 »Townsend-Skinner war ...« Lowell Wiltbank im Gespräch mit dem Autor, 8. November 1999

93 »Die Haupttätigkeit des ...« Judith Mackey im Gespräch mit dem Autor, 28. Januar 2000

93 »Skinner starb Mitte der vierziger...« Kathryn Eickhoff im Gespräch mit dem Autor, 29. Dezember 1999

94 »Seine Tochter – ebenfalls ...« Judith Mackey im Gespräch mit dem Autor, 28. Januar 2000

94 »Der muntere, liebenswerte ...« Bess Kaplan im Gespräch mit dem Autor, 15. Februar 2000

95 »Er kam hinter Regierungsinformationen ...« Kathryn Eickhoff im Gespräch mit dem Autor, 29. Dezember 1999

95 »Bob Kavesh, Greenspans ...« Robert Kavesh im Gespräch mit dem Autor, 30. September 1999

95 »Von Sandy Parker ...« Kathryn Eickhoff im Gespräch mit dem Autor, 29. Dezember 1999

96 »Er erinnert sich daran ...« Lowell Wiltbank im Gespräch mit dem Autor, 8. November 1999

96 »›Ich empfinde dieselbe ...‹« New York Times Magazine, 25. April 1976

97 »...Verkaufszahlen für Kartonagen ...« David Rowe im Gespräch mit dem Autor, 20. Oktober 1999

97 »...die ihnen helfen sollten ...« Judith Mackey im Gespräch mit dem Autor, 28. Januar 2000

97 »Eine der meist ...« Kathryn Eickhoff im Gespräch mit dem Autor, 29. Dezember 1999

97 »Ende der fünfziger ...« Klientennamen sind Interviews mit verschiedenen Townsend-Greenspan-Angestellten entnommen

98 »Er hatte schon an ...« Robert Kavesh im Gespräch mit dem Autor, 30. September 1999

98 »1958 starb William ...« New York Times, 25. März 1958

98 »Greenspan, erst 32 ...« Judith Mackey im Gespräch mit dem Autor, 28. Januar 2000

98 »Bald machte sich Greenspan daran ...« Kathryn Eickhoff im Gespräch mit dem Autor, 29. Dezember   1999

99 »Larry Klein von ...« Larry Klein im Gespräch mit dem Autor, 21. April 2000

99 »Greenspan – der Wirtschaftsanatom ...« Kathryn Eickhoff im Gespräch mit dem Autor, 29. Dezember 1999

99 »Um im Trend ...« Lowell Wiltbank im Gespräch mit dem Autor, 8. November 1999

100 »›Alan glaubte einfach ...‹« Kathryn Eickhoff im Gespräch mit dem Autor, 29. Dezember 1999

101 »Als Kathryn Eickhoff ...« Jim Smith im Gespräch mit dem Autor, 29. Dezember 1999

101 »Auch seiner Exfrau ...« Joan Mitchell Blumenthal im Gespräch mit dem Autor, 8. November 1999

101 »Blumenthal war kurze ...« Barbara Branden, The Passion of Ayn Rand, S.254

102 »Wir freundeten uns ...« Allan Blumenthal im Gespräch mit dem Autor, 8. November 1999

102 »›Jeder Volkswirtschaftler ...‹« Das Zitat wurde einem Brief von Eugene Schwartz an den Autor entnommen (datiert 3. Mai 2000)

103 »Aber er vertraute Joan...« Joan Mitchell Blumenthal im Gespräch mit dem Autor, 8. November 1999

103 »Die andere Frau ...« Robert Hessen im Gespräch mit dem Autor, 29. Oktober 1999

Kapitel 6 – Im Team Nixon

112 »Als junger Kongressabgeordneter ...« *US News & World Report*, 18. November 1968

113 »1968 präsentierte er sich...« Allen Matusow, *Nixon's Economy*, S.1

113 »Der dreißigjährige Buchanan ...« Portrait zusammengesetzt aus Angaben verschiedener Quellen, unter anderem *Current Biography*, Jahrbuch 1985

113 »Nixons Medienteam ...« Leonard Garment, *Crazy Rhythm*, S.132

113 »Diesem Team schloss ...« Martin Anderson im Gespräch mit dem Autor, 17. Februar 2000

114 »Greenspan sollte die ...« Martin Anderson im Gespräch mit dem Autor, 30. September 1999

115 »Das Wirtschaftsteam bestand ...« *New York Times*, 3. Juli 1968

115 »›Nixon wollte auf ...‹« Dwight Chapin im Gespräch mit dem Autor, 15. September 1999

115 »Wenn er es für ...« Martin Anderson im Gespräch mit dem Autor, 30. September 1999

115 »Er hatte einen Kopf ...« Ray Price im Gespräch mit dem Autor, 28. September 1999

115 »›Nixon war ausgesprochen begeistert ...‹« Martin Anderson im Gespräch mit dem Autor, 17. Februar 2000

116 »Diesmal hatte Nixon ...« *gi.grolier.com*, »The American Presidency«

116 »Nixon bat Greenspan ...« *Wall Street Journal*, 6. Dezember 1968

117 »Johnsons Haushalt für 1970 ...« *New York Times*, 11. Dezember 1968

117 »Am Ende entschied sich...« Allen Matusow, *Nixon's Economy*, S.40

117 »*Newsweek* beschrieb diese ...« *Newsweek*, 27. Januar 1969

118 »Erst ein volles Jahr...« Allen Matusow, *Nixon's Economy*, S.39-51

118 »Man hatte ihm die Stelle...« *Business Week*, 28. April 1975

118 »Man hatte ihn auch für...« Fred Malek, Chef von Thayer Capital Partners im Gespräch mit dem Autor, 30. September 1999

118 »[Nixon] und ich ...« Erwin Hargrove, *The President and the Council of Economic Advisers*, S.414-415

119 »Er fand Nixons ...« Mit freundlicher Genehmigung der Gerald Ford Library, A. James Reichleys Interviewabschriften, 1977-81, »Economic Policy, Alan Greenspan«

119 »›Das beunruhigt mich ...‹« *Business Week*, 28. April 1975

120 »Burns und Garment ...« Eleanora Schoenebaum, *Political Profiles: The Nixon/Ford Years*, S.223; und Leonard Garment, *Crazy Rhythm*, S.161

120 »Obwohl Greenspan abgelehnt hatte ...« *Who's Who*, 1976-77, S.1238

120 »Die Gegner konnten ...« J. Eric Fredland u.a., *Professionals on the Frontline*, S.45

120 »Während eines Wahlkampfflugs ...« Milton und Rose Friedman, *Two Lucky People*, S.377

120 »Anderson wusste, wenn ...« Martin Anderson im Gespräch mit dem Autor, 30. September 1999

121 »Thomas Gates Jr. ...« *New York Times*, 28. März 1969

121 »Ebenfalls im Lager ...« Milton und Rose Friedman, *Two Lucky People*, S.630

121 »Friedman war in Chicago ...« Eleanora Schoenebaum, *Political Profiles: The Nixon/Ford Years*, S.218

123 »Wenn man Walter Oi ...« Walter Oi im Gespräch mit dem Autor, 28. September 1999

123 »Tatsächlich war das Pentagon ...« *Time*, 10. Januar 1969
124 »›Es ist anzunehmen ...‹« Ebd.
124 »Das Ergebnis war ...« Milton und Rose Friedman, *Two Lucky People*, S.380
125 »Während Friedman den ...« Stephen Herbits im Gespräch mit dem Autor, 22. Februar 2000
126 »Am 20. Februar ...« Milton und Rose Friedman, *Two Lucky People*, S.379
126 »›Ich habe immer noch keinen ...‹« Milton Friedman im Gespräch mit dem Autor, 11. Oktober 1999

Kapitel 7 – Pendel-Diplomatie

127 »Im Sommer 1970 ...« Kathryn Eickhoff im Gespräch mit dem Autor, 29. Dezember 1999
127 »Das Gebäude war ...« *New York Daily News*, 6. August 1970
127 »Kathryn Eickhoff war die erste ...« Kathryn Eickhoff im Gespräch mit dem Autor, 29. Dezember 1999
128 »Inzwischen war das ...« *New York Daily News*, 6. August 1970
128 »Greenspan und Kathryn ...« Kathryn Eickhoff im Gespräch mit dem Autor, 29. Dezember 1999
128 »Zwei Menschen starben ...« *New York Daily News*, 6. August 1970
128 »Was die Büros ...« Kathryn Eickhoff im Gespräch mit dem Autor, 29. Dezember 1999
129 »Seine Position im ...« Bill Franklin im Gespräch mit dem Autor, 27. Oktober 1999
129 »Nehmen wir zum ...« *New York Times*, 24. Februar 1971
130 »Er murmelte etwas ...« *New York Times*, 3. Februar 1971
130 »Bei einer anderen Gelegenheit ...« *New York Times*, 22. Juni 1971
130 »In einem Beitrag ...« *New York Times*, 25. Juli 1971
131 »Der Präsident musste befürchten ...« Allen Matusow, *Nixon's Economy*, S.5
131 »Am 15. August ...« Ebd., S.154-155
131 »Nixon sah darin die einzige Möglichkeit ...« Ebd., S.112 und 157
132 »Als achtundzwanzigjähriger Jurist ...« *Newsweek*, 13. September 1971
132 »Auf die Frage eines ...« *US News & World Report*, 25. November 1968
133 »Nach neunzig Tagen ...« *US News & World Report*, 6. Dezember 1971
133 »Die Finanzämter ließen ...« *US News & World Report*, 31. Januar 1972
133 »So konnten die Signalwarte ...« *US News & World Report*, 13. Dezember 1971
133 »Aber nur ein paar hundert ...« *US News & World Report*, 17. Januar 1972
133 »Fleischhändler verfrachteten ...« Edgar Fiedler im Gespräch mit dem Autor, 24. August 1999
133 »Milton Friedman sah ...« Allen Matusow, *Nixon's Economy*, S. 231
133 »Auch Ayn Rand ...« *Ayn Rand Letter*, 25. Oktober 1971 und 8. November 1971
134 »In der *New York* ...« *New York Times*, 31. Juli 1973
134 »Er gehörte zu einer Gruppe...« C. Jackson Grayson im Gespräch mit dem Autor, 24. September 1999

134 »Greenspan traf sich auch regelmäßig ...« Donald Rumsfeld im Gespräch mit dem Autor, 27. August 1999

134 »Im Juni 1973 ...« Allen Matusow, *Nixon's Economy*, S.231

135 »Im April 1974 ...« Allen Matusow im Gespräch mit dem Autor, 8. Mai 2000

135 »Zu Beginn des Jahres 1974 ...« Eleanora Schoenebaum, *Political Profiles: The Nixon/Ford Years*, S.252

135 »Der CEA war ...« *Whitehouse.gov/WH/EOP/CEA*

137 »So muss Edwin Nourse...« David Munro im Gespräch mit dem Autor, 16. September 1999

137 »Diesen Ärger demonstrierte er ...« Wyatt Wells, *Economist in an Uncertain World*, S.14

137 »Dieser versuchte nun ...« Murray Weidenbaum im Gespräch mit dem Autor, 13. August 1999

137 »Herb Stein war ein gefeierter ...« *New York Times*, 9. September 1999

138 »Die Medien gingen davon aus ...« *New York Times*, 28. Juli 1974

138 »Die Demokraten im Kongress ...« *Time*, 29. Juli 1974

138 »Im Frühjahr 1974 ...« *New York Times*, 28. Juli 1974

138 »Er würde damit ein Einkommen ...« *Newsweek*, 24. Februar 1975

138 »Das eigene Unternehmen ...« *NYU Alumni News*, Oktober 1974

138 »... – eine alles andere als erfreuliche ...« Robert Kavesh im Gespräch mit dem Autor, 30. September 1999

138 »Auch Kenneth Rush ...« *New York Times*, 24. Juli 1974

138 »Nixons Stabschef ...« Erwin Hargrove, *The President and the Council of Economic Advisers*, S.414

139 »Ein Mann wie ...« Ebd.

139 »Ich habe es mir ...‹« *New York Times*, 24. Juli 1974

139 »Was hier auf ...‹« *Time*, 4. August 1974

139 »Ein paar FBI-Agenten ...« Joan Mitchell Blumenthal im Gespräch mit dem Autor, 8. November 1999

140 »Am 8. August 1974 ...« Nominations of Philip A. Loomis, Jr. and Alan Greenspan, Hearing Before the Committee on Banking, Housing and Urban Affairs, United States Senate, 8. August 1974

141 »Selbst wenn man ...‹« Howard Shuman im Gespräch mit dem Autor, 9. September 1999

141 »An diesem Tag ...« Nominations of Philip A. Loomis, Jr. and Alan Greenspan, Hearing Before the Committee on Banking, Housing and Urban Affairs, United States Senate, 8. August 1974, S.11

141 »An diesem Punkt unterbrach ...« Ebd., S.12

141 »Immerhin bestünde ...« Ebd., S.15

142 »Nun, ich danke ...« Ebd., S.52

Kapitel 8 – »Whip Inflation Now«

143 »Ford, dreizehn Jahre ...« Biographische Skizze Fords, mit freundlicher Genehmigung der Gerald Ford Library

144 »Eine weitere Station ...« Eleanora Schoenebaum, *Political Profiles: The Nixon/Ford Years*, S.207

145 »Einer seiner Lieblingssätze ...« Biographische Skizze Fords, mit freundlicher Genehmigung der Gerald Ford Library

145 »Acht Monate später ...« Eleanora Schoenebaum, *Political Profiles: The Nixon/Ford Years*, S.208

145 »Bei seiner Vereidigung ...« *grolier.com/presidents/nbk/bios/*

145 »Der Dow Jones Industrial ...« *US News & World Report*, 26. August 1974

145 »...des Weiteren das Ölembargo der OPEC ...« *Newsweek*, 30. September 1974

147 »Nun hatten wir ...« Donald Rumsfeld im Gespräch mit dem Autor, 27. August 1999

147 »Auch der alte ...« Eleanora Schoenebaum, *Political Profiles: The Nixon/Ford Years*, S.224

148 »Am 13. August 1974 ...« *New Republic*, 14. September 1974

148 »›Ich halte es ...‹« Mit freundlicher Genehmigung der Gerald Ford Library, Alan Greenspans Akten, Box 29, »General Correspondence, 1974 (S)(2)«

148 »Greenspan legte die ...« Mit freundlicher Genehmigung der Gerald Ford Library, Alan Greenspans Akten, Box 19, »AG-1976«

148 »Seinen 99-prozentigen Anteil an ...« *Current Biography*, 1974, S.155

148 »Er entschied sich ...« Harry Winston, Obergeschäftsführer des Watergate-Komplexes um 1974, im Gespräch mit dem Autor, 27. Oktober 1999

149 »Der Mietvertrag sah ...« *New York Times*, 22. August 1976

149 »Es folgte eine kurze ...« Mit freundlicher Genehmigung der Gerald Ford Library, Robert Orbens Akten, Box 2, »9/4/74, Swearing in Greenspan«

150 »›Ich bin sehr stolz auf Alan ...‹« *Time*, 30. September 1974

151 »Typisch dafür ist die folgende Bemerkung ...« *Newsweek*, 24. Februar 1975

151 »›Ich bin Philosophin ...‹« *Time*, 30. September 1974

151 »Greenspan zog in ...« *New York Times Magazine*, 25. April 1976

152 »In Ungarn zum Beispiel...« Steven Landsburg, University of Rochester, im Gespräch mit dem Autor, 14. September 1999

153 »›Wenn die Inflation ...‹« Eleanora Schoenebaum, *Political Profiles: The Nixon/Ford Years*, S.252

153 »Ford, immer schon zutiefst konservativ...« Ebd., S.209

153 »Da wurde eine Unzahl...« *New York Times Magazine*, 22. September 1974

153 »Beim Gesundheits-, Bildungs- ...« Mit freundlicher Genehmigung der Gerald Ford Library, L. William Seidmans Akten, Box 6, »Health, Education, Income Security and Social Services« 9/19/74, gebundene Abschrift

154 »›Mr. Wurf‹, entgegnete ...« Ebd.

154 »Der Verband verkündete ...« *Wall Street Journal*, 8. Oktober 1974

154 »Inzwischen gründeten ...« *Wall Street Journal*, 4. Oktober 1974

154 »›Das war wohl das letzte ...‹« Murray Weidenbaum im Gespräch mit dem Autor, 13. August 1999

155 »Greenspan verlor keine ...« *New York Times*, 27. September 1974

155 »Er wurde am 27. und 28. ...« Ebd.

155 »Es begann mit einem Gebet ...« Mit freundlicher Genehmigung der Gerald Ford Library, Alan Greenspans Akten, Box 54, »Summit Conference on Inflation – Washington September 27-28, 1974«

156 »In diese Richtung ...« Mit freundlicher Genehmigung der Gerald Ford Library, Alan Greenspans Akten, Box 7, »Economic Policy Board (2)«

156 »Greenspan, der gerade einen Hagel ...« Erwin Hargrove *The President and the Council of Economic Advisers*, S.425

156 »Auch er und Betty äßen ...« *New York Times*, 13. Oktober 1974
156 »›Kauft überlegt ein ...‹« Öffentliche Schriftstücke der Präsidenten, Gerald Ford, 9. August – 31. Dezember 1974
156 »›Republikanischer Quatsch ...‹« William Niskanen im Gespräch mit dem Autor, 16. August 1999
156 »Was an dieser Aktion ...« *The New Yorker*, 21. Oktober 1974
157 »Lester Kinsolving, Mitglied ...« *New York Times*, 15. November 1974
157 »›Ich habe vor ...‹« Mit freundlicher Genehmigung der Gerald Ford Library, Alan Greenspans Akten, Box 49, »Presidential Speeches, Addresses and Interviews on the Economy, 1974«
157 »›Greenspan und mein ...‹« Edgar Fiedler im Gespräch mit dem Autor, 24. August 1999
157 »Greenspan hat später über WIN ...« Erwin Hargrove, *The President and the Council of Economic Advisers*, S.425
157 »›Wir sind pflichtschuldig ...‹« Paul Samuelson im Gespräch mit dem Autor, 17. August 1999
158 »Die industrielle Produktion ...« *Newsweek*, 24. Februar 1975
158 »General Motors hatte ...« *New York Times*, 16. Januar 1975
158 »Zu Beginn des neuen ...« Mit freundlicher Genehmigung des Conference Board
158 »Zwischen 1960 und 1973 ...« *New York Times*, 5. Februar 1975
158 »(Die Durchschnittsarbeitslosigkeit in den...)« Ebd.
159 »›Rezession ist, wenn ...‹« *New York Times*, 7. März 1975
159 »Als er seinen Posten ...« *Current Biography*, 1974, S.155
159 »In den ersten Tagen von Fords...« Eleanora Schoenebaum, *Political Profiles: The Nixon/Ford Years*, S.209
159 »›Jedermann weiß ...‹« David Munro im Gespräch mit dem Autor, 16. September 1999
159 »Und so drängte Greenspan Ford ...« Erwin Hargrove, *The President and the Council of Economic Advisers*, S.411
159 »In seiner Rede ...« *New York Times*, 16. Januar 1975
160 »Aber der demokratisch beherrschte Kongress ...« *New York Times*, 30. März 1975
160 »Ford bat seine wichtigsten ...« *New York Times Magazine*, 25. April 1976
160 »In einem Memo vom 28. März ...« Mit freundlicher Genehmigung der Gerald Ford Library, Alan Greenspans Akten, Box 19, »AG 1975 (2)«
160 »Wo aber dies Gesetz ...« *New York Times*, 30. März 1975
161 »Wie Dick Cheney ...« *Fortune*, 6. Juli 1987
161 »Außer Greenspan hatte es nur ...« *Current Biography*, 1974, S.155
161 »... – für gewöhnlich herrschte ...« Murray Weidenbaum im Gespräch mit dem Autor, 13. August 1999
161 »Ein ungeschriebenes Gesetz ...« Paul MacAvoy im Gespräch mit dem Autor, 1. Oktober 1999
161 »›Wenn man von ...‹« Murray Weidenbaum im Gespräch mit dem Autor, 13. August 1999
162 »Ein Angestellter des CEA ...« *New York Times*, 12. März 1975
162 »Gary Seevers, der ...« Gary Seevers im Gespräch mit dem Autor, 17. September 1999
162 »Endlich kamen Paul MacAvoy ...« *New York Times*, 22. Juli 1975

163 »MacAvoy erinnert ...« Paul MacAvoy im Gespräch mit dem Autor,
     1. Oktober 1999
163 »Die Talsohle der Konjunktur ...« Mit freundlicher Genehmigung des
     Conference Board
163 »Seit dem Zweiten Weltkrieg ...« *New York Times,* 5. Januar 1975
163 »›Eines wissen wir ...‹« *US News & World Report,* 28. Juni 1976
163 »Später führte er ...« Erwin Hargrove, *The President and the Council of
     Economic Advisers,* S.451
164 »Handelsminister Nikolaj ...« Allen Matusow im Gespräch mit dem Autor,
     13. August 1999
164 »Bevor noch irgendwer ...« *New York Times,* 1. August 1975
164 »... etwa ein Viertel ...« Allen Matusow im Gespräch mit dem Autor,
     13. August 1999
164 »An einem Sommertag ...« Paul MacAvoy im Gespräch mit dem Autor,
     1. Oktober 1999
165 »Nach damaligen Schätzungen ...« *Time,* 25. August 1975
165 »... – doch der sowjetische Landwirtschaftsminister ...« *Reader's Digest,*
     Dezember 1976
165 »›Das Canadian Wheat Board ...‹« Mit freundlicher Genehmigung der
     Gerald Ford Library, Alan Greenspans Akten, Box 24, »Edward G. Schuh,
     Sept. 74-Sept. 75 (1)«
166 »Eine warnende Stimme ...« G. Edward Schuh im Gespräch mit dem
     Autor, 21. Oktober 1999
166 »Ford verkündete ein Embargo ...« *Reader's Digest,* Dezember 1976
166 »Landwirtschaftsminister Earl Butz ...« G. Edward Schuh im Gespräch
     mit dem Autor, 21. Oktober 1999
166 »Gleichzeitig drohten ...« *Time,* 8. September 1975
166 »Sie hatten Arbeitsminister John Dunlop ...« G. Edward Schuh im Ge-
     spräch mit dem Autor, 21. Oktober 1999
167 »›Greenspan dachte ...‹« Ebd.
167 »Statt dass sich die Sowjets ...« Paul MacAvoy im Gespräch mit dem
     Autor, 1. Oktober 1999
167 »Man erlaubte den Sowjets ...« *US News & World Report,* 3. November
     1975
167 »Die negativste Schätzung für die Ernte ...« *Reader's Digest,* Dezember
     1976
168 »Der herrische Kissinger ...« Mit freundlicher Genehmigung der Gerald
     Ford Library, Alan Greenspans Akten, Box 7, »Economic Policy Board (1)«
168 »Dabei stützte sich ...« Portrait nach unterschiedlichen Quellen zusam-
     mengesetzt
169 »Kissinger erkannte das diplomatische Potenzial ...« *US News & World
     Report,* 20. Oktober 1975
169 »›Ich empfand große ...‹« Henry Kissinger im Gespräch mit dem Autor,
     16. Mai 2000
170 »Im Jahr 1975 ...« *Reader's Digest,* November 1975
170 »Bis 1974 war ...« *Newsweek,* 15. Dezember 1975
170 »In Folge dessen ...« *Reader's Digest,* November 1975
170 »So wurde zum ...« Ebd.
171 »Doch im März 1975 ...« Kathleen Hulser, New York Historical Society im
     Interview mit dem Autor, 15. September 1999

171 »Der nächste Schachzug ...« Kenneth Jackson (Hg.), *The Encyclopedia of New York*, S.781

171 »Chef wurde Felix ...« Ebd., S.1017

171 »Statt von der Stadt selbst ...« Ebd., S.781

171 »Sie sollten durch ...« Kathleen Hulser im Gespräch mit dem Autor, 15. September 1999

171 »Eine große Verkaufsaktion ...« *Reader's Digest*, November 1975

172 »In einem ersten Schritt ...« Kathleen Hulser im Gespräch mit dem Autor, 15. September 1999

172 »Dann folgte die ...« Robert Bailey, Rutgers University, im Gespräch mit dem Autor, 20. September 1999

172 »Aufgebrachte Müllarbeiter ...« Eleanora Schoenebaum, *Political Profiles: The Nixon/Ford Years*, S.716

172 »...20 000 Tonnen Müll ...« *Reader's Digest*, November 1975

172 »Entlassene Polizisten ...« Kathleen Hulser im Gespräch mit dem Autor, 15. September 1999

172 »...Ross Perot, der ...« Ebd.

172 »Am 9. Oktober ...« *New York Times*, 10. Oktober 1975

173 »Ron Nessen, Fords ...« *Newsweek*, 27. Oktober 1975

173 »Der härteste Vertreter ...« Gerald Ford im Gespräch mit dem Autor, 2. Dezember 1999

173 »Bevor er in die ...« Eleanora Schoenebaum, *Political Profiles: The Nixon/Ford Years*, S.597

173 »›Ich würde sagen ...« L. William Seidman im Gespräch mit dem Autor, 16. September 1999

174 »Ende Oktober 1975 ...« *New York Daily News*, 30. Oktober 1975

174 »Verschiedene Studien versuchten ...« David Munro im Gespräch mit dem Autor, 16. September 1999

174 »In einem Memo ...« Mit freundlicher Genehmigung der Gerald Ford Library, Alan Greenspans Akten, Box 19, »AG 1975«

174 »›Wenn Paris pleite ...‹« David Munro im Gespräch mit dem Autor, 16. September 1999

175 »Im November stellten ...« Robert Bailey im Gespräch mit dem Autor, 20. September 1999

175 »Die Stadt würde bis 1978 ...« Eleanora Schoenebaum, *Political Profiles: The Nixon/Ford Years*, S.717

175 »Der Kredit sollte ...« *Time*, 8. Dezember 1975

175 »›Zu einem hohen ...‹« Gerald Ford im Gespräch mit dem Autor, 2. Dezember 1999

175 »Aber die Auswirkungen der Krise ...« Robert Bailey im Gespräch mit dem Autor, 20. September 1999

175 »Noch zur Jahrtausendwende ...« Kathleen Hulser im Gespräch mit dem Autor, 15. September 1999

175 »Und die vielleicht ...« Raymond Horton, Columbia University Business School, im Gespräch mit dem Autor, 20. September 1999

177 »Politisch so unterschiedliche ...« Mit freundlicher Genehmigung der Gerald Ford Library, Alan Greenspans Akten, Box 28, »General Correspondence, 1974 (H)(3)«

177 »Mit Frank Zarb, dem Leiter ...« *New York Times Magazine*, 25. April 1976

177 »Besonders lebendig erinnert ...« Leonard Garment im Gespräch mit dem Autor, 6. Oktober 1999

178 »›Burns begegnete man ...‹« Donald Rumsfeld im Gespräch mit dem Autor, 27. August 1999

179 »Angesichts einer ökonomischen ...« *Newsweek*, 24. Februar 1975

179 »›Die Lira ist mir ...‹« Allen Matusow im Gespräch mit dem Autor, 13. August 1999

180 »›Er zeigte den ...‹« Paul McCracken im Gespräch mit dem Autor, 9. September 1999

180 »Ford hat sich in seiner Zeit ...« *New York Times Magazine*, 25. April 1976

180 »In Fragen der Sozialgesetzgebung ...« Eleanora Schoenebaum, *Political Profiles: The Nixon/Ford Years*, S.207

180 »Er setzte einen konjunkturpolitischen ...« Mit freundlicher Genehmigung der Gerald Ford Library, Alan Greenspans Akten, Box 6, »Miscellaneous«

180 »Sie trafen sich ...« *New York Times Magazine*, 25. April 1976

180 »Auch Burns, Verteidigungsminister ...« Roger Porter, *Presidential Decision Making*, S.127

180 »Darum war Greenspan ...« *New York Times Magazine*, 25. April 1976

181 »Während Greenspan in ...« L. William Seidman im Gespräch mit dem Autor, 16. September 1999

181 »›Greenspan behandelte den Präsidenten ...‹« Paul MacAvoy im Gespräch mit dem Autor, 1. Oktober 1999

182 »›Er ist fraglos ...‹« Erwin Hargrove, *The President and the Council of Economic Advisers*, S.422

182 »Ford wiederum ...« Gerald Ford im Gespräch mit dem Autor, 2. Dezember 1999

182 »...von der Bierverbrauchssteuer ...« Mit freundlicher Genehmigung der Gerald Ford Library, Alan Greenspans Akten, Box 2, »James Cannon (3)«

182 »...des amerikanischen Postsystems ...« Mit freundlicher Genehmigung der Gerald Ford Library, Alan Greenspans Akten, Box 21, »Paul MacAvoy, Juni 1975 – Oktober 1976«

182 »Er sandte Ford ...« Mit freundlicher Genehmigung der Gerald Ford Library, Alan Greenspans Akten, Box 1, »April ›75«

182 »›Beachten Sie, dass ...‹« Mit freundlicher Genehmigung der Gerald Ford Library, Alan Greenspans Akten, Box 19, »AG-1975 (2)«

182 »Tatsächlich hat niemals ...« Aus einer ausführlichen Nachricht, die Burton Malkiel am 20. September 1999 auf dem Anrufbeantworter des Autors hinterlassen hat, gestützt durch zahlreiche andere Interviews

182 »Die beiden verkehrten ...« *Washingtonian*, April 1995

182 »Einmal besuchten beide ...« *Business Week*, 15. Juni 1987

183 »In der Folge ...« Mit freundlicher Genehmigung der Gerald Ford Library, Alan Greenspans Akten, Box 1, »Dezember 1974«

183 »Joan Mitchell Blumenthal hat lebendige …« Joan Mitchell Blumenthal im
      Gespräch mit dem Autor, 8. November 1999
184 »›Zur Vorbereitung auf …‹« Paul MacAvoy im Gespräch mit dem Autor,
      1. Oktober 1999
184 »Schuh erinnert sich: …« G. Edward Schuh im Gespräch mit dem Autor,
      21. Oktober 1999
185 »Er kam sogar auf das Titelblatt …« *Newsweek*, 25. Februar 1975
185 »*Penthouse* bat ihn …« Mit freundlicher Genehmigung der Gerald Ford
      Library, Alan Greenspans Akten, Box 3 »General Correspondence, 1975,
      C (2)«
185 »›Ich schätze Ihr …‹« Mit freundlicher Genehmigung der Gerald Ford
      Library, Alan Greenspans Akten, Box 36, »General Correspondence, 1976
      (XYZ)«
186 »›Was ist mit Ihnen …‹« Mit freundlicher Genehmigung der Gerald Ford
      Library, Alan Greenspans Akten, Box 32, »General Correspondence, 1975
      (W)(1)«
186 »›Lieber Mr. Greenspan …‹« Mit freundlicher Genehmigung der Gerald
      Ford Library, Alan Greenspans Akten, Box 30, »General Correspondence,
      1975 (B)(2)«
186 »Der frühere Berater Nixons …« Mit freundlicher Genehmigung der
      Gerald Ford Library, Alan Greenspans Akten, Box 34, »General Corres-
      pondence, 1975 (T)«
186 »Tom Brokaw nahm …« Mit freundlicher Genehmigung der Gerald Ford
      Library, Alan Greenspans Akten, Box 33, »General Correspondence, 1976
      (M)(1)«
186 »An vielen Abenden …« David Munro im Gespräch mit dem Autor,
      16. September 1999
187 »Henry Mitchell von der …« *New York Times Magazine*, 25. April 1976
187 »Sein damaliger Stellvertreter …« David Munro im Gespräch mit dem
      Autor, 16. September 1999
187 »Seine gesundheitliche Verfassung …« Bill Callejo im Gespräch mit dem
      Autor, 12. November 1999
187 »Während der nächtlichen Treffen …« Donald Rumsfeld im Gespräch mit
      dem Autor, 27. August 1999
187 »In den siebziger Jahren …« *geocities.com*
188 »›Offenbar‹, so Bill …« L. William Seidman im Gespräch mit dem Autor,
      16. September 1999
188 »Das Paar wurde …« *New York Times*, 16. April 1976
188 »Eine Story über Greenspan …« *Pittsburgh Post Gazette*, 19. Mai 1976
189 »Er ist ein liebenswürdiger …‹« *geocities.com*
190 »Es sei fast so …« *New York Times Magazine*, 15. Januar 1989
190 »Schließlich jedoch stieg der Dow Jones …« *New York Times*, 27. Februar
      1976
190 »Nach einem verheerenden …« *New York Times*, 7. Juli 1976
190 »›Den einzelnen zu befreien …‹« Mit freundlicher Genehmigung der
      Gerald Ford Library, Alan Greenspans Akten, Box 52, »State of the Union
      1976 (5)«
191 »Am Abend, bevor …«Mit freundlicher Genehmigung der Gerald Ford
      Library, A. James Reichleys Interviewabschriften, 1977-81, »Economic
      Policy, Alan Greenspan«

191 »Die Rede durchlief ...« Mit freundlicher Genehmigung der Gerald Ford
Library, Robert Hartmanns Akten, Box 180, »1/19/76, A Greenspan's
comments«

191 »Ford sprach mehrmals ...« Mit freundlicher Genehmigung der Gerald
Ford Library, Alan Greenspans Akten, Box 51, »State of the Union, 1976
(1)«

191 »›Man nimmt oft an ...‹« Mit freundlicher Genehmigung der Gerald Ford
Library, Ron Nessens Akten, Box 68, »Issues & Answers, 29. Juni 1976«,
Abschrift

191 »Die Arbeitslosenrate lag ...« Mit freundlicher Genehmigung des Conference Board

191 »Die Arbeitslosenquote unter den Schwarzen ...« New York Times,
4. September 1976

191 »›Wir befinden uns ...‹« New York Times Magazine, 25. April 1976

192 »Falls er zum Präsidenten gewählt würde ...« Time, 26. April 1976

192 »Seine ›Schlüsselwerkzeuge‹ ...« US News & World Report, 1. Oktober
1976

192 »Im Gegensatz dazu stand für Ford ...« New York Times, 4. November
1976

192 »Zu Carters Beratern gehörten ...« Time, 26. April 1976

192 »Ein Sozialhilfegesetz ...« Time, 1. März 1976

192 »Dessen Berater war Leon ...« New York Times, 22. Mai 1976

193 »Der Gesetzentwurf von ...« Time, 1. März 1976

193 »Das Gesetz wurde schließlich verabschiedet ...« New York Times,
23. Juli 1976

193 »Die Arbeitslosenquote stieg ...« New York Times, 4. September 1976

193 »Greenspan beschrieb die ...« New York Times, 31. August 1976

194 »Nach den Berechnungen ...«Mit freundlicher Genehmigung der Gerald
Ford Library, A. James Reichleys Interviewabschriften, 1977-81, »Economic Policy, Alan Greenspan«

194 »Kissinger war anwesend ...« Ebd.

194 »Obwohl er der ...« Eleanora Schoenebaum, Political Profiles: The Nixon/
Ford Years, S.212

194 »Ford wählte den ...« Ebd., S.213

194 »Weitere schlechte Nachrichten ...« New York Times, 30. Oktober 1976

194 »Am 31. Oktober ...« Mit freundlicher Genehmigung der Gerald Ford
Library, Ron Nessens Akten, Box 65, »Face the Nation, 31. Oktober 1976«,
Abschrift

195 »Am 2. November ...« Eleanora Schoenebaum, Political Profiles: The
Nixon/Ford Years, S.xxiii

195 »... – er hatte Nixon alle ...« Ebd., S.218

197 »Darin steht unter ...« Mit freundlicher Genehmigung der Gerald Ford
Library, Arthur Burns' Akten, Box K13, »Alan Greenspan«

Kapitel 10 – In die Wüste geschickt

199 »›Ich glaube, er ...‹« Judith Mackey im Gespräch mit dem Autor,
28. Januar 2000

200 »›Man musste in ...‹« David Rowe im Gespräch mit dem Autor,
20. Oktober 1999

200 »Das Unternehmen kaufte ...« Lowell Wiltbank im Gespräch mit dem Autor, 8. November 1999

200 »Als Vorsitzender des ...« Kathryn Eickhoff im Gespräch mit dem Autor, 29. Dezember 1999

200 »...an deren Stelle ...« Robert Kavesh im Gespräch mit dem Autor, 30. September 1999

200 »Der 176 Seiten ...« Mit freundlicher Genehmigung der NYU Stern School, wo der Autor am 11. Oktober 1999 Gelegenheit hatte, Greenspans Doktorarbeit einzusehen

201 »Barbara Walters gab ...« Robert Kavesh im Gespräch mit dem Autor, 30. September 1999

201 »Es war typisch ...« Kathryn Eickhoff im Gespräch mit dem Autor, 29. Dezember 1999

201 »Greenspan gelang es ...« Dieses Detail mit freundlicher Genehmigung der Harry Walker Agency

201 »Angeblich verlangte Greenspan ...« Aus mehreren Quellen

201 »In den Jahren ...« Kathryn Eickhoff im Gespräch mit dem Autor, 29. Dezember 1999

201 »›Du hattest nie ...‹« Bill Franklin im Gespräch mit dem Autor, 27. Oktober 1999

202 »›Alan war immer ...‹« Murray Weidenbaum im Gespräch mit dem Autor, 13. August 1999

202 »Während der siebziger Jahre ...« Nomination of Alan Greenspan: Hearing Before the Committee on Banking, Housing, and Urban Affairs, United States Senate, 21. Juli 1987, S.75

202 »Er wurde sogar ...« *Fortune*, 8. April 1991

203 »Die Wirtschaftsplattform ...« *New York Times*, 3. Juli 1972

203 »Greenspan organisierte ein ...« David Rowe im Gespräch mit dem Autor, 20. Oktober 1999

203 »Greenspan hatte Reagan ...« Martin Anderson im Gespräch mit dem Autor, 17. Februar 2000

204 »›Reagan stellte Greenspan ...‹« Ebd.

204 »Am 5. Juni ...« *Time*, 28. Juli 1980

204 »Ford nahm eine ...« *Newsweek*, 28. Juli 1980

205 »›Ich fände es gut ...‹« Ebd.

205 »Innerhalb von Stunden ...« Ebd.

205 »Spät in der Nacht ...« *Time*, 28. Juli 1980

206 »Beide Seiten verfassten ...« *Newsweek*, 28. Juli 1980

206 »Einmal drängte Greenspan ...« Ebd.

207 »Er hatte das Gefühl ...« *Time*, 28. Juli 1980

207 »Für diesen Abend ...« Ebd.

207 »Es sah es als ...« Ebd.

207 »Um 23 Uhr ...« Ebd.

207 »Ein paar Minuten später ...« Ebd.

207 »›Weder Greenspan noch ...‹« Henry Kissinger im Gespräch mit dem Autor, 16. Mai 2000

208 »Auch Donald Rumsfeld ...« Donald Rumsfeld im Gespräch mit dem Autor, 27. August 1999

208 »Er war auch ...« Martin Anderson, *Revolution*, S.147

208 »Wanniski war die ...« Ebd., S.157

209 »Reagan ließ Wanniski ...« Ebd., S.160
209 »Selbst nach dem ...« Ebd.
209 »Tatsache ist, dass ...« Annelise Anderson im Gespräch mit dem Autor, 25. Februar 2000
210 »Zwischen 1977 und ...« Sylvester Schieber/John Shoven, The Real Deal, S.184
210 »Im Mai 1981 ...« Ebd., S.186
211 »Die Gewerkschaften und ...« Ebd., S.187
211 »Kongressabgeordnete aus beiden ...« Ebd., S.188
211 »Am 24. September ...« Ebd., S.189
211 »›Er wurde ausgewählt ...‹« James Baker im Gespräch mit dem Autor, 26. Januar 2000
211 »Die Kommission tagte ...« Sylvester Schieber/John Shoven, The Real Deal, S.190
211 »...- das System sank ...« Sylvester Schieber im Gespräch mit dem Autor, 22. Februar 2000
212 »Die Empfehlungen der ...« Sylvester Schieber/John Shoven, The Real Deal, S.195
212 »Im Jahr 2000 ...« Sylvester Schieber im Gespräch mit dem Autor, 22. Februar 2000
213 »Zum Beispiel wollte er ...« Newsweek, 15. Juni 1987
213 »In das neue Unternehmen ...« David Rowe im Gespräch mit dem Autor, 20. Oktober 1999
213 »So erzielte das ...« Nomination of Alan Greenspan: Hearing Before the Committee on Banking, Housing, and Urban Affairs, United States Senate, 21. Juli 1987, S.75
213 »Kissinger hatte 1982 ...« Henry Kissinger im Gespräch mit dem Autor, 16. Mai 2000

Kapitel 11 – Notenbankpräsident Greenspan

216 »Als Angehöriger des ...« Time, 15. Juni 1987
216 »›Es lässt sich nicht ...‹« Ebd.
217 »Der Wert des Dollars ...« Wall Street Journal, 3. Juni 1987
217 »Würde sie akzeptiert ...« Nomination of Alan Greenspan: Hearing Before the Committee on Banking, Housing, and Urban Affairs, United States Senate, 21. Juli 1987, S.4
218 »›Wenn irgendjemand ...‹« Ebd., S.21
218 »›Dr. Greenspan ...‹« Ebd., S.3
218 »Proxmire rügte Greenspan ...« Ebd., S.41
218 »...›philosophischen Einwände ...‹« Ebd., S.55
218 »Die Inflationsprognosen ...« New York Times, 24. Juli 1987
219 »Was die Kartellgesetze ...« Nomination of Alan Greenspan: Hearing Before the Committee on Banking, Housing, and Urban Affairs, United States Senate, 21. Juli 1987, S. 55-56
219 »Insgesamt wurde Greenspan ...« New York Times, 22. Juli 1987
219 »Allerdings verlangte ...« New York Times, 30. Juni 1987
219 »›Es war ein trauriger ...‹« Bess Kaplan im Gespräch mit dem Autor, 15. Februar 2000

219 »Kathryn Eickhoff – Greenspans ...« Kathryn Eickhoff im Gespräch mit dem Autor, 16. Mai 2000

219 »Dokumente belegen ...« *New York Times*, 4. August 1987

220 »Mit 92 zu zwei ...« Ebd.

220 »›Prox stimmte oft ...‹« Howard Shuman im Gespräch mit dem Autor, 9. September 1999

220 »An diesem Tag lud ...« Carolyn Halpert im Gespräch mit dem Autor, 25. Februar 2000

221 »Die Vereidigung fand ...« *Current Biography*, Jahrbuch 1989

221 »Eine Reihe von ...« Carolyn Halpert im Gespräch mit dem Autor, 25. Februar 2000

221 »Greenspans Mutter Rose ...« Wesley Halpert im Gespräch mit dem Autor, 14. Dezember 1999

221 »Reagan sagte ein ...« Steven Beckner, *Back From the Brink*, S.28

221 »›Vielleicht sollte ich ...‹« *Federal Reserve Bulletin*, September 1987

221 »Niemand lachte ...« Carolyn Halpert im Gespräch mit dem Autor, 25. Februar 2000

221 »›Ich bin jedoch ...‹« *Federal Reserve Bulletin*, September 1987

222 »Burns war im Frühsommer ...« *New York Times*, 27. Juni 1987

222 »Die Federal Reserve ...« Bei der Beschreibung der Aufgaben der Fed folgt der Autor Angaben unterschiedlicher Quellen

226 »Das Thema schlug ...« Richard Sylla im Gespräch mit dem Autor, 14. Februar 2000

226 »Er legte dem Kongress ...« *Encyclopedia Americana*, Ausgabe von 1999, S.738

226 »Hamilton inszenierte eine ...« Richard Sylla im Gespräch mit dem Autor, 14. Februar 2000

226 »Washington ließ sich ...« *Encyclopedia Americana*, Ausgabe von 1999, S.738

226 »Diese erste Zentralbank ...« Richard Sylla im Gespräch mit dem Autor, 14. Februar 2000

226 »Sie akzeptierte auch ...« Anjan Thakor, Business School der University of Michigan, im Gespräch mit dem Autor, 2. Februar 2000

226 »Dadurch konkurrierte sie ...« George Bentson, Emory University, im Gespräch mit dem Autor, 4. Februar 2000

227 »Das Repräsentantenhaus ...« Richard Sylla im Gespräch mit dem Autor, 14. Februar 2000

227 »Die Stimmengleichheit ...« *American Eras: 1783-1815*, S.82

227 »Nach dem Krieg ...« Donald Kettl im Gespräch mit dem Autor, 25. Januar 2000

227 »Damit sie den Krieg ...« Richard Sylla im Gespräch mit dem Autor, 14. Februar 2000

227 »Eine zweite Bank ...« *Encyclopedia Americana*, Ausgabe von 1999, S.164

227 »In einer Stellungnahme ...« Richard Sylla im Gespräch mit dem Autor, 14. Februar 2000

228 »Er schlug seinen ...« *Encyclopedia Americana*, Ausgabe von 1999, S.642

228 »Damit trat das Land ...« Greenspan-Rede vor der Conference of State Bank Supervisors in Nashville, 2. Mai 1998

228 »Während dieser Zeit ...« George Bentson im Gespräch mit dem Autor, 4. Februar 2000

243 »Der Crash von ›87 …« *Business Week,* 2. November 1987
243 »Fahlgesichtige Händler …« *The New Yorker,* 2. November 1987
243 »Eine Stimme verkündete …« Ebd.
243 »Als der Handel …« *Time,* 2. November 1987
243 »Warren Buffet verlor …« *Fortune,* 23. November 1987
243 »Auch der Wert von …« *Wall Street Journal,* 30. Oktober 1987
244 »Aber der bleibende Schaden …« Roger Johnson, *Historical Beginnings… the Federal Reserve,* mit freundlicher Genehmigung der Federal Reserve Bank Boston
244 »Die Diskussion drehte …« Gerald Corrigan im Gespräch mit dem Autor, 21. Januar 2000
245 »Währenddessen trat im …« Wayne Angell im Gespräch mit dem Autor, 18. Januar 2000
245 »Die Pariser Börse …« *Time,* 2. November 1987
245 »…Tokio büßte 15 Prozent ein …« *Fortune,* 23. November 1987
245 »Greenspan ging gegen …« *Reader's Digest,* Dezember 1987
245 »Ein altgedienter Mitarbeiter …« SprecherIn der Fed im Gespräch mit dem Autor, 15. Februar 2000
245 »Der ehemalige Finanzminister …« James Baker im Gespräch mit dem Autor, 26. Januar 2000
245 »Er flog Dienstagmorgen …« *Wall Street Journal,* 25. August 1997
245 »Ebenfalls am Dienstagmorgen …« Mit freundlicher Genehmigung der Federal Reserve
246 »Diese Aufgabe fiel vor allem …« Robert Hetzel, Research-Leiter bei der Federal Reserve Bank Richmond, im Gespräch mit dem Autor, 8. Februar 2000
246 »Corrigan versammelte einige …« Gerald Corrigan im Gespräch mit dem Autor, 21. Januar 2000
246 »Das ist eine richtige …« Ebd.
247 »Er saß mit Finanzminister …« *Time,* 2. November 1987
247 »Kluge Beobachter konnten …« Ebd.
248 »Er sei ›bereit …‹« *US News & World Report,* 2. November 1987
248 »Am Mittwoch kletterte …« *Newsweek,* 2. November 1987
248 »In den Tagen nach …« *Fortune,* 23. November 1987
248 »Nach dem Crash addierten …« *US News & World Report,* 2. November 1987
249 »Am Ende der …« *Time,* 2. November 1987
249 »Rund 50 kleinere …« *Time,* 9. November 1987
249 »Einige betrachteten die …« William Griggs im Gespräch mit dem Autor, 23. Februar 2000
249 »›Die Krise machte …‹« Edward Boehne im Gespräch mit dem Autor, 25. Februar 2000
249 »Als die beiden …« *New York Times Magazine,* 15. Januar 1989
250 »Andrea Mitchell war …« Portrait Mitchells zusammengesetzt aus Angaben verschiedener Quellen, unter anderem *Who's Who in America 2000* und der NBC Website
250 »Greenspan und Andrea …« Andrea Mitchell im Gespräch mit dem Autor, 9. März 2000
250 »Eine ihrer Quellen …« *Washingtonian,* April 1995

264 »Dennoch war im Gespräch ...« *New York Times,* 24. Februar 1989
264 »Neil Bush – der Sohn ...« *Time,* 8. Oktober 1990
264 »David Stockman, unter Reagan ...« *US News & World Report,*
    1. Oktober 1990
264 »Selbst ein William Proxmire ...« Ebd.
265 »Greenspan war schon ...« *New York Times,* 20. November 1989
265 »In einem vierseitigen Brief ...« Brief von Alan Greenspan an Thomas
    Sharkey, Federal Home Loan Bank, datiert 13. Februar 1985
265 »›Als ich die Leute von ...‹« *New York Times,* 20. November 1989
266 »...und kassierte dafür ein Honorar ...« Bert Ely im Gespräch mit dem
    Autor, 19. Januar 2000
266 »Das Justizministerium ...« *New York Times,* 20. November 1989
266 »Unter ihnen war auch ...« *Time,* 11. März 1991
266 »Zu diesen so genannten ...« Ebd.
266 »Als sich die S&L-Krise ...« *New York Times,* 20. November 1989
267 »Kein Zweifel jedenfalls ...« *Time,* 1. Oktober 1990
267 »›Die Sache mit S&L ...‹« Gerald Corrigan im Gespräch mit dem Autor,
    21. Januar 2000
268 »Die Krise überrollte ...« David Barr, FDIC, im Gespräch mit dem Autor,
    19. Januar 2000
268 »Während Bushs erstem ...« Ebd.
268 »...- das waren mehr Bankinstitute ...« John LaWare im Gespräch mit
    dem Autor, 4. Februar 2000
268 »Traditionell wird ...« Bernard Shull, Hunter College, im Gespräch mit
    dem Autor, 9. Februar 2000
269 »›Greenspan ist ein großer ...‹« John LaWare im Gespräch mit dem Autor,
    4. Februar 2000
269 »Die Geldmenge, die ...« *Business Week,* 17. Dezember 1990
269 »Dies stellte die erste ...« *US News & World Report,* 17. Dezember 1990
270 »Retrospektiv bestimmte es ...« Mit Genehmigung des National Bureau
    of Economic Research
270 »Im Laufe der folgenden Monate ...« Steven Beckner, *Back from the
    Brink,* S.192
271 »Während eines Treffens des ...« *Wall Street Journal,* 24. Januar 1996
271 »... ein andermal sprach er von ...« *Business Week,* 17. Dezember 1990
272 »Im Januar 1991 stand er ...« *New York Times,* 22. Februar 1991
272 »Zur gleichen Zeit erreichte ...« Mit Genehmigung des Conference Board
272 »Alles in allem sind ...« Mit Genehmigung von Challenger, Gray &
    Christmas
272 »In seiner Rede ...« *New York Times,* 31. Januar 1991
272 »Ein Artikel über Greenspan ...« *Business Week,* 17. Dezember 1990
273 »Man begann zu munkeln ...« Steven Beckner, *Back from the Brink,* S.174
273 »Dieser bezeichnete die ...« Ebd, S.219
273 »Am Ende war sie ...« Mit Genehmigung des National Bureau of Econo-
    mic Research
274 »Im Sommer 1991 ...« *New York Times,* 11. Juli 1991
274 »Mit dem amtierenden ...« *Business Week,* 22. Juli 1991
274 »Finanzminister Brady ...« Ebd.
274 »Man sollte nicht übersehen ...« *New York Times,* 28. Februar 1992

286 »Bestimmte Indikatoren …« *New York Times*, 7. Juni 1996
286 »Geldpolitik hat, was …« John LaWare im Gespräch mit dem Autor, 4. Februar 2000
286 »›Wenn man wartet …‹« Steven Beckner, *Back from the Brink*, S.68
286 »Zwischen Februar 1994 …« Robert Parry im Gespräch mit dem Autor, 28. Februar 2000
286 »Man stößt allenthalben …« Alice Rivlin im Gespräch mit dem Autor, 28. Februar 2000
287 »Radio-Talkmaster Rush Limbaugh …« *Liberty*, November 1999
287 »Ein Beitrag in der …« *Time*, 23. Mai 1994
287 »Wieder einmal konnte sich …« Steven Beckner im Gespräch mit dem Autor, 27. Januar 2000
287 »Senator Paul Douglas …« *Manhattan Inc.*, November 1988
287 »Der vielleicht entschiedenste …« Bestandteile dieses Portraits stammen aus verschiedenen Quellen.
288 »Bis 1994 wurden die …« *Barron's*, 19. April 1999
288 »Mit am weitesten verbreitet …« *Manhattan Inc.*, November 1988
289 »Zwischen dem 24. Dezember 1941 …« Mit Genehmigung der Federal Reserve
290 »›Ich weiß, dass Sie …‹« *Reader's Digest*, Dezember 1997
290 »Demokrat und Populist …« Bestandteile dieses Portraits stammen aus verschiedenen Quellen.
291 »Er forderte den Offenmarktausschuss …« *New York Times*, 16. November 1993
291 »…außerdem sollten Sitzungen des Offenmarktausschusses – …« *New York Times*, 6. Januar 1993
291 »Bei der Begründung …« Ebd.
291 »›Es liegt eine gewisse …‹« *New York Times*, 15. April 1993
292 »›Bei jeder Bewegung …‹« Robert Parry im Gespräch mit dem Autor, 28. Februar 2000
292 »…es war die erste Ernennung …« *The New Yorker*, 19. Februar 1996
292 »Zur Zeit der Regierung …« Bob Woodward, *The Agenda*, S.15
292 »…und soll damals dem präsidialen Ruf …« *New York Times*, 26. September 1994
293 »Während der Klausurtagung des Jahres 1994 …« Mickey Levy im Gespräch mit dem Autor, 25. Februar 2000
293 »›In meinen Augen …‹« *The New Yorker*, 19. Februar 1996
294 »Zu Beginn seiner ersten Amtsperiode …« Steven Beckner, *Back from the Brink*, S.188
294 »Ganz ähnlich ging …« *New York Times*, 14. Juli 1995
294 »Auf die ihm eigene …« L. William Seidman im Gespräch mit dem Autor, 20. Januar 2000
294 »Er wagte sich sogar …« *New York Times*, 26. September 1994
295 »Sein Büro lag direkt neben dem von …« *The New Yorker*, 19. Februar 1996
295 »›Blinder war ein bisschen naiv …‹« Mickey Levy im Gespräch mit dem Autor, 25. Februar 2000
295 »›Ich kann verstehen …‹« Paul Samuelson im Gespräch mit dem Autor, 17. August 1999
295 »›Wenn die uns …‹« *Business Week*, 25. September 1995

295 »Als Antwort schlug Clinton ...« *New York Times*, 13. Februar 1996
296 »Im Kabinett, wenn auch nicht öffentlich ...« Ebd.
296 »...Seine neue Wahl fiel auf ...« *New York Times*, 21. Juni 1996
296 »Nun waren es die Demokraten ...« Ebd.
296 »›Der Fed geht es ...‹« *New York Times*, 7. Juni 1996
297 »Am 20. Juni 1996 ...« *New York Times*, 22. Juni 1996
297 »›Meinem persönlichen Gefühl ...‹« J. Alfred Broaddus im Gespräch mit dem Autor, 25. Februar 2000
298 »1993 erklärte sich Greenspan ...« *National Journal*, 24. Juli 1999
298 »Zwischen 1993 und 1994 ...« *Business Week*, 17. Juni 1996
298 »Im Sommer 1995 ...« Steven Beckner, *Back from the Brink*, S.10
298 »Jeden Morgen war ...« Carolyn Halpert im Gespräch mit dem Autor, 25. Februar 2000
298 »1987 jedoch starb ...« Wesley Halpert im Gespräch mit dem Autor, 10. Mai 2000
299 »›Er liebte sie ...‹« Joan Mitchell Blumenthal im Gespräch mit dem Autor, 8. November 1999
299 »Es fand nur eine ...« Carolyn Halpert im Gespräch mit dem Autor, 25. Februar 2000
299 »›Alans Vater hat ...‹« Wesley Halpert im Gespräch mit dem Autor, 14. Dezember 1999
300 »›In Bezug auf ...‹« *Manchester Guardian*, 7. Dezember 1996
300 »Er war gekommen ...« Mit Genehmigung des American Enterprise Institute
300 »Greenspans Rede trug ...« David B. Sicilia und Jeffrey L. Cruikshank, *Alan Greenspan – Die Macht der Worte*, S.81
300 »Sein Publikum spürte ...« James Glassman im Gespräch mit dem Autor, 15. Februar 2000
301 »Er sprach über Japans ...« *Business Week*, 23. Dezember 1996
301 »Schon dass er sich ...« *New York Times*, 7. Dezember 1996
301 »Im März 1929 ...« Mit Genehmigung der Federal Reserve
301 »Und am 1. Juni 1965 ...« *New York Times*, 7. Dezember 1996
302 »Auch Glassman wurde ...« James Glassman im Gespräch mit dem Autor. 15. Februar 2000
302 »Auch Herb Stein ...« David B. Sicilia und Jeffrey L. Cruikshank, *Alan Greenspan – Die Macht der Worte*, S.86
302 »Die beiden Worte ...« *New York Times*, 7. Dezember 1996
302 »Der Nikkei 225 ...« *Newsweek*, 16. Dezember 1996
303 »In einem *Fortune*-Artikel ...« James Glassman und Kevin Hasset, *Dow Jones 36000*, S.33
304 »Am 6. April 1997 ...« *New York Times*, 7. April 1997
304 »Am Weihnachtstag 1996 ...« Andrea Mitchell im Gespräch mit dem Autor, 9. März 2000
304 »Die Zeremonie wurde ...« *People*, 21. April 1997
304 »Auf der Gästeliste standen ...« *New York Times*, 7. April 1997
304 »›Es bedeutete uns ...‹« Andrea Mitchell im Gespräch mit dem Autor, 9. März 2000
304 »Mitchells Seidenkleid ...« *People*, 21. April 1997
304 »Die Flitterwochen des ...« Andrea Mitchell im Gespräch mit dem Autor, 9. März 2000

318 »...der Nasdaq in der gleichen ...« *Business Week,* 14. Februar 2000
318 »Während dieser 107 ...« Ebd.
318 »Im Januar 2000 ...« Mit Genehmigung des Conference Board
318 »Die vielleicht erstaunlichste ...« *Business Week,* 14. Februar 2000
319 »Greenspan äußerte sich ...« Alan Greenspan am 8. September 1999, in einer Rede in Grand Rapids, Michigan, mit gesponsort vom Gerald Ford Museum
320 »Ich glaube nicht ...« Andrea Mitchell im Gespräch mit dem Autor, 9. März 2000
320 »Im Jahr 2000 jedoch besaßen ...« *Business Week,* 14. Februar 2000
322 »Der Statistik zufolge ...« *Business Week,* 17. März 1997
323 »Während der Kreditverknappung ...« Steven Beckner im Gespräch mit dem Autor, 27. Januar 2000
323 »Man hat es stets als Glaubenssatz ...« *Newsweek,* 21. November 1994
324 »›Die Gesetze von ...‹« *New York Times,* 9. Oktober 1997
324 »›Wenn wir, sagen wir ...‹« Alan Greenspan in einer Rede vor dem Economic Club of New York am 13. Januar 2000

Francis Fukuyama

Der große Aufbruch

Wie unsere Gesellschaft eine neue Ordnung erfindet
<u>dtv</u> 3-423-**36271**-5

Francis Fukuyama, Autor des Bestsellers ›Das Ende der Geschichte‹, wendet sich entschieden gegen den weit verbreiteten Pessimismus angesichts zunehmender Politikverdrossenheit, steigender Kriminalität und wachsender sozialer Kälte. Er sieht hier nicht Symptome des Niedergangs, sondern des Übergangs zur neuen Informations- und Netzwerkgesellschaft. Sie ermöglicht individuelle Lebensstile, intensiven Austausch und eine faire Verteilung der Aufgaben. Kernelement dieses »Sozialkapitals« ist ein neues Verantwortungsbewusstsein für ethische Normen und traditionelle Werte.

»Ein hochrangiges Buch.«
The Times

Eric J. Hobsbawm im <u>dtv</u>

Das Zeitalter der Extreme
Weltgeschichte des 20. Jahrhunderts
<u>dtv</u> 3-423-30657-2

Das »kurze 20. Jahrhundert« aus globaler Perspektive – auf der Basis ungeheuren Kenntnisreichtums wie auch persönlicher Erfahrung präzise analysiert und meisterhaft geschildert von einem der bedeutendsten Historiker unserer Zeit.

»Weit und breit ist kein Rivale von überlegener
Kompetenz zu erkennen.«
Der Spiegel

Wieviel Geschichte braucht die Zukunft
<u>dtv</u> 3-423-30818-4

Welthistorische Umbrüche und rasende Beschleunigungen – mehr denn je muß der Mensch verstehen, wie die Welt zu dem geworden ist, was sie heute ist, und ob und wie die Menschheit einer besseren Zukunft entgegengehen kann.

»Wieviel Geschichte braucht die Zukunft? Die Frage läßt sich am Ende einfach beantworten: Jede Menge –
vor allem, wenn Hobsbawm sie schreibt.«
Frankfurter Allgemeine Zeitung

Das Gesicht des 21. Jahrhunderts
Ein Gespräch mit Antonio Polito
<u>dtv</u> 3-423-30844-3

Einer der bedeutendsten Historiker unserer Zeit erklärt die Gegenwart aus der Vergangenheit und gibt nachdenkenswerte und weitblickende Antworten auf die wesentlichen Fragen der Zukunft.

»Die Dichte des Gesprächs lohnt jede Leseminute.«
Süddeutsche Zeitung

Amartya Sen

Ökonomie für den Menschen

Wege zu Gerechtigkeit und Solidarität
in der Marktwirtschaft
<u>dtv</u> 3-423-36264-2

Als einer der bedeutendsten Wirtschaftstheoretiker der Gegenwart fordert Amartya Sen die Moral in der Marktwirtschaft ein und packt das Weltproblem Nr. 1 an: die sich immer weiter öffnende Schere zwischen dem global agierenden Turbokapitalismus und der zunehmenden Arbeitslosigkeit und Verarmung. Eindringlich stellt der Nobelpreisträger dar, dass Freiheit, Gleichheit und Solidarität fundamentale Voraussetzungen für eine prosperierende, gerechte Weltwirtschaft sind. Eine Programmschrift, die ökonomische Vernunft, politischen Realismus und soziale Verantwortung zusammenführt.

**»Man kann all das Kluge, was Sen vorträgt,
gar nicht oft genug sagen und lesen.«**
Frankfurter Allgemeine Zeitung

Wissen zum Nachschlagen: <u>dtv</u>-Wörterbücher